Peru · Bolivien

Detlev Kirst

DUMONT RICHTIG REISEN

Inhalt

Pazifik, Anden, Amazonas

Reisen in Peru und Bolivien

Lima und das zentrale Bergland

Gipfel, Strände, Amazonas:
Der Norden Perus

Dünen, Schluchten und Vulkane: Der Süden Perus

Die Heimat der Inka: Cusco und Umgebung

Der Titicacasee und der bolivianische Altiplano

Tips & Adressen

Verzeichnis der Karten und Pläne

Der Titicacasee und der bolivianische Altiplano

Bolivien: Anden und Tiefland

Danksagung

Der Fluglinie ⊖ **Lufthansa** sei für die großzügige Unterstützung gedankt.

Pazifik,
Anden,
Amazonas

Die unglaubliche Vielfalt der Andenstaaten

Die beiden Nachbarländer Peru und Bolivien sind allein schon ihrer Natur wegen einzigartig. Die mächtigen, schneebedeckten Gipfel der Anden, viele davon über 6000 m hoch, lassen nicht nur das Herz eines jeden Bergsteigers höher schlagen. Gleich mehrere Dutzend davon finden sich im beeindruckenden Huascarán-Nationalpark in der peruanischen Cordillera Blanca, aber auch die Vulkane im Umland von Arequipa, die Königskordillere entlang des Titicacasees und der 6500 m hohe Illimani, der grandiose Hausberg von La Paz, zählen zu den aufregendsten Bergformationen der Erde. Hier, in den wilden Landschaften der Anden, kann man den Kondor in seinem majestätischen Flug beobachten und Lamas, Alpakas und den grazilen Vikunjas beim friedlichen Grasen in der frischen Bergluft zuschauen.

Die tropischen Regionen der beiden ›Andenstaaten‹ halten einen ebenso sehenswerten Kontrast dazu bereit: Eine mehrtägige Expedition in den faszinierenden Manú-Nationalpark mit unberührtem Dschungel, zahllosen Tierarten, grandiosen Wasserfällen und einem Netz träger Urwaldflüsse läßt den Besucher die übrige Welt gänzlich vergessen. Ebenso eindrucksvoll ist eine Kreuzfahrt auf dem größten Fluß der Welt. Der Amazonas-Urwald ist jederzeit für eine Überraschung gut: Jaguare, Affen, Schlangen, Papageien, winzige Kolibris, Frösche, Piranhas und große Welse leben hier, doch auch sie sind zunehmend bedroht von den Brandrodungen neuer Siedler.

Peru und Bolivien können zudem auf eine überaus reiche Kulturgeschichte zurückblicken: Bereits vor der Zeitenwende fertigten die Menschen der Küste überaus kunstvolle Keramiken und Textilien, und die geheimnisvolle Verehrung eines ›Weinenden Gottes‹ findet in Tiahuanaco nahe dem Titicacasee ihren Höhepunkt. An verschiedenen Stellen kristallisierten sich einflußreiche Regionalkulturen heraus, Vorläufer des nur gut 200 Jahre bestehenden Inka-Imperiums. Mehrere noch wenig erforschte Ruinenstädte in den Bergen, im Dschungel und im baumlosen *Altiplano* lassen auf weitere Erkenntnisse über die frühe Geschichte dieser Länder hoffen – so auch hinsichtlich der mysteriösen Linien von Nazca, die vermutlich einen astronomischen Hintergrund haben.

Als Reisender trifft man an vielen Orten auf Spuren des erbarmungslosen Eroberungskrieges der Brüder Pizarro, die auf der Suche nach dem sagenhaften *El Dorado* im Auftrag der spanischen Krone das mächtige Inka-Reich besiegten. Protzige, goldüberladene Barockkirchen und elegante Herrenhäuser, aber auch verfallene Inka-Heiligtümer und -Paläste bezeugen das Wirken der Konquistadoren, die durch eingeschleppte Zivilisationskrankheiten und unmenschliche Arbeitsbedingungen Millionen von *indígenas* den Tod brachten.

Das Leben in den bolivianischen und peruanischen Großstädten zum Ende des 20. Jh. ähnelt dem vieler moderner Städte der Welt. Anders die Situation auf dem Lande: Die *campesinos,* arme Landarbeiter im Hochland und an den Ufern des 3856 m hoch gelegenen Lago Titicaca, leben kaum anders als vor 400 Jahren. Bis heute konnten sie ihren traditionellen Lebensstil, ihre Sprache, Kleidung und Gebräuche weitgehend erhalten, und auch die aus Europa importierte Religion vermischt sich immer noch mit ›archaischen‹ Glaubensformen. Während der Großteil der *campesinos* weiterhin Quinoa, Süßkartoffeln und Mais anbaut und davon mehr schlecht als recht leben kann, verdienen andere Landsleute ein Vermögen durch den Handel mit Kokablättern. Nach turbulenten Jahrzehnten der Militärregierungen und Guerillakriege haben sich in den 90er Jahren die politischen und wirtschaftlichen Verhältnisse spürbar gebessert, und so konnte auch der Tourismus einen deutlichen Aufwärtstrend vermelden.

Die Kontraste innerhalb der beiden Länder in bezug auf Natur, Klima, Topographie, Bevölkerung und Lebensart könnten kaum größer sein. Während in Lima und La Paz täglich Hunderte neuer landflüchtiger *campesinos* in die Elendsviertel der Vorstädte ziehen, leben Millionen von Menschen in den abgelegenen Dörfern des Berglandes, auf dem *Altiplano,* in den *Yungas* oder im Amazonas-Urwald auch um die Jahrtausendwende noch ohne fließendes Wasser, Strom und ausreichende ärztliche Versorgung.

Reisende erleben die einzelnen Bevölkerungsgruppen oftmals recht unterschiedlich: Weiße und Mestizen reagieren meist recht offen, kontaktfreudig und gleichzeitig sehr höflich, *indígenas* in abgelegenen Dörfern eher schüchtern und zurückhaltend. Und doch: Überall ebnet ein freundlicher Gruß wie ¡*Buenos dias!* (›Guten Tag‹) oder ¿*Qué tal?* (›Wie geht's?‹) Wege und öffnet Türen, etwa beim Fotografieren. Manch einer mag überrascht sein, wieviel Humor gerade Indianerfrauen im Umgang miteinander und mit vermeintlichen *gringos* zeigen. Insbesondere die Verkäuferinnen auf den traditionellen Märkten können sehr

herzhaft über komische Dinge und Situationen lachen. Hier wird auch das landestypische Essen angeboten: *ceviche* (roher weißer Seebarsch), *choclos* (Maiskolben, gekocht oder gegrillt), *cuy* (Meerschweinchen) und *chicha* (Maisbier) – um nur einige Beispiele aus der reichhaltigen bolivianischen und peruanischen Küche zu nennen.

Der Besuch von Indianer- und Kunsthandwerksmärkten, Gottesdiensten, Prozessionen und Wallfahrten, von Folkloreabenden und Straßenparaden gewährt Besuchern aus dem Ausland Einblick in unterschiedlichste Lebensbereiche der Menschen in den Anden. Peruaner wie Bolivianer zeigen in der Freizeit ihre Vorlieben: Sie singen und tanzen bei Konzerten und Tanzveranstaltungen gerne in geselliger Runde mit. Temperamentvoll feuern Sie beim Stierkampf die Toreros an oder beim allseits beliebten Hahnenkampf den Hahn, auf den sie gewettet haben. Am späten Nachmittag bietet zudem jede Plaza eine Bühne für jung und alt, für flanierende Liebespärchen, heiratsfähige Dienstmädchen, pfiffige Schuhputzer und zeitungslesende Rentner – und natürlich für die überall präsenten Verkäufer von Lama- und Alpakawollsachen ...

Peru: Landeskunde im Schnelldurchgang

Fläche: ca. 1,285 Mio. km^2
Einwohner: ca. 25 Mio.
Hauptstadt: Lima
Amtssprachen: Spanisch, Quechua
und Aymara
Währung: Nuevo Sol (S./)
Zeit: MEZ –6 Std.; MESZ –7 Std.

Geographie: Das drittgrößte Land Südamerikas läßt sich geographisch in drei Teile gliedern: Entlang der 2300 km langen Pazifikküste *(costa),* die 11 % der Landesfläche einnimmt, erstreckt sich ein 10–80 km breiter Wüstenstreifen, der von fruchtbaren Flußoasen unterbrochen wird. Die *sierra,* das zentrale Bergland, spaltet sich in mehrere in Nord-Süd-Richtung verlaufende Gebirgsketten auf, die Höhen bis über 6500 m erreichen. In den oft langgestreckten Andentälern wird intensiv Ackerbau betrieben. Das Amazonas-Tiefland stellt rund 60 % der gesamten Landesfläche, ist jedoch nur sehr dünn besiedelt. 42 000 km^2 (3,2 %) stehen als Naturreservate unter staatlichem Schutz.

Geschichte: Nach dem Kommen und Gehen verschiedener Kulturen, die wie die Paracas-, Nazca- und Mochica-Kultur beachtliche Leistungen in Keramik- und Textilproduktion, in der Astronomie und im Bau von Tempelanlagen vorweisen können, errichteten die Inka im 15. Jh. ihr riesiges Reich. Der spanischen Eroberung durch die Brüder Pizarro im Jahre 1533 folgten 300 Jahre Kolonialherrschaft mit unmenschlichen Lebensbedingungen für die in ihrer Zahl durch Kriege und Krankheiten drastisch dezimierten *indígenas.* Mit der Unabhängigkeit von Spanien begann 1824 für Peru zunächst eine lange politische und ökonomische Talfahrt. Der gegen Chile verlorene Salpeterkrieg (1881) und die geringe Anbindung des Hochlandes an die Städte der Küste schadeten der Entwicklung des Landes. Nach dem Zweiten Weltkrieg wechselten sich jahrzehntelang rechts- und linksgerichtete Militärregierungen ab, horrende Inflationsraten und die rücksichtslose Verfolgung politisch Andersdenkender waren an der Tagesordnung. Die Tatsache, daß der Großteil des Grundbesitzes und des Produktionskapitals sich in den Händen einer Handvoll reicher Familien konzentriert, bewirkt bis heute die ständige politische Unzufriedenheit großer Bevölkerungsteile. Die oft brutalen Aktivitäten verschiedener Guerillagruppen in den 80er Jahren verschärften das innenpolitische Ungleichgewicht. Seit 1990 amtiert der japanischstämmige, wirtschaftlich erfolgreiche Präsident Alberto Fujimori, unter dessen Regierung dem Treiben der Terroristen weitgehend Einhalt geboten werden konnte.

Wirtschaft: Peru ist bekannt für seine Gold-, Silber-, Kupfer-, Zink- und Bleiexporte, seit dem 20. Jh. wird auch Erdöl gefördert. Noch heute bestreitet der Bergbau etwa die Hälfte der Gesamtexporte des Landes, zweitwichtigster Exportzweig ist die Fischerei (13 %). Größter Handelspartner sind die USA. Etwa ein Drittel der Erwerbstätigen sind in der Landwirtschaft beschäftigt, doch erwirtschaften diese nur magere 7 % des

Bruttosozialprodukts. Ein Peruaner verdient durchschnittlich rund 1000 US-$ pro Jahr, vergleichbar mit Ecuador, Brasilien und Chile. Große Probleme verursachen weiterhin die hohe Auslandsverschuldung von etwa 32,5 Mrd. US-$ (1998) sowie eine hohe Rate der Unterbeschäftigung.

Bevölkerung: Die überwiegende Mehrheit der rund 25 Mio. Peruaner lebt in den Großstädten entlang der Pazifikküste, die gerade einmal ein Zehntel der Landesfläche einnimmt. Vor allem im Bereich der Hauptstadt Lima konzentriert sich rund ein Drittel der Bevölkerung. Im riesigen Amazonas-Tiefland leben hingegen nur 10 %. Das Bevölkerungswachstum und die andauernde Landflucht lassen die urbanen Zentren und deren Elendsquartiere weiter wachsen. Die Lebenserwartung liegt mit 67 Jahren etwa fünf Jahre unter dem europäischen Schnitt, Säuglings- und Kindersterblichkeit entsprechend darüber. Die Quechua und Aymara sprechenden *indígenas* stellen gut die Hälfte der Bevölkerung, etwa ein Drittel sind Mestizen und rund 12 % Weiße. Obwohl sich 93 % der Bevölkerung zum katholischen und 3 % zum protestantischen Glauben bekennen, vermischen sie diesen oft mit Elementen alter Naturreligionen. Die hohe Analphabetenquote konnte in den vergangenen Jahren drastisch reduziert werden: Heute können laut Statistik 89 % aller Peruaner lesen und schreiben. Offiziell besuchen zwei Drittel der peruanischen Kinder und Jugendlichen eine weiterführende Schule, ein Drittel absolviert eine Ausbildung.

Flora und Fauna: Der große Fischreichtum an der Küste Perus ermöglicht zahlreichen Seevogel- und Robbenarten ein bequemes Leben. Die Lebensbedingungen in den Anden hingegen sind meist schwieriger, denn nur wenige hochspezialisierte Tierarten wie Vikunjas, Viscachas oder Kondore können trotz der großen Höhe und der oft extremen Klimaschwankungen überleben. Auch die Pflanzenwelt beschränkt sich dort auf wenige höhen- und klimaresistente Arten, darunter so ungewöhnliche Spezies wie die Riesenbromelie *Puya raimondii*. Die größte Artenvielfalt bietet sich im tropisch-schwülen Tiefland und an den regenreichen Ostabhängen der Anden. Die Palette der ›typischen‹ Tropenfauna reicht von winzigen, bizarr geformten Insekten über Schlangen und Affen bis hin zum mächtigen Jaguar, dem ›Herrn des Urwaldes‹. Auch die Pflanzenwelt bietet ein schier unüberschaubares Kaleidoskop von Formen und Arten.

Klima und Reisezeit: Da Peru südlich des Äquators in den Tropen liegt, sind die Jahreszeiten denen in Europa entgegengesetzt. Entsprechend den drei großen Naturräumen wirken sie sich zudem unterschiedlich aus. An der Küste löst im Sommer strahlend blauer Himmel den Winternebel ab, die intensive Sonneneinstrahlung erwärmt Luft und Wasser, und für die Peruaner ist von Januar bis März Badezeit. In den Anden ist es von Dezember bis Mai hingegen feuchter und wärmer als in der restlichen Zeit des Jahres. Dort ist als Reisezeit der zwar kühlere, dafür aber regenärmere Winter (Mai–September) vorzuziehen. Entlang der Küste bedeckt dann zumindest vormittags der *garúa,* ein sich nur zäh auflösender Hochnebel, den Himmel. Im Amazonas-Tiefland und in den Ostanden fällt von Januar bis April der größte Teil des Regens, mit ausgiebigen Schauern ist allerdings ganzjährig zu rechnen.

Bolivien:
Landeskunde im Schnelldurchgang

Fläche: ca. 1,099 Mio. km²
Einwohner: ca. 8 Mio.
Hauptstadt: Sucre; Regierungssitz
ist La Paz
Amtssprachen: Spanisch, Quechua
und Aymara
Währung: Boliviano (Bs)
Zeit: MEZ –5 Std.; MESZ –6 Std.

Geographie: Den Binnenstaat Bolivien kann man in drei Landschaftsräume gliedern: Der *Altiplano,* eine Hochebene auf durchschnittlich 3800 m, ist über weite Teile fast menschenleer, nur im Bereich des Titicacasees kann mühsam Landwirtschaft betrieben werden. Das mineralienreiche Bergland spaltet sich in mehrere Ketten auf und erreicht in den Gipfeln der Königskordillere Höhen um 6500 m. In seinen zahlreichen Tälern bietet sich für die Menschen ausreichend Lebensraum. Das Tiefland stellt zwei Drittel der Landesfläche und schließt sich in seinem nördlichen Teil an den peruanischen und brasilianischen Regenwald an. Nach Süden wird die Landschaft zunehmend karger, bis man im *Chaco* einen eher trockenen Landschaftstypus erreicht.

Geschichte: Wie Peru ist Bolivien seit ca. 20 000 Jahren von Menschen besiedelt. Nach mehreren Regionalkulturen erblühte um die Zeitenwende die Tiahuanaco-Kultur südlich des Titicacasees, wo der ›Weinende Gott‹ verehrt und hervorragende Keramik produziert wurde. Die Entwicklung seit der Eroberung 1533 ähnelt der von Peru, da die beiden Länder bis zur Unabhängigkeit gemeinsam verwaltet wurden. In der Kolonialzeit konzentrierten sich die Spanier auf die Ausbeutung der Silber- und Zinnminen in Potosí. Der Unabhängigkeit (1825) folgte der 1883 verlorene Salpeterkrieg mit beträchtlichen Gebietsverlusten. Nach zahlreichen, oft nur Monate währenden Militärregierungen hat sich die innenpolitische Lage seit Mitte der 80er Jahre stabilisiert.

Wirtschaft: Mit durchschnittlich 500 US-$ Jahreseinkommen zählt Bolivien zu den ärmsten Ländern Lateinamerikas. Obwohl rund 45 % der Bolivianer in der Landwirtschaft tätig sind, erwirtschaften diese nur einen Anteil von 15 % am Bruttosozialprodukt. Der Industriesektor ist bislang noch schwach ausgebaut und bietet nur 13 % der Arbeitsplätze. Hauptexportzweig ist der Bergbau (44 %), ausgeführt werden v. a. Silber, Zinn, Kupfer, Zink, Blei und Wolfram, daneben wird Erdöl und Erdgas (14 % der Exporte) gefördert. Wie in Peru erwirtschaftet die illegale Kokaindustrie bis zu einem Viertel des Bruttosozialprodukts. Die seit langer Zeit negative Außenhandelsbilanz, Auslandsschulden in Höhe von über 5 Mrd. US-$, der hohe Anteil an Unterbeschäftigung und ein großer informeller Sektor zeugen von den immensen ökonomischen Problemen. Ebenfalls kritisch sind die extrem ungleichen Besitz- und Einkommensverhältnisse im Land: Die Schere zwischen lebensbedrohender Armut und unvorstellbarem Reichtum könnte kaum weiter auseinanderklaffen.

Bevölkerung: Die rund 8 Mio. Einwohner Boliviens können nur auf eine durchschnittliche Lebensdauer von 62 Jahren hoffen; Bolivien liegt damit weltweit am unteren Ende der Skala. Knapp die Hälfte der Bolivianer – nach anderen Angaben rund 70 % – zählen sich zu indianischen Gruppen, ein Drittel zu den Mestizen, etwa ein Viertel sind Weiße oder Kreolen. Jedes zehnte Kind stirbt bereits im ersten Lebensjahr. 63 % aller Bolivianer leben in Städten, der Trend zur Urbanisierung nimmt wegen anhaltender Landflucht weiter zu. Bolivien hat aufgrund des hohen Bevölkerungswachstums von jährlich 2,5 % sehr junge Einwohner: 42 % sind jünger als 15 Jahre. Nur die Hälfte der Bevölkerung spricht Spanisch, der Rest überwiegend Quechua und Aymara. 92,5 % aller Bolivianer bezeichnen sich als römisch-katholisch (Staatsreligion), knapp 1 % als Protestanten. Wie in Peru muß man hier jedoch die starken Vermischungen mit indianischen Religionen berücksichtigen. ›Nur‹ 15,5 % der Bolivianer bzw. 22 % der Bolivianerinnen werden offiziell als Analphabeten geführt, doch dürfte die tatsächliche Zahl noch weit darüber liegen. 34 % besuchen über die Grundschule hinaus eine weiterführende Schule, 23 % eine Berufsschule oder Universität. Die Situation auf dem Land ist geprägt von extremem Lehrermangel (oft der miserablen Bezahlung wegen), früher Kinderarbeit und fehlenden Unterrichtsmaterialien.

Flora und Fauna: Entsprechend den geographischen Naturräumen unterscheidet sich auch die Tier- und Pflanzenwelt. Während im kargen *Altiplano* nur wenige, gut angepaßte Tiere wie Lamas und Flamingos überleben können, ist die Artenvielfalt im nördlichen Tiefland, in den tropischen Tälern und an den Ostabhängen der Anden *(Yungas)* schier grenzenlos.

Klima und Reisezeit: Trotz der Nähe zum Äquator herrscht nur in einem Drittel Boliviens, in erster Linie im *Departamento* Trinidad, tropisches Klima. Im *Altiplano* überwiegen trockene und gemäßigte, in den Anden subpolare Bedingungen. Die Niederschläge im Land nehmen von Norden (2000 mm) nach Süden (600 mm) stark ab. Ideale Reisezeit für das Tiefland sind die trockeneren Monate von Januar bis Juli (bei Durchschnittstemperaturen z. B. in Sta. Cruz von 28 °C). Günstig für einen Besuch der Region La Paz sind die regenärmeren Monate März bis September, auch wenn man in dieser Zeit am Titicacasee nachts mit Temperaturen unter dem Gefrierpunkt rechnen muß.

Von der Wüste in den Urwald – Geographie

Peru, zwischen dem Äquator und dem 18. Grad südlicher Breite gelegen, ist mit einer Fläche von fast 1,3 Mio. km^2 nach Brasilien und Argentinien das drittgrößte Land Südamerikas – neben Ecuador außerdem das einzige, das sowohl über eine Meeresküste als auch über Amazonas-Tiefland und schneebedeckte Berge (mit dem größten Gletschergebiet der Tropen weltweit in der Cordillera Blanca) verfügt.

Nach langen Auffaltungsprozessen und vulkanischer Tätigkeit bildeten sich mächtige Gebirge und ausgedehnte Plateaus, massive Erosion und Vulkaneruptionen haben die heutige Topographie geschaffen. Die Erde ist in Peru jedoch keineswegs zur Ruhe gekommen: Eine entlang der Küste verlaufende Spalte in der Erdkruste, an der zwei Kontinentalplatten aufeinandertreffen, verursacht immer wieder schwere Erdbeben.

Geographisch läßt sich Peru in drei große Naturräume gliedern: die Pazifikküste *(costa),* das Bergland der Anden *(sierra)* und das tropische Tiefland *(selva).* Entlang der 2300 km langen *costa,* die rund 11 % der Gesamtfläche einnimmt, erstreckt sich ein 10–80 km breiter Wüstenstreifen. Dieser wird von etwa 40 Flußoasen unterbrochen, in denen dank künstlicher Bewässerung ausgedehnte landwirtschaftliche Zentren entstanden sind. Südlich von Lima gedeihen Weintrauben, Baumwolle, Früchte, viele Gemüsesorten und Oliven, nördlich der Hauptstadt außerdem Zuckerrohr und Reis. Die *sierra* erreicht in den verschiedenen Andenketten an mehreren Stellen über 6000 m Höhe und erlaubt in ihren langgestreckten Tälern ebenfalls ertragreichen Acker-

bau. Vorwiegend auf Terrassen bauen die *campesinos* hier bis in Höhen von über 4000 m zahlreiche verschiedene Kartoffelsorten, die einheimischen Getreidearten Quinoa und Quiwicha, wie auch Gerste und Knollenfrüchte an. Die *selva* stellt zwar 60 % der gesamten Landesfläche, ist jedoch sehr dünn besiedelt. In Peru liegt auch das Quellgebiet des Amazonas, dessen wichtigste Quellflüsse Río Marañon und Río Ucayali auf knapp 1000 km Länge fast 5000 m an Höhe verlieren, bevor der Amazonas auf den letzten 5500 km (ab Iquitos) kaum noch 120 m Gefälle aufweist. Das Klima im Amazonas-Regenwald ist tropischfeucht, bei 200 Regentagen jährlich und Durchschnittstemperaturen zwischen 20 und 30 °C. Hier wachsen Urwaldriesen wie Cecropia- und Mahagoni-Bäume in den Himmel, die Siedler bauen Kaffee, Kakao, Paranüsse, Maniok und Kokablätter (v. a. am Río Huallaga) an.

Bolivien läßt sich ebenfalls grob in drei Regionen gliedern: *Altiplano,* Bergland und Tiefland. Die beiden letztgenannten Gebiete sind in sich jedoch topographisch, vegetationsmäßig und klimatisch stark untergliedert. Der *Altiplano,* eine flache und ausgedehnte Hochebene, erstreckt sich westlich des Andenkamms in Höhen zwischen 3500 m und 4500 m und schließt mit dem Lago Titicaca auch den größten See des südamerikanischen Kontinents ein. Im Südteil der rund 200 000 km^2 großen Region, die nach Nordwesten in peruanisches Staatsgebiet hineinragt, bedecken weite Salzseen das Land; schneebedeckte Vulkane, zu deren Füßen sich zahlreiche Seen gebildet haben, markieren den Grenzverlauf zu Chile.

Der schneebedeckte Gipfel des Huascarán in der Cordillera Blanca

Die Anden, die hier wesentlich weiter landeinwärts liegen als beim Nachbarn Peru, verlaufen in zwei parallel liegenden Ketten, die an mehreren Stellen Höhen über 5000 m, im Bereich der Cordillera Real, nordwestlich von La Paz, sogar bis zu 6500 m erreichen. Zahlreiche Flußsysteme, die meistens nach Osten hin entwässern, haben teilweise schroffe Gebirgstäler geschaffen. Die besonders niederschlagsreichen Täler nordöstlich von La Paz und die dichtbewachsenen Nordabhänge der Cordillera Occidental bezeichnet man hier als *Yungas.* In Höhen zwischen 2500 m und 600 m herrscht Bergregenwald vor, darüber dominiert der Nebelwald. Das südliche Bergland ist trocken und unfruchtbar mit extremen Klimabedingungen.

Das nördlich und östlich der Anden gelegene Tiefland, hier auch *Oriente* genannt, bedeckt etwa zwei Drittel der Staatsfläche Boliviens und läßt sich in drei Hauptregionen untergliedern: Der tropische Regenwald nimmt den nördlichen Teil dieses Großraumes ein. Beherrscht wird dieses bislang nur wenig erschlossene Gebiet von großen Flüssen, wie dem Río Madre de Dios und dem Río Beni, die alle in den Río Madeira und damit in den Amazonas münden. Vor allem im Norden, an der Grenze zu Peru und Brasilien, erstreckt sich noch dichter Regenwald mit einer reichen Flora und Fauna. Südlich dieser Region liegt der ›wilde Osten‹ Boliviens, das Gebiet der Feuchtsavanne *(Pampas)*, in dem extensive Rinderzucht betrieben wird. Alljährlich steigen dort in der Regenzeit die Flüsse über die Ufer und verursachen verheerende Überschwemmungen. Noch weiter südlich liegt der *Chaco,* ein Trockenwald, der sich von Sta. Cruz bis zur weiten Ebene des Gran Chaco in Paraguay und Argentinien ausdehnt. In dieser niederschlagsarmen Dornbuschsavanne ist Landwirtschaft kaum möglich, doch verhalfen Erdöl- und Erdgasfunde dieser Region zu einem unerwarteten Aufschwung.

Klimatische Gegensätze

In Peru unterscheidet man nur zwei Jahreszeiten, die denen Mitteleuropas gegenläufig sind: als Sommer *(verano)* bezeichnet man die Zeit zwischen Dezember und April, wenn an der Küste intensive Sonneneinstrahlung Luft und Wasser erwärmt und sich am strahlend blauen Himmel keine Wolke zeigt. Tagestemperaturen von über 40 °C sind dann keine Seltenheit. Im Winter *(invierno),* von Mai bis November, hingegen bedeckt zumindest vormittags der *garúa,* ein sich nur zäh auflösender, von Smog begleiteter Hochnebel, den Himmel und sorgt für etwas Abkühlung, wenn auch bei gestiegener Luftfeuchtigkeit. Das kalte Tiefseewasser des Humboldtstroms (14 °C) hält die kühlere Luft am Boden, die kräftige tropische Sonne bildet wärmere Luftmassen in den höheren Schichten und läßt die kalte, neblige Luft nicht aufsteigen. So erreicht in dieser Zeit allenfalls ein leichter Nieselregen die Erde.

Etwa alle 15 Jahre schlägt das Küstenwetter Kapriolen, wenn eine abweichende Meeresströmung den ansonsten kalten Humboldtstrom erwärmt, wie zuletzt 1997/98. Die riesigen Anchovis-Schwärme, Lebensgrundlage für Raubfische und zahllose Vögel, müssen dann auf der Suche nach Plankton aus dem warmen Oberflächenwasser in tiefere Wasserschichten abtauchen. Pelikane, Tölpel, Möwen und Fregattvögel wandern daraufhin nach Norden oder Süden ab, Tausende von Vögeln – v. a. Jungtiere – sterben einen qualvollen Hungertod, die Netze der peruanischen Fischer bleiben leer. Wolkenbruchartige Regenfälle überfluten in dieser Zeit den zentralen und nördlichen Küstenstrei-

fen. Dieses Phänomen nennen die Einheimischen *El Niño* (›Christkind‹), weil es meist zur Weihnachtszeit auftritt. Der Regen kann in einem *Niño*-Jahr im Süden gänzlich ausbleiben, was für die Natur und den Menschen ebenfalls katastrophale Folgen hat.

Die Lage der peruanischen *sierra* in den Tropen bewirkt, daß die jahreszeitlichen Temperaturunterschiede geringer sind als die Schwankungen innerhalb eines Tages. Diese sind auch stark abhängig von den Wolkenverhältnissen, die die Temperatur mehr noch als der Sonnenstand beeinflussen. Generell kann man sagen: In den Anden sind die Sommermonate Oktober bis April feucht und warm, die Wintermonate Mai bis September dagegen trockener und kühler; in den Hochlagen sind Nachtfröste üblich. Die Tagestemperaturen in Lagen zwischen 2500 und 3500 m erreichen bei wolkenlosem Himmel leicht um die 20 °C. In den darüberliegenden Zonen kann die Quecksilbersäule tagsüber noch 15–20 °C anzeigen, nachts fällt die Temperatur jedoch meist unter Null. Das ganze Jahr über herrscht hier eine extrem starke UV-Strahlung. In den Nordanden kommt es in den Hochlagen das ganze Jahr über zu Regenfällen, in den Südanden dagegen konzentrieren sich die Niederschläge im wesentlichen auf die Monate Dezember bis März.

Im Amazonas-Tiefland und in der Ostandenregion fällt von Januar bis April der größte Teil des Jahresniederschlags, von Mai bis September regnet es seltener und weniger stark. Allerdings kann man am Amazonas, wo eine relativ gleichmäßige Jahresdurchschnittstemperatur von 25 °C herrscht, nicht von

Die wichtigsten Sehenswürdigkeiten in Peru und Bolivien

- Rundgang durch die Altstadt von Lima mit Besuch der Kathedrale und des Klosters San Francisco
- Besuch der international renommierten Museen in Lima
- Wanderungen im Nationalpark Huascarán zu Füßen der Cordillera Blanca
- Besuch der kolonialen Altstadt Trujillos und der archäologischen Stätten in der Umgebung
- Aufenthalt in den Kolonialstädten Cajamarca und Ayacucho
- Kreuzfahrt mit einem alten Flußschiff auf dem Amazonas
- Bootsfahrt zu den Islas Ballestas mit ihrer grandiosen Tierwelt
- Rundflug über die geheimnisvollen Nazca-Linien
- Bummel durch die koloniale Innenstadt von Arequipa
- Ausflug zum Cañón de Colca, der tiefsten Schlucht Südamerikas
- Besuch von Cusco mit Besichtigung der Kathedrale, des Coricancha und der Inka-Festung Sacsayhuaman
- Fahrt entlang des Río Urubamba durch das ›geheiligte Tal der Inka‹,
- Besuch des Marktes von Pisac und der Inka-Festung Ollantaytambo
- Fahrt mit der Eisenbahn nach Machu Picchu und Rundgang durch die ›Stadt in den Wolken‹
- Expedition in den tropischen Manú-Nationalpark: Dschungel pur
- Besuch des Wallfahrtsortes Copacabana und Bootsfahrt auf dem Lago Titicaca zur Sonneninsel
- Spaziergang durch die Innenstadt von La Paz mit Besuch des Indianermarktes und der Museen
- Spektakuläre Fahrt in die fruchtbaren bolivianischen *Yungas*
- Besuch des Salzsees Salar de Uyuni und Expedition in den landschaftlich beeindruckenden Südwesten Boliviens
- Besuch der Silberstadt Potosí und eines Silberbergwerks
- Rundgang durch die koloniale Innenstadt von Sucre und Besuch des Wochenmarktes von Tarabuco
- Besuch der geheimnisvollen Kultstätte Samaipata
- Rundfahrt zu den jesuitischen Missionsstationen in der Chiquitania

Klima

klar differenzierten Regen- und Trockenzeiten sprechen.

Trotz der Nähe zum Äquator wird nur ein Drittel Boliviens, vor allem die *Departamentos* Trinidad und Beni, von tropischem Klima bestimmt. Im *Altiplano* überwiegt trockenes und gemäßigtes, in den Anden gar subpolares Klima. Die Niederschläge im Land nehmen insgesamt von Norden (2000 mm) nach Süden (600 mm) stark ab. Zudem hält die Ostkordillere viel Regen ab. In La Paz verzeichnet man jährlich nur etwa 550 mm Niederschlag. Die trockensten Monate im Jahresverlauf erlebt La Paz von März bis September; tagsüber ist es dann auch ein wenig kälter als im restlichen Jahr.

Im bolivianischen Tiefland fällt die trockenere Jahreszeit auf die Monate von Januar bis Juli. In Sta. Cruz herr-schen dann Durchschnittstemperaturen von 28 °C, nachts kühlt es nur wenig ab. In Trinidad dagegen fallen im Januar die meisten Niederschläge – durchschnittlich 260 mm. Von April bis September bewegt sich dort die monatliche Regenmenge zwischen 20 und 50 mm.

Tölpel, Lamas, Orchideen – Flora und Fauna

Beide Länder verfügen über ein enorm breites Spektrum an Pflanzen und Tieren. Der **Pazifik** vor Peru ist der Lebensraum für Seeigel, Seesterne, Krebse, Algen, Plankton und viele weitere Mikroorganismen. Riesige Schwärme von Anchovis, einer kleinen Sardellenart, ernähren sich von dem im kalten Wasser schwebenden Plankton. Anchovis wiederum bilden die Lieblingsspeise des Bonitos, einer Thunfischart, der seinerseits Pinguinen, Pottwalen und Meerottern als Nahrung dient. Auf den vorgelagerten Inseln finden Seelöwen, riesige Kolonien von Perutölpeln, Pelikane, Inkaseeschwalben und Kormorane einen idealen Lebensraum.

Im **Hochland** von Peru und Bolivien überwiegt die kleinwüchsige Flora. Viele Arten von Süß- und Horstgräsern (die Hauptnahrung der Kamelartigen), Kräuter, Flechten und Moose haben sich hervorragend an das Klima der Anden angepaßt. Auch Polsterpflanzen wie Nelkengewächse und mehrere *Polylepis*-Arten (Rosengewächse) sind hier heimisch. Die erstaunlichste endemische Pflanze ist wohl die bis zu 10 m hohe Riesenbromelie *Puya raimondii,* deren Nektar auch in Höhen um 4000 m noch viele Kolibris anlockt (s. S. 104).

Das majestätischste und charakteristischste Tier der Anden ist zweifellos der Kondor (s. S. 164). Mit seinen riesigen Schwingen läßt er sich von der Thermik hoch in die Lüfte tragen. Von dort vermag er eine ganze Reihe Tiere zu beobachten: Den *taruka* (Andenhirsch), Weißwedelhirsche, Andengänse, Flamingos (an den Seen) und den Andenfuchs, der gelegentlich auch junge Schafe oder Ziegen reißt. Andenwiesel und Viscachas lieben eine felsige Umgebung: Morgens und kurz vor Sonnenuntergang legen sich die Viscachas zum Aufwärmen in die Sonne und geben Pfeiflaute wie Murmeltiere von sich. Sie werden bis zu 30 cm lang, ihr buschiger Schwanz mißt nochmals etwa 20 cm. Ihre flauschigen, aber sehr nässeempfindlichen Felle waren und sind überaus begehrt und daher entsprechend teuer. Die ebenfalls hier heimischen Meerschweinchen *(cuy)* trifft man heute vorwiegend als domestizierte Version an: Sie wuseln durch Küche und Wohnzimmer in den Hütten der *campesinos* und landen bei besonderen Anlässen auch in deren Bratpfanne. Sehr selten sind inzwischen die einst über ganz Amerika verbreiteten Pumas geworden. Zurückgezogen leben noch wenige Exemplare des ›Berglöwen‹ in abgeschiedenen Regionen der Anden.

Der **tropische Regenwald** in Peru und Bolivien beheimatet eine enorme Anzahl von Pflanzen und Tieren. Auf einem Hektar Urwaldboden wachsen alleine 300–500 Baumarten, darunter bis zu 60 m hohe Cecropia-Bäume sowie Mahagoni und andere Edelholzarten. Unzählige Epiphyten, *Bromeliaceen* (Ananasgewächse), Orchideen und Palmen geben dem Dschungel sein unverwechselbares Aussehen. Pflanzen und Tiere sind hier bestens aufeinander abgestimmt, leben voneinander bzw. füreinander. Der Großteil der Fauna im tropischen Regenwald ist an den Amazonas und seine zahllosen Nebenflüsse gebunden. Kaimane beispielsweise lauern in Sümpfen und an sandigen Flußufern ihrer Beute auf. Auf festem Boden leben

dagegen Tapir, Stachelschwein, der gefleckte Ozelot und der als Symbol von Kraft und Magie verehrte Jaguar. In den Flüssen schwimmen über 1500 Arten Süßwasserfische, darunter die berüchtigten Piranhas. Doch nur eine von etwa 30 Arten, der Rote Piranha, hat den allgemein schlechten Ruf dieser Gattung zu verantworten: Mit ihrem furchterregenden Gebiß mit messerscharfen Zähnen reißen sie, vom Blut angelockt, insbesondere kranke und verletzte Fische, aber auch Aas und Jungtiere, die ins Wasser fallen. Piranhas gelten wie die Geier als wichtige Abfallverwerter. Von Mensch wie Tier gefürchtet sind ferner der Elektrische Aal und der Süßwasserrochen mit seinem giftigen Stachel. Der Arapaima *(paiche)* dagegen, der bis zu 150 kg schwere und bis zu 3 m lange größte Süßwasserfisch der Welt, ist in

Helikonie

Roter Ara

Die Kamele der Anden

Im zentralen Andenraum leben heute vier verschiedene Arten von Kamelarten: die beiden Wildformen Vikunja und Guanako sowie die domestizierten Arten Lama und Alpaka. Die frühen Jäger und Sammler haben vermutlich mit der Domestikation von Lama und Alpaka bereits vor 9000 Jahren begonnen. Alle vier Arten sind auch heute noch untereinander kreuzungsfähig. Kleiner als ihre afrikanischen und asiatischen Verwandten, sind sie an Topographie und Klima ihres Lebensraums bestens angepaßt: Sie leben auf Höhen zwischen 2300 und 4000 m in zum Teil sehr unwegsamem Gelände und können bis zu vier Tage ohne Wasser auskommen. Auch stellen sie bei der Ernährung keine großen Ansprüche und verdauen das harte Gras der Hochanden in ihrem großen Magen gründlicher als andere Tiere. Anders als Kamele kann man die südamerikanischen domestizierten Arten weder als Zugtiere in der Landwirtschaft einsetzen, noch liefern sie Milch – dafür aber Wolle und Fleisch.

Das **Lama** ist das Wappentier Perus. Die bis zu 2 m langen, 1,25 m hohen und maximal 150 kg schweren Tiere sind sehr anpassungsfähig und können auf Höhen zwischen 2000 und 5000 m leben, solange die Luftfeuchtigkeit dort nicht zu hoch ist. Einfarbig weiß oder auch braun, gefleckt oder gescheckt, tragen sie ihr Junges, das bei der Geburt 10–15 kg wiegt, ein ganzes Jahr aus. Bei günstigen Lebensbedingungen

können Lamas 20 Jahre alt werden. Die nur bei Gefahr spuckenden Tiere sind vielseitig einsetzbar und verwendbar: Schon lange vor der Inka-Zeit trugen sie täglich Lasten von 30–35 kg über eine Distanz von bis zu 20 km. Ihr Mist dient als ausgezeichneter Dünger in der Terrassenwirtschaft und als Brennstoff, und nach der Schlachtung finden auch ihr Fell, das Körperfett und die Knochen praktische Verwendung. Lamawolle verarbeiten die *indígenas* seit Jahrtausenden zu grober Kleidung, Tauen, Teppichen und Getreidesäcken. Das Fleisch kann man zwar essen, es gilt jedoch als recht zäh und wenig schmackhaft.

Es ist nicht immer einfach, Lamas auf den Feldern der *campesinos* von **Alpakas,** der anderen domestizierten Art, zu unterscheiden. Das Alpaka ist kleiner, hat einen kürzeren und dickeren Hals sowie breitere und kleinere Ohren als das Lama. Das Fell ist bei den Alpakas meist dichter, und auch der Gesichtsbereich ist behaart. Alpakawolle ist deutlich feiner, weicher und wesentlich wertvoller als die Wolle des Lamas, und auch das Fleisch dieser Tierart ist sehr viel schmackhafter.

Das wildlebende, menschenscheue **Vikunja** kommt in Höhen bis zu 550 m in trockenen wie in feuchten Gebieten vor und produziert die wohl feinste Wolle des gesamten Tierreichs. Bereits die frühen Jäger und Sammler schätzten das aus besonders kurzen Haaren bestehende Fell sehr. Die Inka fingen in jedem Frühjahr Vikunjas ein, schoren sie und ließen sie danach wieder frei. Kleidung aus Vikunjawolle zu tragen war ein Privileg des Inka-Adels. Das Vikunja ist in den letzten Jahrhunderten seines sehr zarten, schmackhaften Fleisches und seiner hohen Wollqualität wegen stark dezimiert worden und war lange Zeit vom Aussterben bedroht. Heute gibt es wieder einen steigenden Bestand, in einzelnen Schutzgebieten wie den ausgedehnten Pampas Galeras im Hinterland von Nazca und der Laguna de Salinas bei Arequipa lassen sich die eleganten Tiere meist gut beobachten.

Das ebenfalls scheue, grazile **Guanako** trägt ein wesentlich helleres Fell als sein kleinerer Verwandter. Es erreicht eine Schulterhöhe von 1,10 m und bevorzugt trocknere Regionen wie die *Puna,* den bolivianischen *Chaco* und die menschenleeren Weiten des subpolaren Argentinien, Chile und Feuerland. In manchen Regionen wurde das Guanako bereits wegen seines exzellenten, dem Rotfuchs ähnlichen Fells ausgerottet. Die Weibchen leben in kleinen Gruppen mit einem dominanten Männchen zusammen. Die Tiere verständigen sich mit wiehernden Lauten, die sowohl als Warnrufe als auch der Kommunikation zwischen Männchen und Weibchen dienen.

Klaus Boll

den Siedlungen entlang des Amazonas sehr beliebt – als Ergänzung des Speiseplans.

Seltener geworden sind in den letzten Jahrzehnten die Seekuh und der rötliche Flußdelphin im Amazonas. Die bis zu 9 m lange Anaconda ist das auffälligste hier lebende Reptil und kann ihre Beute tödlich umarmen – selbst ausgewachsene Kaimane sind vor ihr nicht sicher. Wie die ebenfalls am Amazonas lebende Boa zählt sie zu den Würgeschlangen. Effektive Fangmethoden hat auch der Buschmeister: Sein Giftzahn tötet jedes Beutetier innerhalb weniger Minuten. Die Vogelwelt des tropischen Regenwaldes beherrscht der kräftigste Adler der Welt, die Harpyie. In den Bäumen schwirren Papageien, Stirnvögel und Kolibris, Ameisenvogel, Tukan und Türkisvogel. Am Wasser leben dagegen der Riesenstorch Jabiru und der Schlangenhalsvogel, ein erfolgreicher Taucher, der an den Ufern der Wasserläufe seine Flügel trocknet. Mehrere Affenarten, darunter Woll-, Klammer- und die lautstarken Brüllaffen, bevölkern die mächtigen Baumriesen des Urwaldes, wo auch die Faultiere die meiste Zeit ihres Lebens verbringen. Ebenfalls in das komplexe ökologische System tropischer Regenwälder gehören ungezählte Käferarten, Termiten, Ameisen, Schmetterlinge, Zikaden, Spinnen, Würmer und viele weitere Kleinlebewesen.

Vorwiegend in den trockeneren Gebieten der Anden zu sehen sind Leguane. Die sich träge bewegenden, Blätter, Früchte und Aas fressenden Tiere können bis zu 2 m lang und einen Zentner schwer werden. Im Nebelwald zu Hause ist der mächtige Brillenbär, die einzige in Südamerika heimische Bärenart, der sich von Waldbeeren, Gras, Früchten, kleinen Tieren und Maiskolben ernährt.

Von Chavín zur Republik – Geschichte und Kultur

Die Anfänge

Die heutigen Bewohner Perus können auf eine jahrtausendealte Kultur zurückblicken, die ihren Ursprung vor etwa 30 000 Jahren in der Wanderung der ›ersten Amerikaner‹ über die Bering-Straße hat. Etwa 10 000 Jahre später erreichten diese nomadischen Jäger und Sammler die peruanische Küste und die Anden. Felsmalereien in den Höhlen von Lauricocha im Nordosten Perus mit Szenen aus ihrem Jagdalltag datieren auf etwa 8000 v. Chr. Die frühen Peruaner lebten zwar weiterhin nomadisch, begannen jedoch um 3000 v. Chr. mit systematischem Ackerbau und der Domestizierung von Lamas, die man als Tragtiere und Fleischlieferanten nutzte. Neben Getreide, Wild, Früchten, Wurzeln und Beeren ernährten sie sich von den reichen Fischgründen des Pazifiks.

Erstmals seßhaft machten sich die Ureinwohner Perus in den fruchtbaren Wüstentälern der Küste, die eine ganzjährige Versorgung mit Wasser boten. Erste nennenswerte Zivilisationen entstanden um 2500 v. Chr.; rund 700 Jahre später waren einige Stämme bereits bis an den Fuß der Berge gezogen und hatten Gebirgsflüsse zur Bewässerung ihrer Felder zu nutzen begonnen. Damit waren sie nicht mehr abhängig von den spärlichen Niederschlägen und den wenigen Oasen der Küstenwüste. Hier zog man nun Bohnen, Avocados, Paprika, Kürbisse, Erdnüsse, Baumwolle und später auch den in Mexiko erstmals kultivierten Mais. In diese expansive Zeit fielen die Entwicklung der Webkunst und die Erfindung der Keramik. Die Religion der frühen Bewohner Perus war von intensiven astronomischen Beobachtungen geprägt. Ein aufwendiger Totenkult, der für viele Jahrhunderte die geistige Kultur der Altperuaner prägen sollte, ging einher mit dem Bau riesiger Pyramiden aus Adobe, luftgetrockneten Lehmziegeln.

Im zweiten vorchristlichen Jahrtausend entwickelten sich nun auch im Hochland kleine menschliche Gemeinschaften – die ›Sierra-Kulturen‹. Sie domestizierten das Meerschweinchen, neben dem Lama wichtigster Fleischlieferant, und bauten Getreide, Kartoffeln und an den subtropischen Ostabhängen der Anden auch Kokablätter an. Im Trujillo-, Moche- und Casma-Tal nördlich der heutigen Hauptstadt lassen sich mächtige Plattformbauten, Halbreliefs und bearbeitete Monolithe nachweisen. Auch abgesenkte kreisförmige Innenhöfe, erste Darstellungen von Raubkatzen und die lange dominierende Steigbügelkeramik tauchen in diesen Kulturen zum ersten Mal auf.

Frühe Hochkulturen: Chavín de Huántar und Paracas

Die zahlreichen Erfindungen, technischen Neuerungen und religiösen Besonderheiten erlebten wahrscheinlich ihren Höhepunkt in der **Chavín-Kultur** zwischen 1400 und 400 v. Chr. Benannt ist der Kulturkreis nach dem Fundort Chavín de Huántar (s. S. 105 ff.), unweit von Huaraz in der Cordillera Blanca gelegen. Zu diesem Heiligtum pilgerten die Menschen von weit her, um dort ihren Göttern zu huldigen, die als fauchende Jaguare, gefräßige Kaimane und zähnefletschende anthropomorphe Figuren auf Monolithen wie etwa dem berühmten Tello-Obelisken abgebildet sind. Erstmals kam hier auch die Keramik zu einer Blüte. Die Entdeckung des Kotosh-Tempels bei Huánuco und die Freilegung des Heiligtums von Cumbe Mayo nahe Cajamarca bezeugen die Verbreitung der Chavín-Kultur über das gesamte Hochland Zentralperus.

In einer späten Phase von Chavín, etwa von 700 v. Chr. bis 100 n. Chr., gipfelte der Totenkult in der ›**Nekropole von Paracas‹.** Auf der aus reiner Sandwüste bestehenden Halbinsel Paracas, etwa 200 km südlich von Lima (s. S. 146), bestatteten die Menschen ihre Priester und Adligen standesgemäß in Grabkammern. Zunächst mumifizierten sie den Leichnam, legten ihm dann feinste Textilien an, banden alles zu einem kompakten Bündel zusammen und schmückten es mit Gold- und Silberfiguren. Bevor sie die Erdhöhlen verschlossen, legten sie der Mumie Essen und Getränke in Tongefäßen sowie Waffen für ihre Reise in das Totenreich bei. Funde belegen, daß diese Kultur bereits

›Nagelkopf‹ in Chavín de Huántar

die Technik von Gold-Silber-Legierungen sowie das Schweißen und Löten beherrschte. Andere Beispiele von Grabbeigaben weisen auf Handelsbeziehungen zu Siedlungen in den Hochanden, entlang der Nordküste und sogar in Amazonien hin.

Die Zeit der Regionalkulturen

In den einzelnen Regionen Perus entstanden in der frühen Zwischenperiode (200 v. Chr.–600 n. Chr.) verschiedene Regionalstile, bevor sich die Huari-Kultur und das Chimú-Reich zu Vorläufern des Inka-Imperiums entwickeln konnten. Hauptfundort der **Vicús-Kultur,** der nördlichsten dieser Regionalkulturen, ist ein ausgedehntes Gräberfeld unweit der nordperuanischen Stadt Piura. Die Menschen der Vicús-Kultur hatten ihren Verstorbenen Werkzeuge und Waffen aus Kupfer, zahlreiche Brustplatten, Nasen- und Ohrringe aus vergoldetem Silber und Kupfer-Gold-Legierungen sowie Gesichtsmasken aus Goldblech ins Grab gelegt. Das feuchtwarme Klima zerstörte im Laufe der Zeit die Überreste der Wohnhäuser und Tempel, so daß über diese Bereiche der Kultur keine nennenswerten Aussagen gemacht werden können. Archäologen förderten in dem Gräberfeld aber bemalte Keramiken zu Tage, die Ähnlichkeiten zur Mochica-Kultur aufweisen und in der damals gängigen Spiralwulsttechnik gefertigt wurden.

800 km nördlich von Lima erblühte zwischen 200 und 600 eine weitere bemerkenswerte Kultur, die Moche oder **Mochica,** benannt nach dem Hauptfundort Moche bei Trujillo. Sie entwickelten die künstliche Bewässerung weiter: Über bis zu 150 km lange, von Hand

Keramikgefäß der Mochica-Kultur

aus wurde Fisch- und Walfang betrieben, und an der Pazifikküste sowie auf vorgelagerten kleinen Inseln machte man Jagd auf Robben. Die Mochica galten als kriegerisches Volk, ihre Armee war gut ausgerüstet und bestens trainiert. Die furchterregende Kleidung und das mächtige Getöse ihrer Waffen und Rüstungen beim Marschieren jagten ihren Gegnern Furcht und Schrecken ein. Die Unterlegenen wurden entweder versklavt oder gleich zerstückelt.

Auch beim Bau von Pyramiden setzten die Mochica neue Maßstäbe: Die Huaca del Sol (›Sonnenpyramide‹) südlich von Trujillo mißt stattliche 40 m Höhe, 160 m Breite und 340 m Länge! Die Mochica bauten diese gigantischen Pyramiden zu Ehren der Sonne und des Mondes. Priester und Fürsten verpflichteten Tausende von Arbeitskräften für diese Aufgaben; allein die Sonnenpyramide besteht aus mehr als 100 Mio. Lehmziegeln. Möglicherweise fanden an diesen Heiligtümern rituelle Menschenopfer statt. Die Mochica schufen Keramikgefäße, die sich durch überaus realistische Darstellungen von Menschen und religiösen Kulten auszeichnen. Insbesondere Alltagsszenen wie Geburt, Liebesakt und Tod verraten uns heute Details über diese schriftlose Kultur. Die große Anzahl fast identischer Keramikfiguren erklärt man sich aus der Herstellungsmethode nach Modellvorlage. Der Bau massiver Grabmäler war ebenfalls charakteristisch für dieses Volk. Der 1987 entdeckte ›Herr von Sipán‹ (s. S. 120) bestätigt die Existenz machtvoller Fürsten während der Blütezeit dieser Kultur. Goldene Brustplatten und Masken, Halsketten aus Gold- und Silberperlen, Kronen, Rasseln aus getriebenem Gold, goldene Messer und kostbare Trinkgefäße bezeugen die Metallschmiedekunst der Mochica.

gemauerte oder in den Fels geschlagene Kanäle lief das kostbare Wasser aus den Anden zu ausgedehnten Mais-, Paprika-, Bohnen- und Kürbisfeldern und versorgte die Menschen ganzjährig mit Nahrungsmitteln. Das Staatswesen der Mochica war straff organisiert; Priester und eine Kriegeraristokratie führten die strenge, nach Berufen gegliederte Hierarchie an, Sklaven und Kriegsgefangene bildeten die unterste soziale Schicht. Im Alltag waren die sozialen Rangunterschiede vor allem an der Kleidung und an den Wohnbauten sichtbar. Im ›Dienst‹ trugen viele Menschen Tiermasken, die ihre Funktion symbolisierten: Der Priester glich so einem kraftvollen Jaguar, der Laufbote einem schnellen Vogel und der Diener einem devoten Leguan. Das einfache Volk der patriarchalischen Mochica-Gesellschaft lebte in Fischerdörfern. Von Binsenbooten

Zwischen 400 und 600 entwickelte sich in den Flußtälern in der Gegend der heutigen Hauptstadt Lima eine Kultur, die zwar aller Wahrscheinlichkeit nach nicht wie andere Ethnien zu dieser Zeit über Metallwerkzeuge und feine Textilien verfügte, dafür aber über einen besonderen Stil in der Herstellung von Tongefäßen. Die Keramik dieser **Lima-Kultur** zeichnet sich durch einen orangen Farbton und geometrische Linien in weißer, schwarzer und roter Farbe aus. Viele Tongefäße hatten – ähnlich wie die Keramik der Nazca-Kultur – zwei Ausgüsse, die durch einen Bügel miteinander verbunden waren. In anderer Hinsicht orientierten sie sich mehr an Vorbildern aus der Mochica-Periode: Mehrere erhaltene Keramiken stellen Nutzpflanzen und Menschen dar.

Eine weitere beachtliche Kultur, die **Nazca-Kultur,** blühte etwa zeitgleich mit der Mochica-Kultur zwischen der Zeitenwende und 600 im südlichen Küstenbereich auf. Die Oase von Nazca bot die Grundlage für eine dauerhafte Besiedlung durch intensive Nutzung der reichen Böden. Der prägende Einfluß der Chavín-Kultur hatte zwischenzeitlich deutlich an Intensität nachgelassen. In Nazca entstanden die berühmten Linien und Tierdarstellungen im Wüstensand (s. S. 150 f.). Zudem steht diese Kultur für hervorragende Webarbeiten, mit denen die Menschen ihre Toten bestatteten; Vorbild für diese Kunst war sicherlich die vorangegangene Paracas-Kultur. Die zunächst in nur wenigen (jetzt eingebrannten) Farben bemalte Bandkeramik machte Fortschritte: Die Nazca entwickelten bei ihren Gefäßen einen Doppelausguß mit einem dazwischenliegenden Bügelgriff und eine erstaunliche Farbenvielfalt. Weitere Charakteristika dieses Kulturkreises sind massive Adobetempel und die im Kampf gegen andere Stämme gesammelten Trophäenköpfe der Unterlegenen.

Die Täler am Fuße der Cordillera Blanca hatten bereits vor mehreren tausend Jahren den Menschen eine bescheidene, aber solide Lebensgrundlage ermöglicht. Von der Zeitenwende bis 600 konnte im Tal des Río Santa eine Zivilisation entstehen, die trotz ihrer Nähe zum Siedlungsgebiet der Mochica andere Lebensformen entwickelte: die **Recuay-Kultur.** Erkennbar ist dies unter anderem an lebensgroßen Steinreliefs, die Menschen und Raubkatzen abbilden – eine Reminiszenz an die längst untergegangene Chavín-Kultur, die ebenfalls in diesem Gebiet bestand. Auch die Keramik hebt sich von der Mochica-Töpferei ab. Im Santa-Tal überwiegen dünnwandige, helle Tongefäße und Figuren, die meist schwarz, weiß und rot bemalt waren. Neben geometrischen Linien zeigt die weniger realistisch gehaltene Bemalung Jaguare, Vögel und Schlangen. Wegen des feuchten Klimas in den Hochtälern sind jedoch nur sehr wenige andere materielle Zeugnisse der Recuay-Kultur erhalten, so daß viele Fragen wohl für immer unbeantwortet bleiben.

Der Mittelhorizont: Huari und Tiahuanaco

Nachdem sich der Einfluß der Mochica in Nordperu und die prägende Kraft der Nazca im Süden im 7. Jh. aufgelöst hatten, konnte die ehemalige Großstadt **Huari** (auch: Wari) bei Ayacucho rund 500 Jahre lang der kulturellen Entwicklung großer Teile Perus neue Impulse geben. Es handelte sich somit nicht mehr um eine regional begrenzte Kultur, sondern um ein erstes ›panperuanisches‹ Reich. Da insbesondere die Keramik der Huari-Menschen große Ähnlichkeiten mit der aus **Tiahuanaco** nahe dem Titicacasee aufweist (s. S. 222 ff.), werden beide Zentren von vielen Archäologen als eng verwandt betrachtet, als gemeinsamer Kulturraum.

Allem Anschein nach waren die religiösen Vorstellungen stark vom Glauben

Goldmaske der Tiahuanaco-Kultur

an böse Geister geprägt, denn die meist dünnwandigen Tongefäße der Huari/Tiahuanaco-Kultur sind auffallend oft mit Dämonendarstellungen geschmückt. In der Architektur zeichneten sich die Huari durch den Bau solider Wohnhäuser und die Konstruktion bis zu 10 m hoher Tempel aus. Geradezu perfektionistisch gingen sie auch bei der Anlage von schmalen Kanälen zur künstlichen Bewässerung vor: Die Berechnung der Breite und ihrer Neigung könnten heute nicht besser sein. Technische Neuerungen in der Landwirtschaft führten zu ungewöhnlich hohen Erträgen. Die Huari entwickelten das System der sogenannten *camellones,* bei dem sie Wasser zwischen erhöhte Beete leiteten. Das Wasser gab den Pflanzen ausreichend Feuchtigkeit, erwärmte sich tagsüber in der Andensonne und hielt in den kühlen Gebirgsnächten diese Temperatur. Damit verdoppelte sich die tägliche Wachstumszeit der Kartoffeln, der Quinoa und des Gemüses.

Das Chimú-Reich, Vorgänger der Inka-Kultur

Der Legende nach gründete König Tacaynamú das Reich der Chimú, nachdem er, mit einem Balsafloß über den Pazifik gekommen, nahe der heutigen Stadt Trujillo angelandet war. Die Chimú erlebten die Blütezeit ihrer Kultur von 1000 bis 1450 und zählten kurz vor der Eroberung ihres Reiches durch die Inka vermutlich über 40 000 Menschen; sie waren somit die zahlenmäßig größte Prä-Inka-Kultur. Ihr Siedlungsraum erstreckte sich über das Gebiet der früheren Mochica hinaus entlang der Küste bis hinauf zur heutigen Grenze zu Ecuador. Regiert wurden die Chimú von 18 aufeinanderfolgenden Königen; der letzte wurde von den Inka gefangengenommen und nach Cusco versetzt, wo er als Faustpfand seines Volkes fungierte.

Chan Chan bei Trujillo bauten die Chimú zu ihrer Kapitale aus und schützten sie durch eine massive, bis zu 7 m hohe Mauer. In dieser Stadt lebten auch die zahlreichen königlichen Handwerker (Metallschmiede, Tontöpfer und Weber) in fein säuberlich abgeteilten Wohnblöcken. Aus noch unbekannten Gründen scheint in der Religion der Chimú der Mond, nicht die Sonne, die zentrale Gottheit gewesen zu sein, was auch zum Bau riesiger Mondpyramiden führte. Während der Blütezeit der Chimú-Kultur erreichte die Goldschmiedekunst eine bislang nicht gekannte Perfektion. Dies wußten auch die Inka, und als sie Mitte des 15. Jh. endgültig das Chimú-Reich unterworfen hatten, holte man die besten Goldschmiede an den Hof nach Cusco, um dort von deren Fähigkeiten zu profitieren.

Das Reich der Inka

Der Ursprung des mächtigen Inka-Reichs ist in Form einer Legende beschrieben. Ihrzufolge stiegen der erste Inka, **Manco Capac,** und seine Schwester-Gemahlin **Mama Ocllo** um 1200 im Auftrag des Sonnengottes auf der Isla del Sol im Titicacasee auf die Erde nieder. Sie sollten sich an der Stelle ansiedeln und ein Reich gründen, an der ihr herrschaftlicher Stab leicht in den Boden eindrang. Dies gelang erst nach einer langen Wanderung 300 km weiter nördlich im Tal von Cusco. Ihre Nachkommen nannten sich selbst ›Söhne der Sonne‹ und machten sich bald alle Stämme der näheren Umgebung untertan. Ihr Einflußbereich ging jedoch in den ersten 200 Jahren nicht über das Tal von Cusco hinaus. In dieser Zeit hatten sieben Inka-Herrscher nacheinander regiert, doch erst dem achten Inka, Huiracocha (1410–1438), gelangen erfolgreiche Eroberungszüge im Hochland. Sein Sohn **Pachacutec Yupanqui** (›Der Erderschütterer‹; 1438–1471), der das Inka-Imperium um ein mehrfaches vergrößerte, entwickelte sich zum wichtigsten Inka der insgesamt nur ca. 230 Jahre bestehenden Dynastie. Auch Pachacutecs Sohn **Tupac Yupanqui** (1471–1493) konnte das Inka-Reich nochmals gewaltig ausdehnen: Er eroberte die südliche peruanische Küste, Gebiete im heutigen Bolivien, Argentinien und Chile sowie große Teile Nordperus und Ecuadors. Der elfte Inka, **Huayna Capac** (1493–1527), verwaltete bereits ein Reich,

das von Norden nach Süden 4000 km maß, vergleichbar mit der Strecke vom Nordkap bis nach Kairo. Ihm gelang es zwar immer wieder, Aufstände im Norden niederzuschlagen, doch starb er 1527 eines bislang ungeklärten Todes: Entweder wurde er vergiftet oder von einer Pockenepidemie dahingerafft. Kurz zuvor war eine verwegene Gruppe von Draufgängern um die Brüder Pizarro in Tumbes nahe der Grenze zu Ecuador an Land gegangen.

Im Inka-Reich existierten nur wenige nennenswerte Städte. Der überwiegende Teil der Bevölkerung lebte in kleinen Dörfern und ernährte sich durch straff organisierten **Feldbau.** Getreide, wie die feinkörnige, goldgelbe Quinoa, und etwa 300 Kartoffelsorten bildeten die Grundnahrungsmittel. Daneben zog man Baumwolle, Wurzelpflanzen, Bohnen und Gewürzkräuter. In den warmen Regionen entlang der Küste und östlich der Anden gediehen vielerlei Früchte. Im ›geheiligten Tal der Inka‹ gab es Versuchsfelder, auf denen der Anbau neuer Produkte getestet werden konnte. Die hervorragende Bodenqualität, die vielen sonnigen Tage, die milden Nächte und die ganzjährige Wasserversorgung durch den Río Urubamba ließen die Nutzpflanzen prächtig gedeihen.

Jeder einzelne hatte im Inka-Staat eine bestimmte Aufgabe in der Landwirtschaft zu erfüllen. Der Inka selbst nahm zu Beginn der Saatzeit einen eigens dafür hergestellten goldenen Grabstock in die Hand und setzte die ersten Körner, bevor die in Dorfgemeinschaften lebenden Bauern im gesamten Reich ihrerseits mit der Aussaat beginnen konnten. Jede Stadt, jedes Heiligtum, jede Festung der Inka war von zahlreichen Terrassen umgeben, die oftmals bis in schwindelnde Höhen reichten. Ein sehr effektives Bewässerungssystem ga-

Der Inka-Staat

Ein Reich von der Größe Tahuantinsuyos (1,7 Mio. km²), mit seiner ethnischen, sprachlichen und religiösen Vielfalt, mit größten klimatischen und topographischen Gegensätzen sowie schier undurchdringlichen Regionen, konnte nur mittels einer straff organisierten Staatsform regiert werden. An der Spitze des Inka-Staats thronte der gottgleiche *Sapan Inca* mit seiner Schwester-Gemahlin *Coya.* Der Inka war zudem mit zahlreichen Nebenfrauen verheiratet, die ihm viele Kinder gebären sollten. Eine Stufe unterhalb des Inka standen drei Formen von Adligen: der erbliche Adel, der Amtsadel und die alte Aristokratie der eroberten Gebiete. Ihnen allen waren vom Inka bestimmte Privilegien verliehen worden. Sie durften als einzige im Reich die seltene und bereits damals überaus wertvolle Wolle des Vikunjas sowie bestimmte aufwendige Kleider und Frisuren tragen und Kokablätter kauen. Den Männern war es zudem erlaubt, mehrere Frauen zu haben. Diese rekrutierten sich meist aus den Sonnenjungfrauen, den *acllacuna,* die ein isoliertes Leben in Tempeln und Adelspalästen fristeten.

Auch die Jagd, meist Treibjagden, bei denen nur männliches Wild erlegt wurde, war ein Privileg des Inka-Adels. Die zahlreichen Bevorzugungen brachten jedoch die Verpflichtung zu besonderer Loyalität gegenüber dem Staat mit sich: Verstieß ein Inka-Beamter gegen die Gesetze, wurde er härter bestraft als ein einfacher Bauer: Das Entfernen eines Auges für Korruption im Dienst ist nur ein Beispiel dafür.

Der erbliche Adel, der sich aus Verwandten des Inka-Herrschers zusammensetzte, berief sich auf seine Abstammung vom legendären ersten Inka, Manco Capac. Nur etwa zehn königli-

rantierte in den meisten Gebieten planmäßige Ernten. Die aufwendige, aber überaus meisterhafte Terrassierung steiler Hänge erlaubte den Inka eine geregelte künstliche Bewässerung und verhinderte die durch Wolkenbrüche, starke Winde und Bergrutsche drohende Erosion. Ebenfalls sehr vorteilhaft wirkten sich die gezielte Düngung (z. B. mit Guano) und die Anlage großer Getreidespeicher aus. Zudem mußte jede Familie kleinere Notrationen in Tongefäßen lagern. Viehzucht betrieben die Inka nicht nur zur Fleischproduktion, sondern auch zur Züchtung kräftiger Tragtiere. Die knapp drei Zentner schweren Lamas können Lasten bis zu 35 kg täglich bis zu 20 km weit selbst auf schwindelerregend schmalen und hochgelegenen Bergpfaden transportieren. Auch im Bergbau waren die Inka erfolgreich: Sie förderten in zahlreichen Minen ihres Reiches Gold und Silber, gruben nach Kupfer und Zinn, das sie zu Werkzeugen, Haushaltsgeräten und Waffen verarbeiteten.

che Familien (panacas) bildeten diesen erblichen Adel, dessen Aufgabe es war, die Mumien der verstorbenen Inka zu pflegen und in umfangreichen Ritualen zu verehren. Der Amtsadel bestand aus Staatsbeamten, die im Laufe ihres Dienstes besondere Auszeichnungen erhalten hatten und dadurch in diesen privilegierten Stand aufgestiegen waren. Sie waren in großen Sippen (ayllus) zusammengeschlossen, verfügten über nennenswerten Landbesitz und dienten dem Inka-Staat im religiösen und ökonomischen Bereich.

Unterhalb des Adels existierten noch die yanakuna, meist Diener der erblichen Adelsfamilien. Sie waren zwar nicht lebenslang an ihren Dienst gebunden, konnten jedoch durch besondere Leistungen in den Amtsadel aufsteigen. Das Erlernen der Kriegskunst stellte den zentralen Lebensinhalt der jungen Adligen dar. Schon im Alter von 15 Jahren sollten sie im Umgang mit den Nahkampfwaffen ihre Geschicklichkeit beweisen.

Im Unterschied zu vielen anderen Völkern vernichteten die Inka die von ihnen eroberten Völker und deren Kulturen nicht gänzlich. Sie machten sie zu einem Bestandteil ihres Reiches, setz-

ten Huiracocha und den Sonnengott Inti an die oberste Spitze ihrer Gottheiten und beorderten die Fürsten der unterlegenen Völker, in Einzelfällen sogar ganze Stämme, in die Hauptstadt Cusco. Von nun an galt auch in dem eroberten Gebiet Quechua als Staatssprache, die frühere Sprache war verboten. Das der jeweiligen Region angepaßte Know-how der Besiegten übernahmen die Inka schnell zum Vorteil ihres eigenen Volkes. Die mita, eine differenzierte Form bäuerlicher Zwangsarbeit im Dienste der Priester und Adligen und die Aufteilung der Ernte in drei Teile (Adel, Staat, Bauern) sorgte dauerhaft für eine ausreichende Versorgung aller Bewohner mit Lebensmitteln. Dies alles festigte die unangefochtene Macht des Adels im Inka-Staat. Mit Hilfe des straff organisierten Staatssystems und der gezielten Nutzung von bewährten Techniken der eroberten Völker gelang es den elf Inka-Herrschern, ein flächenmäßig riesiges Imperium aufzubauen, das zu Lebzeiten des letzten unabhängigen Inka, Atahualpa, große Teile der heutigen Länder Peru, Kolumbien, Ecuador, Bolivien, Chile und Argentinien umfaßte.

Klaus Boll

Der Bau des über 15 000 km langen **Straßensystems** gilt zu Recht als eine der großartigsten Leistungen der Inka und kann sich ohne weiteres mit dem der Römer messen. Die Straßen und Bergpfade waren als engmaschiges Netz zwischen den bedeutenden Städten, Heiligtümern und militärischen Posten des Inka-Imperiums angelegt. Ein Staat dieser immensen Ausdehnung mußte über ein System der schnellen Nachrichtenübermittlung verfügen, auch die verschiedenen Armeen mußten notfalls in-

nerhalb weniger Tage an Ort und Stelle sein. Die am schnellsten passierbare Strecke war eine 8 m breite und 4000 km lange Küstenstraße, die nur geringe Höhenunterschiede zu überwinden hatte. Ihre Parallelstraße, die 5200 km lange und durchschnittlich 6 m breite Andenroute, war dagegen eine echte Herausforderung für jeden Stafettenläufer, Händler oder Soldaten. Sie führte über lange und hohe Hängebrücken, überwand reißende Flüsse und schneebedeckte Pässe, schmiegte sich an

*Monumentale Steinmauern der Inka in
Sacsayhuaman bei Cusco*

senkrechte Felswände, stieg landwirtschaftliche Terrassen hinauf und durch-
querte zahllose Bauernsiedlungen. Den
chasquis genannten Stafettenläufern
gelang es, auf diesen Wegen frischen
Fisch für den Inka und verschlüsselte
Botschaften in Form von Knotenzeichen
bis zu 400 km pro Tag zu befördern; alle
3–8 km – je nach Beschaffenheit des Ge-
ländes – wurden sie ausgetauscht, und
ein frischer Läufer setzte zum Spurt an.
Die *tambos* (Stationen) versorgten die
Reisenden mit Essen und Getränken,
boten Nachtlager an und waren für die
Instandhaltung des jeweiligen Strecken-
abschnitts zuständig.

Auf den ersten Blick verblüffend erscheint die Tatsache, daß die Inka das
Rad auf diesem Straßensystem nicht
einsetzten. Zwar nutzten sie es vermutlich in religiösen Riten und bei der Vermessung von Strecken für den Bau von
Tempeln als Abbild der Sonne oder des
Mondes, doch könnte gerade diese Verbindung mit der geheiligten Sonne die
profane Verwendung auf schmutzigen
Straßen verboten haben. Auch in der
Kunst des Brückenbaus waren die Inka
Meister: Sie konstruierten schwindelerregende Hängebrücken über tiefe
Schluchten.

Oberste Gottheit war in den ersten beiden Jahrhunderten der Inka-
Herrschaft vermutlich der allmächtige
Schöpfer Huiracocha, der die drei Welten erschaffen hatte: die Oberwelt *Ha-
nanpacha,* Wohnort der Götter, die Mit-
telwelt *Caypacha,* Heimat von Mensch
und Tier, sowie die Unterwelt *Ocopacha,*
Zuflucht der Geister und Dämonen.
Wahrscheinlich erhob Pachacutec Yupanqui während seiner Herrschaftsperiode
den Sonnengott Inti zum höchsten Gott

der Inka. Zentraler Glaubensgrundsatz
war die Überzeugung, der jeweilige
Inka-Herrscher, der *Sapan Inca,* sei kein
menschliches, sondern ein göttliches
Wesen, das vom Himmel – genauer: von
der Sonne – auf die Erde hinabgestie-
gen sei. Der Inka fungierte als Vertreter
des Sonnengottes auf Erden, als sein
Sprachrohr, und aus dieser Rolle leitete
er seine unumschränkte Macht ab.

Doch nicht nur die himmlischen Götter waren im Volk sehr lebendig. Auch
Hunderte von Geistern der Wasserfälle,
Flüsse, Höhlen und Quellen, die *huacas,*
galt es zu beachten, und auch ihnen
brachte man Speise- und Trankopfer
dar. Dies war die besondere Aufgabe
der königlichen Familien und der zahlenmäßig umfangreichen Gruppen der
niedrigen Aristokratie. Auch wohnte in

jedem großen Berg ein Geist *(apu)*, dessen Bedürfnisse von der einfachen Bevölkerung befriedigt werden sollten. Da die Inka die besiegten Völker nicht vernichteten, erlaubten sie ihnen, ihre Stammesgötter und lokalen Idole beizubehalten. So wuchs die Anzahl der im Inka-Reich verehrten Götter mit jedem militärischen Feldzug.

Große Verehrung in der Bevölkerung genießt damals wie heute Pachamama, die Mutter der Erde. Ihr opfert man Getränke, Speisen und Tiere; ihr zu Ehren schmückt man die Lamas mit bunten Bändern an den Ohren. Um beim Hausbau eine günstige Zukunft für die Bewohner zu erbitten, vergräbt man einen getrockneten Lama-Fötus in den Grundmauern – zu Ehren von Pachamama und zum Schutz vor Dämonen.

Wie in vielen Lebensbereichen setzten die Inka auch in der **Architektur** für den südamerikanischen Kontinent neue Maßstäbe. Die Ingenieure verwendeten beim Bau der Tempel, Wohnhäuser, Paläste und Ackerbauterrassen Granit, Andesit, Porphyr, Adobe, Holzbalken und Stroh für Dächer. Die Stabilität ihrer großen Bauten übertraf die der Spanier bei weitem: Mit Zapfen, Metallklammern und Verzahnungen waren die tonnenschweren Steinblöcke ineinander so verkeilt, daß Erdbeben ihnen nichts anhaben konnten. Viele massive Wände stehen leicht schräg nach innen geneigt, passend zu den meist trapezförmigen Toren, Fenstern und Nischen. Die Mauern von einfachen Wohnhäusern, Kasernen und *tambos* dagegen bestanden aus kleineren Steinen, die mit Lehm zusammengehalten wurden. Für wichtige Tempel und Festungen ließen die Inka-Architekten riesige Felsblöcke von den Fronarbeitern kilometerweit durch enge Täler und steile Hänge heraufschaffen. Auch in der Architektur waren die Inka Perfektionisten: Die Steine paßten so exakt aufeinander, daß noch heute keine Messerklinge in die mörtellosen Fugen dringen kann. Und trotz der nur sehr geringen figürlichen Ausschmückungen zeugen die Mauern der Inka-Bauwerke von einer schlichten, aber bestechenden Ästhetik. Das Fehlen des Bogens schränkte die Inka keineswegs in ihren Möglichkeiten ein: Sie setzten statt dessen in ihren Mauern Trapeze und gewaltige Türstürze ein, die ebenfalls einem hohen Gewicht standhalten konnten.

In einzelnen Bereichen der **Medizin** waren die Inka der europäischen Heilkunde ihrer Zeit weit voraus. Ihre Ärzte zeichneten sich vor allem durch Schädeltrepanationen aus, mit denen schwere Verletzungen der Schädeldecke durch Einsetzen von Goldplatten behandelt und oftmals kuriert werden konnten. Chinin verwendeten die Heilkundigen als Medikament, z. B. gegen Fieberkrankheiten wie Malaria. Zudem verfügten sie über erstaunlich weit entwickelte Kenntnisse in der Sterilisierung von Wunden mit Hilfe pflanzlicher Wirkstoffe.

Die Inka erhoben ihre eigene Sprache, das **Quechua,** in allen Landesteilen zur Amtssprache. Jeder Diener des Staates mußte im Zuge der Zwangskolonisation der eroberten Gebiete diese Sprache erlernen und die Religion der Inka übernehmen. Meist leiteten verdiente Kriegsveteranen diese ›Umerziehungsprogramme‹. Die Verständigung konnte nur verbal vonstatten gehen, denn die Inka verfügten nicht über eine Buchstabenschrift. Dagegen arbeiteten sie mit einem Knotensystem, das der Nachrichtenübermittlung von Zahlen diente. Inhalt der *quipú*-Schnüre waren meist verschlüsselte Informationen über Erträge aus der Landwirtschaft, Steuern in Form von Naturalien und bestehende Lagervorräte.

Während mehrere Prä-Inka-Kulturen in der **Keramik** großartige Kunstwerke hervorbrachten – man denke nur an die Formenvielfalt der Mochica-Keramik –, schienen die Inka wesentlich weniger Wert darauf zu legen. Die Töpfer dekorierten ihre Stücke meist geometrisch, nur selten schufen sie figürliche oder realistische Darstellungen von Mensch und Tier. Auch das verwendete Farbenspektrum war schmaler, kräftige Farben waren selten. Charakteristisch in ihrer Keramik sind die geschwungenen Amphoren *(arribalos)* und die *queros,* rituelle Trinkbecher aus Holz oder Ton. Bei der **Goldverarbeitung** bedienten sich die Inka der hervorragenden Fertigkeiten der Chimú-Handwerker. Der Sonnentempel Coricancha in Cusco war diesbezüglich das Maß aller Dinge: Im Vorgarten des ›Hofs des Goldes‹ hatten die Inka Pflanzen und Tiere in Lebensgröße in Gold abbilden lassen; im Inneren bedeckten zahllose goldene und silberne Scheiben – Sonne, Mond und Sterne symbolisierend – die Wände.

Die spanische Kolonialherrschaft

Bislang hatte der Inka stets unter den Söhnen seiner Schwester-Gemahlin den eigenen Thronfolger ausgewählt; seinen zweiten Sohn bestimmte er zur Spitze des Adels. Auch Inka Huayna Capac, der bei einem Eroberungszug in Quito gestorben war, hatte seinen Sohn Nina

Francisco Pizarro

Cujochic zu seinem Nachfolger bestimmt. Doch der Auserwählte starb bereits wenige Tage nach seinem Vater, und so übernahm sein Sohn **Atahualpa** die Macht. Gleichzeitig ernannte sich dessen Halbbruder **Huáscar** zum neuen Herrscher von Cusco, und da beide die alleinige Herrschaft im Inka-Reich für sich beanspruchten, kam es zu einem blutigen Bürgerkrieg, der Tausende Menschen das Leben kostete. Am Ende siegten die Truppen Atahualpas, eroberten Cusco, verjagten Huáscar und ermordeten den Großteil seiner adligen Anhänger. Kurz zuvor war im Norden des Inka-Imperiums eine verheerende Pockenepidemie ausgebrochen, die ebenfalls viele Tausende von Opfern forderte und das Volk in Angst und Schrecken stürzte – just zu der Zeit (1531), als der spanische Abenteurer **Francisco Pizarro** mit etwa 180 Soldaten, 60 Pferden und meh-

reren leichten Geschützen bei Tumbes im nördlichen Peru an Land ging, um das sagenhafte *El Dorado,* das ›Goldene Land‹, zu finden. Unter der Führung der drei Brüder Francisco, Gonzalo und Hernando Pizarro zogen die Spanier ins Hochland von Cajamarca, wo Atahualpa sich mit 30 000 Soldaten vom Sieg über Huáscar ausruhte. Dort empfing er die ›weißen Götter‹ mit allen Ehren, doch diese stellten ihm eine Falle, nahmen ihn gefangen und vollstreckten am 26. Juli 1533 sein Todesurteil (s. S. 130). Die überlebenden Anhänger Huáscars machten sich nach Atahualpas Tod zu Verbündeten der Spanier und erhoben mit Francisco Pizarros Zustimmung den Bruder Huáscars, **Manco Capac II.,** zum neuen *Sapan Inca.* Zusammen mit den spanischen Truppen eroberten sie gegen Ende des gleichen Jahres die Reichshauptstadt Cusco.

Die Ruhe währte allerdings nicht lange. Manco Capac II. erkannte, daß er in Wirklichkeit nicht viel mehr war als ein Strohmann und daß es den Spaniern nicht darum ging, die Ordnung im Inka-Staat wiederherzustellen. 1536 rebellierte er zusammen mit Truppen aus allen Landesteilen gegen die neuen Herren. Im Kampf um Cusco, das Manco Capacs Armee acht Monate lang eingekesselt hatte, war Hernando Pizarro gestorben. Dem aus Chile zurückkehrenden Diego de Almagro gelang es mit knapper Not, die Rückeroberung Cuscos durch die Inka zu vereiteln. Mancos Sohn Tupac Amaru führte den Kampf seines Vaters um die Befreiung des Inka-Reichs von den Spaniern – erfolglos – weiter.

Nachdem Kaiser Karl V. 1542 das gesamte südamerikanische *Nueva Castilla,* das von Nicaragua bis nach Feuerland reichte, zum **Vizekönigreich Peru** erhoben hatte und der neue Vizekönig dort Ruhe und Ordnung wiederhergestellt hatte, konnten die Spanier darangehen, ihre Herrschaft zu stabilisieren. Den 40 Vizekönigen, die in den folgenden 300 Jahren regierten, schien es jedoch dabei vor allem um die Ausbeutung der Bodenschätze und der Arbeitskräfte zu gehen. Die Missionstätigkeit der katholischen Padres bot dafür den idealen Rahmen. Das speziell für Südamerika entwickelte System der *Encomienda* sollte für Sieger und Besiegte gleichermaßen Vorteile bringen: Den Teil der Ernte, den zuvor der Inka und der Staat erhalten hatten, mußten die indianischen Bauern nun der Kolonialverwaltung und der Kirche abliefern, die ihn an loyale Veteranen verteilte. Dadurch erwarben die Indianer das ›Recht‹ auf eine christliche Erziehung durch ihre neuen Herren. Der Korruption verfallene Provinzgouverneure ließen aber Indianer in ihre eigene Tasche arbeiten, erhoben persönliche Extrasteuern und bereicherten sich so oftmals maßlos an den ohnehin Besitzlosen.

Großen Gewinn warf die Förderung von Bodenschätzen ab, insbesondere in den Silberminen von Potosí im heutigen Bolivien und in den Quecksilberminen nahe Huancavelica im peruanischen Hochland. Die Arbeitsbedingungen für die *indígenas* waren unmenschlich, Tausende von Arbeitern verloren auf qualvolle Art ihr Leben. Daneben forderten die von den Konquistadoren eingeschleppten Zivilisationskrankheiten, wie Masern, Pocken und Grippe, so viele Opfer, daß die Spanier aufgrund eines Mangels an Arbeitskräften begannen, Sklaven aus aller Welt zu importieren. Die indianische Bevölkerung des früheren Inka-Reiches war von einst 15 Mio. zu Beginn des 17. Jh. auf etwa 1 Mio. geschrumpft! Gleichzeitig wuchs die Zahl weißer Verwaltungsbeamter, Missionare, Händler und Handwerker in Peru mit jedem Tag an.

Die reichen Gold- und Silbervorkommen und der einträgliche Warenverkehr mit Spanien gestatteten es den spanischen und mestizischen Padres, ihre Missionstätigkeit finanziell großzügig unterstützen zu lassen. Architekten aus verschiedenen Ländern Europas wurden eingeladen, um in Neukastilien prächtige Gotteshäuser zu bauen. Schwierig gestaltete sich allerdings die Suche nach erfahrenen europäischen Künstlern, die die neuen Kirchen mit Gemälden, Stuckdekor und Holzschnitzarbeiten ausstatten sollten. So bildete man einheimische Handwerker aus, die oft Vorlagen aus Europa zu kopieren hatten (s. S. 176). Die indianischen Künstler konnten sich jedoch nicht immer an das Original halten – sei es wegen fehlender Details der Zeichenentwürfe oder wegen Problemen in der praktischen Umsetzung und mangelnder Kenntnis europäischer Gegenstände. So entwickelte sich innerhalb weniger Jahre der **Mestizo-Stil,** bei dem sich europäische Kirchenkunst mit Elementen der indianischen Vorstellungswelt vermischte.

In der Architektur kann man den Mestizo-Stil als eine Sonderform des Barock betrachten. In Südamerika zeichnet sich dieser vor allem durch indianisch geprägte Dekoration aus: Zwischen Christus- und Muttergottes-Reliefs erscheinen plötzlich der Sonnengott und ein grimmiger Jaguarkopf, Papageien, Schlingpflanzen und Bäume aus dem Urwald. Besondere Lösungen erforderte die ständige Erdbebengefahr. Statt wie gewohnt massive, aber eben auch sehr schwere Steinmauern zu errichten, sparte man Gewicht, indem man Gewölbe und Kuppeln aus Rohrgeflecht einsetzte und anschließend verputzte. Die mächtigen Steinquader der Inka-Paläste arbeitete man in Cusco in die Mauern der Kirchen und Klöster ein und schuf so festungsartige Gotteshäuser.

Der Unabhängigkeits-kampf

Bereits 200 Jahre nach der Konquista, dem grausamen Eroberungszug der Spanier, machte sich bei den im Land geborenen Weißen, den Kreolen, eine massive Unzufriedenheit mit der Politik des spanischen Königshauses breit. Auch die Mestizen fühlten sich benachteiligt gegenüber den direkt aus Spanien kommenden Aristokraten ohne Peru-Erfahrung. Gegen Ende des 18. Jh. brachen an verschiedenen Stellen des Landes Revolten los. Die Kreolen wehrten sich gegen die Bevormundung durch die Spanier, die Indianer protestierten gegen die unmenschlichen Lebensbedingungen in den Bergwerken und auf den Haciendas. Den 1780 von **Tupac Amaru II.** angeführten Indianeraufstand konnten die spanischen Herren noch problemlos niederschlagen. Doch die Lawine, die Pedro Murillos Ausrufung der Unabhängigkeit in der heutigen bolivianischen Provinz Charcas am 25. Mai 1809 auslöste, konnten die spanischen Herren nicht mehr stoppen. Zwar entschärfte der Vizekönig in Lima nach diesen Revolten die Ausbeutung der *indígenas,* doch konnte er die erhitzten Gemüter damit nur kurze Zeit beruhigen.

Der Ruf nach Freiheit zu Beginn des 19. Jh. muß vor dem Hintergrund der weltpolitischen Entwicklungen gesehen werden. Der Unabhängigkeitskrieg in den USA, die Französische Revolution und die Veränderungen im Zuge der Napoleonischen Kriege fungierten nicht nur für die Kreolen als Vorbilder. Zudem hatten sich die Abspaltungsversuche anderer spanischer Kolonien bald herumgesprochen. Als überzeugte Republikaner begannen die Kreolen die Royalisten des Landes zu bekämpfen. Auch weiter südlich, am Río de la Plata, überschlugen sich die Ereignisse: Nachdem General **José de San Martín** mit seinen republikanischen Truppen die Briten sowie den spanischen Vizekönig aus Buenos Aires vertrieben hatte, zog er 1811 bei Guaqui am Titicacasee und ein Jahr später bei Tucumán zunächst gegen die Royalisten, konnte dabei jedoch keinen entscheidenden Sieg erringen. Vier Jahre später war er bei Maipú in Chile erfolgreicher und vernichtete das königstreue Heer. Daraufhin segelte

Denkmal für Antonio José de Sucre auf der Plaza Sucre in Ayacucho

er mit 6000 Soldaten zur peruanischen Küstenstadt Pisco und eroberte wenig später Lima. Hier rief er am 28. Juli 1821 die Unabhängigkeit ganz Perus aus.

Simón Bolívar und sein Heerführer **Antonio José de Sucre** besiegten die royalistischen Truppen endgültig in den Schlachten von Junín am 6. August und bei Ayacucho am 9. Dezember 1824. Damit war zwar das heutige Staatsgebiet Perus von den Spaniern befreit, doch nicht das *Alto Peru* südlich und östlich des Titicacasees. Die königstreuen Truppen marschierten am 2. April 1825 bei Tumusla zu ihrem letzten Kampf auf. Sucre konnte sie vollständig aufreiben und vier Monate später, am 6. August, die Unabhängigkeit der neu entstandenen *República de Bolivia* proklamieren.

In der nun folgenden Zeit der Reformen erhielten beide Länder ein neues Verwaltungssystem. Die Hauptstadt Lima erlebte einen Modernisierungsschub, im peruanischen und bolivianischen Hochland baute man endlich die lang ersehnten Telegrafen- und Eisenbahnverbindungen. Wenig später waren auch *Encomienda* und Sklavenhaltung ad acta gelegt. Doch die Lebensbedingungen der einfachen Bevölkerung verschlechterten sich zunächst sogar noch durch die Unabhängigkeit. Für jahrelange Wirren sorgte zudem der bolivianische General **Andrés de Santa Cruz,** der mit der Vision der Wiederherstellung des Inka-Reichs Sucre in Bolivien gestürzt hatte. Im August 1836 eroberte er auch Lima und erklärte die beiden Länder zur *Confederación Perú-Boliviana.* Drei Jahre später scheiterte Santa Cruz beim Versuch, auch das Nachbarland Chile in sein neues Inka-Imperium zu integrieren; er trat zurück und hinterließ einen politischen Scherbenhaufen.

Guano-Boom und Salpeterkrieg

Nachdem die Inka bereits vor Hunderten von Jahren ihre Terrassen mit dem Guano der Pelikane, Kormorane, Tölpel und Möwen gedüngt hatten, entdeckten 1848 auch die neuen Herren des Landes den Wert dieser Exkremente auf den kleinen Inseln im Pazifik. 1864 brach ein Wirtschaftskrieg zwischen Peru und Spanien um deren Ausbeutung aus, der bis 1866 dauerte und den endgültigen Rückzug der Europäer aus diesem lukrativen Geschäft zur Folge hatte. Danach konnte Peru lange Jahre die Erlöse aus dem Verkauf des ›weißen Goldes‹ in alle Welt steigern, das schnell zum Hauptexportartikel des Landes wurde; 1947 erreichten die Lieferungen ihre Rekordmarke mit beachtlichen 330 000 t.

Mitte des 19. Jh. hatte Chile in der trockensten Wüste der Welt, der Desierto de Atacama, mit dem Abbau der reichen Salpetervorkommen begonnen. Gleichzeitig entdeckten die Geologen in diesem formell zu Bolivien und Peru gehörigen Gebiet auch ausgedehnte Kupfervorräte. Der damals für die Munitionsproduktion erforderliche Salpeter und das Kupfer brachten Chile viel Geld ein. Nun erinnerte man sich in Bolivien wieder an diese Wüstenregion und erklärte 1879 nach einigem diplomatischem Geplänkel seinem Nachbarland den Krieg: Peru war durch den Beistandspakt von 1873 zur militärischen Unterstützung Boliviens gezwungen. Es folgte ein einseitiger Krieg: Chilenische Truppen landeten 1880 südlich Limas, marschierten zur Hauptstadt und nahmen sie nach einer Schlacht in Miraflores am 17. Januar 1881 ein. Am 20. Oktober 1883 unterzeichneten die drei Parteien den Friedensvertrag von Ancón, mit dem Peru die drei Provinzen Arica,

Tacna und Tarapaca verlor. 1929 erhielt es nach Vermittlung der USA wenigstens Tacna von Chile zurück. Noch schlimmer traf es Bolivien, das die Küstenprovinz Atacama verlor – und damit den Zugang zum Meer. Chile sicherte 1929 vertraglich den Bau der Eisenbahnstrecke Arica–La Paz zu, um den überseeischen Handel Boliviens nicht noch weiter einzuschränken.

Peru im 20. Jahrhundert

Stabile politische Verhältnisse, die Fertigstellung des Panamakanals und der sich um die peruanische Urwaldstadt Iquitos am Amazonas abspielende Kautschukboom verschafften Peru eine wirtschaftliche Atempause. Doch nach der Diktatur Präsident Leguías von 1919 bis 1930 erhoben sich immer mehr Menschen aus den ökonomisch zu kurz gekommenen Regionen im Landesinneren gegen die aristokratischen Machthaber in Lima. Zudem war auch die Weltwirtschaftskrise an Peru nicht spurlos vorübergegangen. Unzufriedene Fabrikarbeiter, mittellose *campesinos* und Studenten hatten 1924 die linksorientierte Partei APRA gegründet. Zwar erzielten die Apristen bei den Wahlen Mehrheiten, doch putschten vor jeder geplanten Regierungsübernahme die Militärs. Nach einer Reihe rechter Diktaturen putschte sich 1968 der linksgerichtete General **Juan Velasco Alvarado** für sieben Jahre an die Macht. Seine als ›Peruanische Revolution‹ propagierte Politik bedeutete die Verstaatlichung großer, oft ausländischer Gesellschaften und die Durchsetzung einer radikalen Agrarreform. Die gutgemeinten Reformen schlugen jedoch weitgehend fehl. Die Zerstückelung einstiger Haciendas bewirkte sinkende landwirtschaftliche

Erträge, das neue, arbeiterfreundlichere Arbeitsrecht führte zur Schließung zahlreicher Betriebe. Das Militär verschlang Unsummen aus dem Staatsetat für Waffenkäufe, die reichen Familien Perus legten ihr Geld nun im Ausland an, ausländischen Investoren war Peru zu riskant geworden. Die Militärjunta ließ die Pressefreiheit massiv einschränken und übte staatliche Zensur aus. Immer mehr Menschen flohen vom armen Landesinneren in die Slums der Großstädte entlang der Küste (s. S. 67).

Bis 1975 war der Rückhalt der linken Militärs in der Bevölkerung auf ein Minimum zusammengeschrumpft. In diesem Jahr gelangte General Francisco Morales Bermúdez durch einen Putsch an die Macht, ließ eine neue Verfassung ausarbeiten und 1980 freie Wahlen abhalten. Der Christdemokrat **Fernando Belaúnde Terry** regierte nun fünf Jahre lang das Land, scheiterte jedoch an leeren Staatskassen. Seinem Nachfolger, dem jungen, aber korrupten Apristen Alán García Pérez, erging es nicht viel besser. Die Inflationsrate kletterte auf drei-, später gar vierstellige Werte. Zu dieser Zeit hatte die 1980 vom einstigen Mathematik- und Philosophieprofessor Abimael Guzmán im Hochland von Ayacucho gegründete maoistische Terrorgruppe **Sendero Luminoso** (›Leuchtender Pfad‹) bereits mehrfach für Aufsehen gesorgt. Überfälle auf Polizei- und Militärposten und die oft genauso blutigen Vergeltungsaktionen der Staatsmacht gegen unbeteiligte, der Kollaboration bezichtigte *campesinos* kosteten in der Folge über 30 000 Menschen das Leben und trieben viele in die sicheren Städte.

Das Jahr 1990 brachte drastische Änderungen in der politischen Entwicklung Perus. Der bis dahin kaum bekannte **Alberto Fujimori,** Rektor der Landwirtschaftlichen Hochschule La Molina in Lima, hatte bei den Präsidentschaftswahlen als Kandidat der neuen Partei Cambio 90 im zweiten Wahlgang überraschend den international bekannten Schriftsteller Mario Vargas Llosa besiegt, der als aussichtsreicher Kandidat der Demokratischen Front angetreten war. Der japanischstämmige Fujimori begann gleich mit der Umsetzung seiner Wahlversprechen: Förderung des Mittelstands, Privatisierung staatlicher Großbetriebe, Antiinflationspolitik und Bekämpfung der hohen Arbeitslosigkeit. Fujimoris Kurs forderte vor allem von den Armen des Landes betrachtliche Opfer, zeitigte aber schnell erste Erfolge. Ausländische Investoren kehrten zurück, die Inflation sank auf ca. 10 %, vor allem der Mittelstand faßte neuen Mut. Die Zerschlagung des *Sendero Luminoso* durch Verhaftung ihres Chefs und seiner engeren Mitstreiter gab dem Land den lang ersehnten innenpolitischen Frieden.

Der schwelende Grenzkonflikt zwischen Peru und Ecuador brach 1995 neu aus, was 200 Menschenleben forderte. Bei dem umstrittenen, 78 km^2 großen Gebiet ging es vordergründig um Erdöl. Drei Wochen nach Kriegsbeginn verständigten sich Peru und Ecuador auf einen Waffenstillstand, am 17. Februar 1995 wurden im Frieden von Itamaraty eine entmilitarisierte Zone geschaffen und die Entsendung neutraler Beobachter ins umstrittene Gebiet geregelt. Bei den Präsidentschaftswahlen im April siegte Fujimori mit 64 % der Stimmen.

Am 17. Dezember 1996 katapultierte die gewaltsame Geiselnahme in der Residenz des japanischen Botschafters in Lima das Land erneut in die Schlagzeilen der Weltpresse. 14 schwer bewaffnete Terroristen der längst aufgelöst geglaubten Guerillagruppe **Tupac Amaru** hatten zunächst über 400 Gäste gefangengenommen, nach drei Wochen befanden sich noch 74 Geiseln in ihrer Hand, darunter der japanische Botschafter, der peruanische Außenminister und der Bruder des Präsidenten. Die Terroristen forderten die Freilassung von 400 inhaftierten Gesinnungsgenossen und die Umsetzung mehrerer diffus formulierter politischer Reformen. Erst die gewaltsame Stürmung des Gebäudes am 22. April 1997, bei der alle 14 Geiselnehmer, zwei Soldaten und eine der Geiseln ums Leben kamen, setzte der Zitterpartie nach 126 Tagen ein Ende.

Nachdem sich Fujimori Anfang 2001 wegen einer Korruptionsaffäre nach Japan absetzte, konnte sich bei den anschließenden Wahlen Anfang Juni sein Kontrahent Alejandro Toledo knapp gegen seinen Herausforderer, den Ex-Präsidenten Alan García, durchsetzen.

Bolivien im 20. Jahrhundert

Die Ausbeutung neu entdeckter Zinnminen, der Bau neuer Eisenbahnlinien und eine Phase relativer politischer Stabilität führten in Bolivien zu Beginn des 20. Jh. zunächst zu einem wirtschaftlichen Aufschwung. Die Weltwirtschaftskrise von 1929 und der verlorene Krieg gegen Paraguay um die *Chaco*-Region im Südosten Boliviens (Chacokrieg) versetzten dem Land allerdings einen Rückschlag. In Bolivien wechselten die Militärjuntas in kurzen Abständen einander ab. In den 50er Jahren führte die sozialistisch-nationalistisch orientierte MNR unter General **Víctor Paz Estenssoro** die Verstaatlichung mehrerer großer Minengesellschaften durch und gewährte den Landbewohnern endlich das Wahlrecht. Paz Estenssoro wurde dreimal wiedergewählt, 1964 dann jedoch nach langen

Arbeiterrevolten und Streiks gestürzt. Auch die Erschießung des aus Argentinien stammenden Revolutionärs und Mitstreiters Fidel Castros, Ernesto ›Che‹ Guevara (s. S. 272 f.) im bolivianischen Dschungel konnte 1967 die Sympathien für eine reformerische sozialistische Politik in Bolivien nicht beeinträchtigen. Das Vorbild der linksgerichteten Militärjunta in Peru trug ebenfalls dazu bei.

Die 70er Jahre standen ganz im Zeichen des 1971 durch einen blutigen Militärputsch an die Macht gekommenen Generals **Hugo Bánzer Suárez.** Nach Straßenschlachten zwischen Polizei und Arbeitern, die freie Wahlen forderten, verbot Bánzer 1974 kurzerhand Gewerkschaften und Parteien. In den 80er Jahren putschten sich erneut mehrere Generäle an die Macht; das Land litt immer mehr unter horrenden Inflationsraten,

sinkenden Deviseneinnahmen und steigender Auslandsverschuldung. Nach einer Koalitionsregierung unter Führung von Hernán Siles Zuazo eroberte 1985 erneut Paz Estenssoro den Präsidentensitz. Bei den Wahlen vier Jahre später siegte wieder ein Kandidat der MNR: **Gonzalo Sánchez de Lozada** – nur knapp vor Ex-Diktator Bánzer. 1993 gewann Sánchez de Lozada erneut (diesmal mit 33 %) vor dem Kandidaten der sozialdemokratischen MIR und der rechtsgerichteten ADN von Hugo Bánzer und konnte so sein mutiges soziales Reformprogramm vorantreiben. Für Außenstehende kaum nachvollziehbar, gewann der Ex-General Bánzer die Wahlen im Juni 1997 mit knapper Mehrheit und wurde – nach seiner Diktatur von 1971–78 – wieder Präsident Boliviens, diesmal sogar auf demokratische Weise.

Zeittafel

ca. 20 000 v. Chr.	Nach Süden ziehende nomadische Jäger und Sammler erreichen die peruanische Küste und die Andenkette.
ab ca. 1800 v. Chr.	Entwicklung der Webkunst, Erfindung der Keramik, intensive astronomische Beobachtungen, erster aufwendiger Totenkult, Bau riesiger Plattformbauten aus Adobe.
ca. 1400–400 v. Chr.	Kulturhorizont Chavín de Huántar.

ca. 700 v. Chr.– 100 n. Chr.	Paracas-Kultur: Totenkult (Nekropole) mit großen Grabkammern; feinste Textilien, Technik von Gold-Silber-Legierungen, Schweißen und Löten.
ca. 100–600	Nazca-Kultur: Linien mit Tierdarstellungen im Wüstensand, Totenkult, feine Textilien, Schädeltrepanationen.
ca. 200–600	Mochica-Kultur: hervorragende Keramik, ausgeklügelte künstliche Bewässerung, ›Herr von Sipán‹.
ca. 700–1200	Huari/Tiahuanaco-Kulturhorizont: Glaube an böse Geister, System der sogenannten *camellones* (Hochbeete) in der Landwirtschaft, ausgefeilte Steinbearbeitung.
ca. 1000–1450	Chimú-Reich in Nordperu, mit über 40 000 Menschen größte Prä-Inka-Kultur, Adobestädte, Goldschmuck.
um 1200	Legendäre Gründung des Inka-Reichs.
1438–1471	Inka Pachacutec Yupanqui erobert Bolivien, große Teile Argentiniens, Chiles, Nordperus und Ecuadors.
um 1500	Der elfte Inka, Huayna Capac, verwaltet ein Reich von 4000 km Länge.
1527	Huayna Capac stirbt. Sein Sohn Atahualpa ergreift die Macht, dessen Halbbruder Huáscar ernennt sich zum neuen Herrscher von Cusco.
1531	Die Brüder Francisco, Hernando und Gonzalo Pizarro und Diego de Almagro gehen mit 180 Soldaten und 60 Pferden in Tumbes nahe der Grenze zu Ecuador an Land.
1531–1532	Blutiger Bürgerkrieg zwischen Atahualpa und Huáscar. Atahualpa siegt und zieht mit seinen 30 000 Soldaten nach Cajamarca, wo ihn Francisco Pizarro gefangen nimmt.
1533	Pizarro läßt am 26. Juli Atahualpa hinrichten.
1536–1538	Revolte der Inka gegen die Spanier unter Führung des Inka Manco Capac II.
1542	Kaiser Karl V. erklärt die eroberten Gebiete in Südamerika zum Vizekönigreich Peru; fortan Ausbeutung der Bodenschätze (Silber) und Arbeitskräfte durch die *Encomienda*.
17. Jh.	Durch die Vermischung von spanischem Barock und indianischer Kunst entsteht der Mestizo-Stil.
1780	Niederschlagung des Aufstandes von Tupac Amaru II. durch die spanischen Kolonialherren.
1809	Pedro Murillo ruft am 25. Mai in der bolivianischen Provinz Charcas die Unabhängigkeit aus.
1821	General José de San Martín landet mit 6000 Soldaten in Pisco und erobert Lima, wo er am 28. Juli die Unabhängigkeit ganz Perus ausruft.
1825	Unabhängigkeitserklärung der neu entstandenen República de Bolivia am 6. August.
ab 1848	Guano-Boom in Peru.
1879–1883	Salpeterkrieg gegen Chile. Peru und Bolivien verlieren beträchtliche Teile ihres Staatsgebietes. Chilenische Truppen

	halten Lima bis 1883 besetzt.
1929	Rückgabe von Tacna an Peru.
1932–1935	Verlorener Krieg Boliviens gegen Paraguay um die Chaco-Region.
1952–1964	Víctor Paz Estenssoro regiert als Präsident Bolivien; Verstaatlichung mehrerer großer Minengesellschaften, Wahlrecht für die Landbewohner.
1967	Erschießung des Revolutionärs Ernesto ›Che‹ Guevara im bolivianischen Urwald.
1968	Der linksgerichtete General Juan Alvarado putscht mit Hilfe des Militärs. ›Peruanische Revolution‹ mit Verstaatlichung von Unternehmen und radikaler Agrarreform.
1971	Durch einen blutigen Militärputsch kommt General Hugo Bánzer Suárez in Bolivien an die Macht; 1974 verbietet er Gewerkschaften und Parteien.
1975	General Francisco Morales Bermúdez gelangt durch einen Putsch an die Macht, läßt eine neue Verfassung ausarbeiten und 1980 freie Wahlen abhalten.
1980	Abimael Guzmán gründet die maoistische Terrorgruppe *Sendero Luminoso* (›Leuchtender Pfad‹). Die Inflation erreicht 7000 %; Verarmung großer Bevölkerungsteile.
1980–1985	Der Christdemokrat Fernando Belaúnde Terry regiert Peru, scheitert an leeren Staatskassen, hohen Auslandsschulden.
1980–1985	Zahlreiche Militärputschs in Bolivien; horrende Inflationsraten, sinkende Deviseneinnahmen, steigende Auslandsverschuldung.
1985	Víctor Paz Estenssoro bezieht als Wahlsieger erneut den Präsidentenpalast in La Paz.
1990	Alberto Fujimori wird Präsident Perus. Die Inflation sinkt auf ca. 10 %, viele Staatsunternehmen werden privatisiert, Investitionen aus dem Ausland nehmen zu.
1995	Der seit 100 Jahren schwelende Grenzkonflikt zwischen Peru und Ecuador bricht erneut aus, wird aber schon bald im Frieden von Itamaraty beigelegt.
1996/1997	Die Geiselnahme in der Residenz des japanischen Botschafters in Lima durch Terroristen der Guerillagruppe Tupac Amaru findet nach 126 Tagen ein blutiges Ende.
1997	Ex-Diktator Hugo Bánzer wird neuer Präsidenten Boliviens.
1998	Das Wetterphänomen *El Niño* führt entlang der Küste zu schweren Überschwemmungen, besonders betroffen ist die Region um Piura und Tumbes im Norden Perus.
2001	Nach dem Rücktritt Fujimoris geht Alejandro Toledo aus den vorgezogenen Neuwahlen als knapper Sieger hervor und wird neuer Präsident Perus. Im Juni kostet ein heftiges Erdbeben im Süden Perus viele Menschenleben in der Region um Arequipa/Moquegua; Tausende werden obdachlos.

Bergbau und Kokablätter –
Die Wirtschaft Perus und Boliviens

Die wirtschaftliche Entwicklung beider Länder wird nach wie vor durch politische Unruhen gehemmt; Investitionen aus dem Ausland sind noch immer zu gering, und es mangelt an einheimischem Privatkapital. Die Regierungen tendieren zur Privatisierung großer Staatsunternehmen, um Inflation und Auslandsverschuldung niedrig zu halten und ein leichtes Wirtschaftswachstum zu erreichen. Die Erlöse aus Bergbau und Landwirtschaft fallen seit Jahren. Gleichzeitig klettern die Preise für notwendige Importe, wie Elektronik und Haushaltsgeräte, PKWs und LKWs. Etwa 40–50 % aller Peruaner und 60 % aller Bolivianer leben unterhalb der Armutsgrenze. Hier überwiegt der Anteil der Landbewohner, die zudem oftmals nicht einmal den staatlich geregelten Mindestlohn von 100 US-$ im Monat erhalten. Seit Beginn der Kolonialzeit liegen 90 % aller Produktionsgüter und fast ebensoviel Grundbesitz in der Hand weniger Familien. Die Hälfte des gesamten Einkommens geht so in die Taschen von nur 10 % der Bevölkerung.

Die Arbeitslosenrate lag 1992 in Peru bei 28 %, in Bolivien nach den Massenentlassungen durch die Schließung vieler Bergwerke noch höher. 1999 wird dieser Wert offiziell auf 9 % geschätzt. Diese Zahlen geben jedoch nur bedingt Auskunft über die wahre Situation, denn es gibt keine Arbeitslosenunterstützung, und so muß jeder selbst zusehen, wo er bleibt. Millionen von Straßenhändlern, Losverkäufern, Schuhputzern, Schwarzhändlern und unterbeschäftigten Tagelöhnern in den Städten sowie ungezählte arbeitslose *campesinos* erscheinen nicht in der offiziellen Statistik. Die Regierungen haben zwischenzeitlich das Problem der hohen Inflation in den Griff

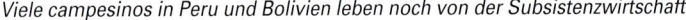

Viele campesinos in Peru und Bolivien leben noch von der Subsistenzwirtschaft

bekommen; beide Länder konnten diesen Wert unter 10 % drücken. Das reale Wirtschaftswachstum erreicht in Bolivien 4,2 %, in Peru 5,7 %. Doch längst nicht alle Menschen nehmen an dem von den Regierungen vorgegebenen Wirtschaftssystem teil. Besonders auf dem Lande haben viele *campesinos* das geldlose Tauschsystem und die Selbstversorgung weitgehend beibehalten.

Die extrem hohe Auslandsverschuldung mit den durch sie fälligen Zinszahlungen bleibt in beiden Staaten ein hemmender Wirtschaftsfaktor. Die peruanische Außenhandelsbilanz ist trotz der **Exporte** aus dem Bergbau (Kupfer, Gold, Zink, Blei und Silber) und der Fischerei negativ. Wichtigste Handelspartner sind die USA, die EU, Japan, Brasilien und Argentinien. Die bolivianische Bilanz sieht noch ungünstiger aus. Wie Peru erwirtschaftet auch Bolivien durch den Abbau von Erzen (Zink, Zinn, Antimon, Silber, Wolfram) fast die Hälfte der Gesamtausfuhren. Erdöl- und Erdgasförderung bringen es auf 14 %. Weitere wichtige Exportprodukte sind Sojabohnen, Schmuck und Edelsteine sowie Holz. Hauptabnehmer sind die USA, Argentinien, Großbritannien und Peru. Die offiziellen Statistiken schließen den Anbau von Koka nicht ein. Die illegale Produktion und der Handel mit diesem zur Kokainherstellung benötigten Rohstoff erwirtschaften in beiden Ländern bis zu 15–20 % des Bruttosozialprodukts bzw. 20–40 % der Exporte und ernähren damit mehrere hunderttausend Menschen. Peru und Bolivien gelten als die weltweit wichtigsten Kokalieferanten.

In Peru erwirtschaftet die **Industrie** 37 % des Bruttosozialprodukts, beschäftigt jedoch nur gut 15 % der Erwerbstätigen. Ähnlich sind die Zahlen in Bolivien. In beiden Ländern konzentrieren sich die Betriebe auf die urbanen Zentren, wie

Lima (zwei Drittel aller Fabriken Perus), La Paz, Cochabamba und Sta. Cruz. Schwerpunkte sind die Produktion kleiner Elektrogeräte, PKW-, Bus- und LKW-Endmontage, Textil-, Chemie- und Pharmazie-Erzeugnisse sowie Genußmittel und Getränke. In Bolivien sind Tabakverarbeitung, Schuhherstellung, Zement-, Kalk- und Gipsproduktion sowie die Destillation alkoholischer Getränke ebenfalls nennenswerte Industriezweige.

Die **Erdöl-** und **Erdgasförderung** deckt in beiden Ländern die Hälfte des Energieverbrauchs. Die Öl- und Gaslager werden allerdings nach derzeitigen Prognosen bereits um das Jahr 2010 erschöpft sein. Die **Minen** beschäftigen z. Zt. 80 000 Arbeiter. In Bolivien wurden Anfang der 90er Jahre 90 % aller Minenarbeiter von den unrentablen staatlichen Bergwerksgesellschaften entlassen. Verhüttungsanlagen finden sich in Peru entlang der Nordküste und in der Region La Oroya im zentralen Hochland.

Weiterhin spielt der **Agrarsektor** in Peru und Bolivien eine große Rolle für die Beschäftigung der Menschen, ist aber für die Volkswirtschaft von untergeordneter Bedeutung. Die Landwirtschaft, die in Bolivien 15 % des Bruttosozialprodukts erwirtschaftet (Peru: 7 %), beschäftigt dort 45 % der Erwerbstätigen (Peru: 32 %). Wichtigste Agrarprodukte Boliviens sind Sojabohnen, Zuckerrohr, Kartoffeln, Mais und Reis; hinzu kommen Maniok, Bananen, Gerste, Weizen und Bohnen. In Peru dominiert der Anbau von Kaffee (150 Mio. US-$ Erlös, ca. 5 % der Gesamtexporte); außerdem werden Mais, Guave, Süßkartoffel, Passionsfrucht, Chayote, Baumwolle und Rohrzucker angebaut. Im Hochland der beiden Andenstaaten leben weit über 1 Mio. Familien ausschließlich von der Landwirtschaft und bestellen dort ein Drittel der landwirtschaftlich nutzbaren

Gesamtfläche. Die *campesinos* produzieren fast ausschließlich für den Eigenbedarf, erzielen also kaum Überschüsse. Die Produktionsbedingungen sind hier viel ungünstiger als etwa in den *Yungas,*

entlang der peruanischen Küste, an den Hängen der Ostanden oder im Tiefland: Karge Böden, lange Frostperioden, kurze Wachstumszeiten und lange Transportwege erschweren die Arbeit.

Politik und Verwaltung

Seit 1980 ist **Peru** mit seinen 25 Regionen Präsidialrepublik: alle fünf Jahre wird das Staatsoberhaupt direkt vom Volk gewählt, eine einmalige Wiederwahl ist seit 1993 möglich. Nicht nur wahlberechtigt, sondern zum Gang an die Urne verpflichtet sind alle Peruaner ab 18 Jahren – andernfalls droht eine Geldstrafe. Bis 1990 hatten die kurzfristigen Wechsel zwischen Diktatur und Demokratie und die ungebrochene Macht alter Herrschaftsfamilien eine positive politische Entwicklung weitgehend verhindert. Gewalttätige Guerillagruppen, der Gegenterror seitens Polizei und Militär und die in allen politischen und ökonomischen Bereichen präsente Korruption sowie ausgeprägter Beamtenfilz bewirkten ein übriges.

All diese Probleme in Angriff zu nehmen, hat das derzeitige Staatsoberhaupt, der seit 1990 amtierende und 1995 mit großer Mehrheit wiedergewählte Alberto Fujimori, versprochen. Fujimori legte dem Parlament 1993 eine neue Verfassung vor, mit der die Wiederwahl des Präsidenten erlaubt, die erste Kammer des Parlaments abgeschafft und die Todesstrafe für terroristische Verbrechen eingeführt wurde. Nach langem Streit nahm das Parlament den Entwurf mit knapper Mehrheit an; ein Referendum bestätigte die neue Verfassung.

Wie Peru ist auch **Bolivien** eine Präsidialrepublik. Verwaltungsrechtlich gliedert sich der Staat in neun *Departamentos,* die in 94 Provinzen aufgeteilt sind. Der Nationalkongreß besteht aus einem Zweikammer-Parlament nach Vorbild der USA. Dem Abgeordnetenhaus *(Cámara de Deputados)* gehören 130 Mandatsträger an, dem Senat *(Senado)* 27 Volksvertreter. Nach der Verfassung von 1967 besteht für alle volljährigen Bolivianer (ab 21 Jahren) allgemeines Wahlrecht. Verheiratete Bürger dürfen bereits mit 18 Jahren zur Urne schreiten. Der bolivianische Präsident, die Abgeordneten und Senatoren werden alle vier Jahre direkt vom Volk gewählt.

Mehrere politische Probleme bedeuten für jeden Präsidenten (ob frei gewählt oder geputscht) große Herausforderungen: Einerseits ist das Militär eine eigene Macht im Staat, andererseits ist der Alltag des Landes charakterisiert von gravierenden, nicht nur ökonomisch bedingten sozialen Ungleichgewichten. Zudem kämpft Bolivien ständig gegen wirtschaftliche Schwierigkeiten, wie die starke Abhängigkeit von den Weltmarktpreisen für Rohstoffe, an. Auch schafft der Drogenhandel, in den sogar zwei Ex-Präsidenten Boliviens verwickelt sind, innenpolitische und außenpolitische Probleme, besonders im Verhältnis zu den USA.

Indígenas, Mestizen und Kreolen – Bevölkerung

Peru zählt derzeit rund 25 Mio. Einwohner, das entspricht einer durchschnittlichen Bevölkerungsdichte von 19 Einw./km^2 (zum Vergleich: Deutschland 230 Einw./km^2). Von der Gesamtbevölkerung gehören etwa 47 % zu den *indígenas* (Indianer), etwa 32 % sind Mestizen (Mischlinge aus Weißen und *indígenas),* 12 % Weiße (v. a. Kreolen, d. h. Nachfahren der Spanier, sowie andere Europäer und Nordamerikaner), 5 % Schwarze (Nachfahren der Sklaven) und 4 % Japaner und Chinesen (meist Einwanderer des 20. Jh.). In Bolivien leben auf einer kaum 15 % geringeren Landesfläche sogar nur etwa 8 Mio. Menschen, das sind 7,2 Einw./km^2. Damit gehört Bolivien zu den am dünnsten besiedelten Staaten Lateinamerikas. Hier sind sogar rund 60 % *indígenas* weitere 35 % Mestizen und nur etwa 5 % Weiße.

Die Bevölkerung wächst in Peru jährlich um knapp 2 %, in Bolivien um 2,4 %. Die durchschnittliche Lebenserwartung beträgt in Peru 68 Jahre, in Bolivien gar nur 62 Jahre und liegt damit in beiden Ländern deutlich unter dem europäischen Schnitt. Dies erklärt sich vor allem aus der deutlich kürzeren Lebensspanne der Menschen im armen Hochland der beiden Staaten. Oft sehen diese bereits sehr viel älter aus, als sie sind: Die Andensonne, frostige Nächte, chronische Krankheiten, hygienische Dauerprobleme, die harte Handarbeit auf dem Feld und in den Minen lassen den Körper vorzeitig altern. Die Säuglingssterblichkeit übertrifft mit 4,3 % in Peru und 6,6 % in Bolivien ebenfalls deutlich den Durchschnitt der Industrienationen. Die Kindersterblichkeit beträgt in Peru 5,4 %,

während in Bolivien 8,5 % der Kinder bereits im ersten Lebensjahr sterben. Der Grund für diese traurigen Zahlen liegt vor allem in der ungenügenden medizinischen Versorgung auf dem Land.

Die Verteilung der Peruaner und Bolivianer auf die Landesfläche ist extrem ungleich. Die Hälfte der Peruaner lebt in der Küstenwüste entlang des Pazifiks, 40 % in der *sierra,* nur 10 % in Amazonien, das allerdings 60 % der Landesfläche stellt. Kaum anders das Bild in Bolivien: Das östliche Tiefland ist – mit Ausnahme von Sta. Cruz – sehr dünn besiedelt, dagegen drängen sich 80 % der Menschen in der Region südlich des Titicacasees und in einigen Großstädten im mittleren Hochland. Der Anteil der städtischen Bevölkerung liegt in Peru mit 72 % sehr hoch, in Bolivien immerhin bei 63 %. Ein Drittel aller Peruaner lebt in Lima, und auch im Großraum La Paz mit der Armenvorstadt El Alto konzentriert sich mittlerweile fast ein Drittel der Gesamtbevölkerung Boliviens. Die seit Jahrzehnten andauernde Landflucht erklärt sich aus der starken Zunahme unterbeschäftigter, hungernder *campesino*-Familien, der miserablen Infrastruktur im Hinterland und der politisch instabilen Situation auf dem Lande.

Das Durchschnittseinkommen in den Städten ist bis zu zehnmal so hoch wie auf dem Land, und nur ein kleiner Teil der Menschen in den abgelegenen Dörfern hat eine gesicherte Stromversorgung, fließend Wasser und Anschluß an die Kanalisation. Neben großen Lücken in der Gesundheitsversorgung und im Bildungsbereich unterstützt auch die Erbteilung der Bauernhöfe die Landflucht. In den kinderreichen Familien gehen meist mehrere Söhne leer aus und ziehen dann mit ihren Familien in die Großstädte, um dort irgendwie ihr Brot zu verdienen. In Peru liegen fast alle Großstädte an oder in der Nähe der Pazifikküste, in Bolivien verteilen sich die Mittel- und Großstädte dagegen über das ganze Land.

Traditioneller Siedlungsraum in beiden Ländern war jedoch über lange Zeit das Hochland, was auch den hohen Anteil der indigenen Bevölkerung in der *sierra* erklärt. In Bolivien existieren zur Zeit etwa 3700 *comunidades indígenas,* indianische Gemeinden, der größte Teil davon oberhalb von 3000 m Meereshöhe. Während das östliche bolivianische Tiefland (wie das Perus) nahezu unbesiedelt ist, entstand an einem Punkt eine regelrechte Boomtown: Sta. Cruz hat sich von einer wenig bedeutenden Kleinstadt zu Beginn des 20. Jh. zu einer Metropole von mittlerweile rund 800 000 Einwohnern gewandelt. Die Zuwanderungsrate von jährlich 6 % läßt diese Stadt aus allen Nähten platzen. Die gemäßigte Höhe von ca. 500 m, die stattliche Jahresdurchschnittstemperatur von 24 °C und neue Jobs in Landwirtschaft und Industrie machen sie zu einem attraktiven neuen Wirtschaftszentrum.

Das hohe Bevölkerungswachstum bringt in beiden Ländern große Folgeprobleme mit sich. In Peru macht der Anteil der noch nicht volljährigen Bevölkerung mehr als die Hälfte aus – 37 % sind jünger als 15 Jahre, in Bolivien sind es sogar 42 %. Die beiden Andenstaaten müssen daher jährlich Hunderttausende neuer Arbeitsplätze für Schulabgänger schaffen – eine kaum realisierbare Herausforderung. Die Lebensbedingungen für einen Großteil der Kinder sind denkbar schlecht. Ein Drittel bis die Hälfte

von ihnen sind unterernährt, viele müssen bereits während ihrer Schulzeit arbeiten gehen und kommen somit noch nicht einmal in den Genuß der staatlich vorgeschriebenen Pflichtschuljahre. In Bolivien etwa wächst nur die Hälfte aller Kinder mit beiden Elternteilen auf, 20 % gar ganz ohne Eltern. Sie, deren Eltern meist vor der Verantwortung ihrer Erziehung und Ernährung flüchten oder die keinen feststellbaren Vater haben, nennt man in Bolivien abfällig die ›Motten‹, *las polillas.* In den Städten schlagen sich jeweils mehrere zehntausend *polillas* im informellen Sektor durch – als Schuhputzer, Tagelöhner, Schwarzhändler, Drogenkuriere und Taschendiebe. Das Fehlen sicherer Arbeitsplätze und einer geregelten Rentenversorgung bewirkt, daß die Familie als Kernzelle – wie seit altersher – die soziale Absicherung übernehmen muß. Kinder gelten als die einzig sichere Rente. Die dadurch verursachte Bevölkerungsexplosion bringt jedoch den Teufelskreis aus Hunger, unzureichender Bildung, Aufwachsen ohne Eltern, Kriminalität und Arbeitslosigkeit für die vielen Nachkommen in Bewegung.

Konquista und **Missionierung** gingen in Peru und Bolivien zeitgleich vonstatten, und die spanischen Padres waren wenig zimperliche Handlanger der Eroberer. Wie ihre Amtskollegen in Spanien schreckten auch sie – von wenigen Ausnahmen abgesehen – vor Folter, Inquisition und Mord an den ungläubigen ›Heidenkindern‹ nicht zurück. Die spanische Heimatkirche und der Vatikan in Rom forderten schließlich Erfolgsmeldungen bei der unermüdlichen Missionierung der Neuen Welt, und daher gingen die Padres zahlreiche Kompromisse ein. So kam es unweigerlich zur Verschmelzung mit anderen Glaubensvorstellungen. Jesus Christus konnten die

Indígena aus Chinchero mit lokaltypischer Kopfbedeckung

indígenas verehren wie den Sonnengott Inti, und auch der Fruchtbarkeitsgöttin Pachamama wird weiterhin gehuldigt – unter dem Druck der spanischen Padres nun in Gestalt der Muttergottes. Die Heilige Jungfrau verbinden die Indianer ohnehin mit Fruchtbarkeit, und auch sie war ja in ihrem Verständnis eine Vermittlerin zwischen Menschen und Göttern. Selbst für Illapa, den indianischen Donnergott, fand sich ein katholisches Pendant: Santiago, der heilige Jakob, Schutzheiliger der spanischen Ritter. Und auch die von den Missionaren verachtete Verehrung der Inka-Mumien und die Totenbräuche konnten die *indígenas* fortan zelebrieren, und zwar am 1. und 2. November, dem christlichen Fest von Allerheiligen und Allerseelen.

Die systematische Zerstörung der zahlreichen *huacas,* der heiligen Orte, durch die Missionare konnte die Einheimischen nicht dazu bringen, den Glauben an ihre Geister aufzugeben. Ebenso blieben die Berggipfel und Seen im Glauben der Indianer weiterhin beseelt und erwarteten von ihnen Opfer. Die katholische Kirche, der heute offiziell etwa 90 % der Peruaner und Bolivianer angehören (ca. 5–6 % sind Protestanten) versteht sich als Anwalt der Armen. Die 1968 proklamierte **Befreiungstheologie** versucht politisches Engagement mit christlichem Auftrag zu verbinden und fordert die Rechte der Armen und Benachteiligten gegenüber der Gemeinschaft ein. Religiosität und Volksfrömmigkeit sind im Alltag der Peruaner und Bolivianer sichtbarer als etwa in Europa. Mehrfach täglich werden in den Kathedralen und großen Stadtkirchen Messen gelesen – und immer vor einem größeren, wenn auch überwiegend älteren Publikum. Kirchliche Feiertage sind nicht nur für *campesinos* die bedeutendsten Feste des Jahres.

In den beiden Andenländern existieren drei **Amtssprachen:** Neben dem von der Mehrheit der Bevölkerung gesprochenen Spanisch, das zahlreiche lo-

Am Rande der Gesellschaft – Indigene Gruppen in Peru und Bolivien

Einer Studie von 1990 zufolge zählen sich in Bolivien 3,2 Mio. Menschen zu indianischen Ethnien, und in Peru schätzt man die Gesamtzahl der Indianer auf 10 Mio. Im Hochland der beiden Andenstaaten stellen die Quechua (ca. 10 Mio.) und Aymara (ca. 2 Mio.) den Großteil der Bevölkerung, in Bolivien bilden auch die Chipaya im *Departamento* Oruro und die Leco im *Departamento* La Paz nennenswerte indianische Gemeinschaften.

Die Bewohner des peruanischen und bolivianischen Tieflandes sind anderer ethnischer Herkunft. Die Inka, die sich immer wieder gegen Einfälle aus dieser Region wehren mußten, hatten erfolglos versucht, die Stämme ihrem Reich einzuverleiben. Kurz nach der spanischen Eroberung zogen Soldaten auf der Suche nach dem sagenhaften *El Dorado* ins Tiefland, bald folgten Missionare ihren Spuren. Sie brachten jedoch nicht nur die ›Frohe Botschaft‹ mit, sondern auch europäische Zivilisationskrankheiten – und damit für viele Menschen den Tod. Weiße und mestizische Siedler errichteten große *estancias* auf den fruchtbaren Böden, Kaufleute schufen Handelsstraßen. Nun war der Kontakt zur Welt der Weißen dauerhaft.

Die indigenen Gruppen des Tieflandes ernähren sich heute vorwiegend als Kleinbauern, als Teilpächter großer Estanzien und als Lohnarbeiter. Entlang der großen Flüsse haben sich bis heute einige Stämme durch Brandrodungsfeldbau, Fischfang und Jagd über Wasser halten können. Ihre *comunidades* sind in der Regel sehr klein, umfassen selten mehr als 100 Personen. In Peru stellt das Amazonas-Tiefland stattliche 60 % der Landesfläche, in Bolivien bedeckt der *Oriente* mit seinen Feucht- und Buschsavannen und Regenwäldern sogar 65 % des Staatsgebietes. Im peruanischen Urwald leben heute noch schätzungsweise 20 000 Indianer, darunter die Stämme der Shipibo, Jivaro, Yagua, Pano und Tupí (s. S. 136). Im bolivianischen Regenwald sind es laut Volkszählung heute noch rund 200 000 Indianer, die 32 verschiedenen Ethnien zugerechnet werden, darunter die Arawak, Yuqui, Pano, Movima und die Tupí-Guaraní. Die Menschen leben dort in selbstverwalteten *pueblos indígenas,* indianischen Dörfern, in denen ihre Sprache dominiert. Doch auch hier setzen sich der Eingriff der europäischen Kultur und die Missionierung noch heute fort.

kale Besonderheiten aufweist, kommt vor allem der indigenen Sprache Quechua überregionale Bedeutung zu. Diese frühere Inka-Sprache wird vor allem im Hochland von rund 35 % der Peruaner im Alltag gesprochen. Auch das vor allem im Bereich des Titicacasees verbreitete Aymara ist als offizielle

Sprache in beiden Ländern formell anerkannt. In den Amazonas-Gebieten hat sich trotz langjähriger Missionstätigkeit eine Vielzahl indianischer Sprachen erhalten, doch ist fraglich, wie lange diese noch gesprochen werden. Die Suche nach Edelhölzern, Gold und Erdöl sowie der Zuzug von neuen Siedlern greifen immer mehr in die Kultur dieser Völker ein. Programme des Erziehungsministeriums, die Kinder bilingual zu unterrichten, brachten bislang nicht den gewünschten Erfolg: Die Kinder und Jugendlichen konzentrieren sich nach Ende der Schulzeit in aller Regel auf ihre Spanisch-Kenntnisse, vernachlässigen ihre indigene Sprache und wandern oftmals sogar aus den Dörfern in die Städte ab, wo sie mit ihrer spanischen Sprachkompetenz bessere Chancen auf dem Arbeitsmarkt haben.

Yagua-Mädchen mit Wickelbär

Charango, zampoña & Co. – Brauchtum

Die Musik der Anden

Spätestens seit das nordamerikanische Gesangsduo Simon & Garfunkel Ende der 60er Jahre die Weise ›El Condor Pasa‹ vertonte und ihr damit zu Weltruhm verhalf, macht der Begriff der ›Andenmusik‹ auch bei uns die Runde. *Quena, zampoña* und *charango* sind die melodieführenden Instrumente. Vor Ankunft der Spanier schnitzte man die *quena,* deren Griffsatz der europäischen Blockflöte ähnelt, oft aus Lamaknochen; heute verwendet man in aller Regel das *chuqui*-Rohr. Die *zampoña* (Panflöte) gibt der Andenmusik ihren charakteristischen Klang. Das Instrument besteht aus 13 unterschiedlich langen Rohren,

die in zwei Reihen zusammengebunden sind; durch Variationen in ihrer Größe, Bauweise oder im Material kann man Unterschiede im Klang erzeugen. Der mandolinenähnliche *charango* gelangte wohl erst im 16. Jh. nach Peru und Bolivien. Den Resonanzkörper des mit fünf doppelchörigen Saiten bespannten Instrumentes konstruierten die Andenmusiker früher aus dem Panzer des Gürteltiers, welches dadurch beinahe ausgerottet wurde; heute findet man auch zunehmend Instrumente aus Holz.

Die Musiker eines fünf- bis siebenköpfigen *conjunto folklórico,* einer Folkloremusikgruppe der *sierra,* setzen oft zehn verschiedene Instrumente ein. Dazu gehört meist der *bombo* bzw. *tambor,* eine tiefgestimmte Baßtrommel mit Fellbezug. Die Andenharfe, ein großes Instrument mit einem enormen Schallkörper, eine Querflöte *(pinkullo)*, die *tarka,* eine Panflöte härteren Klangs, *chilchiles* (Holzrasseln), das *pututu* (ein Kuhhorn) sowie die europäische Gitarre sind ebenfalls oft vertreten.

Huayno und Salsa – Tänze

Die Begleitmusik für den typischen Tanz der Andenbewohner bietet heute wie ehedem der *huayno.* Die melodramatische, poetische Ausdrucksweise der Texte und die pentatonische Musik lassen manche Zuhörer vor Rührung fast dahinschmelzen. Der Tanz beginnt meist mit langsamen Schritten und wird gegen Ende immer schneller. Die zweite, ebenfalls sehr populäre Liedform ist der *yaraví.* Er handelt oft in einfachen, kurzen Texten von leidenschaftlichen Liebesbeziehungen. Zur Inka-Zeit sang man *yaravís* anläßlich der rituellen Getreideaussaat sowie auf Hochzeiten und erbat damit Segen und Glück für das Brautpaar. Ein weltbekannter *yaraví* ist ›El Condor Pasa‹. Die dritte Liedform der Andenmusik, der *huanca,* wurde eigens zu kultischen Anlässen komponiert, geriet aber bald nach dem Ende des Inka-Reichs in Vergessenheit. Diese Lieder, die Menschen bei der Feldarbeit sangen, Triumphlieder der Inka-Soldaten, fröhliche Hirtenlieder und Gesänge aus Anlaß des Erntedankfests haben inzwischen ihre einstige Popularität zugunsten modernerer Formen eingebüßt.

Obwohl nicht hier heimisch, erfreuen sich die karibischen Rhythmen der Salsa allgemeiner Beliebtheit. Die meisten Live-Bands spielen Salsa-Musik in den zahlreichen Tanzbars der Boulevards und Vorstädte, wo die E-Gitarren, Keyboards und karibischen Trommeln weithin zu hören sind. In Peru und Bolivien knüpft man bei Salsa-Musik erste Kontakte zum anderen Geschlecht und betätigt sich zudem auch noch sportlich: Denn nicht nur in den Salons Amazoniens und entlang der Pazifikküste kommt man beim Tanz tüchtig ins Schwitzen.

In ganz Peru und Bolivien beliebt ist auch die schwungvolle *marinera.* Diese kreolische Musik war im 18. Jh. eher eine Mischung aus Walzer und Polka und entwickelte sich im Laufe der Zeit zur südamerikanischen Variante der Country-Musik. Gerade in den wilden 20er Jahren erlebte die *música criolla* in den Küstenstädten Perus innerhalb der Oberschicht eine neue Blüte.

Die *música negra,* von afrikanischen Sklaven zur Kolonialzeit mit nach Peru gebracht, erklingt häufig zu erotischen Tänzen. Eine dazugehörige Liedform, die *habanera,* beschäftigt sich mit der Geschichte der Afro-Peruaner als Sklaven: Anders als etwa die ebenfalls an der Künste beliebte *marinera,* hat die *habanera* eine sehr melancholische Note.

Tanzende Menschen kann man in Peru und Bolivien bei den großen Stadtfesten, am Nationalfeiertag, in den zahlreichen Tanzlokalen, beim Karneval (in den großen Städten und in den bolivianischen Orten Tarabuco, Oruro und Vallegrande) beobachten. Die berühmte *diablada,* der Teufelstanz, bei dem Tänzer Holzmasken in Schlangen- oder Eidechsenform tragen, sieht man vorwiegend in den Siedlungen am Ufer des Lago Titicaca und am 14. September im bolivianischen Calacala. Am 25. Juli, dem Namenstag des hl. Jakob (Santiago), tanzt man überall zu Ehren des Schutzheiligen der spanischen Ritter.

Dabei bewegen sich die Tänzer in Kreisformationen, die Tänzerinnen wedeln mit bunten Tüchern in der erhobenen Hand, und die Musikkapelle tanzt entweder mit oder wird von den sportlichen Tänzern in die Mitte genommen.

Folklore zum Anfassen

Der Alltag bietet häufig Gelegenheit, mehr oder weniger professionelle Folkloregruppen zu sehen: An vielen Orten – beim Warten auf den Bus, auf den Zug oder am Flughafen, in Hotels und Restaurants, in *peñas* und in *teatros folklóricos* – versuchen Musiker und Tänzer, ihre Künste in klingende Münze umzusetzen. Puno am Titicacasee gilt zu Recht als die Folklorehauptstadt Perus, denn nirgends gibt es mehr religiöse wie profane Feste als hier, nirgends investieren Menschen mehr Zeit und Geld in die Vorbereitung der Feierlichkeiten, in die Anfertigung von Masken und Kostümen. Knapp 200 km weiter südlich, in La Paz, wird Ende Mai und Anfang Juni das Fest zu Ehren des *Nuestro Jesús de Gran Poder* mit Tänzen und einem überaus bunten Umzug gefeiert. Der ›Jesus der großen Macht‹ ermuntert Bolivianer in der luftigen Höhe von 3600 m (und mehr) zu konditionellen und sportlichen Höchstleistungen.

Mehrere große Hotels in Lima führen abendliche Folklore-Shows auf. Insider glauben, die hier gespielte Volksmusik sei zuweilen fast schon zu perfekt und professionell, und der Schwerpunkt der Aufführungen liege auf dem Show-Charakter. In Arequipa bieten *peñas* und Restaurants fast jeden Abend Auftritte oder Folklore-Shows einheimischer Gruppen. In den großen Hotels und Restaurants Cuscos und im kleinen Theater der Universität führen indianische Musik- und Tanzgruppen das ganze Jahr über Musikstücke und Tänze aus der Inka- und der Kolonialzeit auf. Höhepunkt im Festkalender Cuscos ist zweifellos das Inti-Raymi-Fest, zu dem sich Tausende Einheimischer und Fremder in den Mauern von Sacsayhuaman einfinden. Zahllose Folkloregruppen aus allen *Departamentos* Perus führen Tänze auf. Die Wintersonnenwendfeier aus der Inka-Zeit beginnt am 23. Juni mit Aufmärschen in Cusco, bei denen alle Teilnehmer traditionelle indianische Kleidung tragen. Am Tag darauf trägt man die Darsteller von Manco Capac und Mama Ocllo in Sänften hinauf nach Sacsayhuaman. Manco Capac opfert dann in einer Zeremonie symbolisch ein Lama zu Ehren des Sonnengottes.

Auch Prozessionen bieten Gelegenheit, landestypische Musik zu hören und traditionelle Tänze mitzuerleben. Die *Semana Santa* wird in jeder Gemeinde Perus und Boliviens festlich begangen. Höhepunkt ist der Karfreitag, wenn bunte, geräuschvolle Umzüge mit Musikkapellen durch Dorf und Stadt ziehen und die typische Volksmusik dieser Hochandenregion spielen. Die Osterprozessionen in Ayacucho gelten als die schönsten der Anden, denn hier ist die Kleidung der Gläubigen besonders farbenprächtig. Wenige Wochen später feiert man das Fronleichnamsfest *(Corpus Cristi)* ebenfalls mit stundenlangen Umzügen, hier gelten die bolivianischen Dörfer als besonders besuchenswert. In Cusco trägt man den *Señor de los Temblores* vor allem am Montagnachmittag vor Ostern durch die Straßen. Der ›Herr der Erdbeben‹ soll die Stadt während des langen und starken Erdbebens im Jahre 1650 vor der völligen Zerstörung gerettet haben. In Lima wird am 30. August die *Fiesta de Santa Rosa de Lima* mit einer großen Prozession zu

Allerheiligenfeier mit Picknick auf einem bolivianischen Friedhof

Ehren der Schutzpatronin der Neuen Welt begangen. An drei Tagen im Oktober tragen etwa 30 kräftige Männer anläßlich des Festes des *Señor de los Milagros* das 1,5 t schwere, in Silber gefaßte Bildnis des ›Schwarzen Christus‹ durch die Straßen Limas.

Religiöser Höhepunkt in Bolivien ist die Wallfahrt von La Paz zur *Virgen de Copacabana,* an der Tausende *Paceños* teilnehmen. Sie beginnt Anfang August und trifft am 5. August in Begleitung zahlreicher Musikkapellen am Titicacasee ein. Hier feiert man weitere drei Tage ausgiebig das Fest der bolivianischen Nationalheiligen. Wenige Tage zuvor (am 25. Juli) feiert man überall die *Fiesta de Santiago,* bei der Statuen des hl. Jakob durch die Dörfer getragen werden. Landesweit begehen Bolivianer wie Peruaner das Fest *Todos los Santos* (Allerheiligen) auf den Friedhöfen ihrer Dörfer und Städte, am spektakulärsten im Hochland. Wenn auch viele Trauernde sich – unterstützt vom ungezügelten Alkoholkonsum – in einer vermeintlich sehr gelösten Stimmung befinden, sollte man als Besucher stets auf eine angemessene Distanz zu den Angehörigen der Verstorbenen achten.

Traditionelle Kleidung

Bereits die Paracas- und Nazca-Kultur waren für ihre feinen Textilien bekannt. Sozialer Status und Herkunftsort des Trägers waren zur Inka-Zeit anhand der Kleidung zu erkennen. Nur Adligen war es erlaubt, Kleidung aus Vikunja-Wolle zu tragen, bestimmte Muster und Schnitte waren einzelnen Gruppen vorbehalten. Dies änderte sich mit der spanischen Eroberung, denn die neuen Herren versuchten, indianische Kulturelemente auszumerzen. Sie erließen strenge Kleidungsregeln, und so sind die heute so ›typischen‹ weiten Röcke der Frauen, die Filzhüte und die Kniebundhosen der Männer meist Nachbildungen der Alltags- und Festkleidung der spanischen Landbevölkerung des 18. Jh.

Auffallendstes Kleidungsstück der Indianer-Frauen im Hochland ist neben den farbigen *polleras* (Faltenröcke, von denen mehrere übereinander getragen werden) und der *mantilla* (Schultertuch) wohl der dunkle Bowler, der ohne Hutnadel getragen wird. Immer wirkt er mindestens eine Nummer zu klein – und das ist auch beabsichtigt. Interessant ist die Herkunftsgeschichte des Hutes: In den 80er Jahren des 19. Jh. hatte ein französisches Bekleidungsunternehmen bei einer englischen Hutfirma mehrere tausend *bowler hats* bestellt. Bevor diese allerdings ausgeliefert werden konnten, war die französische Firma pleite gegangen, und die Engländer blieben auf ihren Hüten sitzen. Um nun wenigstens den Schaden zu reduzieren, kam man auf die Idee, diese Kopfbedeckung am Titicacasee zu verkaufen. Der britische Geistesblitz traf eine Marktlücke, die *bowler hats* fanden reißenden Absatz. Das Tragen traditioneller Tracht verliert aber heute gerade in der Jugend Perus und Boliviens immer mehr Anhänger. Polyesterhemd, T-Shirt, Jeans, Nike-Turnschuhe und Baseball-Mützen gelten als ›in‹, Poncho und *bowler hat* sind bei den meisten Jugendlichen ›out‹.

Mitbringsel aus den Anden

In Ländern wie Peru und Bolivien, mit einer solch großartigen Tradition in der Herstellung von exzellenter Keramik, Steinskulpturen, Textilien und Goldschmuck ist es für Besucher besonders reizvoll, sich mit dem zeitgenössischen Kunsthandwerk zu beschäftigen.

Weltweit bekannt sind die beiden Andenstaaten für ihre Wollerzeugnisse: Die Herstellung von Alpaka- und Lamapullovern, Wollwesten, Teppichen, Wandbehängen, Fellmützen, Ponchos, Decken und anderen Strick und Webarbeiten in kräftigen, schrillen Farben bildet die Lebensgrundlage vieler Menschen, besonders am Titicacasee. Präkolumbische Kunst dient meist als Vorlage für zeitgenössische Tonfiguren (z. B. erotische Darstellungen), für bemalte Keramikgefäße und Holzschnitzereien. Viele kleine Gemeinden produzieren heute noch ihr eigenes typisches Kunsthandwerk. Die Dörfer um Oruro sind für ihre Teufelsmasken bekannt, die aus Pappmaché, Gips und altem Glas bestehen und an die *diablada* erinnern sollen. Kleine Dörfer in der Umgebung von Huancayo haben sich auf geschnitzte Kalebassen spezialisiert, die Nachbardörfer von Ayacucho auf aufklappbare Holzaltäre und Tonkirchen. Diese plastischen Miniaturnachbildungen von Kirchen mit winzigen Glockentürmen gehören seit langer Zeit zur Tradition der Zentralanden.

Gold-, Silber- und mit Halbedelsteinen verzierter Kupferschmuck nach Vorbildern aus der Huari- und Inka-Kultur findet man meist in Juweliergeschäften. An Bahnstationen, auf Indianermärkten und auf den Plazas wimmelt es von Händlern, die billigen Modeschmuck anbieten. In La Paz und Potosí gibt es große Mengen an antikem Silberschmuck und Silbergeschirr; hier kann man sich die halbe Kücheneinrichtung aus altem Silber kaufen oder auch nur einen der hübschen Silberlöffel, den die Damen der feinen Gesellschaft sich früher an die Bluse steckten. In den Gassen von La Paz, insbesondere nahe der ›Hexergasse‹ oberhalb der Kirche San Francisco, verkaufen Souvenirgeschäfte für viel Geld auch antike Ponchos. Musikinstrumente findet man am besten in Cusco und am Titicacasee, aber auch zwischen Sucre und Cochabamba, wo *charangos* gefertigt werden.

Aus dem Leben der *campesinos* – Literatur in Peru und Bolivien

Die Literatur der Peruaner begann bereits in schriftloser Zeit mit den Dichtern der Inka. Der Chronist Garcilaso de la Vega, Sohn eines spanischen Ritters und einer Inka-Prinzessin, führte diese Tradition mit viel Liebe zum Detail im 16. Jh. fort. Um 1900 machten Ricardo Palmas' (1833–1919) ›Tradiciones Peruanas‹ die Runde, die peruanische Traditionen illustrieren. Ciro Alegrías (1909–1967) ›El mundo es ancho y ajeno‹ (›Die Welt ist groß und fremd‹) thematisiert den Kampf nordperuanischer *campesinos* gegen die Profitgier lokaler *hacenderos*. Sein sozialistischer Ansatz machte den Roman über die Grenzen Perus bekannt. Manuel Scorza (1928–1983) setzte sich in seinen Romanen ebenfalls für die *indígenas* der Anden ein. In ›El jínete insomne‹ (›Der schlaflose Reiter‹) vermischt er auf beeindruckende Weise Satire und surrealistische Darstellung. Mehr in die Richtung des Realismus gehen die Werke von José María Argüedas (1911–1969). In seinem Meisterwerk ›Los ríos profundos‹ (›Die tiefen Flüsse‹) widmet er sich den *campesinos* im Hochland Perus und ihrer traurigen wirtschaftlichen Situation.

Literarisches Aushängeschild Perus ist seit Jahrzehnten zweifellos der 1936 geborene Mario Vargas Llosa, der 1990 auch als Präsidentschaftskandidat international von sich Reden machte und 1995 mit dem Friedenspreis des deutschen Buchhandels ausgezeichnet wurde. Der erste lateinamerikanische Präsident des PEN-Clubs, der heute in Madrid und London lebt, orientiert sich am Stil des von Gabriel García Márquez zu Weltruhm gebrachten ›magischen Realismus‹ und arbeitet in seinen Romanen die bewegte Geschichte seines Landes auf. ›Maytas Geschichte‹, ›Der Geschichtenerzähler‹, ›Der Krieg am Ende der Welt‹, ›Lob der Stiefmutter‹ und ›Gespräch in der Kathedrale‹ spielen alle in Peru vor einem politischen Hintergrund. Ungewöhnlich ist sein kurzer, voller Witz steckender Krimi ›Wer hat Palomino Molero umgebracht?‹. Sein neuester Roman, ›Tod in den Anden‹, beschäftigt sich mit dem blutigen Guerillakrieg des *Sendero Luminoso* und den Vergeltungsschlägen von Miliz und Polizei.

In der bolivianischen Literaturgeschichte fallen vor allem Schriftsteller auf, die sich explizit mit der Knechtschaft der *indígenas* auseinandersetzen. Als erster Autor seines Landes thematisierte Alcides Argüedas zu Beginn des 20. Jh. in seinen Romanen ›Wuata Wuara‹ und ›Raza de bronce‹ (›Bronzene Rasse‹) die Unterdrückungsmethoden weißer Großgrundbesitzer. Auch Raúl Gosálvez und Alfredo Guillén widmeten sich dem Los der *campesinos*. Mit dem 1952 erschienenen Roman ›Yanakuna‹ (›Verkauft wie Schaf und Huhn‹) erlangte Jesús Lara internationale Anerkennung. Bemerkenswert ist auch Jaime Mendozas Roman ›En las tierras de Potosí‹ (1911), der die Arbeitsbedingungen in den Minen von Potosí eindrucksvoll illustriert. Zeitgenössische bolivianische Belletristik spielt allerdings vorwiegend in den Städten des Landes und löst sich vom einstigen Realismus. Insbesondere José Montes Vannuci beleuchtet in seinen zahlreichen Romanen ab 1985 die Lebensverhältnisse der Stadtbevölkerung.

Chicharrones, choclos und *Inka Cola* – Leckereien aus der Andenküche

Wie die Landschaft bietet auch die Eßkultur in Peru und Bolivien ein variantenreiches Bild. An der Küste dominieren Fischgerichte und Meeresfrüchte, in den Bergen Fleisch-, Gemüse- und Getreidespeisen. Restaurants gibt es in jeder Preisklasse, doch gutes Essen muß in den Anden nicht teuer sein. Eine Besonderheit sind die vielen *chifas* in Peru: Sie servieren chinesisch-peruanische Mischgerichte und werden von vielen Peruanern wegen ihrer guten Qualität frequentiert. Außerdem werden oft an den Essensständen der *mercados* schmackhafte Gerichte angeboten.

Als eine Art Nationalgericht Perus gelten die verschiedenen Zubereitungsformen des weißen Seebarschs. Besonders populär ist dabei die *ceviche de corvina,* rohe Fischwürfel, die in einer Zwiebel-, Chili- und Limonen-Marinade eingelegt und kalt serviert werden. Dazu ißt man Salzkartoffeln oder Maniok.

Eine weitere Delikatesse ist die *chupe de camarones,* eine cremige Suppe aus Salz- und Süßwasserkrabben. Viele Reisende erinnern sich sehr gerne an die *sopa a la criolla:* eine Nudelsuppe mit Rindfleischstückchen, verschiedenen Gemüsesorten, Ei, gerösteten Toastwürfeln und einem Schuß Milch oder Sahne. In Bolivien ißt man zu Beginn des Mahls eine *salteña:* halb Brötchen, halb Pastete, gut gewürzt und gefüllt mit Gemüse, Fleisch und Eiern. Ebenfalls als Vorspeise kann man *chicharrón*, gebakkenes Schweinefleisch mit einer knusprigen Schwarte, auftragen lassen, eine sehr schmackhafte und überaus sättigende Delikatesse. Feinschmecker schwärmen von *palmitos con jamón* (Palmherzen mit gekochtem Schinken) und von den Avocado-Antipasti: *palta a la reina* (eine mit Hühnchensalat gefüllte Avocado, gewürzt mit Pfeffer und Salz) und *palta a la jardinera* (kaltes Gemüse

Gebratene Meerschweinchen – Festessen in Peru und Bolivien

Das Geheimnis des Pisco Sour

Jeder Besucher Perus wird auf seiner Reise mindestens einmal die Gelegenheit haben, den National-cocktail Pisco Sour zu probieren. Angebaut wird der wichtigste ›Rohstoff‹ in der Region Ica. Dort ist das Klima für die Weintrauben, aus denen der Schnaps gebrannt wird, ideal: Immer trocken und sonnig, nie zu heiß, meist weht eine leichte Seebrise. Selbst 70 km entfernt vom Pazifik umgeben die Weingüter noch riesige Sanddünen.

Hier das Rezept für den Pisco Sour: Man fülle ein Cocktailglas zur Hälfte mit zerstoßenem Eis, gebe einen Teil Pisco und – je nach Geschmack – einen oder zwei Teile Limonensaft hinzu, anschließend noch ausreichend Zucker. Nachdem alles gut gemixt wurde, schlage man Eiweiß zu Eischnee und hebe es unter. Als Krönung kommt noch ein Schuß Angostura Bitter oder eine Spur Zimt obendrauf – fertig ist der Pisco Sour!

mit Avocadoscheiben). Auf dem Lande sind Kartoffelspeisen sehr verbreitet. Die *patatas* bzw. *papas* serviert man als *papas fritas* (Pommes frites), Pell- oder Bratkartoffeln, aber auch *a la Huancaina:* gekocht, mit scharfer Erdnußsauce. Besonders beliebt sind *choclos,* großkörnige Maiskolben, die gekocht, mit Käsescheiben und scharfer Sauce auch als Schnellimbiß verkauft werden.

Die mittägliche Mahlzeit, das *almuerzo,* schließt stets eine warme Hauptspeise ein. Sehr oft ist dies *pollo,* Hühnchen, oder *lomo saltado,* mit Zwiebeln, Kartoffeln und Tomatenscheiben gebratene Fleischstreifen mit Reisbeilage. Nur an besonderen Festtagen kommt *cuy,* gebratenes Meerschweinchen, auf den Tisch. Längst nicht in jedem Restaurant findet man das schon lange vor den Inka populäre und durchaus wohlschmeckende Alpakafleisch. Insbesondere in Lima beliebt sind *anticuchos* (Rinderherz, am Spieß über Holzkohle gegrillt)

und *parilladas* (mehrere Fleisch- und Wurstsorten vom Grill). Gemüsegerichte wie *chili relleno* (Paprika mit Fleisch- oder Käsefüllung) dienen als kraftspendende Hauptspeisen oder als Beilagen. Auf den Indianermärkten findet man oft dampfende *tamales,* scharf gewürzten oder süßen, in Maisblätter verpackten Maisbrei. Mit frischem Meeresfisch ist Peru bestens versorgt. Neben dem Königsfisch kommt entlang der Küste häufig *corvina a la plancha* (Seebarsch vom Grill) und *pejerrey* auf den Tisch. In der *sierra,* auch im bolivianischen *Altiplano,* liebt man die *trucha* (Forelle) aus den klaren Bergflüssen, auf Müllerinart oder einfach gebraten.

Der in ganz Lateinamerika populäre *flan,* ein süßer Karamelpudding, schließt auch in Bolivien und Peru häufig das Mahl ab. *Piccarones* (in Schmalz gebackener Teig mit Sirup) sind eine gute Alternative dazu. Man kann als Dessert jedoch auch eine Maisspeise wählen: Die

süße, aus violettem Mais hergestellte *mazamorra morada* bildet, schön gekühlt und mit vielen frischen Früchten, einen herrlichen Abschluß.

Darf man der Werbung glauben, ist die gelbliche *Inka Cola* in Peru der *sabor nacional,* der ›Geschmack der Nation‹. Nun – probieren Sie selbst! Weitere Durstlöscher sind *gaseosas* (Limonaden), unverdünnte Fruchtsäfte *(jugos)* und Sirupmischungen: *Piña* (Ananas), *sandía* (Wassermelone), *naranja* (Orangensaft), *mora* (Heidelbeere), *maracuja* und *toronja* (Grapefruit) sind hier die gängigsten Geschmacksrichtungen. Erfrischend und stärkend zugleich sind die leckeren *liquados con leche,* mit Milch gemixte Fruchtsäfte: Die spezielle Mischung der Bananen-, Papaya- oder Erdbeer-Milchshakes kann man auf den Märkten selbst bestimmen. Durstlöscher Nr. 1 ist auch in Peru und Bolivien die *cerveza.* Von den insgesamt über 20 Biermarken werden viele von deutsch-stämmigen Braumeistern oder in deutscher Lizenz gebraut. Paceña, Arequipeña, Cuzqueña, Sureña und Pilsen sind die gängigsten Sorten. Eine Besonderheit in den Anden ist die leicht säuerliche *chicha,* eine Art Maisbier. Dieses typische indianische Getränk wird auf Märkten angeboten, aber auch in Wohnhäusern, erkennbar an einer kleinen Fahne, die man am Ende einer langen Stange aus Tür oder Fenster hängt.

Trotz der Nähe des Äquator wächst in Peru auch Wein. In der Region Ica gibt es mehrere alte *bodegas* (Weingüter), die sich auf den Anbau von Weißwein spezialisiert haben. Einige von ihnen kann man zwecks Weinprobe auch besuchen, was sich vor allem während der Traubenernte von Februar bis April anbietet. Manche *bodegas* brennen auch den klaren Pisco (s. S. 147). In anderen Gegenden produziert – und trinkt – man *aguardiente,* den hochprozentigen Zuckerrohrschnaps der armen Leute.

Reisen in Peru und Bolivien

Lima und das zentrale Bergland

An der peruanischen Hauptstadt kommt so leicht keiner vorbei. Fast jede Peru-Reise beginnt und endet hier, in der unkontrolliert wachsenden Wüstenmetropole am Pazifik. Aber der Moloch hat auch seine schönen Seiten: eine koloniale Altstadt, die zum Weltkulturerbe erklärt wurde, herausragende Museen mit einmaligen Exponaten altamerikanischer Kunst und angenehme Einkaufs- und Wohnviertel, in denen man schnell vergißt, daß man sich in einer der größten Städte Südamerikas befindet.

Im Hinterland von Lima liegen herrliche Berglandschaften und noch kaum entdeckte Kolonialstädte. Wer abseits der gängigen Touristenrouten auf Entdeckungsreise gehen will und bereit ist, dafür die eine oder andere Einschränkung beim Komfort in Kauf zu nehmen, wird hier, im zentralen Bergland, voll auf seine Kosten kommen.

Lima – Die graue Eminenz

■ (S. 316) Lima, Stadt der Könige, Zentrum des spanischen Kolonialreiches in Amerika, Hauptstadt Perus – die Erwartungen sind hoch, wenn man sich dieser vielseitigen Metropole nähert. Doch der erste Eindruck ist enttäuschend: hektischer Verkehr, ärmliche Siedlungen, das Flußbett des Río Rímac mit Müll gefüllt, und über allem liegt ein bleischwerer, grauer Himmel – zugegeben, die erste Begegnung ist nicht gerade einladend. Doch dann tauchen unvermutet die Glaspaläste von San Isidro auf, dem Business-Viertel der Stadt, die nicht nur politisches, sondern auch wirtschaftliches Zentrum des Landes ist. Gleich daneben liegt Miraflores, das ›neue Zentrum‹ von Lima. Hier gibt es zahlreiche Hotels, Restaurants und Geschäfte ›westlicher‹ Prägung, hier fühlt sich ein Europäer wieder wohl.

Bei einem Abstecher in die Altstadt wird dann das ganze Dilemma Limas deutlich: Herrliche Kolonialpaläste und Kirchen erwarten dort den Besucher, doch überall hat der Zahn der Zeit un-

übersehbar seine Spuren hinterlassen. Windschiefe Gebäude allenthalben, die zwar die vielen Erdbeben überstanden haben, von denen die Stadt im Laufe der Zeit erschüttert wurde, aber nun wegen Geldmangels langsam, aber sicher verfallen. Lima – die häßliche Karikatur einer einstmals blühenden Kolonialstadt, ausgestattet mit einer gehörigen Portion Ignoranz. Doch jetzt, in allerletzter Minute, ist Rettung in Sicht. Mit Geldern der UNESCO will Bürgermeister Andrade das Zentrum wieder zu dem machen, was es früher einmal war – die Visitenkarte der Stadt und vielleicht sogar des ganzen Landes.

Als erste Maßnahme wurden die *ambulantes,* die überall präsenten fliegenden Händler, und der Schwerverkehr aus der Innenstadt verbannt, PKWs dürfen nur noch mit Sondergenehmigung fahren. Es folgte die Neugestaltung von Plaza Mayor und Plaza Bolívar, die Schaffung eines Netzes von Fußgängerzonen ist geplant. Es bleibt zu hoffen, daß die Stadtverwaltung dieses Ziel konsequent weiter verfolgt und nicht auf halbem Weg stehenbleibt …

◁ *Paßstraße und See an der Abra La Viuda*

Pueblos Jóvenes –
Armenviertel der Hoffnung

Pueblos jóvenes, ›junge Dörfer‹, nennt man in Peru beschönigend die Ansammlungen provisorischer Hütten aus Matten, Wellblech, Karton und Brettern in den Vorstädten der Metropole. Ganze Familien, ja Großfamilien teilen sich hier einen nur 15–20 m² großen Raum. Nur in den älteren *barriadas,* so die frühere Bezeichnung, gibt es feste Straßen, Müllentsorgung, Elektrizität, ein Frisch- und Abwassersystem und eine Straßenbeleuchtung. Die Bewohner der in Lima bis zu 20 km vom Zentrum entfernten Slums sind oft mehrere Stunden zu den Krankenhäusern, Schulen und Arbeitsplätzen in den Industriebetrieben unterwegs. Mitte der 90er Jahre zogen durchschnittlich 250 000 neue Landflüchtlinge pro Jahr in die peruanische Hauptstadt. Damit lebt heute bereits die Hälfte der rund 8 Mio. Einwohner Limas in Elendsquartieren.

Wie in den meisten Entwicklungsländern bildete auch in Peru die wirtschaftliche Stagnation auf dem Land und dessen fast mittelalterliche Infrastruktur den Auslöser für die Landflucht. Im Zuge der Bevölkerungsexplosion konnte ein Bauernhof nicht mehr alle Familienmitglieder ernähren, und frühere Erbteilungen hatten die Höfe ohnehin bereits auf unwirtschaftliche Flächen verkleinert. In den 80er Jahren verstärkten der Terror des *Sendero Luminoso* (s. S. 41) in den Zentralanden sowie die Vergeltungsschläge von Armee und Polizei die Landflucht. Manchmal zwangen auch Katastrophen (Erdbeben, Überschwemmungen etc.) die Menschen zum Wegzug.

In den *pueblos jóvenes* angekommen, gilt es, Bretter, Kartonpappe, Bastmatten und Kunststoffplanen zu organisieren. Alle Familienmitglieder, auch die Kinder, müssen dabei mit anpacken. Gleichzeitig hält man nach Arbeit als Verkäuferin, Straßenhändler, Tagelöhner, Dienstmagd oder Hilfsarbeiter in den Fabriken Ausschau. Mit dem ersten Geld erwirbt man Steine, Sand und Zement, auch Holzbalken und Ziegel abgerissener Häuser sowie Möbel. Innerhalb von Monaten oder Jahren errichten die Familien so ein festes Wohnhaus – meist ihre Heimat für den Rest des Lebens. Oft hört man vom starken Zusammenhalt in den *pueblos,* von selbstloser Hilfe und Solidarität.

Andererseits bilden, wenn man den Angaben der Polizei glauben darf, manche Slums auch Herde für organisierte Kriminalität: Insbesondere Jugendliche spezialisieren sich in Ermangelung eines Arbeitsplatzes auf Einnahmen aus Drogenhandel, Diebstahl und Hehlerei. In Wahlkampfzeiten besucht Präsident Fujimori die ›jungen Dörfer‹ regelmäßig in seiner sehr öffentlichkeitswirksamen Manier und verspricht staatliche Investition in deren Infrastruktur. Daneben gibt es überall in Peru hoffnungsvolle, nicht selten kirchlich initiierte Projekte.

Klaus Boll

Blick von der Plaza Grau in Richtung Altstadt

Lima, eine Stadt mit vielen Gesichtern. Wenn man abends den Tag in einem der Fischrestaurants an der *Costanera* ausklingen läßt, wird man überrascht feststellen: Tatsächlich, Lima liegt am Meer! Doch irgendwie wird man den Eindruck nicht los, die *Limeños* wollten mit dem Ozean nichts zu tun haben. Stolz erheben sich die Häuser mehr als hundert Meter über den Meeresspiegel, und die Steilküste schiebt sich wie eine natürliche Barriere zwischen die Stadt und den Pazifischen Ozean.

Gegründet wurde die langjährige Hauptstadt des spanischen Kolonialreiches in Südamerika am 15. Januar 1535 von Francisco Pizarro, nachdem sich die erste Hauptstadt Jauja wegen ihrer extremen Höhenlage und den damit verbundenen harten Klimabedingungen als ungeeignet erwiesen hatte. Außerdem wollte man einen Überseehafen in der Nähe haben, doch fiel die Wahl eher zufällig auf den Standort am Río Rímac inmitten einer fruchtbaren Flußoase. Der

dem Gründungsdatum nächstgelegene katholische Feiertag war der 6. Januar, der Tag der Heiligen Drei Könige, und so taufte Pizarro die neue Stadt Ciudad de los Reyes – die ›Stadt der Könige‹; erst später setzte sich der Name Lima durch, eine verschliffene Form des Flußnamens Rímac. Ein König hat hier nie residiert, dafür aber eine ganze Reihe von Vizekönigen, Statthalter des spanischen Königs in Peru. Sie verwalteten im Namen der Krone das riesige Kolonialreich von Lima aus und hatten ihren Amtssitz im ehemaligen Palast Pizarros an der Plaza Mayor – und nicht in der früheren Hauptstadt des Inka-Reiches, Cusco, die ein Jahr vor der Gründung Limas erobert und zerstört worden war.

Die Stadt konnte sich nicht zuletzt dank einer ausreichenden Wasserversorgung schnell entwickeln und zählte im Jahre 1610 bereits 26 000 Einwohner, in der Mehrzahl schwarze Sklaven, die den etwa 10 000 Spaniern dienten. Überall entstanden ausgedehnte Klosteranlagen, prächtige Kirchen und prunkvolle Paläste. In der Mitte des 17. Jh. ließ der Vizekönig Pedro de Toledo y Leiva eine fast 12 km lange Stadtmauer errichten mit 34 Befestigungstürmen und elf Toren, die noch bis 1870 existierte. Die im Schachbrettmuster angelegte Kolonialstadt war umgeben von fruchtbarem Agrarland, das damals rund 40 000 ha umfaßte. Eine mit Bäumen bestandene Straße führte in die 12 km entfernte Hafenstadt Callao. Doch im 20. Jh. breitete sich die Innenstadt schnell in Richtung Meer aus. Zählte man um 1900 noch etwa 130 000 Einwohner, so waren es 1940 bereits über 600 000, und schon bald war die Millionengrenze überschritten. Lima wurde zur Boomtown und zum unrühmlichen Beispiel verfehlter Siedlungspolitik. Zu Tausenden strömten die Menschen in die Stadt, die Arbeit und Wohlstand versprach, und mit dem Aufkommen des Terrorismus in den 80er Jahren wurde dieser Trend zur Landflucht noch dramatisch verstärkt. Zwar ist man heute bemüht, diese Sünden wiedergutzumachen, doch wird Lima wohl niemals wieder die blühende und stolze Stadt sein, die sie während der Kolonialzeit einmal war.

Rundgang durch die Altstadt

Für einen Rundgang durch die koloniale Altstadt Limas sollte man sich mindestens einen halben Tag Zeit nehmen. Da die meisten Kirchen über die Mittagszeit geschlossen sind, empfiehlt sich hierfür der Vormittag oder der späte Nachmittag. Bis auf vereinzelte Taschendiebe, die wie überall im Land auf unvorsichtige ›Kundschaft‹ lauern, kann man sich bei Tageslicht weitgehend gefahrlos be-

wegen, doch sollte man bei Nacht die Innenstadt besser meiden; ohnehin hat Miraflores die bessere Auswahl an Hotels und Restaurants.

Beginnen wir unseren Stadtbummel an der **Plaza San Martín** 1, mit ihren harmonischen Fassaden einst architektonische Visitenkarte der Stadt und bis heute ein wichtiger Verkehrsknotenpunkt. Mehrere Häuserblocks aus der Kolonialzeit mußten weichen, als der Platz mit dem altehrwürdigen Hotel Bolívar an der Westseite und der Statue des argentinischen Generals José de San Martín im Zentrum in den 20er Jahren angelegt wurde.

Nach Nordwesten führt die **Avenida Nicolás de Piérola,** im Volksmund auch *La Colmena* (›Bienenkorb‹) genannt, zur erst kürzlich renovierten Plaza 2 de Mayo. Von der einstigen Prachtstraße mit luxuriösen Hotels, noblen Geschäften und vornehmen Restaurants ist nicht viel geblieben, heute bestimmen halbverfallene Häuserfassaden und Sexkinos das Bild – die Geschäftswelt ist längst in die modernen Stadtviertel San Isidro und Miraflores umgezogen.

Über die Einkaufsstraße Jirón de la Unión – die erste Fußgängerzone der Innenstadt – gelangt man nach Norden zur Kirche **La Merced** 2. Das Gotteshaus des Mercedarier-Ordens geht zurück auf einen Bau von 1628, der vom Erdbeben 1687 stark beschädigt und seither mehrfach umgebaut und erweitert wurde. Die eindrucksvolle Barockfassade mit den gedrehten, ›salomonischen‹ Säulen und der zentralen Marienstatue wurde 1939 nach Originalplänen aus dem 17. Jh. errichtet. Im Innenraum, der zum Schutz vor Erdbeben von massiven Säulen gestützt wird, sticht unter den zahlreichen goldenen Altären besonders jener schön geschnitzte der *Inmaculada Concepción* (›Unbefleckte Empfängnis‹) hervor. Der Hauptaltar ist der *Virgen de la Merced* geweiht, die als Schutzpatronin der Armee im Jahre 1615 Lima vor einem Piratenüberfall bewahrt haben soll. In der Sakristei sind Rokokomöbel und Gemälde aus der Kolonialzeit zu bewundern. Das zur Kirche gehörige Kloster, im frühen 16. Jh. gegründet und damit wahrscheinlich das erste der Stadt, lohnt mit seinen zahlreichen Gemälden und Wandkacheln mit Szenen aus dem Leben des Ordensgründers San Pedro Nolasco ebenfalls einen Besuch.

Einen Block weiter nordwestlich (Jirón Ica) liegt die Kirche **San Agustín 3**, deren üppige Fassade im churriguresken Stil des späten 18. Jh. in auffälligem Kontrast steht zum eher nüchternen Innenraum. In der Sakristei mit einer im Mudéjar-Stil bemalten Decke werden kostbare Gemälde und Möbel aufbewahrt.

Folgt man dem Jirón Ica/Ucayali wieder nach Westen, fällt rechter Hand ein restauriertes Kolonialhaus mit einer peruanischen Flagge auf (Nr. 266), das heute dem Bürgermeister als Wohnhaus dient.

Im ehemaligen Schalterraum der **Banco Central de la Reserva 4** sind heute historische Münzen und Geldscheine zu bewundern. Bedeutender als die Gemäldegalerie im Obergeschoß mit Werken peruanischer Künstler aus dem 19. und 20. Jh. ist die mit Fotos und Landkarten schön präsentierte Sammlung altperuanischer Artefakte aus Keramik, Kupfer und Gold, die in den Kellerräumen ausgestellt ist.

Ein Stück weiter gelangt man zum **Palacio de Torre Tagle 5**, dem wohl schönsten kolonialen Profanbau Limas, der 1735 nach Art andalusischer Paläste

Die Altstadt von Lima

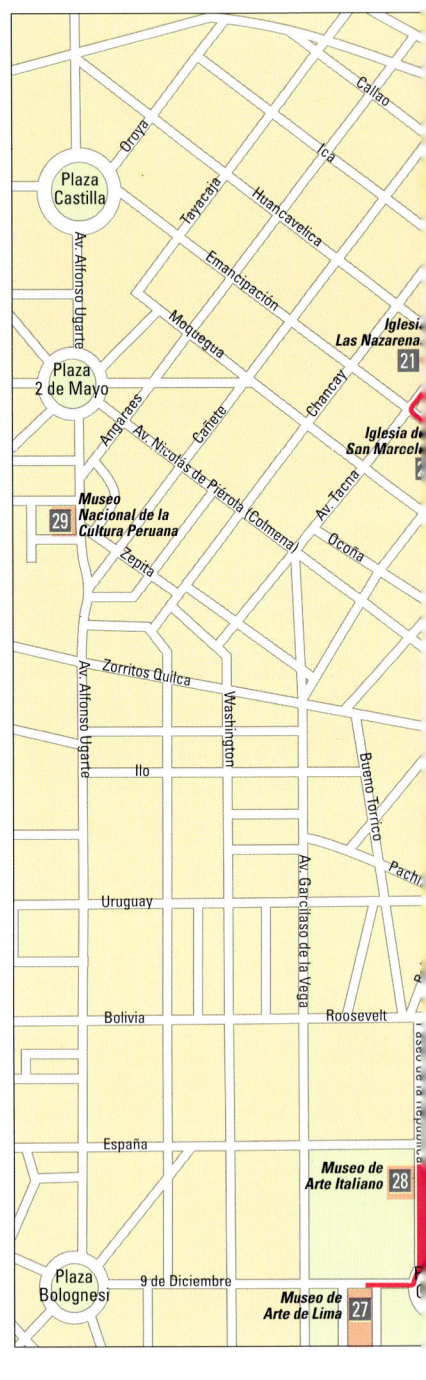

Puente Sta. Rosa

Cajamarca

RÍMAC

Conde de Superunda

Ayabaca

Amalia Puga

Trujillo

Chiclayo

Lambayeque

Otero

Castañeda

Marañón

Julián Piñeyro

Puente de Piedra

Río Rímac

20 Santuario de Rosa de Lima

19 Casa Oquendo de Osambela

18 Iglesia y Convento de Sto. Domingo

17 Museo Filatélico

16 Casa Aliaga

12 Palacio de Gobierno

Estación Desamparados

Rufino Torrico

3 Iglesia de San Agustín

13 Municipalidad

Plaza Mayor

14 Palacio Arzobispal

Ancash

11 Iglesia y Convento de San Francisco

15 Kathedrale

Huallaga

Junín

Cailloma

2 Iglesia La Merced

4 Museo del Banco Central de la Reserva

5 Palacio de Torre Tagle

Plaza Bolívar

8 Congreso

Iglesia de Jesús, María y José **23**

6 Casa de Goyoneche

9 Museo de la Inquisición

Camaná

7 Iglesia de San Pedro

Ucayali

10 Moneda

Jirón de la Unión

Carabaya

Cuzco

Miró Quesada

Andahuaylas

Paruro

1 Plaza San Martín

Nicolás de Piérola

Lampa

Arángaro

Av. Abancay

Ayacucho

Miró Quesada

Apurímac

Puno

Cusco

Cornejo

24 Parque Universitario

25 Casona de San Marcos

Inmabari

Puno

Abancay

Lampa

Miguel Aljovín

Leticia

Montevideo

Manuel Cuadros

Carlos Zavala

Cotabambas

Sandia

Av. Grau

N

0   200 m

im Mudéjar-Stil erbaut wurde. Die herrlich gearbeitete Barockfassade mit den für die Stadt typischen vergitterten Holzbalkonen ist auf dem 20-Soles-Geldschein abgebildet. In dem früheren Adelspalast des Marqués de Torre Tagle sind heute Büros des Außenministeriums untergebracht. Der Innenhof ist nur selten zugänglich, im oberen Stockwerk sind Gemälde und Möbel ausgestellt.

Interessant ist der Vergleich zur schräg gegenüberliegenden **Casa de Goyoneche** 6 aus dem späten 18. Jh. (1771 eingeweiht), die bereits einen starken französischen Einfluß zeigt. Das Kolonialhaus mit dem stimmungsvollen Patio ist heute als Museum eingerichtet.

Eine der schönsten Kolonialkirchen der Stadt erwartet den Besucher gleich an der nächsten Ecke: Dank ihrer soliden Steinkonstruktion überstand die 1638 fertiggestellte Jesuitenkirche **San Pedro** 7 als einziges sakrales Gebäude der Stadt alle Erdbeben ohne größere Schäden und ist daher bis heute fast original erhalten. Hinter der schmuckarmen Fassade verbirgt sich ein prunkvoller Innenraum mit vergoldeten Barockaltären und einem Hochaltar mit dem Bildnis des Ordensgründers Ignatius von Loyola. Eine Besonderheit sind die kleinen geschnitzten Balkone für den Vizekönig und die Ordensbrüder zu beiden Seiten des Hauptaltars. In der Sakristei ist neben zahlreichen Möbeln und Ölgemälden das Deckengemälde mit Szenen aus dem Leben des hl. Ignatius bemerkenswert. Weitere bedeutende Gemälde finden sich in der Büßerkapelle *(Penitenciaría)*, rechts vom Eingang. Rund 200 Jahre unterhielten die Jesuiten im angeschlossenen Kloster ein bedeutendes Kolleg und eine Apotheke – bis sie sich den Unmut des Vatikans zuzogen und 1767 das Land verlassen mußten.

Von hier sind es zum Kloster San Francisco über den Jirón Azángaro nur drei Häuserblocks, allerdings kann man noch einen Abstecher einbauen zur Plaza Bolívar, die man über den Jirón Junín erreicht. Der Platz mit einem Reiterstandbild des Freiheitshelden Simón Bolívar wird beherrscht vom wuchtigen **Kongreßpalast** (Congreso) 8, der in den 30er Jahren als Sitz des peruanischen Parlamentes erbaut wurde.

Das auffällige Gebäude mit dem Säulenportikus an der Südwestseite des Platzes beherbergte einst das Inquisitionsgericht, das seit 1570 in Peru tagte und schon bald den ersten ›Ungläubigen‹ zum Tod auf dem Scheiterhaufen verurteilte. Bis zur Aufhebung der Inquisition durch den Vizekönig im Jahre 1813 wurden die Angeklagten in den unterirdischen Gewölben gefoltert und in dunklen Zellen eingesperrt. Heute kann man sich im **Museo de la Inquisición** 9 einen schaurigen Einblick in die Machenschaften der ›Gottesdiener‹ verschaffen.

Unermüdliche Wanderer können noch einen Blick in den Innenhof der ersten **Münze** 10 des Kolonialreiches werfen, die sich hinter dem Kongreßpalast im Jirón Junín befindet. 1565 kam die *Moneda* nach Lima, bevor sie 1572 nach Potosí verlegt wurde. Der in den 70er Jahren des 19. Jh. wiedererbaute Palast wurde inzwischen renoviert.

Am nördlichen Ende der Altstadt, im Jirón Ancash, liegt das 1546 gegründete Franziskanerkloster **San Francisco** 11, einst das größte und eines der reichsten Klöster der Stadt. Die meisten Gebäude der heutigen Anlage stammen aus dem 17. Jh., da die Vorgängerbauten beim Erdbeben von 1646 schwer beschädigt worden waren.

Die Fassade der Iglesia de San Francisco

Auf der Plaza San Francisco zieht zunächst die dreischiffige Barockkirche mit ihrer prächtigen Fassade und den auffällig gelb getünchten Türmen alle Blicke auf sich. Das erste Kirchengebäude aus dem 16. Jh. wurde vom schweren Beben 1646 weitgehend zerstört, den Wiederaufbau leitete der Portugiese Constantino de Vasconcellos. Dank der massiven Säulen und Wände und des mit Bambusrohr verstärkten Gewölbes hielt die Kirche seither allen Erdbeben stand. Besonders sehenswert sind das geschnitzte Chorgestühl aus Zedrelaholz, das 1673 aus Nicaragua gebracht wurde, und die Stuckornamente in Tonnengewölbe und Kuppel, die maurischen Einfluß verraten.

Links von der Hauptkirche liegt der Zugang zum Klosterbereich. Im Kreuzgang aus dem späten 17. Jh., der von einer wertvollen geschnitzten Kassettendecke geschmückt wird, finden sich schöne Kacheln *(azulejos)* aus Sevilla und Wandmalereien mit Szenen aus dem Leben des hl. Franz von Assisi. Von hier betritt man das Museo de Arte Virreynal, in dem neben Meßgewändern, Monstranzen, Reliquiengefäßen und einem aufwendig geschnitzten Balkon vom ehemaligen Palast des Vizekönigs auch bedeutende Werke des spanischen Malers Francisco de Zurbarán (1599–1662) zu sehen sind. Ein Treppenaufgang führt zum oberen Kreuzgang mit schlanken und reich verzierten Säulen. Die eindrucksvolle Holzkuppel aus Panamazeder im Mudéjar-Stil datiert aus dem Jahre 1625. Unbedingt lohnenswert ist auch ein Besuch der Bibliothek, die eine kostbare Sammlung von rund 25 000 ledergebundenen Bänden und 6000 Pergamenten aus dem 15.–18. Jh. umfaßt.

Eine schaurig-schöne Sehenswürdigkeit sind die Katakomben unter dem Klo-

Palastwache am Regierungspalast

ster, wo bis heute die Gebeine von rund 25 000 Verstorbenen – fein säuberlich nach Größe sortiert – aufbewahrt werden. Bis 1808 dienten sie der Stadt fast 300 Jahre lang als Friedhof, danach waren sie verschüttet, bis sie 1951 wiederentdeckt wurden. Früher soll es von hier sogar unterirdische Verbindungstunnel zur Kathedrale und zum Inquisitionsgericht gegeben haben.

Vorbei am Bahnhof Desamparados, wo früher die Personenzüge nach Huancayo abfuhren (s. S. 88), erreicht man über den Jirón Carabaya die **Plaza Mayor,** bis vor kurzem bekannt als Plaza de Armas (›Waffenplatz‹), das Zentrum des kolonialen Lima. Der spanische Eroberer Francisco Pizarro gründete hier am 18. Januar 1535 die Hauptstadt des neuen Überseereiches, die er nach dem üblichen Schachbrettmuster anlegte. Noch heute gruppieren sich mit dem Präsidentenpalast, dem Rathaus und der Kathedrale die wichtigsten Gebäude weltlicher und kirchlicher Macht um den herrschaftlichen Platz, auf dem während der Inquisition öffentliche Verbrennungen stattfanden, Stierkämpfe aufgeführt und Feste gefeiert wurden. Der fast 350 Jahre alte Brunnen im Zentrum der Plaza zeigt die Wappen des spanischen Königshauses und der Stadt. Im Rahmen einer Komplettsanierung, bei der Palmen gepflanzt und alle umliegenden Gebäude einheitlich gelb getüncht wurden, ist auch der alte Name Plaza Mayor wieder eingeführt worden.

Beherrscht wird der Platz vom mächtigen **Regierungspalast** (Palacio de Gobierno) **12**, der 1938 an der Stelle des früheren Palastes des Vizekönigs im neoklassischen Stil errichtet wurde. Vor der schwer bewachten Residenz des Präsidenten, die im Rahmen einer Gruppenführung besichtigt werden kann, bietet täglich kurz vor 13 Uhr der Wachwechsel der Ehrengarde ein sehenswertes Spektakel.

Auch das **Rathaus** (Municipalidad) **13** an der Nordwestseite wirkt mit seinen großen Holzbalkonen älter, als es in Wirklichkeit ist – es wurde erst 1944 im Kolonialstil erbaut und entspricht keinem historischen Vorbild –, einzig der Standort ist authentisch

Die Südostseite des Platzes ist seit jeher für die katholische Kirche reserviert: Die eindrucksvollen Holzbalkone des **Erzbischöflichen Palastes** (Palacio Arzobispal) **14** stammen jedoch nicht aus der Kolonialzeit – sie wurden erst in den 20er Jahren angefügt. Sehr alt dagegen ist die unscheinbare **Sakramentskirche** (Iglesia del Sagrario), die sich rechts anschließt. Sie gilt als die älteste erhaltene Kirche der Stadt, die Wände des Innenraumes sind mit blauen Kacheln *(azulejos)* geschmückt.

Weithin sichtbar sind die Türme der **Kathedrale 15**, die lange Zeit als wich-

tigste Kirche Südamerikas galt. Das erste Gebäude aus dem 16. Jh. wurde durch ein Erdbeben 1746 nahezu vollständig zerstört und danach während verschiedener Stilepochen wiederaufgebaut, so daß sich heute Elemente aus Renaissance, Barock und Klassizismus vereinigen. Den gelben Außenanstrich erhielt das Gotteshaus anläßlich des Papstbesuches 1985. Das Innere des mächtigen Gebäudes ist eher nüchtern, eine Ausnahme bilden die 15 Seitenkapellen, die meist mit üppigen Goldaltären prunkvoll ausgestattet sind. In der ersten Seitenkapelle rechts liegen die mutmaßlichen Überreste von Francisco Pizarro, die man 1977 bei Grabungsarbeiten in der Krypta gefunden hat. Ob die heroische Verehrung, die dem spanischen Konquistador hier zuteil wird, noch zeitgemäß ist, bleibt dahingestellt – war er doch immerhin für den Mord an Hunderttausenden von Indianern mitverantwortlich. In der nächsten Seitenkapelle ist ein Altar aus dem Jahre 1649 mit Szenen aus dem Leben Johannes des Täufers zu bewundern. Die größte Sehenswürdigkeit der Kathedrale ist unzweifelhaft das geschnitzte Chorgestühl aus dunklem Zedrelaholz, das um 1623 von Pedro Noguera gefertigt wurde und wohl als das schönste Amerikas bezeichnet werden darf. Links vom Hauptaltar wurde in der ehemaligen Sakristei ein Museum für religiöse Kunst mit bedeutenden Gemälden und Skulpturen eingerichtet.

Vorbei am Reiterstandbild Francisco Pizarros, das links des Regierungspalastes seinen Platz gefunden hat, lohnt im Jirón de la Unión 224 ein weiteres schönes Kolonialhaus den Besuch: Die **Casa Aliaga 16** wird bis heute von den Nachfahren des Jerónimo de Aliaga bewohnt, der 1532 zusammen mit Pizarro nach Peru kam. Am Nordende der Straße

Passage im Gebäude der Hauptpost

überspannt die **Puente de Piedra** den Río Rímac. Die älteste Brücke der Stadt (erbaut um 1610) verbindet die Altstadt mit dem Rímac-Viertel (s. S. 78).

In der überdachten Passage der rosa getünchten **Hauptpost** bieten Schreibwaren- und Postkartenhändler ihre Ware an. Philatelisten wird das kleine **Postmuseum** (Museo Filatélico) 🔟 interessieren, das in einem Nebengebäude untergebracht ist.

Der Dominikanerpater Vicente Valverde erhielt 1535 von Francisco Pizarro ein Grundstück zugeteilt und ließ bald darauf eine Kirche errichten, die 1599 fertiggestellt wurde und zumindest äußerlich weitgehend unverändert erhal-

ten blieb: **Sto. Domingo** 🔟. Der Innenraum mit einem schönen Chorgestühl aus Zedernholz wurde Ende des 18. Jh. dem damaligen Zeitgeschmack entsprechend umgestaltet. Die Alabasterstatue mit der Darstellung der Sta. Rosa vor dem Altar ist ein Geschenk von Papst Klemens IX. aus dem Jahre 1699. Von den fünf Kreuzgängen, die das Kloster im 16. Jh. umfaßte, sind noch drei erhalten; besonders sehenswert ist der erste mit Kacheln aus Sevilla (1604–1606) und Wandgemälden mit Szenen aus dem Leben des hl. Dominikus (Sto. Domingo de Guzmán). Der barocke Kapitelsaal mit schönen Schnitzarbeiten und Bildern des hl. Thomas war im Jahre 1551 die erste Heimstatt der Universität San Marcos. Neben dem Eingang führt eine Treppe zu einer Gruft, in der die drei peruanischen Heiligen San Juan Masías, San Martín de Porras und Sta. Rosa de Lima – die erste Heilige der westlichen Hemisphäre – beigesetzt wurden.

Nicht weit entfernt, im Jirón Conde de Superunda 298, steht die **Casa Oquendo de Osambela** 🔟 mit ihrer blau getünchten Fassade. Das hübsche Kolonialhaus aus dem frühen 19. Jh. mit zwei Innenhöfen und schönen Holzbalkonen wurde in den 80er Jahren renoviert und kann besichtigt werden.

Wer über genügend Zeit und Energie verfügt, kann noch zahlreiche weitere Kirchen und Kolonialhäuser in der Innenstadt besuchen: An der vielbefahrenen Avenida Tacna liegt das **Santuario de Sta. Rosa de Lima** 🔟. Das Geburts- und Wohnhaus der ersten Heiligen Amerikas, mit bürgerlichem Namen Isabel Flores de Oliva (1586–1617), ist bis heute eines der wichtigsten Pilgerziele des Landes. Besonders am 30. August treffen wahre Scharen von Gläubigen zu einer Prozession ein, wobei sich viele Frauen in das violette Büßergewand der

Sta. Rosa kleiden. Das *Santuario* (Heiligtum) wurde aus Anlaß ihrer Heiligsprechung im Jahre 1671 gegründet, die Kirche wurde 1728 hinzugefügt. Im Zentrum des ruhigen Innenhofes mit einem Garten und Palmen liegt ein 19 m tiefer Brunnen, in den die Heilige den Schlüssel für die Kette geworfen hat, die sie sich als Zeichen der Buße um die Taille gelegt hatte – für Gläubige noch heute der Ort, um Briefe und Bittschriften zu übergeben.

Etwas weiter südlich erreicht man Kirche und Kloster **Las Nazarenas** 21 aus der zweiten Hälfte des 18. Jh. Von einem früheren Gebäude blieb nach dem schweren Erdbeben im November 1655 lediglich eine Wand mit einem Gemälde von Christus am Kreuz erhalten. Eine Kopie dieses Bildnisses des *Señor de los Milagros,* des ›Herrn der Wunder‹, wurde schon bald zum Mittelpunkt populärer Religiosität in Lima und wird jedes Jahr im Oktober bei einer riesigen Prozession durch die Straßen der Stadt getragen.

Die Kirche **San Marcelo** 22 wurde wiederholt von Erdbeben zerstört, so daß von dem ursprünglichen Kirchenbau des Augustinerordens aus dem Jahre 1557 nichts mehr erhalten ist. Bei der vorläufig letzten Restaurierung in den Jahren 1925–1933 wurden die Fassade und Teile der Innenausstattung der Kirche von Palpa (bei Nazca) nachempfunden. Im Inneren finden sich churriguereske Altäre aus dieser Kirche, die ebenfalls einem Erdbeben zum Opfer fiel.

Ein weiteres typisches Beispiel für die Kolonialkirchen der Stadt ist **Jesús, María y José** 23 aus dem Jahre 1678 mit ihren vergoldeten Barockaltären und einer geschnitzten Kanzel. Das dazugehörige Kloster wurde von fünf Kapuzinerinnen aus Madrid gegründet, die

1711 nach zahlreichen Irrfahrten im Hafen von Callao gelandet waren.

Den **Parque Universitario** 24 im Südosten der Altstadt ziert ein Uhrturm, der von der deutschen Kolonie 1921 zum hundertjährigen Jubiläum der Unabhängigkeit Perus gestiftet wurde. An der Südwestseite des renovierten Platzes markiert die **Casona de San Marcos** 25 den ursprünglichen Standort der Universidad San Marcos, die 1551 als älteste Universität Südamerikas gegründet wurde.

Südlich der Plaza San Martín gelangt man zur **Plaza Grau** 26, die vom modernen Betonklotz des Sheraton-Hotels und dem gegenüberliegenden **Justizpalast** (Palacio de Justicia), dem Sitz des Obersten Gerichtshofes, dominiert wird. Die monumentale Statue des Kriegshelden Miguel Grau im Zentrum markiert einen der wichtigsten Verkehrsknotenpunkte der Stadt.

An der Westseite des Platzes befinden sich zwei wichtige Kunstmuseen: In einem neoklassischen Gebäude, das bereits 1872 für Kunstausstellungen errichtet wurde, befindet sich das **Museo de Arte de Lima** 27. Als einziges Museum des Landes bietet das Städtische Kunstmuseum einen Überblick über peruanisches Kunstschaffen von der Vorgeschichte bis zum 20. Jh.: Präkolumbische Keramiken, Textilien und Goldarbeiten stehen gleichberechtigt neben kolonialen Gemälden und Möbeln oder zeitgenössischer Malerei. Auch das benachbarte **Museo de Arte Italiano** (Museum italienischer Kunst) 28, in dem Kopien italienischer Künstler sowie zeitgenössische peruanische Werke gezeigt werden, befindet sich in einem repräsentativen Gebäude.

Im Vergleich zur übermächtigen Konkurrenz erscheint das **Museo Nacional de la Cultura Peruana** (Nationalmuseum peruanischer Kultur) 29 eher bescheiden. Die sehenswerte ethnographische Abteilung lohnt aber dennoch den Abstecher zu dem etwas abseits des Stadtrundgangs gelegenen Museum.

Die anderen Stadtteile und ihre Museen

Obwohl sich in der historischen Altstadt die Sehenswürdigkeiten drängen, lohnt sich auch ein Besuch der anderen Viertel. Vor allem was sich in den Museen an präkolumbischen Kunstschätzen anhäuft, sucht weltweit seinesgleichen. Zwei bis drei der zahlreichen Sammlungen sollte man als kulturinteressierter Reisender schon besucht haben, denn im restlichen Land gibt es – von wenigen Ausnahmen abgesehen (Trujillo, Lambayeque, Ica, Cusco) – in dieser Hinsicht nicht viel zu sehen.

Wegen der großen Entfernungen und des etwas unübersichtlichen Bussystems nimmt man für den Besuch der anderen Stadtteile am besten ein Taxi.

Nur schwer kann man sich heute vorstellen, daß **Rímac,** nördlich der Altstadt, während der Kolonialzeit ein nobles Wohnviertel am Stadtrand gewesen sein soll. Längst liegt es im Zentrum der Stadt, ganze Straßenzüge befinden sich heute in einem beklagenswerten Zustand. Eines der wenigen Gebäude, die an die vergangene Pracht erinnern, ist die **Quinta de Presa** 1, eine typische Landvilla aus dem späten 18. Jh., die heute ein Kolonialmuseum beherbergt. Am Ende der einst repräsentativen Avenida Atahualpa befindet sich das **Convento de los Descalzos** 2. Im 1595 gegründeten Kloster des Barfüßerordens leben heute noch zehn Mönche, ein Teil der Anlage ist zusam-

men mit einem Museum religiöser Kunst zu besichtigen. Im gleichen Stadtteil liegt auch die **Plaza de Acho** 3, die älteste Stierkampfarena Amerikas, die 1766 im Auftrag des Vizekönigs Amat erbaut wurde und mit einer Kapazität von über 13 000 Zuschauern noch heute von Oktober bis Dezember Schauplatz von Stierkämpfen ist. Im dazugehörigen **Museo Taurino** sind prächtige Kleidungsstücke, Gemälde, Fotos und andere Erinnerungen an große Kämpfe ausgestellt.

Die palmenbestandene Avenida Arequipa mit zahlreichen herrschaftlichen Gebäuden verbindet die Innenstadt mit **Miraflores,** dem 8 km südlich gelegenen modernen Zentrum Limas. Apartmenthäuser, luxuriöse Hotels, Bürokomplexe und gepflegte Gartenanlagen prägen sein Gesicht und das des benachbarten Villenviertels **San Isidro,** in dem auch zahlreiche Botschaften residieren.

Im Privathaus des japanischen Kunstsammlers Yoshitaro Amano, an der Grenze zwischen Miraflores und San Isidro, ist seit 1964 das kleine **Museo Amano** 4 mit einer sehr sehenswerten Sammlung präkolumbischer Keramiken und Textilien untergebracht. Besonders die zahlreichen gut erhaltenen Webarbeiten der Chancay-Kultur verdienen Beachtung. Ebenfalls in Miraflores befindet sich die **Colección Enrico Poli** 5, eine weitere Privatsammlung präkolumbischer Silber- und Goldarbeiten. Im Privathaus des engagierten Kunstsammlers, der in den 50er Jahren als Immigrant aus Italien kam, häufen sich außerdem wertvolle Möbel, Gemälde und Altäre aus der Kolonialzeit. Auch das **Museo Pedro de Osma** im Stadtteil Barranco beherbergt eine sehens-

Die Plaza de Acho in Rímac, älteste Stierkampfarena Amerikas

werte Sammlung von Kolonialkunst und präkolumbischen Artefakten.

Daß Miraflores – mit seinen zahlreichen Cafés und Geschäften angenehm zum Entspannen und Shoppen – direkt am Meer liegt, fällt zunächst gar nicht auf. An der gepflegten Strandpromenade locken mehrere Fischrestaurants unterschiedlicher Preisklasse und Badestrände – allerdings mit zweifelhafter Wasserqualität.

Ebenfalls am Meer liegt **Barranco,** das ›Künstlerviertel‹ der Stadt, in dem sich zahlreiche Maler und Schriftsteller niedergelassen haben. Ein Besuch der **Puente de los Suspiros** (›Seufzerbrükke‹) **6** und des nahegelegenen Aussichtspunktes ist vor allem abends beliebt, wenn in den vielen Lokalen und Kneipen, die teilweise mit Live-Bands aufwarten, das Nachtleben beginnt.

Im riesigen Betonpalast des **Museo de la Nación 7** gibt es genug Platz für eine großzügig präsentierte Sammlung präkolumbischer Zeugnisse. In den *Salas Prehispanicas* werden die einzelnen Kulturkreise informativ und übersichtlich präsentiert, mit detailgetreuen Nachbildungen von Chavín de Huántar (s. S. 105 ff.), dem Grab des *Señor de Sipán* (s. S. 120) und anderer bedeutender Ausgrabungsstätten. Auf drei Ausstellungsebenen finden sich in chronologischer Abfolge zahlreiche kostbare Keramiken und Fundstücke. Modelle der Anlagen von Chan Chan, Pachacamac, Machu Picchu und Cusco vervollständigen das Angebot. In weiteren Räumen finden wechselnde Ausstellungen statt, sonntags (11 Uhr) kann man außerdem den Klängen des hiesigen Symphonieorchesters lauschen.

Kaum vorstellbar, welche Schätze im Keller des privaten **Museo de Oro** (Goldmuseum) **8** im Stadtteil Monterrico lagern. Goldene Masken, Halsketten, *tumis* (Zeremonialmesser) und andere Artefakte aus wertvollen Metallen finden sich hier dicht gedrängt und lassen den Betrachter ehrfürchtig staunen über die handwerklichen Fähigkeiten der Gold-, Silber- und Kupferschmiede der Chimú und anderer Kulturvölker. Leider läßt die Präsentation der Ausstellungsstücke dieser neben dem Goldmuseum in Bogotá wohl wichtigsten Sammlung präkolumbischer Goldarbei-

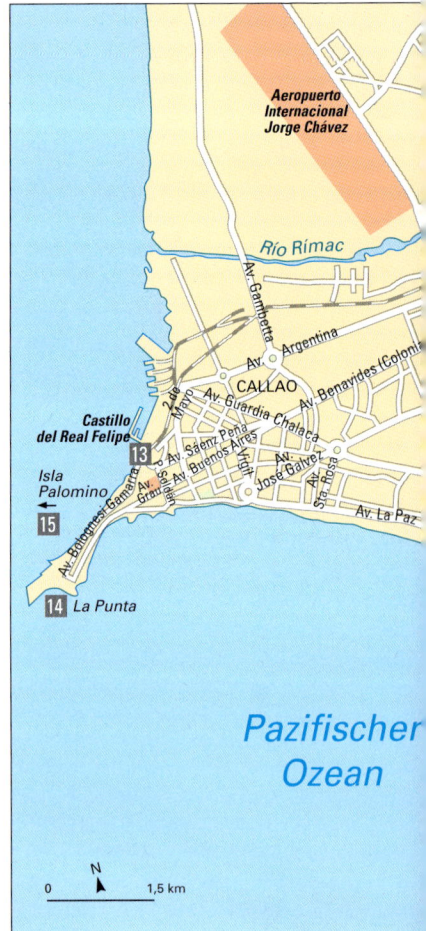

Lima

ten in Südamerika etwas zu wünschen übrig. Auch wäre weniger vielleicht mehr, denn die Vitrinen sind mit Exponaten ziemlich überfüllt. Im gleichen Gebäude befindet sich auch das **Museo de Armas del Mundo,** eine umfangreiche Sammlung historischer Waffen und Uniformen aus aller Welt.

Der Stadtteil **Pueblo Libre** wird beherrscht von der riesigen Rokokokirche **Sta. María de Magdalena** 9 aus dem späten 18. Jh. Mehrere Versuche, eine schwere Marienfigur auf der Kuppel zu befestigen, waren fehlgeschlagen, so daß diese heute auf einem separaten Platz verehrt wird. Neben den berühmten Museen (s. u.) und den Kunsthandwerksmärkten an der Avenida de La Marina lohnt der **Parque de las Leyendas** 10 einen Besuch. Im städtischen Zoo sind Tiere und Pflanzen entsprechend den drei großen Naturräumen Perus untergebracht.

Einen hervorragenden Überblick über die Vielzahl altperuanischer Kulturen bietet das **Museo Nacional de Arque-**

ología y Antropología . Chronologisch geordnet und gut präsentiert, ist es zwar nicht das größte, aber wohl das übersichtlichste Museum seiner Art in Peru. Gleich zu Beginn erwartet den Besucher mit der fast 2 m großen Raimondi-Stele ein archäologischer Leckerbissen von höchstem künstlerischem Niveau. Die rund 600 kg schwere Granitplatte wurde 1872 von dem italienischen Forscher Antonio Raimondi entdeckt und zwei Jahre später mit Mauleseln nach Lima geschafft, nachdem sie zuvor jahrelang einem sorglosen Bauern als Tischplatte gedient hatte. Die feine Reliefzeichnung stellt ein mythologisches Mischwesen aus Mensch und Tier dar, mit Raubkatzenklauen an Füßen und Händen, einem Gürtel mit Schlangenköpfen und einem wuchtigen Kopfputz mit Raubtierrachen und Schlangen. Der wertvolle Monolith gehört, wie der ebenfalls hier ausgestellte Tello-Obelisk, zur vorchristlichen Chavín-Kultur. Auch auf dem Relief dieser 2,60 m hohen Säule sind formenreich menschen- und tierähnliche Gottwesen dargestellt.

In der *Sala Temporal* werden Keramiken, Mumien und Schädel der Paracas-Kultur im Kontext des Naturraums der südlichen Küste gezeigt. Den Löwenanteil der Ausstellungsstücke des Museums machen naturgemäß die vorspanischen Keramikarbeiten aus, die bereits zu Zeiten der Chavín- und Paracas-Kultur ein hohes Niveau hatten. Doch die farbenfrohe Keramik der Nazca- und die Formenvielfalt der Mochica-Kultur, die nahezu jeden Lebensbereich in Ton verewigte, setzten neue Maßstäbe und sind bis heute unerreicht. Besonders die Porträts von Mochica-Herrschern, die Darstellungen von Früchten und Tieren, von Musik, Tanz und Krieg, Sex und Geburt bilden einen Höhepunkt beim Besuch dieses Museums. Auch die kleine, aber feine Goldabteilung birgt eine ganze Reihe kostbarer Schätze. Im Textiliensaal sind es besonders die kunstvollen Webarbeiten der Paracas-Kultur, die trotz ihres hohen Alters bis heute jeden Betrachter in ihren Bann ziehen. Im nächsten Raum finden sich Keramiken und Metallarbeiten der Chimú- und Lambayeque-Kultur, die beide an der nördlichen Küste existierten und für ihre meisterhafte Goldverarbeitung bekannt sind. Den Abschluß bildet ein Raum mit Modellen wichtiger Inkastätten wie Tambo Colorado, Wiñay Wayna und Machu Picchu.

Im angeschlossenen **Museo Nacional de Historia** sind zahlreiche Fotos, Dokumente und persönliche Gegenstände der Freiheitshelden José de San Martín und Simón Bolívar ausgestellt, die beide in diesem Haus wohnten.

Die mit über 50 000 Ausstellungsstücken größte Privatsammlung präkolumbischer Artefakte findet sich im nahegelegenen **Museo Rafael Larco Herrera** . Was bei den meisten anderen Mu-

Keramik im Museo Rafael Larco Herrera

seen im Keller aufbewahrt wird, ist hier der Öffentlichkeit zugänglich: Im ›Lager‹ sind Tausende von Keramiken der Mochica-Kultur zu sehen, eine Sammlung, die weltweit nicht ihresgleichen hat. Aber auch im ›normalen‹ Museum finden sich einige Prachtstücke. Neben Keramikkunst der unterschiedlichsten Epochen sind Mumien, wertvolle Gold- und Silbergegenstände sowie Textilien ausgestellt. In einem abseits gelegenen Saal werden Gefäße mit erotischen Darstellungen aufbewahrt.

Während der Kolonialzeit führte eine alleeähnliche Landstraße von Lima zum Hafen **Callao,** doch längst ist die häßliche Hafenstadt mit knapp 650 000 Einwohnern mit dem übrigen Lima verwachsen. Im größten Hafen Perus wird ein guter Teil der landesweit rund 10 Mio. t Fracht pro Jahr umgeschlagen, exportiert werden vor allem Bergbauprodukte und Fischmehl. Die riesige Festungsanlage **Castillo del Real Felipe** **13** wurde nach dem schweren Seebeben von 1746 angelegt, das rund 4500 Menschenleben forderte. Hierher flüchteten während des Unabhängigkeitskampfes die letzten Truppen des spanischen Königs, bis sie schließlich am 21. September 1821 aufgeben mußten. In den Mauern der Festung ist heute das **Museo Histórico Militar** mit Uniformen, Waffen und anderen militärischen Relikten untergebracht.

Relativ geruhsam verläuft das Leben auf der schmalen Landzunge **La Punta** **14**. Mit ein wenig Mühe und Kapital könnte man diesen hübschen Stadtteil mit seinen einfachen Fischlokalen, den kleinen Stränden und den Segelbooten, die hier vor Anker liegen, sicherlich für den Tourismus aufpäppeln. Hier beginnen auch Ausflüge per Motor- oder Segelboot, vorbei an anderen vorgelagerten Inseln, zur **Isla Palomino** **15**, auf der ähnlich den Islas Ballestas bei Paracas (s. S. 144 f.) zahlreiche Seevögel und Seelöwen leben. Man sollte allerdings bedenken, daß die Stadt während der Wintermonate von Mai bis Oktober meist von einem Nebelvorhang bedeckt wird.

Durch das Canta-Tal zum ›Witwenpaß‹

Lima – Sta. Rosa de Quives – Canta – Abra La Viuda (ca. 160 km) (Karte S. 86)

Für kurze Zeit der Hektik des Molochs Lima entfliehen, abseits der Touristenströme die herbe Schönheit der Anden erleben – ein Ausflug ins Canta-Tal macht's möglich. Die Straße ist bis Canta geteert und bis zur Abra La Viuda auch ohne Allradantrieb befahrbar.

Zunächst muß man allerdings den schier endlosen Gürtel von Armutssiedlungen durchqueren, der die Stadt mit festem Griff umfängt (Anfahrt über Av. Tupac Amaru/Comas). Doch hat man erst einmal den Staub und den chaotischen Verkehr der Metropole hinter sich gelassen, fühlt man sich wie in einer anderen Welt. Im fruchtbaren Tal des Río Chillón scheinen die Uhren langsamer zu gehen. Auf den Feldern wird Mais, Obst und Gemüse angebaut, in den Restaurants *pachamanca* (s. S. 93 f.) und Meerschweinchen *(cuy)* als Spezialität angeboten.

Auf dem Weg zur Abra La Viuda sieht man immer wieder Schafherden

Einige Kilometer hinter der Ortschaft Yangas weist ein Schild zu den Felszeichnungen von **Checta,** die über einen steilen Pfad zu erreichen sind. Das Alter dieser Petroglyphen, die erst 1925 entdeckt wurden, ist bis heute nicht eindeutig bestimmt. Wenige Kilometer weiter thront die Pilgerkirche von **Sta. Rosa de Quives 1** (S. 335) über dem Tal. In der kleinen Ortschaft auf 1400 m Höhe gibt es einfache Restaurants und Unterkünfte. Danach wird das Tal zunehmend enger, die Vegetation dichter, die kurvenreiche Teerstraße windet sich talaufwärts, bis sie schließlich – gut 100 km hinter Lima – in **Canta 2** (S. 296) endet. Nur selten verirrt sich ein Tourist in dieses hübsche Bergstädtchen auf 2900 m Höhe, lediglich erholungssuchende *Limeños* bevölkern am Wochenende die Gassen der Altstadt.

Auf guter Piste geht es weiter bergauf, vorbei an den Inka-Ruinen von **Cantamarca** (km 111), und schon bald hinter dem Bergdorf Cullhuay, das bereits auf einer Höhe von 3650 m liegt, beginnt die karge Puna. Das rauhe Klima erlaubt keinen Ackerbau mehr, so daß sich die

wenigen Bewohner dieser Region ausschließlich von Viehzucht ernähren. Im Hintergrund kommen erste Schneeberge in Sicht, und durch herrliche Hochgebirgslandschaft führt die Straße, vorbei an kleinen Bergseen, hinauf zur blaugrün schimmernden **Laguna Chuchón.** Mit etwas Glück begegnet man sogar einer Herde Vikunjas, die hier ideale Lebensbedingungen finden. Einige Serpentinen weiter klettert die Nadel des Höhenmessers beim ›Witwenpaß‹, der **Abra La Viuda,** auf über 4500 m.

Wer von hier aus weiterfahren möchte zur *Carretera Central* sollte über gute Nerven und ein entsprechend ausgestattetes Fahrzeug verfügen. Stundenlang geht es auf Höhen über 4000 m auf teilweise schlechter Piste durch die Zentralkordillere, und oft sind Lamas, Alpakas und Schafe die einzigen Lebewesen, die einem auf dieser Strecke begegnen, bis bei Kilometer 219 unvermittelt das Bergarbeiterstädtchen **Huayllay** auftaucht. Nach weiteren 70 km erreicht man bei **Colquijirca** erschöpft die Teerstraße und hat hier Anschluß an die im folgenden beschriebene Route.

Über die Anden in den Urwald

Lima – La Oroya – Huánuco – Tingo María – Pucallpa (ca. 780 km) (Karte S. 86)

Eine Fahrt von Lima nach Pucallpa führt die krassen Gegensätze der drei großen Naturräume Perus – Wüste, Gebirge und Tiefland – eindrucksvoll vor Augen. Die *Carretera Central* ist inzwischen bis Tingo María fast durchgehend geteert und gut befahrbar, das Fahrzeug sollte jedoch an die extreme Höhe bis 4800 m angepaßt werden, eine warme Jacke wird empfohlen. Die Weiterfahrt nach Pucallpa ist vor allem während der Regenzeit beschwerlich. Die Zahl der Übernachtungsmöglichkeiten ist begrenzt, akzeptable Unterkünfte finden sich nur in Tarma, Huánuco, Tingo María und Pucallpa.

Etwa 8 km östlich des Stadtzentrums von Lima beginnt die *Carretera Central,* die die Hauptstadt mit den Bergbauregionen des zentralen Berglandes und der Urwaldregion um Pucallpa verbindet. Im Vorort Ate (km 5) weist ein Schild zu den Ruinen von **Puruchuco** 3 (S. 319) mit einem interessanten kleinen Museum. Bei dem restaurierten Gebäudekomplex aus Adobeziegeln handelte es sich spanischen Chroniken zufolge um den Sitz eines regionalen Inka-Fürsten. Etwa 5 km abseits der Hauptstraße (km 10) liegt **Cajamarquilla** 4 (S. 319), eine weitere Ruinenanlage, die allerdings bei der Ankunft der Inka im 15. Jh. wohl bereits verlassen war. Die ausgedehnte, labyrinthartige Stadtanlage wird der Huari-Kultur zugerechnet und dürfte ihre Blüte zwischen 800 und 1200 n. Chr. erlebt haben. Doch wie auch in Puruchuco fand man Keramiken, z. B.

Vasen im Chavín-Stil, die auf eine viel frühere Besiedlung schließen lassen – einige Funde aus präkeramischer Zeit verweisen sogar ins zweite vorchristliche Jahrtausend. In der Ortschaft **Sta. Clara** zweigt eine Zufahrtsstraße ab zum beliebten Restaurant Granja Azul und dem weitläufigen Hotelkomplex El Pueblo (S. 317).

Tausende *Limeños* entfliehen jedes Wochenende dem Wüsten-Moloch und erholen sich im angenehmen Klima des Rímac-Tals. Im peruanischen Winter, wenn Lima in Nebel gehüllt ist, scheint im nur 35 km entfernten Villenvorort **Chaclacayo** 5 (S. 297) meist die Sonne, während im heißen Sommer die Temperaturen hier, auf 650 m Höhe, angenehm sind. Ein weiterer beliebter Ausflugsort, wenn auch weniger attraktiv, ist das gegen Ende des 19. Jh. gegründete Städtchen **Chosica.** Von hier lohnt sich ein Abstecher in das Eulalia-Tal (Abzweigung am Ortsende links). Über eine kurvenreiche, nicht geteerte Straße kommt man nach knapp 40 km in den Ort **San Pedro de Casta** (3150 m). Eine anstrengende, aber landschaftlich überaus eindrucksvolle Wanderung (alternativ auf dem Rücken eines Esels) führt von dort auf das etwa 6 km entfernte **Plateau von Marcahuasi** 6, von wo sich ein herrlicher Rundblick bietet. Auf dieser rund 4 km² großen Hochebene (4200 m) finden sich eigenartige Steinformationen, die möglicherweise vor Tausenden von Jahren von Menschenhand geschaffen wurden.

Die *Carretera Central* führt hinter Chosica parallel zur Eisenbahnlinie im Tal des Río Rímac bergauf, das nun zunehmend enger und steiler wird. Bei **Matu-**

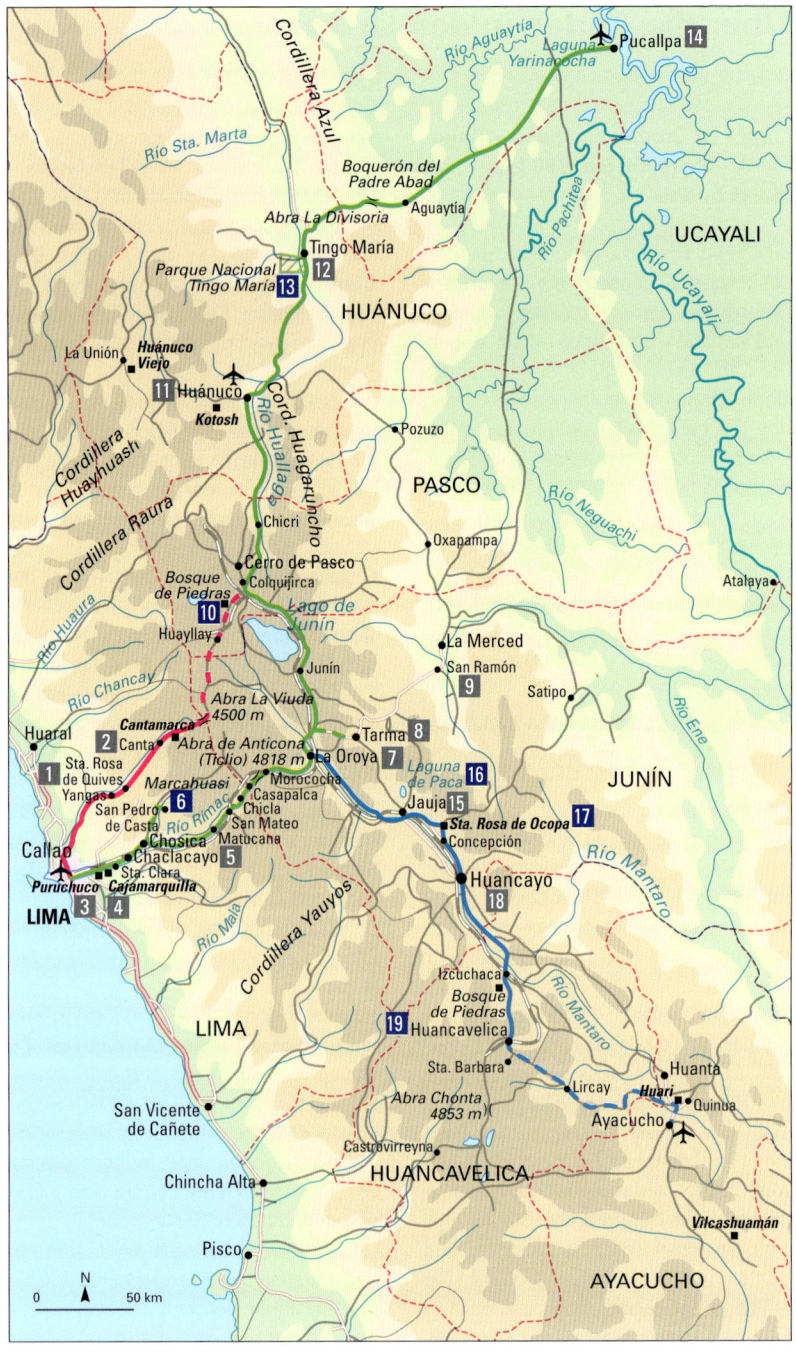

cana hat man, nur 85 km von Lima entfernt, bereits eine Höhe von rund 2400 m erreicht. Die Straße windet sich in Serpentinen mühsam bergauf, an San Mateo, der Heimat des gleichnamigen Mineralwassers, vorbei, durch eine Infernillo (›kleine Hölle‹) genannte Engstelle bei Kilometer 99 nach **Chicla** auf rund 3800 m Höhe. Nach und nach wandelt sich das Landschaftsbild, an die Stelle grüner Hänge mit terrassierten Feldern, auf denen bis heute mühsam Landwirtschaft betrieben wird, rücken kahle Bergwände in den verschiedensten Farbtönen. Häßliche Bergwerkssiedlungen wie **Casapalca** (4150 m) tauchen auf, wo schlecht bezahlte Arbeiter der staatlichen Minengesellschaft Centromín unter extremen Bedingungen nach Kupfer, Blei und Zink schürfen. In dieser lebensfeindlichen Umgebung, in der nur hartes Ichu-Gras gedeiht, erreicht die Straße beim **Anticona-Paß** (auch Ticlio genannt) mit 4818 m ihre höchste Stelle – etwa die Höhe des Montblanc! Ein Hinweisschild markiert den *Punto ferroviario más alto del mundo* – die höchste Eisenbahnlinie der Welt, die hier zu Füßen des meist verschneiten und nur zu oft in Nebel gehüllten Nevado Anticona direkt neben der Straße verläuft. Auf der anderen Seite der Wasserscheide zwischen Pazifik und Atlantik blickt man auf die **Laguna Huaracocha,** die den Bewohnern der Region eine besondere Spezialität liefert: *sopa de rana* – Froschsuppe, sicherlich nicht jedermanns Sache.

Es muß wohl ein verzweifelter Überlebenskampf sein, der Menschen dazu bringt, ihr Leben in einem unwirtlichen Ort wie **Morococha** auf einer atemlosen Höhe von 4400 m zu fristen. Im Vergleich dazu ist die rund 700 m tiefer gelegene Stadt **La Oroya** 7 (S. 312) geradezu lieblich, auch wenn dieses stinkende Bergbau- und Industriezentrum mit Chimbote an der Nordküste um den Titel ›häßlichste Stadt Perus‹ konkurrieren könnte. Hier teilen sich, rund 175 km hinter Lima, Straße und Bahnlinie: Rechts geht es an den qualmenden Schornsteinen der Schmelzöfen vorbei ins fruchtbare Tal des Río Mantaro (s. folgende Route), links führt der *Carretera Central* weiter in Richtung Huánuco.

Ein lohnenswerter Abstecher führt in die Stadt **Tarma** 8 (S. 338), die sich stolz ›Perle der Anden‹ nennt, was aber höchstens auf das gesunde Selbstbewußtsein ihrer Bewohner hinweist. Bei Kilometer 197 der *Carretera Central* zweigt die geteerte Zufahrtsstraße ab, die zunächst über einen rund 4050 m hohen Paß und dann gut 1000 m bergab, vorbei an bunten Blumenfeldern, nach Tarma führt (33 km). Das lebhafte Andenstädtchen mit einem kolonialen Ortskern und einer prächtigen Kathedrale an der Plaza ist Ausgangspunkt für Ausflüge in die tropisch-üppige Region um **San Ramón** 9 (S. 334) und **La Merced** sowie zu den Ende des 19. Jh. von Deutschen und Österreichern gegründeten Siedlungen Oxapampa und Pozuzo am Rande des tropischen Regenwaldes.

Rund 25 km hinter der Abzweigung nach Tarma weist ein Schild zu einem Monument, das an die historische Schlacht von Junín erinnert, bei der die Truppen um Simón Bolívar im Jahre 1824 einen wichtigen Sieg über das spanische Heer errangen. Gegenüber der wenig attraktiven Ortschaft Junín liegt der **Lago de Junín** – mit rund 30 km Länge immerhin der zweitgrößte See des Landes. Wegen seines Reichtums an Wasservögeln wurden der in über

Die Umgebung von Lima
und das zentrale Bergland

Rímac-Tal

88

Die höchste Eisenbahnlinie der Welt

Eine ingenieurtechnische Meisterleistung war der Bau der Eisenbahnstrecke von Lima nach La Oroya gegen Ende des 19. Jh. Auf einer Länge von 173 km überwindet die Bahn einen Höhenunterschied von fast 5000 m. Um dies zu ermöglichen, mußten 45 Brücken und 60 Tunnel errichtet werden, an den steilsten Stellen muß sich der Zug im Zickzack bergauf winden. Der mit knapp 1,2 km längste Tunnel der Strecke, La Galera, verläuft auf einer Höhe von 4780 m – Weltrekord!

Der Grund für diese aufwendige Konstruktion, bei der nicht wenige der rund 10 000 Arbeiter, übrigens zur Hälfte Chinesen, durch Infektionskrankheiten und Unfälle ums Leben kamen, waren die reichen Erzvorkommen der Region, die man schnell und einfach zum Hafen von Callao befördern wollte. Nachdem im Jahre 1869 der Bau beschlossen worden war, beauftragte man den US-amerikanischen Ingenieur Henry ›Enrique‹ Meiggs mit den Arbeiten, die bereits im Folgejahr begonnen wurden.

Nach weniger als zwei Jahren waren bereits die ersten 76 km bis San Bartolomé fertiggestellt, und als Meiggs 1877 starb, war man in Chicla bei Kilometer 141 angekommen. Doch schon bald mußten die Arbeiten wegen des Salpeterkrieges mit Chile unterbrochen werden, und danach kam das Projekt wegen Geldmangels nur im Schneckentempo voran. Endlich, im Jahre 1893, war die 222 km lange Strecke nach 23 Jahren Bauzeit bis La Oroya fertiggestellt – ein Traum wurde Wirklichkeit. Die nächsten 124 km bis Huancayo wurden dann 1908 eingeweiht, und zwei Jahre später war auch Huancavelica an das nationale Eisenbahnnetz angeschlossen.

Früher setzte sich jeden Morgen ein Zug vom Bahnhof Desamparados in Lima in Bewegung, der laut Fahrplan neun, meist aber bis zu zwölf Stunden nach Huancayo unterwegs war. Der Personenverkehr ist jedoch seit einigen Jahren eingestellt, lediglich in den Monaten Juni bis November verkehren sonntags Ausflugszüge auf dem ersten Teil dieser einmaligen Strecke.

4000 m Höhe gelegene See und seine Uferlandschaft in Form einer 53 000 ha großen *Reserva Nacional* unter Naturschutz gestellt. Ein weiteres Schutzgebiet, das 6815 ha große **Santuario Nacional de Huayllay,** erreicht man über eine etwa 25 km lange Piste, die bei Kilometer 285 der Hauptstrecke links abzweigt (ausgeschildert). Die grandiose Felskulisse und die eigenwilligen Felsformationen des **Bosque de Piedras** 🔟 (›Steinerner Wald‹) machen den Abstecher besonders bei gutem Wetter zu einem Erlebnis.

Nach einem weiteren Paß erreicht man die Abzweigung zur Bergbaustadt **Cerro de Pasco** (4300 m), die als eine der höchstgelegenen Städte der Welt gilt. Unermüdlich durchwühlen ihre rund 30 000 Einwohner die Erde nach Kupfer, Zink, Blei und anderen Bodenschätzen, die dann per Zug ins gut 300 km entfernte Lima geschafft werden.

Von nun an verliert die Straße beständig an Höhe und führt, vorbei an verlassenen Bergbausiedlungen wie Chicri, ins Tal des Río Huallaga. Das nächste Ziel, die 1541 gegründete Stadt **Huánuco** 1️⃣1️⃣ (S. 308), liegt bereits unterhalb der 2000-m-Marke und bietet sich daher als Übernachtungsort an. Die Hauptstadt des gleichnamigen *Departamento* verfügt nur über wenig Sehenswertes, und auch ein Ausflug zu den nahegelegenen **Ruinen von Kotosh,** wo 1960 eine der ältesten Kulturen Perus entdeckt wurde, empfiehlt sich nur für Reisende mit besonderem archäologischem Interesse – die meisten Funde wanderten auch hier in die Museen der Hauptstadt. Lohnenswerter, aber ungleich zeitaufwendiger ist eine Fahrt zu den Ruinen von Huánuco Viejo (s. S. 103).

Auf der Weiterfahrt nach Tingo María (120 km) ändert sich das Landschaftsbild drastisch: Während in der Umgebung von Huánuco noch Kakteen und Agaven dominieren, wird der Pflanzenwuchs im weiteren Verlauf der Route zunehmend üppiger. Nachdem man mit dem Carpish-Tunnel (ca. 2600 m) den höchsten Punkt der Strecke passiert hat, führt die kurvenreiche Straße durch tropischen Bergwald mit Orchideen und kleinen Wasserfällen, oft an steilen Abhängen entlang, mit immer neuen Ausblicken auf grüne Bergrücken und Täler. Papayas, Bananen und andere tropische Früchte sind die Hauptanbauprodukte dieser Region, und spätestens in **Tingo María** 1️⃣2️⃣ (S. 338) auf nur 650 m Höhe ist der Übergang vom kargen Bergland zur Vielfalt der Tropen vollzogen.

Obwohl die Stadt am Río Huallaga, einem der wichtigsten Quellflüsse des Río Marañón und damit des Amazonas, nur wenig Atmosphäre ausstrahlt und nach wie vor mit dem Ruf als Drogen-Metropole zu kämpfen hat, kann man sich hier getrost für einige Nächte einmieten, um die aufregende Umgebung zu erkunden. Die geschäftige Marktstadt, in der die landwirtschaftlichen Produkte der Region umgeschlagen werden (neben tropischen Früchten auch Kaffee, Zuckerrohr und nach wie vor Kokablätter), ist Sitz der Universidad Nacional Agraria de la Selva (UNAS), einer staatlichen Universität, die sich mit der Landwirtschaft in den Tropen befaßt und u. a. Alternativen zum Koka-Anbau erarbeitet. Auf dem Campus der Universität befinden sich auch ein Zoologisches Museum – eine etwas armselige Sammlung ausgestopfter Tiere der Region – und ein kleiner Zoo – mit deren lebendigen Verwandten. Der Jardín Botánico weiter stadteinwärts, ein kleiner botanischer Garten, gehört ebenfalls zur Universität.

Die Hauptattraktion der Stadt erreicht man – am besten mit einem *mototaxi* –

Wasserfall im
Boquerón de Padre
Abad

auf der Straße nach Monzón, die direkt
hinter der großen Brücke links abzweigt
und nach 5 km zu einer Fähre über den
Fluß führt: Der bereits 1965 gegründete
Parque Nacional Tingo María 13 umfaßt eine Fläche von 18 000 ha und beherbergt das Wahrzeichen der Stadt, die
Bella Durmiente (›schlafende Schöne‹),
eine Bergformation, deren Umriß tatsächlich einer schlafenden Frau ähnelt.
In der Cueva de las Lechuzas (›Eulen-
höhle‹), dem derzeit einzigen zugänglichen Teil des Nationalparks, leben zwar
keine Eulen, dafür aber Tausende Fett-
schwalme. Die seltsamen Geräusche

der tagsüber meist nicht zu sehenden
Nachtschwalben geben dem Besuch der
Höhle eine unheimliche Komponente.
Bevor die Straße nach Pucallpa
(255 km) in die endlose grüne Eintönig-
keit der tropischen Tiefebene eintaucht,
muß sie erst noch die ›Blaue Kordillere‹
(Cordillera Azul) überwinden, einen
rund 1600 m hohen Bergrücken. Ein kleiner Zufluß des Río Ucayali formt jenseits
des Passes eine tropische Schlucht, die
nach einem Missionspater **Boquerón
de Padre Abad** genannt wird. Steile
Felswände und mächtige Wasserfälle
bilden die Kulisse für diesen aufregen-

den Streckenabschnitt. Eine kurze Wanderung führt über die alte Brücke vor dem Tunnel zu einem weiteren hübschen Wasserfall. Eindrucksvoll ist auch die mächtige Hängebrücke, die in der Ortschaft Aguaytía den gleichnamigen Fluß überspannt.

Von hier aus sind es noch etwa 160 km durch ebene Urwaldlandschaft bis in die Stadt **Pucallpa** [14] (S. 327) am Río Ucayali, dem mit fast 3000 km längsten Amazonaszufluß. In der Umgebung der aufstrebenden Fluß-Metropole werden die Ressourcen des Regenwaldes rücksichtslos ausgebeutet. Mächtige Baumriesen landen in den Sägewerken der Stadt und werden dort zu handlichen Brettern verarbeitet oder zu Papier zermalmt. Dem Boden wird das Erdöl abgerungen, das man hier in den 40er Jahren entdeckte, Kautschukbäume werden angezapft, um Naturgummi zu gewinnen, und die Flüsse werden systematisch nach Gold abgesucht, wobei bedenkliche Mengen von Quecksilber in den Naturkreislauf geraten und das Leben der Fische – und damit auch der Menschen – gefährden. Das Ergebnis ist eine unansehnliche, schnell wachsende Stadt mit Raffinerien, Industriebetrieben und einer Brauerei.

Klingt nicht gerade nach einem attraktiven Reiseziel – wäre da nicht die rund 10 km entfernte **Laguna Yarinacocha,** ein kleiner See inmitten tropischer Vegetation, der früher einmal zum Flußlauf des Río Ucayali gehörte. Hier gibt es angenehme Unterkünfte und von hier fahren Ausflugsboote zu den Dörfern der Shipibo-Indianer, einem Stamm, dessen Angehörige trotz aller christlichen Missionierungsversuche ihrem früheren Naturglauben treu geblieben sind. Unterwegs kann man meist harmlose Piranhas, verspielte Flußdelphine und angriffslustige Kaimane beobachten, natürlich sieht man auch zahlreiche Vögel und mit etwas Glück sogar Affen.

Im zentralen Bergland

Lima – Huancayo – Huancavelica
(ca. 450 km)
(Karte S. 86)

Der erste Teil der Route, von Lima nach La Oroya, wurde bereits beschrieben (s. S. 85 ff.), auch die Straße nach Huancayo ist durchgehend geteert. Die Weiterfahrt von Huancayo nach Huancavelica und Ayacucho führt über staubige Pisten, während der Regenzeit (v. a. Feb.– Apr.) ist die Strecke oft tagelang unpassierbar.

Zunächst verläuft die Straße von **La Oroya** nach Huancayo durch eine durch intensiven Bergbau entstandene Mondlandschaft, doch schon bald wird das Tal freundlicher – Agaven, gelbblühende Ginstersträucher und Eukalyptusbäume erheitern die Landschaft, und die ersten Maisfelder künden von einem moderaten Klima. Etwa 77 km hinter La Oroya führt eine Abzweigung links nach **Jauja** [15] (S. 312), einem Kolonialstädtchen auf 3400 m Höhe mit einem angenehmen und gesunden Klima. Heute ein verschlafenes Provinznest, war Jauja 1534 für knapp neun Monate die erste Hauptstadt des spanischen Kolonialreiches, bevor Pizarro Lima als geeigneteren Standort auswählte. Von dieser kurzen

Blütezeit zeugt die Kathedrale mit ihren prächtigen Altären. Nur wenige Kilometer entfernt liegt die anmutige, von kahlen Hügeln eingerahmte **Laguna de Paca** 16, die trotz des eiskalten Wassers ein beliebtes Ausflugsziel ist. Vor allem am Wochenende haben die Restaurants (Spezialität: *trucha* – Forelle) und Bootsverleiher Hochkonjunktur.

Das Mantaro-Tal zwischen Jauja und Huancayo ist eines der wichtigsten Weizenanbaugebiete des Landes und bietet den Bewohnern der zahlreichen Dörfer ein sicheres Auskommen. Rund 20 km

nach der überdimensionalen *virgen* (Marienstatue) am Ortseingang von Jauja zweigt in Matahuasi die Zufahrt nach **Sta. Rosa de Ocopa** 17 (S. 335) ab, einem 1725 gegründeten Franziskanerkloster. Die hier ausgebildeten Missionare wurden in die seinerzeit noch weitgehend unberührten Urwaldgebiete entsandt, um bei den dort lebenden Indianervölkern das Wort Gottes zu verkünden. Aus dieser für sie unbekannten Welt brachten sie zahlreiche Pflanzen- und Tierarten mit, die heute in einem kleinen Museum im Kloster zu sehen

sind. In einer Pinakothek sind Gemälde der Cusco-Schule sowie Kopien großer Meister ausgestellt. Den Höhepunkt eines Besuches bildet die Klosterbibliothek mit über 20 000 Bänden, die bis zu 500 Jahre alt sind. Die benachbarte Kirche aus dem Jahre 1905 wird vom Klang einer Orgel erfüllt, die seinerzeit aus Deutschland geliefert wurde. Nicht weit entfernt liegt die bekannte Forellenzuchtstation Eugenio mit einigen Restaurants.

Über den Ort Concepción kommt man zurück zur Hauptstraße und nach weite-

Das Franziskanerkloster Sta. Rosa de Ocopa

ren 20 km nach **Huancayo** 18 (S. 307). Mit etwa 110 000 Einwohnern ist die moderne Hauptstadt des *Departamento* Junín auf 3250 m Höhe heute die größte Stadt im zentralen Hochland. Obwohl sie bereits 1571 gegründet wurde und sich schon davor an dieser Stelle ein wichtiger Stützpunkt an der Inka-Straße von Cusco nach Cajamarca befand, ist von der kolonialen Vergangenheit so gut wie nichts mehr zu spüren. Für die Geschichte des Landes war Huancayo ein wichtiger Schauplatz, immerhin wurde hier bereits im November 1820 die Unabhängigkeit Perus ausgerufen – rund acht Monate früher als in der Hauptstadt Lima, und im Jahre 1854 erklärte hier der damalige Präsident Ramón Castilla die endgültige Aufhebung der Sklaverei in Peru.

Auch wenn Huancayo über keine besonderen Sehenswürdigkeiten verfügt, so ist es doch für den Reisenden eine wichtige Zwischenstation auf dem Weg nach Ayacucho. Wer sonntags in der Stadt ist, sollte sich einen Besuch des Wochenmarktes in der Av. Huancavelica nicht entgehen lassen, wo neben Textilien und Waren des täglichen Bedarfs auch kunsthandwerkliche Produkte aus der Umgebung angeboten werden: filigrane Silberschmiedearbeiten, farbenfrohe Textilien und geschnitzte Kürbisse.

Mit dem Namen der Stadt Huancayo eng verbunden ist ein Gericht mit Namen *papas a la Huancaina,* eine kalte Vorspeise aus gekochten Kartoffeln mit einer scharfen Käse-Peperoni-Soße, die überall im Land regelmäßig auf dem Speiseplan steht. Eine echte Besonderheit der Region hingegen ist die *pachamanca,* ein Eintopf aus verschiedenen Fleischsorten mit Gemüse und Kartoffeln, der unter der Erde mit heißen

Huancayo

Steinen stundenlang gegart wird (*pacha* = Erde, *manca* = Topf). Weitere Spezialitäten dieser Gegend sind *huallpa chupe,* eine Hühnersuppe, und *yacu chupe,* eine Kartoffelsuppe, jeweils mit Gemüse und verfeinert mit zahlreichen Gewürzen, ein *patachí* genannter Eintopf aus Getreide und Bohnen mit Fleischeinlage sowie gegrillte Forellen *(trucha a la parilla)* und Meerschweinchen *(cuy colorado).*

Von Huancayo führt eine nicht asphaltierte Straße im Tal des Río Mantaro bis nach Izcuchaca (68 km), wo sie die Trasse der Schmalspurbahn nach Huancavelica kreuzt. Wer von hier direkt nach Ayacucho weiterreisen will, hat noch 180 anstrengende, aber landschaftlich sehr eindrucksvolle Kilometer bis nach Huanta vor sich, einem kleinen Städtchen mit einfachen Übernachtungsmöglichkeiten. Diese Fahrt kann während der Regenzeit sehr zeitraubend sein, nur die letzten 50 km von Huanta nach Ayacucho sind geteert. Die Straße nach Huancavelica (146 km) führt vorbei am ›Steinernen Wald‹ von Sachapite *(bosque de piedras),* einer eigentümlichen Landschaft aus erodierten Gesteinssäulen.

Huancavelica **19** (S. 306), die Hauptstadt der gleichnamigen Provinz, wurde im Jahre 1571 im Auftrag des spanischen Vizekönigs Francisco de Toledo als Villa Rica de Oropesa an der Stelle einer zerstörten Inka-Siedlung auf 3670 m Höhe gegründet. Schon bald darauf mußten die ersten Indios als Sklaven in den nahegelegenen Quecksilberminen von Sta. Bárbara schuften, denn im fernen Potosí benötigte man dieses hochgiftige Metall zur Silberschmelze. Der Transport dorthin war unvorstellbar aufwendig: Auf dem Rücken von Lamas und Maultieren ging es zunächst über die Pässe der Cordillera Oc-

cidental an die Pazifikküste zum Hafen Chincha, wo die wertvolle Fracht nach Arica verschifft wurde, um von dort abermals über die Andenkette und durch den *Altiplano* nach Potosí geschafft zu werden. Mit der Aufgabe der Minen im späten 18. Jh. begann auch der Verfall von Huancavelica, und heute bedarf es schon einiger Phantasie, um sich vorzustellen, wie prunkvoll das Leben in dieser einstmals blühenden Kolonialstadt seinerzeit gewesen sein muß. Viele der Kirchen und Kolonialhäuser befinden sich in einem desolaten Zustand, obwohl inzwischen mit der Renovierung der wichtigsten Gebäude begonnen wurde.

Im Herzen der Stadt, an der zentralen Plaza de Armas, stehen sich mit dem kolonialen Rathaus *(Cabildo)* und der mächtigen Kathedrale (1633) mit ihren prunkvollen Altären im Mestizo-Stil die Zentren weltlicher und kirchlicher Macht gegenüber. Etwa 300 m westlich liegen an der Plaza Bolognesi zwei weitere sehenswerte Gotteshäuser: In der von außen eher unscheinbaren Kirche San Francisco (1774) sind zahlreiche wertvolle Gemälde zu sehen, und hinter der Barockfassade der Kirche San Sebastián (1662) verbirgt sich ein sehenswerter Innenraum mit einer aufwendigen Kassettendecke und elf prunkvollen Altären. Nördlich des Río Ichu, nur wenige Minuten vom Zentrum entfernt, laden die Thermalquellen von San Cristóbal zum Bade, das angenehm warme Wasser soll besonders gegen Hautleiden helfen.

An den zahlreichen Festtagen, die hier intensiv begangen werden (besonders um den 6. und 16. Januar sowie an Ostern), kommt Leben in die Gassen der Stadt. In bunten Trachten werden prächtige Tänze aufgeführt, und während in der Karwoche in Ayacucho kein Hotelbett mehr aufzutreiben ist, bleiben die

Bewohner von Huancavelica bei den nächtlichen Osterprozessionen weitgehend unter sich. Überhaupt verirrt sich nur selten ein Tourist in dieses heute wieder rund 30 000 Einwohner zählende Städtchen, doch das nette koloniale Ambiente und der farbenfrohe Sonntagsmarkt belohnen für die mühevolle Anfahrt.

Für die Weiterreise von Huancavelica bieten sich zwei gleichermaßen unkomfortable Routen an: über die Kolonialstadt Lircay, ein regionales Zentrum der Textilherstellung, nach Ayacucho (205 km, Straßenzustand erfragen, alternativ über Castrovirreyna, 245 km), oder über die Westkordillere in Richtung Küste: Jenseits der 4853 m hohen Abra Chonta, einer der höchsten Paßstraßen des Landes, geht es durch karge Puna-Landschaft an der Laguna Orococha vorbei in die einsame Minenstadt Castrovirreyna (3950 m). Von dort schlängelt sich die staubige Straße im Tal des Río Chiris bergab zu den Ruinen von Tambo Colorado (s. S. 143) und trifft nach etwa 265 km in der Nähe von Pisco auf die südliche *Panamericana*.

Ayacucho – Die Perle des Hochlandes

■ (S. 294) Nach dem Aufstand der Inka unter Manco Capac im Jahre 1536 wollten die Spanier auf halbem Weg zwischen Cusco und Lima eine Stadt anlegen, um so die Verbindung besser aufrechterhalten zu können. 1539 gründeten sie an der alten Inka-Straße auf 2760 m Höhe San Juan de la Frontera, das sich schon bald zu einer blühenden Kolonialstadt entwickelte. Seinen heutigen Namen Ayacucho erhielt es erst nach der Unabhängigkeit. Heute leben etwa 80 000 Einwohner in der Hauptstadt des gleichnamigen *Departamento,* die früher als Hochburg der Terrororganisation *Sendero Luminoso* berühmtberüchtigt war. Obwohl dieser Alptraum seit einigen Jahren endgültig vorüber ist, sitzt den meisten Bewohnern der Region der Schrecken noch tief in den Knochen, denn die Methoden der Terroristen waren gnadenlos, und Tausende unschuldiger Menschen fanden den Tod. Inzwischen putzt sich die prächtige Kolonialstadt mit ihren über 30 Kirchen wieder heraus, um dem zukünftigen Ansturm der Touristen gewachsen zu sein. Doch obwohl es in und um die Stadt eine ganze Menge zu sehen gibt, sind die Besucherzahlen noch spärlich, denn Ayacucho ist auf dem Landweg nur schwer erreichbar. Eine Ausnahme bildet jedoch die Karwoche, die *Semana Santa,* wenn von Palmsonntag bis Ostersonntag fast jeden Abend große Prozessionen stattfinden. Dann strömen Tausende von Gläubigen und Schaulustigen aus allen Landesteilen herbei, um dem religiösen Spektakel beizuwohnen.

Stadtrundgang

Im Herzen der Stadt liegt die **Plaza Sucre** ■, in Anlehnung an den früheren Namen der Stadt auch Plaza Mayor de Huamanga genannt. Mit ihren symmetrischen Arkadenreihen zu allen Seiten, dem gepflegten Park mit Springbrunnen und dem Reiterstandbild des Freiheitshelden Antonio José de Sucre im Zentrum ist sie wohl einer der schönsten kolonialen Stadtplätze Perus. An der Ostseite erhebt sich zwischen dem Rathaus und der alten Universität, die 1677 gegründet wurde und von 1886 bis 1959 aus Geldmangel geschlossen war, die äußerlich eher bescheidene **Kathedrale 2** aus dem Jahre 1671. Im Inneren des Gotteshauses beeindrucken zehn schmucküberladene, vergoldete spätbarocke Altäre. Vorbei an der leider meist verschlossenen Kirche **San Agustín 3**

Ayacucho

an der Nordostecke der Plaza, kommt man zur Kirche **Sto. Domingo 4**, die 1561 geweiht wurde. Aus dieser Zeit stammen allerdings nur noch das Portal und die Reste des Turms, der durch einen schweren Sturm im Jahre 1640 zerstört wurde. Auffallend ist der freistehende Glockenturm, an dem angeblich die von der Inquisition zum Tode Verurteilten gehängt wurden – obwohl es sonst üblich war, die ›Ungläubigen‹ auf dem Scheiterhaufen zu verbrennen.

In gleichem Abstand zur Plaza liegt in westlicher Richtung die Kirche **San Francisco de Paula 5**. Hinter der weißen Renaissance-Fassade versteckt sich im Inneren des Gotteshauses die wohl schönste Kanzel der Stadt. Drei *cuadras* (Häuserblocks) weiter südlich in Richtung Markt liegt die Kirche **Sta. Clara 6** aus dem Jahre 1568, die, wie die meisten Kirchen der Stadt, von außen unscheinbar, von innen aber sehr sehenswert ist. Neben zahlreichen Gemälden und einer schönen geschnitzten Kanzel verdient vor allem die Kassettendecke im Mudéjar-Stil besondere Erwähnung.

Die Casona Vivanco, ein hübsches Kolonialhaus aus dem späten 17. Jh., beherbergt heute das **Museo Andrés Avelino Cáceres 7**, in dem neben Gemälden der Cusco-Schule vor allem Möbel und Waffen aus der Kolonialzeit ausgestellt sind. Am südlichen Ende des Jirón 28 de Julio liegt neben dem Kloster der Karmeliterinnen die Kirche **Sta. Teresa 8**. Die einzige Backsteinkirche der Stadt ist Ausgangspunkt der Palmsonntags-Prozession. Auf dem Rückweg zur Plaza kommt man zunächst zur Kirche **San Francisco de Asís 9** mit prächtigen vergoldeten Altären – eine der ältesten Kirchen der Stadt aus dem Jahre 1552. Nur wenige Meter weiter erreicht man die Jesuitenkirche **La Compañía 10** aus dem 17. Jh. mit

Typische Tonkirche auf einem Dach in Quinua

einem sehenswerten Barockaltar und Gemälden der Cusco-Schule.

Am gegenüberliegenden Ende der Stadt (Av. Independencia) lohnt das **Archäologische Museum** 11 (Museo Hipolito Unánue) einen Besuch. Hier sind vor allem Keramiken und Monolithen der bislang noch wenig erforschten Huari-(oder Wari-)Kultur zu sehen, die in Form und Dekor erstaunliche Parallelen zur Tiahuanaco-Kultur am Titicacasee aufweisen.

Ausflüge in die Umgebung

Nur etwa 22 km von Ayacucho entfernt, auf einer durchgehend asphaltierten Straße leicht zu erreichen, liegt das Ruinenfeld von **Huari,** einst Hauptstadt des gleichnamigen Andenreiches, das etwa vom 6. bis zum 12. Jh. existierte. Die Ausgrabungen können mit den zahlreichen Inka-Ruinen des Landes zwar kaum konkurrieren, aber ein Besuch des neuen Museums mit Keramiken und anderen Fundstücken dieser Kultur lohnt sich allemal. Die weitere Fahrt führt durch eine trockene Landschaft, die eine bescheidene Landwirtschaft fast nur in den Flußtälern zuläßt. An Ziegenherden und wilden Pfefferbäumen vorbei er-

reicht man nach 37 km das bekannte Kunsthandwerkerdorf **Quinua.** Die typischen Tonkirchen auf den Hausdächern sollen die Bewohner vor bösen Geistern schützen und sind zudem ein dankbares Fotomotiv. In den Gassen des hübschen Ortes kann man sich günstig mit handgefertigten Keramikarbeiten versorgen. 3 km oberhalb des Töpferdorfes liegt auf etwa 3400 m Höhe die **Pampa de Quinua,** Schauplatz der historischen Entscheidungsschlacht vom 9. Dezember 1824, als rund 6000 Freiheitskämpfer unter General Sucre erfolgreich gegen 10 000 Soldaten des spanischen Vizekönigs kämpften und so Peru endgültig in die Unabhängigkeit führten.

Ein anderer Ausflug, der von den örtlichen Veranstaltern angeboten wird, führt durch bizarre Berglandschaften zunächst über einen 4240 m hohen Paß ins Tal des Río Mayopampa und weiter in den Ort Vischongo auf 3140 m Höhe. In der Nähe befinden sich mehrere Inka-Ruinen, am bedeutendsten wohl die etwa 15 km entfernt liegenden **Ruinen von Vilcashuamán.** Diese lohnenswerte Tour kann entweder als anstrengender Tagestrip oder als zweitägige Tour gebucht werden, dann bleibt auch noch Zeit für einen Abstecher zu den Riesenbromelien *Puya raimondii* (s. S. 104).

Gipfel,
Strände,
Amazonas:
Der Norden
Perus

Nördlich von Lima liegt der von Touristen seltener frequentierte Teil des Landes, obwohl hier einige der aufregendsten Landschaften, die schönsten Strände, reizvolle Kolonialstädte und vor allem zahlreiche herausragende Kulturstätten zu finden sind.

Die Nordküste, oder besser gesagt: der nördliche Küstenabschnitt, ist an sich ein trockener, menschenfeindlicher Wüstenstreifen, der jedoch von fruchtbaren Flußtälern unterbrochen wird, die schon früh eine menschliche Besiedlung ermöglichten – für Archäologen daher ein schier unerschöpfliches Betätigungsfeld. Am Rande dieser Flußoasen, in denen Baumwollplantagen, Reisfelder und stinkende Fischmehlfabriken den Bewohnern das Überleben sichern, wachsen trostlose Hühnerfarmen in die Wüste. Wem die Hitze zu schaffen macht, dem sei ein Bad in den Fluten des Pazifiks empfohlen, besonders im äußersten Norden bei Tumbes, wo die Wassertemperaturen ganzjährig angenehm sind. Palmenbestandene Traumstrände wird man allerdings auch hier vergeblich suchen.

Das Tal des Río Santa, genannt Callejón de Huailas, liegt eingebettet zwischen der kargen, abweisenden Bergkette der Cordillera Negra und den schneebedeckten Gipfeln der Cordillera Blanca. Deren mächtigste Erhebung, der Huascarán, zählt mit fast 7000 m zu den höchsten Bergen Amerikas. Ein Ausflug in den gleichnamigen Nationalpark gehört zu den unvergeßlichen Naturerlebnissen in Peru. Lohnenswert ist auch ein Ausflug nach Chavín de Huántar, einer der ältesten Kulturstätten Südamerikas.

Fast 1000 Jahre herrschte an der Nordküste Perus die Mochica-Kultur,

Der Gipfel des Cerro Chacraraju
◁ *in der Cordillera Blanca*

Figürliches Steinrelief in Sechín

deren Hauptstadt sich ebenso in der Nähe der heutigen Stadt Trujillo befand wie das Machtzentrum des später herrschenden Chimú-Volkes. Weiter nördlich liegen, in der näheren Umgebung der Stadt Chiclayo, das berühmte Museum Brüning und die Ausgrabungsstätte Sipán, wo erst Ende der 80er Jahre ein sensationeller Grabfund freigelegt wurde. Doch nicht nur der archäologisch interessierte Reisende kommt in diesem Teil des Landes auf seine Kosten. Auch die kolonial geprägten Städte Trujillo und Cajamarca, die weiten Sandstrände zwischen Piura und Tumbes und natürlich die quirlige Hafenstadt Iquitos am Amazonas lohnen die Reise in den Norden Perus.

Zu Füßen der Cordillera Blanca

Lima – Huaraz – Caraz (ca. 480 km)
(Karte S. 102)

Die im folgenden beschriebene Fahrtstrecke ist durchgehend geteert und kann bequem an einem Tag bewältigt werden. Um die einmalige Bergsicht möglichst ungestört (von grauen Wolken) genießen zu können, ist eine Reise in die *Suiza Peruana,* die ›peruanische Schweiz‹, während der Trockenmonate Mai bis Oktober empfehlenswert. Als Standort für Ausflüge bietet sich Huaraz an, die größte Stadt der Region, von der aus auch organisierte Touren angeboten werden.

Zur Weiterfahrt nach Norden kann man zwischen zwei Routen wählen; beide führen über schlechte Pisten durch eindrucksvolle Landschaften. Wer sich für die etwas beschwerlichere Variante über die Cordillera Negra nach Casma entscheidet (s. S. 111 f.) kann unterwegs noch die interessanten Ruinen von Sechín besuchen.

Von Lima nach Huaraz

Die Fahrt von Lima nach Norden führt zunächst vorbei an unkontrolliert wuchernden Armutssiedlungen, die meist weder über Strom noch Wasser verfügen. Hinter der Abzweigung nach **Ancón,** einem beliebten Badeort, dessen mäßig attraktiver Strand vor allem am Wochenende von großstadtmüden *Limeños* stark besucht ist, führt die neue Trasse der *Panamericana* oberhalb der Dünen von Pasamayo entlang. Im auffällig über dem Fischerort **Chancay 1** thronenden Castillo de Chancay (erbaut

1922–1942) wurde ein kleines Museum mit den charakteristischen schwarzweißen Keramiken der Chancay-Kultur (1100–1400) eingerichtet, die in Gräberfeldern der Umgebung gefunden wurden. Etwa 20 km weiter biegt in der kargen Küstenwüste eine Zufahrtsstraße zu den etwas heruntergekommenen Thermalbädern von **Churín** (117 km landeinwärts) ab, einem Ort auf 2250 m Höhe mit einfachen Unterkunftsmöglichkeiten. Kurz hinter dieser Abzweigung führt am Kilometerstein 105 der *Panamericana* eine sandige Piste zum **Reserva Nacional Lomas de Lachay 2**. Besonders in den Monaten September und Oktober, wenn hier die Wüste blüht, lohnt sich der Besuch dieses über 5000 ha großen Naturreservates mit Wanderwegen und Campingmöglichkeiten. Durch den Küstennebel entsteht ein Mikroklima, das in diesem kargen Umfeld Vegetation ermöglicht. Auch die Vogelwelt ist mit 55 Arten zahlreich vertreten.

Die **Salinas de Huacho,** etwa 25 km weiter nördlich am Meer, dienen vorwiegend der Salzgewinnung, doch dem Wasser der Salzseen wird auch eine Heilwirkung bei Rheuma zugeschrieben. In der 40 000 Einwohner zählenden Hafenstadt **Huacho 3** (S. 306) endet rund 150 km nördlich von Lima die gut ausgebaute Schnellstraße. Sehenswerter als die Innenstadt dieses geschäftigen Landwirtschaftszentrums ist der benachbarte Ort **Huaura.** An der zentralen Plaza steht das Haus, von dessen Balkon der argentinische General San Martín 1821 die Unabhängigkeit Perus deklarierte.

Den Haupterwerbszweig dieser Region, die im Land für die Herstellung

Chan Chan
Huancháco
Trujillo
Moche
Salaverry   Huacas de Moche
Virú
Rio Moche
Rio Virú
Rio Santa

LA LIBERTAD

Parque Nacional
Río Abíseo

SAN MARTÍN

Río Huallaga

Río Santa Martha

Cordillera
15 Cañón del Pato
Huallanca
Laguna Parón
14
13 Caraz
11 Yungay
10 Carhuaz
Marcará
9 Monterrey
16 Huaraz
7
Chancos
Nev. Huandoy 6395 m
Lagunas Llanganuco
Nev. Huascarán 6768 m

Cordillera Blanca

12 HUÁNUCO

Santa
19 Chimbote
Cordillera Negra
Yaután
18 Casma
17 Sechín
Rio Casma
Pariacoto
Punta Callán
Recuay
Cátac
Pachacoto
Carpa

Chavín de Huántar **8**
Parque Nacional Huascarán
La Unión
Huánuco Viejo **6**
Huánuco

ANCASH

Conococha
Raquia
Chiquián **5**
Cordillera Huayhuash
Nev. Yerupajá 6634 m
Cordillera Raura

Cordillera Central

Rio Fortaleza
4 Paramonga
Pativilca
Supe
Huaura
3 Huacho
Salinas de Huacho
Reserva Nacional Lomas de Lachay
2
1 Chancay
Ancón

Sayán
Río Huaura
Churín
Río Chancay
Río Chilón
Río Rímac

Callao
LIMA
LIMA
Río Lurín

Pazifischer Ozean

N

0   50 km

von *guinda,* einem Likör aus Sauerkirschen, bekannt ist, stellt neben dem Anbau von Zuckerrohr die Fischerei dar, was die stinkende Fischmehlfabrik in der Hafenstadt Supe schmerzhaft in Erinnerung ruft. Bald darauf erreicht man, etwa 4 km hinter Pativilca, die Abzweigung nach Huaraz. Einige Kilometer nördlich erheben sich an der *Panamericana* die Überreste der Lehmziegelfestung **Paramonga** 4 (S. 324). In diesem südlichsten Bollwerk ihres Einflußbereiches setzten sich die Chimú gegen die vorrückenden Inka-Truppen zur Wehr. Zur Zeit Pizarros noch gut erhalten, lohnt sich heute ein Besuch in erster Linie wegen dem Rundblick über die saftig grüne Flußoase und hinüber zum Meer. Wer weiter in Richtung Norden unterwegs ist, hat von hier aus noch gut 170 km durch schier endlose Wüste bis nach Casma (s. S. 112) vor sich.

Die Straße nach Huaraz schlängelt sich im Tal des Río Fortaleza von Meeresniveau bis auf über 4000 m Höhe empor – und das auf einer Länge von kaum 120 km. Zunächst gemächlich ansteigend, wird das Tal nach Raquia enger und steiler, die Bergwelt zunehmend karger und bedrohlicher. Jenseits des 4080 m hohen **Conococha-Passes** bietet sich vom gleichnamigen Dorf (126 km ab Pativilca) ein lohnenswerter Abstecher an: Eine ungeteerte Straße (31 km) führt, vorbei an einem kleinen See mit einer reichen Avifauna, der als Quelle des Río Santa gilt, zunächst über eine Hochebene und windet sich dann talwärts nach **Chiquián** 5 (S. 299). Dieser von Ausländern bislang noch relativ selten besuchte Ort liegt auf 3400 m Höhe, zu Füßen der eindrucksvollen Bergwelt der Cordillera Huayhuash. Deren höchste Erhebung, der gletscher-

Von Lima nach Trujillo

bepackte Yerupajá, zählt mit 6634 m zu den gewaltigsten Gipfeln Südamerikas und wird in Peru nur vom Huascarán überragt. Mehrtägige Touren für geübte Wanderer und Bergsteiger werden von Chiquián aus organisiert, das Angebot an Unterkünften ist beschränkt.

Bei klarem Himmel ist diese Bergkette auch von der Hauptroute nach Huaraz zu sehen, die nun im Tal des Río Santa wieder bergab führt. Schon bald bietet sich – gutes Wetter immer vorausgesetzt – eines der herrlichsten Panoramen der Anden: Majestätisch reihen sich die schneebedeckten Gipfel der Cordillera Blanca aneinander und bilden eine mächtige Kulisse. Das fruchtbare Tal des Río Santa zu Füßen der ›weißen Berge‹, genannt **Callejón de Huailas,** fällt von hier auf einer Länge von rund 160 km über 2000 m nach Norden ab. Die jährliche Regenmenge schwankt, je nach Höhenlage, zwischen 800 und 200 mm und ermöglicht so im trockenen, tiefergelegenen Abschnitt nur spärliche Landwirtschaft.

37 km hinter dem Conococha-Paß führt in Pachacoto eine Abzweigung zum Nationalpark Huascarán (Sektor Carpa) – eine der wenigen Stellen, an denen man von Oktober bis Februar blühende Exemplare der *Puya raimondii* zu Gesicht bekommt (s. S. 104). Nach der Laguna Patococha passiert man den Nevado Pastoruri (5240 m), an dessen vergletscherten Hängen jedes Jahr in der ersten Juniwoche Skiwettbewerbe ausgetragen werden. Die Straße überquert am Huarapasca-Paß (4780 m) die Cordillera Huallanca und führt weiter nach Huánuco (s. S. 89). Etwa auf halbem Weg dorthin, in der Nähe von La Unión, lag einst auf über 4000 m Höhe die Inka-Stadt **Huánuco Viejo** 6 – heute ein ausgedehntes Ruinenfeld mit einigen gut erhaltenen Bauten.

Puya raimondii –
Die größte Bromelie der Welt

Eine der seltsamsten und zugleich seltensten Pflanzen der Welt ist inzwischen vom Aussterben bedroht. *Puya raimondii* ist der wissenschaftliche Name dieser botanischen Rarität, die nur an wenigen Standorten in Peru und Bolivien in Höhen um 4000 m vorkommt. Dieser größte Vertreter der Familie *Bromeliaceae* erreicht ohne Blüte bereits eine stattliche Höhe von 4–5 m. Erst nach 50–100 Jahren bildet die Bromelie einen eindrucksvollen, 5 m hohen Blütenstand und verbraucht dafür so viele Nährstoffe, daß sie nach der Blüte abstirbt. Einer der wichtigsten Standorte ist neben dem Titicacasee der Callejón de Huailas; v. a. in der Gegend um Carpa (s. S. 103) und in der Cordillera Negra (s. S. 111) kann man mit etwas Glück in den Monaten Mai bis Oktober blühende Exemplare bewundern, doch nicht jedes Jahr sind Blüten zu sehen.

Die Hauptstraße führt, vorbei an **Recuay** (3400 m), dem einzigen Ort, der das schwere Erdbeben von 1970 relativ gut überstanden hat und in dem noch zahlreiche alte Häuser erhalten sind, weiter nach Huaraz.

Huaraz 7 (S. 308), der 3050 m hochgelegene Hauptort des Santa-Tals, der bereits 1941 durch eine Geröll- und Schlammlawine stark in Mitleidenschaft gezogen worden war, mußte nach dem Erdbeben von 1970 beinahe vollständig wiederaufgebaut werden und hat dadurch seinen früheren kolonialen Charme verloren. Dennoch ist die Hauptstadt des *Departamento* Ancash – heute wieder wichtigstes Versorgungszentrum und mit rund 130 000 Einwohnern größte Stadt der Region – ein guter Ausgangspunkt für Ausflüge in die Umgebung und Treffpunkt für Bergsteiger aus aller Welt. Und auch wer sich nicht in die Region des ewigen Eises vorwagt – der Blick zum Huascarán, dem höchsten Gipfel des Landes, und anderen Bergriesen bleibt jedem Besucher ein unvergeßliches Erlebnis. Nicht nur bei Sonnenuntergang.

Im kleinen **Archäologischen Regionalmuseum** an der Plaza de Armas sind zahlreiche Monolithen, Mumien und Keramiken der Recuay-Kultur (ca. 400 v. Chr.–600 n. Chr.) ausgestellt, die überwiegend von dem Fundort Pueblo Viejo bei Recuay stammen.

Ein Spaziergang führt vorbei am Friedhof zu einem *mirador,* von wo aus man einen herrlichen Rundblick auf die umliegenden Berggipfel genießen kann. In der Stadt werden Ausflüge zu den nahegelegenen Ruinen von **Wilcahuaín** angeboten, die jedoch auch im Rahmen einer kleinen Wanderung zu Fuß von Huaraz oder Monterrey erreichbar sind. Der dreistöckige Haupttempel – eine Kopie des Chavín-Tempels – mißt an der Basis 11 × 16 m und ist noch recht gut erhalten. Das Steingebäude mit den für die Chavín-Kultur charakteristischen Gängen und Kammern wurde wahrscheinlich zwischen 600 und 1000 unter dem Einfluß der Huari/Tiahuanaco-Kultur errichtet.

Ausflug nach Chavín de Huántar

Ein anstrengender, aber überaus lohnenswerter Tagesausflug (216 km) führt von Huaraz durch die spektakuläre Bergwelt der Cordillera Blanca nach Chavín de Huántar, dem religiösen Zentrum einer frühen und damals sehr einflußreichen Kultur. Bereits die Anreise dorthin ist ein großartiges Erlebnis: Von Catac (36 km) führt die Piste durch den Nationalpark Huascarán und schlängelt sich vorbei an der fotogenen **Laguna Querococha** (3980 m) hinauf zum **Kahuish-Tunnel** (72 km) auf stattlichen 4200 m Höhe. Auf der anderen Seite des Tunnels, der unter der kontinentalen Wasserscheide zwischen Pazifik und Atlantik verläuft, führt die Straße in weiten Serpentinen bergab ins Tal des Río Mosna, eines der ungezählten Zuflüsse des Río Marañón. Etwa 8 km hinter Machac (100 km) erblickt man, noch vor dem Ortseingang von Chavín (3150 m), die Reste der antiken Stadt Chavín de Huántar am Ufer des Mosna-Flusses, die wie Chan Chan und Machu Picchu zum Weltkulturerbe erklärt wurde.

Chavín de Huántar 8 (S. 297), einst ein bedeutendes Zeremonialzentrum

Bäuerin bei Huaraz

und Pilgerziel, war namengebend für die Chavín-Kultur, den prägenden Kunststil des frühen Horizontes (etwa 1200–200 v. Chr.). Der Einfluß dieses Kultzentrums reichte bis nach Piura und zum Titicacasee. Für viele Archäologen war Chavín die Wiege der südamerikanischen Kulturen, auch wenn es inzwischen Erkenntnisse über ältere Kultstätten in Peru gibt (s. S. 26). Die Gebäude der rund 13 ha großen Stadtanlage jedenfalls, die um 850 v. Chr. angelegt wurde, zählen zu den ältesten steinernen Bauwerken im Andenraum.

Nachdem Ernst Wilhelm Middendorf 1895 eine erste genaue Beschreibung der großen Tempelpyramide verfaßt hatte, wurden in den 20er und 30er Jahren umfangreiche Grabungen unter Leitung des peruanischen Archäologen Julio C. Tello unternommen. Doch eine Naturkatastrophe machte seine Arbeit im Januar 1945 zunichte: Als nach schweren Regenfällen der Moränendamm eines Gletschersees brach, ergoß sich eine Lawine aus Geröll und Schlamm über das Tal und begrub das Heiligtum unter einer 4 m dicken Erdschicht, so daß ab 1955 erneut mit der Freilegung begonnen werden mußte.

Der Rundgang durch das zwischen steilen Abhängen am Ufer des Río Mosna gelegene Ruinenfeld beginnt an einem kleinen Museum mit Steinfragmenten und Werkzeugen. Berühmte Funde wie den Tello-Obelisken oder die rund 600 kg schwere Raimondi-Stele wird man hier allerdings vergeblich suchen; sie sind im Archäologischen Nationalmuseum in Lima zu bewundern (s. S. 81 f.). In der Nähe des Flußufers liegt ein versenkter Hof mit Freitreppen (Plaza Quadrangular), der von zwei Randbauten flankiert wird. Einen ersten Eindruck vom ornamentalen Kunststil dieser Kultur vermitteln die beiden knapp einen Meter breiten Steinblöcke an der Escalinata Blanco y Negro, einem Aufgang zum Haupttempel. Den eigentlichen Zugang bildet die Portada de las Falconidas, ein Portal mit runden Stützpfeilern. Auf diesen monolithischen Säulen zeigen Reliefs mythologische Flügelwesen, die mit ihren Reißzähnen und Raubkatzenkrallen eine eindeutige Verwandtschaft mit der Raimondi-Stele aufweisen. Die dahinterliegende Hauptpyramide, auch ›Neuer Tempel‹ oder fälschlicherweise Castillo (Festung) genannt, ist ein massives quadratisches Steingebäude mit ca. 70 m Seitenlänge und rund 15 m hohen Mauern. In seinem Inneren befindet sich ein labyrinthartiges System von unterirdischen Gängen und Kammern. Hier fand man eine Vielzahl von Tongefäßen, viele bereits mit dem für südamerikanische Keramik typischen Steigbügelausguß.

Rechts daneben liegt hinter einem Rundhof mit weiteren reliefierten Steinplatten der Zugang zum Templo del Lanzón, dem größten Heiligtum von Chavín. Durch einen unterirdischen Gang gelangt man im Inneren des ›Alten Tempels‹ zu einer schmalen Nische, in der sich ein über 4,50 m hoher Monolith befindet. Dieser ist in den Boden eingelassen und wird oben von Deckenplatten in aufrechter Position gehalten. Dargestellt ist ein menschlich-tierisches Mischwesen mit einem überdimensionalen Kopf mit Raubtierzähnen und Schlangenzöpfen. Wahrscheinlich handelt es sich dabei um die Hauptgottheit des Ortes, die heute wegen ihrer hochgezogenen Mundwinkel ›lächelnder Gott‹ genannt wird. Gegenüber befindet sich der Zugang zur Galería de los Laberintos, einem anderen Gangsystem, in dem zahlreiche Steinköpfe, die sowohl Menschen als auch Tierfratzen darstellen, und steinerne Reliefplatten zu sehen sind. Oberhalb befinden sich weitere Zugänge zu den *Galería* genannten Gängen und Kammern, die zwar nicht über Fenster, aber über ein System von Belüftungsschächten und Wasserableitungskanälen verfügen. In die Rückwand des Haupttempel-Komplexes waren ursprünglich mehrere steinerne Köpfe von Mischwesen eingelassen, von denen aber nur einer an seiner Originalposition erhalten geblieben ist.

Das nördliche Río-Santa-Tal

Nur wenige Kilometer nördlich von Huaraz liegen die Thermalquellen *(Baños Termales)* von **Monterrey** 9 . Ein Bad in dem angenehm warmen Wasser, das hier mit einer Temperatur von 48 °C aus der Erde tritt, ist eine willkommene Entspannung. Vorbei am Töpferort Taricá und dem derzeit ungenutzten Flughafen in Anta erreicht man nach 26 km das kleine Dorf Marcará, wo eine Zufahrt (4 km) zu den leider renovierungsbedürftigen Thermalanlagen von **Chancos** abzweigt.

Carhuaz 10 , einer der größeren Orte im Tal, auf angenehmen 2640 m Höhe, liegt zu Füßen des vergletscherten Bergriesen Hualcán (6125 m) und ist ein guter Ausgangspunkt für Wanderungen in der Quebrada Ulta (s. S. 109). Um den 24. September wird hier mit Prozessionen, Stierkämpfen, Tanz – und viel Alkohol – eine Fiesta zu Ehren der *Virgen de la Merced* gefeiert. Die benachbarte Ortschaft **Ranrahirca** wurde am 10. Januar 1962 von einer Schlammlawine, die nach dem Abbruch eines großen Eisfeldes von der Nordwand des Huascarán zu Tal stürzte, regelrecht fortgerissen. Die traurige Bilanz: rund 4000 Tote. Kaum hatten die Überlebenden das Dorf

wieder aufgebaut, wurde es vom Erdbeben im Mai 1970 erneut zerstört.

Den Einwohnern des nahegelegenen Ortes **Yungay** 11 (S. 343) erging es nicht besser: Eine Stein- und Schlammlawine vernichtete im gleichen Jahr ihre Heimat – fast 18 000 Tote waren zu beklagen, nur 3000 überlebten, weil sie sich auf den erhöht gelegenen Friedhof flüchteten. Eine weiße Christusstatue markiert die Lage von Alt-Yungay, wo noch vier Palmen, die einst auf dem Hauptplatz standen, aus der Erde ragen und an die verschwundene Ortschaft erinnern. Nach dem Unglück errichtete man nur wenige Kilometer entfernt einen neuen Ort gleichen Namens; und nicht nur hier leben die Bewohner in ständiger Angst vor einer neuen Katastrophe.

Von Yungay aus lohnt ein Abstecher (ca. 28 km) zu den türkisblauen **Lagunas Llanganuco** 12 , die auf einer Höhe von 3860 m in einem Gletschertal zwischen den Steilwänden des Huandoy (6395 m) und des Huascarán (6768 m) liegen. Die beiden Seen, von den Einheimischen Laguna Chinancocha und Laguna Orconcocha (›männlicher‹ und ›weiblicher‹ See) genannt, liegen bereits innerhalb der Grenzen des 346 km² großen **Parque Nacional Huascarán.** Der 1972 gegründete Park, der inzwischen zum Naturerbe der Menschheit erklärt wurde, nimmt den kompletten Gebirgszug der Cordillera Blanca ein. Eindrucksvoll reihen sich auf einer Länge von rund 160 km schneebedeckte Fünf- und Sechstausender wie an einer Perlenkette aneinander und bilden mit ihren vergletscherten Gipfeln einen scharfen Kontrast zum tiefen Blau des Himmels. Mehr als 50 dieser Bergriesen überragen den Montblanc, den höchsten Berg Europas. Benannt wurde der Nationalpark nach dem Cerro Huascarán, der

Wandertouren im Parque Nacional Huascarán

Die ›männliche‹ der beiden Lagunas Llanganuco

Nicht nur Bergsteiger, auch Wanderer und Naturliebhaber kommen im Nationalpark Huascarán voll auf ihre Kosten. Wildromantische Gebirgstäler laden zum Wandern ein, auch wenn das Gehen wegen der ungewohnten Höhe etwas mühsam ist. Von einfachen Tageswanderungen bis hin zu mehrtägigen Trekking-Touren für geübte und körperlich belastbare Wanderer reicht das Angebot, und alle Touren belohnen die Anstrengung mit herrlichen Naturerlebnissen. (Eine Wanderkarte der Cordillera Blanca ist vor Ort erhältlich.)

Nachfolgend eine kleine Auswahl an Wandervorschlägen (aufgelistet von Süd nach Nord):

Olleros–Chavín (3 Tage, 39 km): Ausgangspunkt dieser Wanderung ist das Dorf Olleros (3450 m), südlich von Huaraz. Von hier geht es zunächst dem Fluß-lauf des Río Negro folgend zum Ort Quisuar (3800 m, 7 km) und weiter in die Quebrada Uquián, wo man bei Sacracancha (15 km) auf 4050 m Höhe zum ersten Mal das Zelt aufschlagen kann. Vorbei an der Laguna Collotacocha erreicht man die Pampa Yanashallash (4400 m, 22 km) und nach weiteren anstrengenden 3 km den gleichnamigen Paß – mit 4700 m der höchste Punkt der Wanderung. Von nun an geht es bergab, beim Zusammentreffen der Quebradas Jatunruri und Shongo (4100 m, 28 km) gibt es wieder gute Möglichkeiten zum Zelten. Mit herrlichen Blicken auf den Schneeriesen Huatsán (6395 m) führt der Weg am dritten Tag weiter nach Chavín (s. S. 105 ff.) auf 3200 m.

Quebradas Quilcayhuanca und Shallap (Mehrtageswanderungen, 21 bzw. 34 km): Vom Dorf Pitec, östlich von Huaraz auf 3850 m Höhe gelegen, kann man durch die Quebrada Shallap zum gleichnamigen See wandern. Zunächst überquert man auf einer Brücke den Río Quilcay und geht dann bergauf zum Taleingang, der durch ein Tor verschlossen ist. Nach gut 10 km erreicht man die Laguna Shallap auf 4300 m Höhe, der Rückweg ist gleich. Wegen der meist ungewohnten Höhe sollte man auf alle Fälle einen Schlafsack, ein Zelt und Proviant mitführen, auch wenn eine Übernachtung nicht eingeplant ist. Wer über 3–4 Tage Zeit und entsprechende Kondition verfügt, kann von Pitec aus auch in der Quebrada Quilcayhuanca auf einem etwa 17 km langen und teilweise steilen Weg zur Laguna Cuchillacocha (4650 m) wandern.

Quebrada Ulta (Tageswanderungen): Die Straße von Carhuaz nach Chacas auf der Ostseite der Cordillera Blanca führt durch die Quebrada Ulta. Einige Kilometer hinter der Ortschaft Shilla (3050 m) zweigt rechts ein Weg ab zur Laguna Auquiscocha (4320 m) und der dahinter gelegenen Laguna Chequiacocha (4420 m), ein anderer führt zur Laguna Huallcacocha, ebenfalls zu Füßen des Bergriesen Hualcán (6122 m). Von allen drei Seen bieten sich phantastische Ausblicke zum Huascarán-Massiv.

Quebrada Demando–Laguna 69 (Tageswanderung, 14 km): Oberhalb der Lagunas Llanganuco (s. S. 107) führt ein herrlicher Weg in der Quebrada Demando aufwärts. Ein ›Zeltplatz‹-Schild in einer Straßenkurve markiert den Beginn der Wanderung. Durch einen kleinen *arrayanes*-Wald geht es über eine Brücke zu einer Hütte (3900 m), von wo man rechts des Flusses weiterwandert. Vorbei an einer Schutzhütte erreicht man den Talboden (4050 m), an dem rechter Hand ein Serpentinenweg neben einem Wasserfall hinaufführt zu einem kleinen Paß (4400 m). Durch ein Hochtal zu Füßen des Cerro Chacraraju (6112 m) erreicht man nach etwa 3 Stunden die Laguna 69 (4600 m, 7 km). Auf dem Rückweg bietet sich bei entsprechendem Wetter ein herrlicher Blick auf den Huascarán (6768 m).

Llanganuco–Sta. Cruz (4–5 Tage, 50 km): Diese klassische Wandertour beginnt in der Ortschaft Vaquería (3700 m) auf der Ostseite der Cordillera Blanca. Manche Wanderer starten jedoch schon an den Lagunas Llanganuco (s. S. 107) und legen die 15 km entlang der Straße über den 4767 m hohen Portachuelo de Llanganuco zu Fuß zurück. Von Vaquería aus geht es zunächst bergab zum Dorf Colcabamba (3300 m, 3 km) und danach in der Quebrada Huaripampa beständig aufwärts. An der Quebrada Paria (3800 m, 13 km) und der Laguna Morococha (4600 m) gibt es Zeltplätze. Mit Blick auf den Taulliraju (5830 m) beginnt der anstrengende Aufstieg zum 4750 m hohen Paß Punta Unión (21 km). Herrliche Ausblicke auf vergletscherte Bergriesen, die Höhen um 6000 m erreichen, belohnen für die Anstrengung. Nach weiteren 5 km erreicht man den Ort Taullipampa (4200 m, 26 km) in der Nähe des eindrucksvollen Alpamayo (5947 m), der an das Matterhorn erinnert und als einer der schönsten Berge der Welt gilt. Da er vom Hauptweg aus nicht zu sehen ist, lohnt sich ein Abstecher in ein Seitental. Im Tal des Sta.-Cruz-Flusses geht es weiter zur Laguna Jatuncocha (3900 m), in der Nähe der benachbarten Laguna Ichiqcocha (3840 m, 36 km) gibt es wieder Zeltmöglichkeiten. Der letzte Tag führt auf einer Länge von 14 km weiter bergab nach Cashapampa (2900 m), von wo eine Busverbindung nach Caraz (s. S. 110) besteht.

Landschaft in der Cordillera Blanca mit den Gipfeln des Cerro Huascarán

1932 erstmals bestiegen wurde und heute ein beliebtes Ziel für Trekking-Touren ist. Wenn man der Straße hinter den Seen noch einige Kilometer bergauf folgt, kann man bei klarem Himmel einen herrlichen Bergblick genießen.

Caraz 13 (S. 296), mit knapp 10 000 Einwohnern der zweitgrößte Ort im Tal, wurde beim großen Erdbeben von 1970 nicht so stark zerstört wie andere Siedlungen. Mit seinem warmen Klima auf 2260 m Höhe und einigen Unterkunftsmöglichkeiten ist er eine interessante Alternative zu Huaraz als Standort für Unternehmungen in der Umgebung. Ein lohnenswerter Ausflug führt beispielsweise zur **Laguna Parón** 14 (23 km), einem von mehreren Sechstausendern eingerahmten Gebirgssee auf 4140 m Höhe. Die etwa 30 km von Caraz entfernte Ortschaft Cashapampa ist Endpunkt des berühmten Sta.-Cruz-Trecks (s. S. 109).

Von Caraz führt die Straße nach Norden durch eine zunehmend trockenere Landschaft, statt fruchtbarer Felder beherrschen nun immer mehr Kakteen und Dornengestrüpp die Szenerie. Richtig aufregend wird die Fahrt, wenn es durch 35 Tunnel am spektakulären **Cañón del Pato** 15 entlang geht, einer 15 km langen und bis zu 200 m tiefen Schlucht, die teilweise nur 15 m breit ist. Von Huallanca (1800 m), einer Siedlung für Arbeiter des Santa-Kraftwerkes, sind es dann noch etwa 145 km ungeteerter Straße (180 km ab Caraz) bis zur *Panamericana* bei Santa.

Über die Cordillera Negra nach Trujillo

Huaraz – Casma – Trujillo
(ca. 330 km)
(Karte S. 102)

Von Huaraz nach Sechín

Diese anstrengende, aber landschaftlich außerordentlich reizvolle Route bietet sich sowohl für die Weiterreise nach Norden wie auch als Alternative zur Rückreise nach Lima an. Bei guter Bergsicht sollte man auf alle Fälle das erste Teilstück (30 km) zum 4225 m hohen Paß **Punta Callán** 16 befahren – der Blick zurück auf die verschneiten Gipfel der Cordillera Blanca ist einmalig! Kurz vor der Paßhöhe zweigt links eine Straße ab, die zu einem der wenigen Standorte der *Puya raimondii* (s. S. 104) führt. Jenseits der bis zu 5000 m hohen Cordillera Negra führt eine kurvige und teilweise

ziemlich schlechte Piste bergab – oft an schwindelerregenden Abgründen entlang – durch ärmliche Bergdörfer mit Häusern aus Adobe mit Wellblechdächern. Nach 80 km und rund 4 Stunden Fahrzeit erreicht man mit **Pariacoto** den ersten größeren Ort. Kurz hinter der nächsten Ortschaft Yaután – etwa 120 km nach Huaraz – beginnt endlich wieder die Teerstraße, die nach weiteren 25 km in die *Panamericana* mündet. Kurz zuvor zweigt links die Zufahrt zu den Ruinen von Sechín ab.

Die Ruinen von Sechín

17 Als der peruanische Archäologe Julio César Tello im Jahre 1937 am Westabhang der Anden auf die Überreste einer Tempelanlage stieß, interpretierte er diese als lokale Ausprägung der Chavín-

Reliefierte Steinplatten in Sechín

Kultur und prägte den Begriff ›Küsten-Chavín-Stil‹. Neuere Forschungen ergaben, daß diese Kultur bereits der formativen Periode zuzurechnen und damit eher als Vorläufer von Chavín zu werten ist. Wahrscheinlich wurde mit dem Bau von Sechín bereits vor 1700 v. Chr. begonnen – damit zählte diese Fundstätte zu den ältesten Zeugnissen früher Kulturen in Peru.

Der zentrale Tempelkomplex aus Lehmziegeln wird von einer bis zu 4 m hohen Mauer aus Steinpfeilern und reliefierten Steinplatten eingefaßt. Die 98 Steinblöcke unterschiedlicher Größe stellen menschliche Wesen dar, die mit kriegerischen Attributen wie Waffen und Helmen versehen sind und mit ihrer teilweise verdrehten Körperhaltung an die berühmten *Danzantes* auf dem Monte Alban (bei Oaxaca/Mexiko) erinnern. Die seltsam grinsenden Gesichter lassen viel Spielraum für die unterschiedlichsten Interpretationen; wahrscheinlich handelt es sich jedoch um Krieger und deren Opfer – Trophäenköpfe sozusagen. Ob in diesem Zeremonialzentrum auch Menschenopfer dargebracht wurden, bleibt allerdings fraglich. Neben den Steinreliefs wurden auch Zeichnungen in den feuchten Lehm geritzt, Reste farbiger Bemalung sind noch heute auszumachen. Im Museum von Sechín sind neben allerlei Keramikfunden auch ein Modell der Anlage und eine Nachbildung des Eingangs des Hauptgebäudes zu finden.

Von Casma nach Trujillo

Nur wenige Kilometer von Sechín entfernt liegt **Casma** 18 (S. 296), das Zentrum einer fruchtbaren Oase, in der vorwiegend Baumwolle angebaut wird. Überall flitzen rote und blaue *mototaxis*

durch die Straßen, und irgendwie fühlt man sich wie in eine andere Welt versetzt. Einige Kilometer nördlich des Ortes führt eine Abzweigung zum **Balneario Tortugas,** einer kleinen Siedlung an einer fast geschlossenen Meeresbucht mit schwarzem Kiesstrand. Außerhalb der Badesaison ein ruhiger Fischerort, verwandelt sich Tortugas in den Sommermonaten (Dezember–März) in einen betriebsamen Badeort. Wem die Fahrt nach Trujillo zu weit erscheint, der findet hier eine gute Übernachtungs-Alternative zur häßlichen Hafenstadt **Chimbote** 19 (S. 298). Wie ein böser Fluch liegt der Gestank der Fischmehlfabriken über dieser rund 300 000 Einwohner zählenden Stadt, die über den größten Fischereihafen und einen der wichtigsten Industriehäfen Perus verfügt. Seit 1958 das erste und bislang einzige Stahlwerk des Landes hier eingeweiht wurde, ist Chimbote auch das Zentrum der peruanischen Stahlindustrie.

Schon bald hinter der Ortschaft Santa breitet sich wieder die scheinbar endlose Wüste aus. Nur wenige Flüsse, wie der Río Virú, unterbrechen dieses Meer aus Sand und Steinen und liefern genügend Wasser für die Landwirtschaft. Schon zu Beginn unserer Zeitrechnung hatten die Menschen der Virú-Kultur in diesem Tal Bewässerungsanlagen und Lehmziegel-Pyramiden errichtet. Die Überreste von Gallinazo, der ehemaligen Hauptstadt des Virú-Reiches, weisen auf den Adobemauern bereits Dekorelemente auf, die für die nachfolgende Chimú-Kultur typisch sind.

Vorbei an der Abzweigung nach **Salaverry,** dem modernsten Zuckerexporthafen Perus, überquert man kurz vor Erreichen der Stadtgrenze Trujillos den Río Moche. Vor der Brücke führt eine unbeschilderte Zufahrt zu den Huacas von Moche (s. S. 117).

Trujillo – Die Charmante aus dem Norden

■ (S. 339) ›Die Charmante aus dem Norden‹ wird sie genannt, die stolze Hauptstadt des *Departamento* La Libertad. Die mit etwa 530 000 Einwohnern drittgrößte Stadt Perus liegt rund 560 km nördlich von Lima, nur wenige Kilometer vom Meer entfernt, so daß meistens ein frischer Wind die wüstenhaften Temperaturen etwas abkühlt. Diesem angenehmen Klima und dem Fehlen des in Lima häufigen Winternebels verdankt sie ihren Beinamen ›Stadt des Frühlings‹. Gegründet wurde Trujillo im Jahre 1535 von Francisco Pizarro, der den Namen zu Ehren seiner spanischen Heimatstadt wählte. Trotz mehrerer

schwerer Erdbeben ist das koloniale Stadtbild gut erhalten; zahlreiche liebevoll restaurierte Privathäuser reicher Familien mit ihren typischen schmiedeeisernen Balkonen machen neben den vielen Kirchen das besondere Flair dieser sympathischen Stadt aus.

Stadtrundgang

Das Herz Trujillos bildet die gepflegte **Plaza de Armas,** die mit ihren bunten Kolonialhäusern zu den schönsten Stadtplätzen des Landes zählt. In der Mitte der früheren Plaza Mayor erinnert

Trujillo

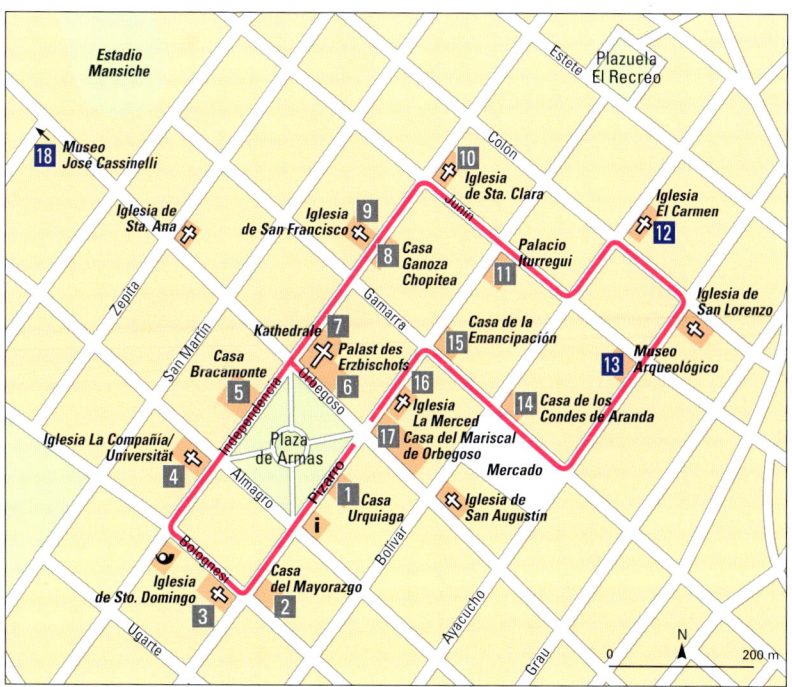

*Kathedrale und Erzbischöflicher Palast an
der Plaza de Armas von Trujillo*

ein monumentales Denkmal daran, daß
Trujillo als erste Stadt Perus im Jahre
1820 seine Unabhängigkeit von Spanien
erklärte. Obwohl das Ensemble der umliegenden Gebäude im kolonialen Baustil errichtet wurde, stammen die meisten von ihnen aus neuerer Zeit. Eines
der wenigen noch original erhaltenen
Kolonialhäuser ist die **Casa Urquiaga**
1 mit ihrer blau getünchten Fassade.
Der ›Befreier‹ Südamerikas, Simón
Bolívar, soll um 1820 für ein paar Monate hier gelebt haben; einige Räume
und eine kleine Keramiksammlung sind
heute der Öffentlichkeit zugänglich. Im
danebenliegenden weißen Gebäude ist
das Rathaus *(Municipalidad)* untergebracht.

Schräg gegenüber der **Casa del Ma-**
yorazgo 2 aus dem späten 16. Jh., die
wie viele andere Gebäude der Stadt von
einer Privatbank restauriert wurde, liegt
die Iglesia de **Sto. Domingo 3**. Die
Kuppel, die beim letzten schweren Erdbeben 1970 eingestürzt war, wurde inzwischen renoviert. Noch älter als die
1562 erbaute Kirche ist das danebenlie-
gende Dominikanerkloster, das bereits
1535 von Fray Domingo de San Tomás
gegründet wurde. Nach der Unabhängigkeit mußte es geschlossen werden,
bis es, über 100 Jahre später, 1942 wiedereröffnet werden konnte.

Im Gebäude an der Westecke der
Plaza, einem früheren Kloster der Jesuiten, hat heute die Universität von Trujillo
ihren Sitz. Der Innenraum der ehemaligen Kirche **La Compañía 4** aus dem
Jahre 1634, die inzwischen als Audito-
rium dient, war einst mit herrlichen Fresken geschmückt, von denen noch einige erhalten sind. Auch die Nordwestseite der Plaza wird von einem

harmonischen Häuserensemble bestimmt, doch der Schein trügt: Aus der
Kolonialzeit stammt nur die gelbe **Casa**
Bracamonte 5 mit einem großen Holz-
portal und schmiedeeisernen Fenster-
gittern, alle anderen Gebäude wurden in
jüngerer Zeit hinzugefügt.

Blickfang an der Nordostseite der
Plaza sind der **Palast des Erzbischofs**

6 und dic weiße **Kathedrale** 7. Das heutige Gebäude der *Basílica Menor,* so der alte Name, wurde im späten 17. Jh. errichtet, nachdem ein Erdbeben die frühere Kirche *La Matriz* zerstört hatte. Ein weiteres schweres Erdbeben am 14. Februar 1919, das die ganze Stadt übel zurichtete, zog auch die Kathedrale stark in Mitleidenschaft. Im Inneren des Gottes-

hauses sind das schöne Chorgestühl und der freistehende Altar bemerkenswert. Im dazugehörigen **Museo de Arte Religioso** werden Kolonialgemälde, Heiligenfiguren und Meßgewänder ausgestellt.

Links neben der Kathedrale führt die Calle Independencia zur **Casa Ganoza Chopitea** 8. Auffällig ist die freskenverzierte Fassade des Kolonialpalastes, und auch die Innenräume sind mit Wandmalereien versehen. Gegenüber wartet die Iglesia de **San Francisco**  aus dem Jahre 1625 mit vergoldeten Altären und einer schönen Kanzel aus dem 18. Jh. auf. Auch die nahegelegene Iglesia de **Sta. Clara** ⑩ lohnt wegen ihrer ungewöhnlichen Kanzel einen Abstecher. An der nächsten Straßenecke fällt der gelbe **Palacio Iturregui** ⑪ ins Auge. Der Privatpalast wurde Anfang des 19. Jh. im italienischen Renaissancestil erbaut und beherbergt heute den exklusiven Club Central.

Eine der bemerkenswertesten Kirchen der Stadt ist die Iglesia **El Carmen** ⑫ Man sollte sich vom wenig ansprechenden Äußeren nicht täuschen lassen: Im Inneren des erst 1725 fertiggestellten Gotteshauses befinden sich mehrere Kostbarkeiten, unter anderem ein wertvoller churrigueresker Altar. Im angrenzenden Kloster wurde ein kleines Museum mit Gemälden und Möbeln

eingerichtet. Vorbei an der unscheinbaren Kirche San Lorenzo, erblickt man an der nächsten Ecke ein blaues Kolonialgebäude mit schmiedeeisernen Balkonen. Hier, in der 1713 erbauten Casa Risco, ist seit kurzer Zeit das **Museo Arqueológico** ⑬ untergebracht. Die reichhaltige Sammlung der Universität umfaßt Keramiken, Textilien und andere Artefakte aus Moche und Umgebung, eine große Chimú-Sammlung und weitere bedeutende Objekte der Chancay-, Salinar-, Nazca- und Inka-Kultur.

Bemerkenswert ist auch das Portal der **Casa de los Condes de Aranda** ⑭, leider ist vom Innenraum nicht mehr allzuviel erhalten. Eine Straße weiter steht die **Casa de la Emancipación** ⑮ aus dem 17. Jh., die auf eine wechselvolle Geschichte zurückblickt: Der Marqués de Torre Tagle plante hier 1820 die Unabhängigkeit der Stadt, drei Jahre später hatte der erste Nationalkongreß in den Räumlichkeiten seinen Sitz, und danach diente es vorübergehend als Re-

Die Casa Urquiaga in Trujillo

gierungspalast und Bischofssitz. Heute gehört das Gebäude einer Bank, die hier wechselnde Ausstellungen veranstaltet.

Auf dem Weg zurück zur Plaza passiert man einen kleinen Platz mit der Iglesia **La Merced** 🔟, die ebenfalls mit einem schönen vergoldeten Altar und einer Orgel aus dem 17. Jh. aufwartet. In der nahegelegenen **Casa del Mariscal de Orbegoso** 🔟, einem der schönsten Kolonialhäuser der Stadt, sind neben wertvollen Kolonialmöbeln wechselnde Gemäldeausstellungen zu sehen.

Ein ganz besonderes Erlebnis ist ein Besuch des **Museo José Cassinelli** 🔟, das sich etwas außerhalb des Stadtzentrums an der Abzweigung nach Huanchaco befindet. Diese überaus sehenswerte private Keramiksammlung, die derzeit noch im Keller einer Tankstelle untergebracht ist, beeindruckt durch eine Vielzahl herrlicher Objekte, die man hier ohne störende Glasvitrinen ›hautnah‹ betrachten kann. Die meisten Keramiken stammen aus der Zeit der Mochica-Kultur (ca. 200 v. Chr.–500 n. Chr.), aber auch Töpferkunst der Chavín-, Virú-, Cajamarca-, Salinar-, Huari-, Chimú- und Inka-Kultur sind ausgestellt.

Ausflüge in die Umgebung

Obwohl die Mochica zu den wichtigsten altperuanischen Kulturen zählen, sind viele Besucher von den um 500 n. Chr. entstandenen **Pyramiden von Moche** enttäuscht. Von der ehemaligen Hauptstadt des riesigen Mochica-Reiches sind heute nur noch die Reste von Tempelanlagen zu sehen – der Zahn der Zeit und die extremen Klimaverhältnisse haben auch hier ihre Spuren hinterlassen. Eindrucksvoll sind auf jeden Fall die Ausmaße der beiden Adobepyramiden, die

etwa 6 km südlich von Trujillo am Río Moche liegen. Die aus über 140 Mio. Lehmziegeln errichtete **Sonnenpyramide** (Huaca del Sol) gilt mit einer Grundfläche von 340 × 160 m und einer Höhe von fast 40 m sogar als größtes präkolumbisches Bauwerk Südamerikas. Nicht weit entfernt liegt zu Füßen des Cerro Blanco die kleinere, etwa 20 m hohe **Mondpyramide** (Huaca de la Luna). Noch heute wirken die farbigen Reliefmauern sehr dekorativ und geben ebenso wie die hier gefundenen Keramiken Aufschluß über die Lebensweise der kriegerischen Mochica.

An der Straße nach Huanchaco liegt etwas abseits in der Ortschaft Mansiche die **Huaca La Esmeralda,** eine fast quadratische Tempelanlage der Chimú, deren Lehmwände mit filigranen Rautenmustern und Wellenreliefs, Fischen, Seevögeln, Seeottern und anderen Tiersymbolen verziert sind.

Etwa 5 km in Richtung Huanchaco trifft man auf die Überreste von **Chan Chan.** Mit einer Ausdehnung von rund 20 km² gilt die versunkene Hauptstadt des Chimú-Reiches als größte archäologische Stätte des Kontinents. Nach realistischen Schätzungen dürften im 12. und 13. Jh., während der Blütezeit der inzwischen zum Weltkulturerbe erklärten Stadt, rund 100 000 Menschen hier gelebt haben. Erbaut wurden die zehn Stadtviertel, die jeweils von einer Tempelpyramide überragt wurden, aus ungebrannten Lehmziegeln, denn andere Baumaterialien sind rar in dieser wüstenhaften Gegend, und da es ohnehin nur selten regnet, hatte diese Bauweise durchaus Bestand. Trinkwasser mußte über kilometerlange Bewässerungskanäle aus den Bergen herangeschafft und in riesigen Reservoirs gespeichert werden. Doch obwohl die Chimú als kriegerisches Volk bekannt waren, hatten sie

Farbiges Relief an der Huaca de la Luna in Moche

den heranstürmenden Inka-Kämpfern auf Dauer nichts entgegenzusetzen und mußten sich ihnen nach zahllosen blutigen Schlachten unterwerfen. Die geschickten Goldschmiede wurden zum Palast des Inka in Cusco gebracht, wo man ihre Kunst sehr zu schätzen wußte. Wertvolle Goldarbeiten, die man bei Ausgrabungen in Chan Chan fand, sind heute in den Museen Trujillos und Limas ausgestellt.

Das neue *Museo del Sitio* gibt eine gute Einführung in das Leben und Wirken der Chimú. Etwas weiter in Richtung Huanchaco führt links eine Zufahrt zum Palacio Tschudi, dem derzeit einzigen zugänglichen Teil der Stadt. Die Lehmwände dieser Palast- und Tempelstadt sind mit herrlichen Reliefs verziert, so z. B. um die *Plaza Principal* mit Darstellungen des Seeotters. An der Außenmauer sind an einem im Zickzack verlaufenden Reliefband deutlich stilisierte Fische und Pelikane zu erkennen. Ein Aussichtsturm bietet einen guten Überblick über die riesige Anlage.

Die Zeiten, als **Huanchaco** (S. 307) noch ein einsames Fischerdorf war, sind

längst vorbei. Durch die Nähe zu Trujillo hat sich hier ein beliebter Badeort mit zahlreichen Fischrestaurants und einigen Unterkünften entwickelt. Häufig sieht man am Strand kleine, aus Schilf erbaute Fischerboote, die nach Gebrauch zum Trocknen aufgerichtet werden, um so ihre Haltbarkeit zu verlängern. Die Bauweise dieser typischen *caballitos de totora* (›Schilf-Pferdchen‹) ist seit Jahrhunderten unverändert – schon die Mochica und Chimú benutzten die gleiche Technik.

An der *Panamericana,* etwa 5 km nördlich von Trujillo, liegt linker Hand ein weiterer Tempelkomplex der Chimú-Kultur, der **Huaca del Dragón** (›Drachentempel‹). An der aus Adobeziegeln errichteten Außenmauer, welche die komplett restaurierte Anlage umgibt, sind Reste von Reliefs erkennbar. Einige davon haben die Form eines Regenbogens, weshalb das Bauwerk auch *Templo de Arco Iris* (›Regenbogentempel‹) genannt wird. An der Westmauer der inneren, massiven Lehmpyramide ist ein gut erhaltenes Relief mit Figuren, Schlangen- und Regenbogenmotiven zu sehen.

Von Trujillo in den Norden

**Trujillo – Chiclayo – Piura – Tumbes
(767 km)
(Karte S. 123)**

Von Trujillo nach Chiclayo

Nördlich von Trujillo konfrontiert einen die *Panamericana* zunächst wieder mit der Trostlosigkeit der Wüste, die ab Chicama von ausgedehnten Zuckerrohrplantagen unterbrochen wird. Kurz vor Chocope führt eine Abzweigung über Cartavio zur archäologischen Stätte **El Brujo** 1, einem Zeremonialtempel der Mochica-Kultur, der mehrmals überbaut und später von der Lambayeque-Kultur als Begräbnisort genutzt wurde. Mehrere polychrom bemalte Wände wurden bereits freigelegt – wer am Wochenende unterwegs ist (Besichtigung nur Sa und So möglich), wird den Abstecher nicht bereuen.

In der Nähe der Hafen- und Industriestadt Pacasmayo befinden sich die Ruinen von **Pacatnamú,** einer Schwesterstadt von Chan Chan, die jedoch fast völlig zerstört und daher wenig sehenswert sind. Bald darauf überquert die Straße inmitten eines der größten Reisanbaugebiete des Landes den Río Jequetepeque und erreicht kurz danach die Abzweigung nach Cajamarca (s. S. 128 ff.). Im Städtchen **Guadalupe** 2 (S. 306), etwa 9 km weiter nördlich, wird jedes Jahr am 8. Dezember ein großes Marienfest gefeiert. Etwa 40 km weiter, führt kurz hinter Mocupe eine Abzweigung nach **Zaña** 3, einer ehedem reichen Kolonialstadt, die 1563 als Santiago de Miraflores gegründet wurde. Mehrere Piratenüberfälle im 16. und 17. Jh.

und eine Hochwasserkatastrophe im Jahre 1720 setzten der Blütezeit ein Ende – heute sind nur noch die Ruinen der prunkvollen Kirchen und Klöster zu sehen. Weitere 40 km landeinwärts liegt **Oyotún** 4, eine überdimensionale Bodenzeichnung (ca. 60 × 80 m), die ähnlich wie die in Nazca (s. S. 150 f.) nur aus der Luft gut zu erkennen ist und wohl einen Kondor darstellt.

Früher nur ein Vorort von Lambayeque, hat sich **Chiclayo** 5 (S. 297) zu einem wichtigen Handelszentrum, besonders für Reis und Zucker, entwickelt. Die moderne Hauptstadt des *Departamento* Lambayeque liegt am Südrand der Sechura-Wüste, nicht weit vom Meer entfernt. Auch wenn die erst 1720 gegründete Stadt, mit etwa 625 000 Einwohnern heute die viertgrößte Perus, selbst keine besonderen Sehenswürdigkeiten aufweist – den kuriosen Kräutermarkt auf dem Mercado Modelo vielleicht ausgenommen –, ist sie ein guter Standort für Ausflüge zu den zahlreichen archäologischen Stätten in der Umgebung.

Nur 11 km entfernt liegt das beliebte, für verwöhnte Europäer allerdings nicht sonderlich attraktive Seebad **Pimentel** 6 (S. 324) mit einem Casino und einigen Fischrestaurants. Wer es sich von den Bewohnern Chiclayos leisten kann, hat sich hier ein Apartment zugelegt, um die Wochenenden fern der städtischen Hektik am Meer zu genießen. Wie an fast allen Stränden der peruanischen Pazifikküste herrschen auch hier meist gute Surfbedingungen. Das nahegelegene Fischerdorf **Sta. Rosa** ist leider ziemlich heruntergekommen, und auch der Strand ist dort nicht der sauberste. Wer immer

Der Sensationsfund von Sipán

Die Presse feierte überschwenglich den »größten archäologischen Fund des Jahrhunderts«, als 1987 die Freilegung des umfangreichsten je in Amerika gefundenen Goldschatzes bekannt wurde. Die Archäologen des Museo Brüning unter der Leitung von Walter Alva hatten in der Nähe der Stadt Chiclayo im Lambayeque-Tal ein etwa 1700 Jahre altes Grab eines Mochica-Herrschers mit seinem Gefolge entdeckt, den sie *Señor de Sipán,* den ›Herrn von Sipán‹, tauften. Der Fürst war reich geschmückt mit goldenen Brustplatten, Armreifen, Muschelketten und mit Türkisen besetzten Goldamuletten. Um ihn herum wurden acht weitere Skelette von Sklaven, Konkubinen und Kriegern sowie Unmengen von Keramiken gefunden. In den folgenden Jahren konnten zwei weitere Gräber freigelegt werden: das ›Grab des Priesters‹ (1988) und das

ebenfalls außerordentlich wertvolle Grab des *Viejo Señor de Sipán* (1989). Dieser ›alte Herr von Sipán‹ lebte um 100 n. Chr. und ist damit gut 200 Jahre älter als sein Namensvetter, vielleicht sogar dessen direkter Vorfahre. In beiden Gräbern fanden sich zahlreiche weitere unschätzbar wertvolle Objekte, die meisten davon aus Gold, so auch eine männliche Krabben-Gottheit mit markanten Gesichtszügen. Die meisten Stücke – auch aus mittlerweile acht weiteren Grabfunden in der gleichen Gegend – sind heute im Museo Brüning in Lambayeque zu sehen (s. S. 121), nachdem sie jahrelang in Deutschland präpariert und restauriert wurden. Eine detailgetreue Nachbildung des Grabes ist im Museo de la Nación in Lima ausgestellt (s. S. 80). Vor Ort dokumentiert ein kleines *Museo del Sitio* mit Fotos und Zeitungsausschnitten die aufregenden Grabungsarbeiten.

noch glaubt, die geflochtenen Panama-hüte kämen aus Panama, kann sich in **Monsefú** und der Hafenstadt **Etén** eines Besseren belehren lassen. Die beiden Orte, ansonsten kaum besuchenswert, sind über die Landesgrenzen hinaus bekannt für die Produktion dieser eleganten Kopfbedeckungen.

Von Chiclayo etwa 30 km weiter ins Landesinnere liegt die Ausgrabungsstätte von **Sipán** 7 (S. 298), wo 1987 ein spektakulärer Fund gemacht wurde (s. S. 120). In der Fürstengruft des *Señor de Sipán* sind heute jedoch nur noch Repliken zu sehen, die originalen Fundstücke befinden sich im Museo Brüning in Lambayeque (s. u.). Die übrigen Ausgrabungen der archäologischen Zone Huaca Rajada, darunter vier weitere Gräber, sind nicht zugänglich. Sehenswert ist das kleine Museum mit Fotos, Zeichnungen und Zeitungsausschnitten.

Von Chiclayo nach Piura

Die Kleinstadt **Lambayeque** 8 (S. 312) bildet mit ihrer beschaulichen Atmosphäre, einigen hübschen Kolonialhäusern und dem gepflegten Park im Zentrum einen angenehmen Kontrast zum geschäftigen Treiben im nur 12 km entfernten Chiclayo. Hinter der gelben Iglesia San Pedro (18. Jh.) mit einem Chorgestühl aus Zedernholz und zehn schmuckvollen Altären liegt die über 400 Jahre alte Casa de la Logia Masónica mit dem längsten Balkon Südamerikas (67 m). Die wichtigste Sehenswürdigkeit der Stadt ist jedoch das **Museo Arqueológico Brüning** mit einer der umfangreichsten archäologischen Sammlungen des Landes. Benannt ist das Museum nach dem deutschen Kaufmann und Forscher Heinrich ›Enrique‹ Brüning, der von 1884 bis 1925 in Peru lebte

und als begeisterter Kunstsammler eine Vielzahl wertvoller Artefakte regionaler Kulturen zusammentrug. Noch heute stammen die meisten der ausgestellten Goldarbeiten, Keramiken und Textilien, die im wesentlichen den Lambayeque-, Vicús-, Mochica- und Chimú-Kulturen zuzuordnen sind, aus seiner Sammlung. Anhand von Modellen und ausgesuchten Einzelstücken erhält man Einblick in die Textiltechniken, Töpferei und Metallbearbeitung dieser Menschen und bekommt Informationen zu Ackerbau, Fischfang, Medizin und anderen Bereichen des täglichen Lebens. Den Höhepunkt einer Besichtigung bildet der Grabfund des *Señor de Sipán* (s. S. 120), für den eigens ein neues Gebäude errichtet wird.

Nördlich von Lambayeque gabelt sich die *Panamericana*: Links führt die neue und kürzere Strecke mitten durch die phosphatreiche Sechura-Wüste – eines der ödesten und heißesten Wüstengebiete der Erde, das El Niño 1998 vorübergehend in einen riesigen See verwandelte. Etwa auf halber Strecke zweigt die Zufahrt zum Hafen Bayóvar ab, dem Endpunkt der Erdöl-Pipeline aus dem Amazonasgebiet, die 1977 fertiggestellt wurde. Die alte *Panamericana* über Motupe stellt die weitere, aber landschaftlich reizvollere Alternative für

Maske aus dem Fund des Señor de Sipán im Museo Arqueológico Brüning

die Fahrt nach Piura dar. Sie verläuft am Rande der Wüste entlang der Andenkette, die hier rund 200 km vom Meer entfernt liegt – weiter als sonst irgendwo in Peru.

Kurz hinter Mochumí führt im Ort **Túcume** 9 (S. 340) eine Abzweigung zum **Valle de las Pirámides** (›Tal der Pyramiden‹). Mehrere Kulturen hatten sich im Laufe der Jahrhunderte hier im fruchtbaren Tal des Río La Leche niedergelassen, wie umfangreiche Grabungsarbeiten unter Leitung des norwegischen Wissenschaftlers Thor Heyerdahl ergeben haben. Von einer Aussichtsplattform hat man einen guten Überblick über die weitläufige Anlage, in der sich die Überreste von 26 Lehmziegel-Pyramiden der Mochica-Kultur befinden – mithin das größte Pyramidenfeld Südamerikas. Die Huaca Larga gilt mit einer Länge von fast 700 m, einer durchschnittlichen Breite von 100 m und einer Höhe zwischen 30 und 40 m gar als größtes Adobe-Bauwerk der Welt. Doch außer einigen verzierten Lehmmauern in der Huaca Larga ist derzeit nicht viel zu besichtigen, da mehrere Ausgrabungen zum Schutz vor Zerstörung durch Menschen und Regen wieder zugeschüttet worden sind. Im kleinen *Museo del Sitio* finden sich zahlreiche Modelle früherer Ausgrabungen und Töpferarbeiten aus der Lambayeque-, Chimú- und Inka-Epoche.

An den Ufern des Río La Leche bei Batán Grande liegen die Überreste der bislang nur wenig erforschten, landwirtschaftlich hochstehenden Lambayeque-Kultur, die nach dem Untergang der Mochica-Kultur im 8. Jh. aufstieg und ihren Höhepunkt im 10. und 11. Jh. hatte. Bekannt ist sie durch die goldenen *tumis* (Zeremonialmesser) und andere Gold- und Bronzefunde. Erst 1991 entdeckte der japanische Forscher Izumi Shimada

in der Huaca de Loro eine Adobepyramide mit der Grabkammer des *Señor de Sicán* 10 (nicht zu verwechseln mit Sipán) mit wertvollen Grabbeigaben aus Gold, Smaragden, Türkisen, Bergkristallen etc. Die Zufahrtsstraße zum *Proyecto Arqueológico Sicán* zweigt in der Ortschaft Jayanca von der Hauptstraße ab. Allzuviel gibt es aber auch hier nicht zu sehen – die Fundstücke aus dem Fürstengrab sind heute im Museo Brüning (s. S. 121) zu bewundern.

In der ersten Augustwoche wird in **Motupe** 11 ausgiebig gefeiert, wenn Tausende von Gläubigen an der mehrtägigen Prozession teilnehmen, bei der ein Holzkreuz, das *Cruz de Chalpón,* aus einer nahegelegenen Höhle in die Stadt getragen wird.

Kurz vor Olmos zweigt eine Straße ab, die über Celedín und die ›nur‹ 2145 m hohe **Abra de Porculla,** den niedrigsten Paß der peruanischen Anden, nach Jaén und weiter zum Río Marañón führt, dem wasserreichsten Quellfluß des Amazonas. Hinter dieser als *Corral Quemado* bekannten Abzweigung liegen die um 1200 entstandenen **Petroglifos de Boliche y Pipochinos** 12, etwa 50 rötliche Felsbilder mit geometrischen und figürlichen Motiven.

Eine Charakterpflanze dieser Gegend ist der Algarrobo-Baum *(Prosopis juliflora),* dessen Frucht als Grundlage für das alkoholische Mix-Getränk Algarrobina dient. In der Umgebung von Olmos bieten die Bäume gute Nistplätze für Baumhühner *(Pava aviblanca),* die bereits als ausgestorben galten; heute schätzt man den Bestand auf etwa 350 Exemplare. Der 10 km nördlich gelegene **Zoocriadero,** eine Aufzuchtstation mit Tiergehege, informiert über diese und andere Tierarten. Auf der

Von Trujillo nach Tumbes

Puerto Pizarro · Aguas Verdes
26 Iumbes
Caleta de la Cruz
24 Zorritos
TUMBES
Zaruma

23 Punta Sal
22 Máncora
25 Cap. Hoyle
Parque Nacional
Cérros de Amotape
El Alto
Cabo Blanco 21
Macará
Loja

Río Puyango
Río Zamora

Cordillera del Cóndor

Talara
Embalse
Poechos
20
Punta
Pariñas

Río Chira
Río Quiroz

18 Playa
Colán
Sullana 19
Tambo Grande

Paita
Chulucanas
Vicús 14
16 Catacaos Piura 15
Huancabamba
13

Río Piura
Río Marañón

PIURA

17 Sechura
Jaén

Bahía de
Sechura
Punta Aguja
Punta Mal
Nombre
Bayóvar
Desierto
de Sechura
Abra de Porculla
2145 m
Punta
Negra
Petroglifos de Boliche
y Pipochinos
Olmos 12
Parque Nacional
Cutervo
11 Motupe
LAMBAYEQUE

Isla
Lobos de Tierra
Valle de las Pirámides
9 Túcume
Sicán 10
Batán Grande
CAJAMARCA

Mochumi
8 Lambayeque
5 Chiclayo
6 Pimentel
Sta. Rosa
Tuman
Sipán 7
Monsefú Cayalti
Etén Zaña 3
Mocupe
Oyotún 4
Necrópolis de Combayo
Ventanillas de Otuzco
Cajamarca

Isla
Lobos de Afuera

Chepén
Kunturhuasi
Magdalena
Cumbe Mayo
Baños del Inca

2 Guadalupe
Tembladera
Chilete

Río Jequetepeque

Pacatnamú
Pacasmayo

Paiján
Chocope
Chicama

Pazifischer
Ozean

1 El Brujo

Huanchaco
Chan Chan
Moche
Salaverry
Trujillo
Huacas de Moche
LA LIBERTAD

N

0   50 km

Brujos und *Curanderos*

Huancabamba

124

Die abgelegene und wenig bekannte Region um Huancabamba ist die Heimat vieler Hexer und Zauberer, die hier in der Sierra ihrem sinistren Gewerbe nachgehen. Von den Einwohnern der Berge seit altersher besucht, werden sie zunehmend auch von den Städtern der Küste als alternative Heiler gesucht.

Die *brujos* und *curanderos* fungieren seit vorkolumbischer Zeit als Mittler zwischen den Welten. Nur sie verfügen über das Wissen der unsichtbaren Zusammenhänge zwischen Mikro- und Makrokosmos. Ihnen obliegt es, den esoterischen Dialog mit den Göttern zu führen. Würde man den *brujo* eher als einen Schamanen bezeichnen, der mit höchst individuell gestalteten Ritualen die bösen Geister des Kunden vertreibt, so ist der *curandero* eine Art Heiler. In seinen Zeremonien findet sich der reiche Schatz einer einst blühenden Ethnopharmakologie aus präkolumbischer Zeit.

Wunder vollbringen diese Naturmediziner keine, auch wenn es vielen der aus ganz Peru herbeikommenden Patienten oftmals so erscheinen mag. Vielmehr vereinen sie unbekannte psychische Potentiale der Patienten mit effektiver Homöopathie nach den Rezepten der Ahnen. So versetzen sie mit ihren Erfolgen manchen Schulmediziner in blankes Erstaunen. Die Naturheilkunde dieser Region ist derart interessant, daß bereits die ersten Ethnomediziner aus den USA den Weg in die Berge gefunden haben.

Doch sollte man sich vor einem Besuch intensiv mit dem Thema befaßt haben und der spanischen Sprache mächtig sein. Außerdem ist es gar nicht so einfach, einen renommierten Heiler zu finden; meist leben diese zurückgezogen in den Bergen. Denn neben den ›echten‹ Heilkundigen gibt es viele selbsternannte Heiler, bei denen die Finanzkraft des Kunden im Vordergrund ihres Interesses steht. Ihre Kenntnisse beschränken sich darauf, dem ahnungslosen Laien mit viel Hokuspokus die Soles- oder Dollar-Scheine aus der Tasche zu ziehen. Wer Pech hat, gerät sogar an einen Schwarzmagier. Dann kann es ihm ergehen wie dem Zauberlehrling, der die Kräfte, die er rief, nun nicht mehr loswird. Reine Sensationsgier ist in dieser Gegend fehl am Platz.

Mehr Informationen zum Thema Schamanismus, Ethnomedizin und Ethnotherapie in Peru erteilt: ASBOA – Forum alter Wissenschaften, Pfeifergasse 10, A-5020 Salzburg.

Stefan Thelen

Fahrt weiter nach Norden kreuzt man die fast 900 km lange Ölpipeline, die, zunächst entlang dem Río Marañón, über die Anden zur Küste nach Bayávar führt.

Wer das echte, unverfälschte Peru erleben will und auf Übernachtungskomfort verzichten kann, dem sei die Fahrt nach **Huancabamba** 13 empfohlen:

Rund 100 km hinter Olmos führt die in der Regenzeit oft unpassierbare, 150 km lange Straße in den Sierra-Ort auf angenehmen 1970 m Höhe, wo noch heute zahlreiche *curanderos* und *brujos* tätig sind (s. S. 124).

Kurz hinter der Abzweigung nach Huancabamba erstreckt sich rechter Hand die archäologische Zone von **Vicús** 14, die im Jahre 1963 in die Schlagzeilen geriet. Die Zeitungen berichteten über Grabräuber, die hier Tausende von präinkaischen Gräbern mit Keramik und Goldobjekten systematisch ausplünderten und die Gegend in eine Mondlandschaft verwandelten, so daß heute nicht mehr viel zu sehen ist. Die bis zu 15 m tiefen Gräber gehören zu einer bis dahin unbekannten Kultur, die hier um die Zeitenwende existierte.

Piura

15 (S. 325) Als Francisco Pizarro im Jahre 1532 mit San Miguel de Piura die erste spanische Stadt in Südamerika gründete, hatten die Inka ihre Herrschaft in dieser Gegend gerade erst 40 Jahre etabliert. Da sich der Standort am Ufer des Río Chira nicht als ideal erwies und auch eine Verlegung ans Meer wegen der Piratenüberfälle nicht erfolgreich war, wählte man schließlich im Jahre 1588 den heutigen Platz im Tal des Río Piura. Die fast 300jährige Kolonialzeit endete mit der Erklärung der Unabhängigkeit von Spanien am 4. Januar 1821 in der Kirche San Francisco, der ältesten noch erhaltenen Kirche der Stadt. Heute ist Piura ein wohltuend geruhsames Städtchen mit etwa 190 000 Einwohnern. Die rund 1000 km von Lima entfernte Universitätsstadt liegt inmitten einer ausgedehnten Flußoase mit warmem, trockenem Klima, in der dank aufwendiger Bewässerungssysteme qualitativ hochwertige Baumwolle sowie Reis, Weizen, Obst und Gemüse gedeihen.

Im Stadtzentrum sind in den Straßen um die hübsche Plaza noch einige Kolonialbauten erhalten geblieben, die von den zahlreichen Hochwasserkatastrophen, die bis in die jüngste Zeit die Gegend bedrohen, verschont geblieben sind. Im Inneren der ursprünglich 1588 erbauten **Kathedrale** an der Plaza de Armas finden sich neben dem vergoldeten Hauptaltar eine sehenswerte geschnitzte Kanzel und der Altar der *Virgen de Fátima* (Mitte 17. Jh.). Unter den Gemälden von Ignacio Merino ist das Porträt des San Ignacio de Porras hervorzuheben. Dem berühmtesten Sohn der Stadt, dem im Salpeterkrieg gegen Chile (1879–1883) erfolgreichen Admiral Miguel Grau, wurde in dessen Geburtshaus ein **Museum** eingerichtet mit Möbeln, Gemälden, Schiffsmodellen und anderen Erinnerungsstücken an den Kriegshelden.

Ein echtes koloniales Juwel ist der Innenraum der kürzlich renovierten **Iglesia del Carmen.** An die Ende des 18. Jh. erbaute Kirche mit ihren churrigueresken Goldaltären ist das Museo de Arte Religioso angeschlossen. Das etwas abseits gelegene **Städtische Museum** (Museo Municipal) bietet einen guten Überblick über die archäologische Entwicklung der Gegend; besonders sehenswert sind die ausgestellten Keramiken der Vicús-Kultur.

Die Umgebung von Piura

Gute Einkaufsmöglichkeiten findet man im etwa 10 km südlich von Piura gelegenen Kunsthandwerkerdorf **Catacaos** 16, das besonders für seinen Gold- und Silberschmuck berühmt ist. Die *dormilo-*

nas genannten Ohrringe wurden schon im 16. Jh. von den eleganten Damen der europäischen Fürstenhäuser getragen. Außerdem werden hier Panamahüte, Textilien aus Baumwolle, Ledertaschen und -gürtel sowie Schnitzereien aus Zapoteholz hergestellt.

Archäologische Ausgrabungen der University of Pennsylvania ergaben, daß die Gegend um **Sechura** 17 (54 km südlich von Piura) schon früh von Fischern besiedelt war; die traditionellen Balsa-Boote werden bis heute verwendet. Hauptsehenswürdigkeit des Wüstenortes ist die Iglesia de San Martín, die als eine der wertvollsten Kirchen der nördlichen Küste gilt. Etwas außerhalb des Ortes liegen die Playas San Pedro und San Pablo, zwei je 20 km lange Sandstrände, an denen sich auch Flamingos und Reiher wohlfühlen. Auf den vorgelagerten Inseln finden Robben und Seevögel einen idealen Lebensraum.

In der Umgebung von **Paita,** einem der größten und modernsten Fischereihäfen Perus (etwa 60 km westlich von Piura) liegen mehrere nette Strände, die bereits angenehme Badetemperaturen versprechen. Die besten Übernachtungsmöglichkeiten finden sich 16 km nördlich in **Playa Colán** 18 (S. 326). Außerhalb der Ferienzeit wirkt der Ort, der sich rühmt, mit der 1536 erbauten Iglesia San Lucas de Colán die älteste Kirche Südamerikas zu besitzen, wie ausgestorben. Die auf Pfählen erbauten Holzhäuser direkt am Meer sind dann verschlossen, und nur selten verirrt sich ein Badefreudiger an den weiten Sandstrand.

Von Piura nach Tumbes

Die *Panamericana* erreicht nach knapp 40 km **Sullana** 19 (S. 337), ein lebhaftes Handelszentrum am Río Chira, das von Kokospalmen, Baumwolle und anderen Produkten aus der Flußoase lebt. Von hier besteht die Möglichkeit, über Tambo Grande durch eine reizvolle Landschaft mit Flaschenbäumen zur Grenze nach Ecuador zu fahren (120 km ab Sullana, nur bei Trockenheit befahrbar).

Neben den Stränden am Pazifik ist auch der 30 km von Sullana entfernte **Embalse Poechos** 20 ein beliebtes Naherholungsgebiet. Dieser etwa 18 km lange Stausee wurde 1976 eröffnet und gilt als der größte Perus. Er bietet ideale Bedingungen für Wasserski und andere Wassersportarten.

Nördlich von Sullana wird das entwöhnte Auge des Reisenden vom kräftigen Grün ausgedehnter Reisfelder überrascht; die weißen Reiher, die auf den Feldern nach Futter suchen, schaffen einen zusätzlichen Kontrast. Auch der in Peru seltene Anblick von Kokospalmen – die Früchte werden als *pipa* am Straßenrand angeboten – läßt für kurze Zeit vergessen, daß man sich in einem der trockensten Wüstengebiete der Erde befindet.

An der Abzweigung nach **Talara** (ca. 50 000 Einwohner) kann man getrost vorbeifahren. Die moderne Stadt ist Zentrum der petrochemischen Industrie; das hier mit Pumpen und auch offshore geförderte Erdöl sorgte für einen gewaltigen wirtschaftlichen Aufschwung der Gegend. Übrigens: Die nahegelegene **Punta Pariñas** ist der westlichste Punkt des südamerikanischen Kontinents!

Etwa 35 km nördlich von Talara führt von El Alto ein lohnenswerter Abstecher nach **Cabo Blanco** 21 (S. 295). Weltweit bekannt wurde der Fischerort zu Füßen eines rund 250 m hohen Steilhanges durch den 1952 gegründeten Fischerclub, der so bekannte Sportfischer wie

Tropischer Palmenstrand bei Máncora

den amerikanischen Schriftsteller Ernest Hemingway zu seinen Mitgliedern zählte. Nach dem verheerenden Unwetter und Seebeben im *Niño*-Jahr 1983, bei dem die Siedlung fast völlig zerstört wurde, zogen viele Fischer in den sichereren Ort El Alto. Auch wenn sich Cabo Blanco heute vor allem im Glanz vergangener Zeiten sonnt, gehen immer noch Sportfischer auf die Jagd nach Speer- (Marline), Thun- und Schwertfischen, die hier ganzjährig möglich ist – immer in der Hoffnung, den 1953 von dem Amerikaner Alfred Glassel aufgestellten Rekord zu brechen: Sein Speerfisch, den er – wohlgemerkt: mit der Angel – fischte, brachte es auf stattliche 710 kg!

Mit **Máncora** 22 (S. 320) beginnt eine Reihe von Strandorten, die allesamt vom wärmenden Einfluß der Äquatorialströme profitieren und so mit ganzjährig angenehmen Badetemperaturen werben können. Die abschnittsweise starke Brandung lockt zusätzlich Surfer aus aller Welt an. Im Ort Máncora selbst gibt es einen weiten Sandstrand, zahlreiche Fischrestaurants und einfache Unterkünfte; die besseren Hotels liegen einige Kilometer weiter südlich an der alten Küstenstraße.

Auch in **Punta Sal** 23 (S. 331) locken kilometerlange weiße Strände und einige gute Hotels. Nach dem Fischerort Cancas verläuft die Straße direkt am Meer bis **Zorritos** 24 (S. 343), wo um 1869 die ersten Erdölvorkommen Südamerikas entdeckt wurden, die inzwischen allerdings fast erschöpft sind. Heute lebt der Ort weitgehend von Fischfang und Badetourismus.

Vor Zorritos führt eine Abzweigung zum 1975 gegründeten **Parque Nacional Cerros de Amotape** 25. Das 91 300 ha große Schutzgebiet umfaßt einen der letzten größeren Bestände von tropischem Trockenwald in Südamerika. In der trockenen Landschaft mit niedrigen Bäumen und Büschen sieht man häufig Sittiche und gelegentlich auch einen Grauhirsch. Nur selten bekommt man

Königsgeier, Andenkondore, Weißwedelhirsche oder gar einen Luchs oder Puma zu Gesicht. Wegen der hohen Temperaturen in der Regenzeit (Januar–März) liegt die beste Besuchszeit zwischen Juli und November. Da man an einem Tag nicht sehr weit in den Park eindringen kann, sollte man sich einer mehrtägigen Tour mit Wander- und Reitmöglichkeiten anschließen, die von örtlichen Veranstaltern angeboten wird.

Unweit von Tumbes, in **Caleta de la Cruz,** ging Francisco Pizarro am 13. Mai 1531 an Land und betrat damit als erster Europäer das mächtige Inka-Reich. Die benachbarte **Playa Hermosa** mit ihrem weiten Sandstrand und dem ruhigen Meer ist durch die Nähe zu Tumbes ein beliebter Badeort.

Tumbes 26 (S. 341), die nördlichste Küstenstadt Perus, gehörte bis 1941 zu Ecuador und hat für den Touristen nur wenig zu bieten. Lohnenswert ist hingegen eine Bootsfahrt auf dem Río Tumbes, wie sie ab **Puerto Pizarro** 27 (S. 341) angeboten wird. Die Mangrovenlandschaft an der Mündung des Flusses, immerhin das größte Flußdelta an der südamerikanischen Pazifikküste, ist Heimat für zahlreiche Vogelarten und das bedrohte Amerikanische Krokodil *(Crocodylus acutus),* weshalb das knapp 3000 ha große Gebiet 1988 als *Santuario Nacional* unter Naturschutz gestellt wurde. Die Bootstouren werden meist mit einem Ausflug zur **Isla del Amor** kombiniert, die mit ihren Stränden zum Erholen einlädt.

Cajamarca – Die vergessene Stadt

■ (S. 295) Nur wenige Reisende finden den Weg in die knapp 90 000 Einwohner zählende ›vergessene‹ Stadt des Nordens. Früher einer der wichtigsten Orte im Inka-Reich und Schauplatz der spanischen Eroberung (s. S. 130), ist heute das Leben in dem auf 2750 m Höhe gelegenen landwirtschaftlichen Zentrum eher beschaulich. Die Hauptstadt der gleichnamigen Provinz liegt etwa 180 km vom Meer entfernt, eingebettet zwischen den Gipfeln des nördlichen Berglandes, die hier immerhin Höhen von über 4000 m erreichen. Ein Abstecher in die angenehm ruhige Kolonialstadt lohnt sich für all diejenigen, die ein wenig dem touristischen Rummel entfliehen wollen und die koloniale Atmosphäre der Stadt sowie die Freundlichkeit ihrer Bewohner auf sich wirken lassen möchten.

Die einzige asphaltierte Zufahrtsstraße nach Cajamarca (172 km) zweigt etwa auf halber Strecke zwischen Trujillo und Chiclayo ab (s. S. 119). Nach etwa 30 km Fahrt durch das fruchtbare Tal des Río Jequetepeque beginnt der Anstieg, vorbei an einem über 10 km langen Stausee, an dessen Ende die Ortschaft **Tembladera** liegt. Mit zunehmender Höhe wird die Landschaft immer trockener. Die Mangobäume und Reisfelder stehen in seltsamem Kontrast zur kargen Bergwelt, in der nur Kakteen und anspruchslose Büsche ein Auskommen finden. Vorbei am Dorf Salitre erreicht man etwa auf halbem Weg nach Cajamarca die Ortschaft **Chilete** in rund 1000 m Höhe. Von hier führt eine ungeteerte Stichstraße nach San Pablo, über die man auch die Ruinenstätte **Kuntur-**

Cajamarca

huasi erreicht. Dieses bedeutende Zeremonialzentrum der Chavín-Kultur liegt
auf einer über 2300 m hohen Berg-
kuppe. Die ältesten Bauten dieser Fundstätte, die in jüngster Zeit international
von sich reden machte, datieren bereits
auf etwa 1100 v. Chr. Im September
1997 entdeckten japanische und peruanische Archäologen, die bereits seit
1988 hier forschten, ein Grab mit wertvollen Goldarbeiten, die sie auf ein Alter
von etwa 2700 Jahren datierten, in die
Frühzeit des Chavín-Horizontes. Damit
würde es sich hierbei um die ältesten
Goldarbeiten Perus, vielleicht sogar
ganz Südamerikas handeln.

Von Chilete geht es über den Ort Magdalena weiter bergauf, vorbei an Kiefern
und Eukalyptusbäumen bis zur Paßhöhe
Abra El Gavilán (3267 m). Schon bald

bietet sich ein herrlicher Blick über das
weite Hochtal von Cajamarca.

Stadtrundgang

An der Nordwestseite der ungewöhnlich großen **Plaza de Armas** zieht die
üppige Barockfassade der **Kathedrale**
1 die Blicke auf sich, ein wahres Meisterwerk einheimischer Steinmetzkunst.
Die Kirche aus Vulkangestein, an der
über 300 Jahre gearbeitet wurde, ist bis
heute unvollendet. Die Glockentürme
wurden wohl absichtlich nicht errichtet,
um so die bei einer fertigen Kirche
fälligen Steuerzahlungen zu umgehen.
Auf der gegenüberliegenden Seite des
Hauptplatzes steht die ebenfalls attraktive Kirche **San Francisco** **2** aus dem

Das Ende des letzten Inka-Herrschers

Bereits Monate vor dem Eintreffen der spanischen Eroberer in Cajamarca war ein ebenso tödlicher Vorbote der Pizarros in die Nordanden Perus vorgedrungen: Eine – wohl von den Spaniern eingeschleppte – verheerende Pockenepidemie forderte viele tausend Menschenleben. Hilflose Priester versuchten, die Seuche als göttliches Zeichen zu deuten und verstärkten damit die Ängste des Volkes. 1532 war Francisco Pizarro mit etwa 180 Soldaten, 60 Pferden und mehreren leichten Geschützen bei Tumbes an Land gegangen. Auf der Suche nach dem legendären *El Dorado* zog er mit seinen Brüdern Gonzalo und Hernando geradewegs nach Cajamarca. Hier erholte sich gerade der Inka Atahualpa mit 30 000 Soldaten von seinem Sieg über die Truppen seines Bruders und Konkurrenten Huáscar (s. S. 37).

Als Pizarro am 16. November 1532 in Cajamarca einzog, wurde er von Atahualpa gastfreundlich empfangen. Doch während sich die beiden zu einem Treffen zurückzogen, fielen die Spanier auf ein Zeichen des Konquistadors über die fast unbewaffneten Inka-Krieger her. Tausende von ihnen wurden in einer einzigen Nacht niedergemetzelt oder in die Flucht gejagt, Atahualpa selbst wurde gefangengenommen. Pizarro forderte nun von ihm, daß er als Lösegeld ein ganzes Zimmer mit Gold auffüllen lasse. Die Untergebenen des Inka transportierten daraufhin wochenlang jeglichen Goldschmuck aus allen Landesteilen nach Cajamarca und häuften damit etwa 17–18 t Gold und Silber an. Nie zuvor und nie wieder danach hat es ein höheres Lösegeld gegeben.

Dennoch ließ Pizarro den letzten freien Inka-Herrscher durch ein Schnelltribunal zum Tod auf dem Scheiterhaufen verurteilen. Sein Vorwand: Atahualpa habe die Ermordung Huáscars befohlen – obschon Huáscar damals möglicherweise schon gar nicht mehr lebte. Atahualpa soll daraufhin um eine andere Todesart gefleht haben, da er seinem Glauben gemäß durch das Verbrennen seines Körpers keine Möglichkeit mehr zum Weiterleben im Jenseits hatte. Aus diesem Grund ließ er sich von dem für seinen Fanatismus berüchtigten Padre Valverde taufen und konnte so von Pizarro in großzügiger Manier zum Tod durch die Garotte ›begnadigt‹ werden. So starb der letzte Inka am 26. Juli 1533. Francisco Pizarro reiste mit dem erbeuteten Gold zurück zur Küste, ließ die unter enormem Aufwand gefertigten Kunststücke der Inka zu Barren schmelzen und nach Spanien abtransportieren.

späten 17. Jh., mit einem reichen Barockaltar und Katakomben. Bedeutender als die Kirche selbst ist jedoch die rechts angrenzende **Capilla de la Dolorosa,** die ›Kapelle der leidenden Maria‹. Die filigranen Steinmetzarbeiten an

Detail der Fassade der Iglesia de Belén in Cajamarca

Cajamarca

131

Deckengewölbe, Wänden, Fensterrah-
men und Säulen sind im ganzen Andenraum wohl einmalig. Im zugehörigen
Kloster, das bereits 1533 als eines der ersten christlichen Bauwerke Perus gegründet wurde, befindet sich heute ein
kleines **Museum für religiöse Kunst.**

Das einzige Relikt aus der Inka-Zeit ist
das **Cuarto del Rescate** 3 schräg gegenüber: Der letzte Inka-Fürst Atahualpa
ließ das ›Lösegeld-Zimmer‹ bis zur Höhe
seines ausgestreckten Armes mit Gold
und Silber füllen, um sich so aus seiner
Gefangenschaft freizukaufen – ohne Erfolg, wie sich bald herausstellte (s. S.
130). Außer einem leeren Raum mit den
typischen trapezförmigen Nischen und
Türrahmen ist heute allerdings nicht
mehr viel zu sehen.

Über die farbenfrohe Innenausstattung der 1744 fertiggestellten **Belén-
Kirche** 4 gehen die Meinungen ausein-
ander. Für die einen naiver Kitsch, ist sie
für andere die schönste Kirche Cajamar-
cas – die platereske Fassade im üppigen
Barockstil zählt jedenfalls unbestritten
zu den künstlerischen Juwelen der
Stadt. In den Innenraum gelangt man
über den rechts angrenzenden Innenhof

des ehemaligen Hospital de Belén. Kirche und Krankenhaus gehören zu einem
umfassenden Klosterkomplex des Beth-
lehemiter-Ordens (Conjunto Monumen-
tal Belén), der im 18. Jh. angelegt
wurde. Im ehemaligen Krankensaal des
Hospital de Mujeres, jenseits der Calle
Junín, wurde ein kleines **Archäologisches Museum** 5 eingerichtet.

Einen herrlichen Blick über die Stadt
und die umliegende Bergwelt genießt
man vom **Cerro Sta. Apolonia** 6, den
man über eine Straße oder über Treppen (beginnend im Jr. 2 de Mayo) erreicht.

Neben den prächtigen Kirchen verdienen auch die zahlreichen *casonas* mit
ihren aufwendigen Portalen besondere
Beachtung. Eines der schönsten Kolonialhäuser der Stadt, die **Casona Uceda**
7 (Jr. Apurimac 717/Ecke Lima), wurde
von einer Bank restauriert. Ebenfalls in
einem historischen Gebäude befindet
sich das **Archäologische Museum
der Universität** (UNC) 8 mit einer relativ großen Sammlung von Keramiken
und anderen Artefakten der Cajamarca-
und Mochica-Kultur sowie anderer Kulturen Alt-Perus.

Ausflüge in die Umgebung

Die Heilkraft der Thermalquellen von Pultumarca war bereits den Inka bestens bekannt; auch der letzte Inka-Fürst Atahualpa weilte hier, um sich von einer Verletzung zu erholen, als 1532 die Spanier eintrafen. Obwohl aus dieser Zeit nur die Reste eines Hauses erhalten sind *(Pozo del Inca),* tragen die 6 km von Cajamarca entfernten Quellen heute den Namen **Baños del Inca.** In einem Schwimmbad mit betonierten Becken kann man hier die Heilkraft des heißen Wassers genießen, das mit rund 72 °C aus der Erde tritt – besonders in den kühlen Morgenstunden, wenn dampfende Nebelschwaden aus dem Wasser emporsteigen, ein unvergeßliches Erlebnis. Auch das nahegelegene Hotel verfügt über mehrere sehr gepflegte Thermalschwimmbecken.

Die Ventanillas de Otuzco –
präkolumbische Felsgräber bei Cajamarca

Nördlich von Cajamarca kommt man, vorbei am Flughafen, nach etwa 7 km zu den **Ventanillas de Otuzco.** Die zahlreichen kleinen Höhlen und fensterähnlichen Nischen *(ventanilla = ›Fensterchen‹)* wurden von den Menschen der Cajamarca-Kultur in das vulkanische Gestein gehauen. Wie auch in der rund 20 km entfernten **Necrópolis de Combayo,** einer ähnlichen, aber noch weitaus größeren Anlage, bestatteten sie in diesen Felsgräbern vor rund 1400 Jahren ihre Toten. Abflußrinnen sorgten dafür, daß die Grabstätten bei schweren Regenfällen nicht unter Wasser gesetzt werden konnten.

Ein mehrstündiger Ausflug führt, vorbei am Zeremonialtempel von Layzón (9 km), zur prä-inkaischen Anlage von **Cumbe Mayo,** die etwa 20 km von Cajamarca entfernt auf einem über 3400 m hohen Bergrücken thront. Vor etwa 700 Jahren wurden hier schnurgerade Aquädukte zur Bewässerung der umliegenden Felder in den harten Fels gearbeitet. Der peruanische Archäologe Julio C. Tello sprach von einer »in ihrer Art einmaligen Arbeit«. Ein heute als *santuario* bezeichneter, künstlich ausgehöhlter Felsblock in der Form eines menschlichen Kopfes diente vermutlich als Grabstätte. In den nahegelegenen Höhlen finden sich außerdem Reste von Felszeichnungen, die auf einen Einfluß der Chavín-Kultur hindeuten. Doch auch die Natur wartet mit ungewöhnlichen Kunstwerken auf: *frailones* nennt man die spitzen Felsnadeln, die hier wie steinerne Bäume aus dem Boden ragen, wohl weil sie an eine schweigende Prozession von Klosterbrüdern *(frailes)* erinnern. Sollte die Zufahrt mit dem Auto (ca. 2 Std.) wegen starker Regenfälle nicht möglich sein, bleibt als einzige Alternative nur ein etwa 15 km langer Fußmarsch.

Iquitos – Metropole am Amazonas

(S. 310) Iquitos ist mit über 300 000 Einwohnern die größte Stadt im peruanischen *Oriente,* dem feuchtheißen Regenwaldgebiet des Amazonas, das rund 60 % der Fläche des ›Andenstaates‹ Peru bedeckt. Die Stadt liegt direkt am Amazonas, der hier bereits etwa 2 km breit ist, im Mündungsgebiet der Zuflüsse Nanay und Itaya. Obwohl fast 4000 km von der Mündung des Amazonas entfernt, ist der ›Atlantikhafen Perus‹ für Frachtschiffe bis 3000 BRT ausgebaut, denn das Gefälle ist minimal – Iquitos liegt gerade einmal 115 m über dem Meeresspiegel. Der Fluß ist bis heute die wichtigste Lebensader der Stadt und neben dem Flugzeug (1000 km Luftlinie nach Lima) die einzige Verkehrsverbindung zur Außenwelt – die nächste Siedlung mit Straßenanschluß liegt Hunderte von Kilometern entfernt.

Jesuiten und Franziskaner missionierten seit dem 17. Jh. im Amazonasraum, um ›ungläubige‹ Indianer zu christianisieren. Zur besseren Kontrolle der frischgetauften Gotteskinder wurden diese in Missionsdörfer, *reducciones,* zwangsumgesiedelt. So entstand auch Mitte des 18. Jh. der Jesuitenstützpunkt San Pablo de los Napeanos mit etwa 200 Einwohnern, der nach der Vertreibung der Jesuiten im Jahre 1769 in Caserio de los Iquitos umbenannt wurde (der Name ›Iquitos‹ bezeichnete ursprünglich einen Indianerstamm). Im Zuge der Liberalisierung des Amazonashandels mit Brasilien im Jahre 1851 und dem Ausbau von Hafenanlagen erblühte ein bescheidener Handelsverkehr, doch erst die steigende Nachfrage nach Kautschuk in den 80er Jahren des 19. Jh. bescherte der Stadt einen richtigen Boom. Die Einwohnerzahl vervielfachte sich innerhalb kürzester Zeit, und wer die Zeichen der Zeit rechtzeitig erkannte, konnte sich innerhalb kürzester Zeit ein Vermögen sichern. Diese ›Gummibarone‹ protzten mit ihrem Reichtum und ließen sich prächtige Villen errichten. In dieser Zeit (1897) wurde Iquitos zur Hauptstadt von Loreto, dem mit Abstand größten und zugleich am dünnsten besiedelten *Departamento* des Landes: Auf einer Fläche fast so groß wie Deutschland leben heute gerade einmal 700 000 Einwohner – etwa so viele wie in Frankfurt. Der Verfall des Weltmarktpreises für Kautschuk 1912/13 – ausgelöst durch die zunehmende Verbreitung synthetischen Kautschuks – sorgte für einen ebenso raschen Niedergang der Stadt, von dem sie sich bis heute, trotz Erdölfunden in den 70er Jahren und einer wachsenden Bedeutung für den Tourismus, nicht erholen konnte.

Stadtrundgang

Bei einem Bummel durch die Innenstadt stößt man überall auf die Überreste der vergangenen Pracht: Mit glasierten Kacheln aus Portugal geschmückte Häuser wie das frühere **Hotel Palace** an der renovierten Strandpromenade Malecón Tarapaca, das 1908–1912 erbaut wurde und heute dem Militär als Hauptquartier dient, sind typische Beispiele für den verschwenderischen Baustil um die Wende zum 20. Jh. Eine Besonderheit ist das **Metallgebäude** an der Südostecke der Plaza de Armas (heute Club Social):

Am Malecón Tarapaca in Iquitos ▷

Die Indianer des Amazonas

Noch heute bevölkern zahlreiche Indianerstämme die Ufer des Amazonas und anderer Flüsse der Region. Die meisten haben sich allerdings bereits an den westlichen Lebensstil assimiliert, so auch die **Cocamas,** die zahlenmäßig größte ethnische Gruppe, die vorwiegend am Amazonas und am Río Nanay siedeln. Zahlreiche andere Stämme, wie die am Río Ucayali und Amazonas lebenden Campa, Cashibo, Urarina, Shipibo-Conibo und Shipibo wurden ebenfalls heftig missioniert. Schon 1560 hatten die **Machiparos,** die an der Mündung des Río Ucayali, Río Napo und Río Putumayo siedeln, mit dem spanischen Missionar Francisco de Orellana Kontakt. Ihm folgten zahlreiche weitere katholische Ordensmänner, überwiegend Franziskaner, die es als ihre Lebensaufgabe ansahen, die ursprünglich nackt lebenden Indianer zu ›zivilisieren‹. Auch die Dörfer wurden nach christlichen Heiligen umbenannt, so daß der ursprüngliche Dorfname den Bewohnern heute oft nicht einmal mehr bekannt ist. Zwei andere Stämme, die **Witotos** und **Boras,** haben sich etwas mehr Eigenständigkeit bewahrt. Obwohl sie sich den gleichen Siedlungsraum am rechten Ufer des Río Putumayo/Ampiyacu teilen, unterscheiden sich ihre Sprache und Kultur bis heute voneinander.

Mit ihrer traditionellen Kleidung, der roten Gesichtsbemalung und dem gewandten Umgang mit dem Blasrohr entsprechen die etwa 3000 **Yaguas,** die sich am Amazonasufer niedergelassen haben, noch am ehesten dem Bild des ›wilden‹ Urwaldindianers. Das berühmte Pfeilgift Curare erhandeln sie von ihren Nachbarn, den **Ticunas,** die sich auf eine karibische Herkunft berufen. Doch längst wurde auch ihre Kultur zerstört, und ihre Traditionen sind zu einem zweifelhaften Touristenspektakel verkommen.

Von Gustave Eiffel für die Weltausstellung 1889 in Paris gefertigt, holte sich ein reicher Gummibaron das ›Fertighaus‹ in die Dschungelmetropole. Sehenswert ist auch die **Biblioteca Amazónica** mit einem umfangreichen Bestand an Büchern über die Amazonasregion und das leider etwas überfüllte **Museo Municipal**, das neben ausgestopften Dschungeltieren zahlreiche kunsthandwerkliche Produkte der hiesigen Indianerstämme beherbergt.

Einen Abstecher in den ärmlichen Stadtteil **Belén** unternimmt man am besten per Boot: Da der Wasserstand des Flusses variiert und im März/April um 10–12 m ansteigt, sind die Häuser im ›Venedig der Armen‹ auf Pfählen erbaut oder sie ruhen auf Baumstämmen und verwandeln sich so bei Hochwasser in Hausboote – die Szene erinnert dann an die ›schwimmenden Märkte‹ Südostasiens. Eine der wenigen Straßen der Gegend verbindet Iquitos mit der 15 km entfernten **Laguna Quistococha** (Busverbindung), wo ein kleiner Zoo mit Jaguaren, Schlangen und Papageien eingerichtet wurde, die leider nicht sehr artgerecht gehalten werden. In einem Aquarium sind Arapaimas *(paiche)* zu sehen, mit bis zu 4,50 m Länge die größten Süßwasserfische der Welt, die in den Restaurants der Stadt als Spezialität angeboten werden.

Regenwald-Exkursionen am Amazonas

Zahlreiche Veranstalter bieten von Iquitos mehrtägige Ausflüge in den Regenwald an. Per Boot geht es zu einer der einfachen, aber meist stimmungsvollen Urwald-Lodges am Amazonas oder seinen Nebenflüssen. Von dort werden Wanderungen unternommen, ein Guide

informiert über die reiche Flora und Fauna. Manchmal ist auch der Besuch von ›wilden‹ Indianern vorgesehen, die rechtzeitig vor Eintreffen der Touristen das Baströckchen überstreifen, um deren Vorstellung vom Urwaldmenschen nicht zu enttäuschen. Auf Bootsexkursionen kann man mit etwas Glück Flußdelphine beobachten oder nachts mit einer Taschenlampe nach Kaimanen Ausschau halten. Auf eigene Faust sind solche Touren schwer zu realisieren, doch auch Individualisten sollten nicht darauf verzichten, denn wer nur Iquitos kennt, hat nichts vom Regenwald gesehen. Auf ein feucht-warmes Klima mit Durchschnittstemperaturen um 28 °C sollte man sich ebenso einstellen wie auf lästige Moskitos und ganzjährige Regenfälle.

Zwei besondere Ausflugstips sind der rund 21 000 km² große **Pacaya-Samiria-Nationalpark** am Zusammenfluß von Marañón und Ucayali, rund 100 km flußaufwärts, und der **Canopy Walkway** an einem Nebenfluß des Río Napo, ein ausgedehntes Wegesystem in der luftigen Höhe der Baumkronenregion. Ein unvergeßliches Erlebnis ist auch eine mehrtägige Bootsfahrt auf dem Amazonas, beispielsweise mit der ›M/V Río Amazonas‹ oder der ›M/V El Arca‹, betagten aber sehr stimmungsvollen Veteranen aus den Anfängen der Amazonas-Schiffahrt.

Piranha – teilweise zu Unrecht verschrieen

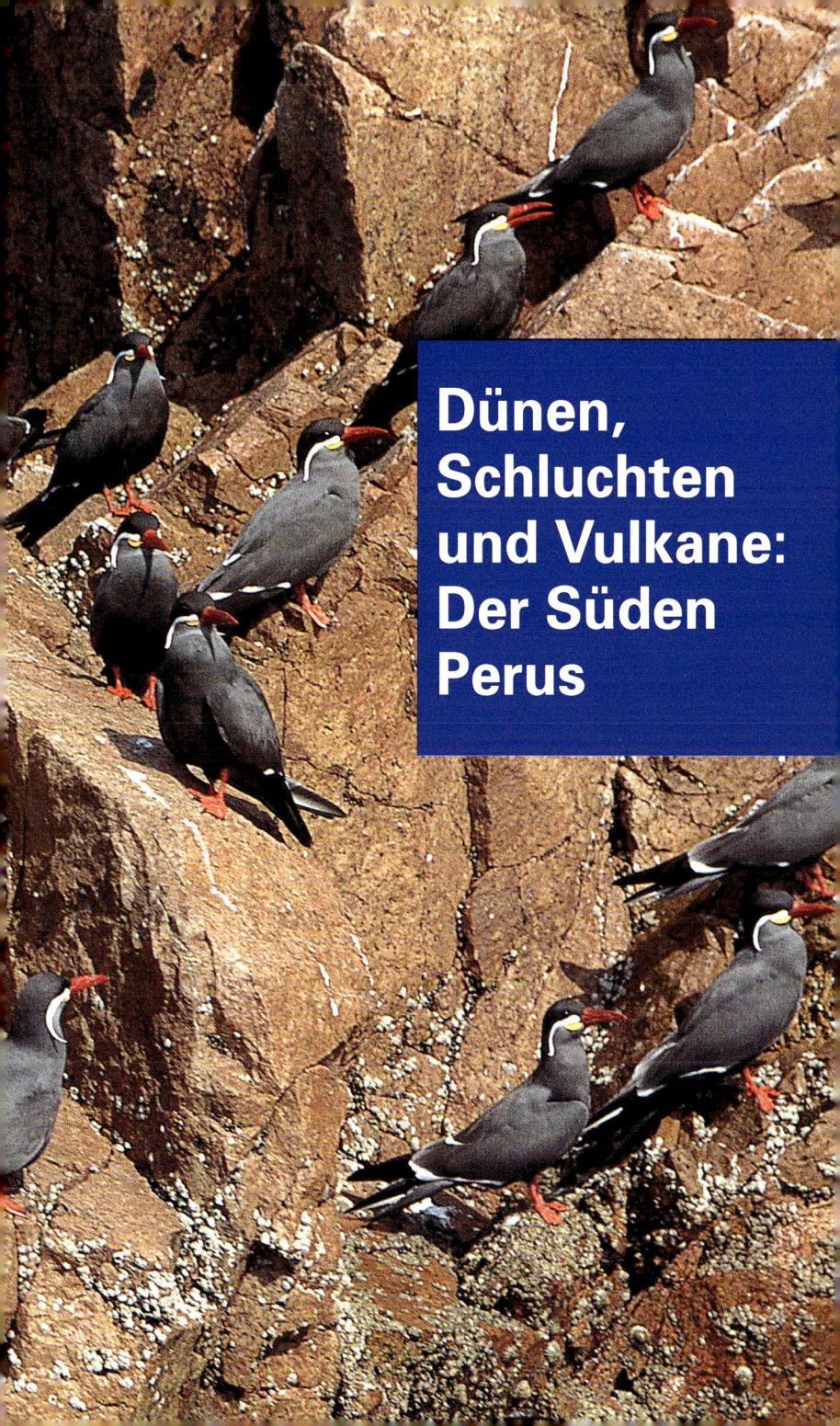

Dünen,
Schluchten
und Vulkane:
Der Süden
Perus

Der Candelabro – gigantisches Scharrbild im Wüstensand auf der Península de Paracas

Belebte Badestrände, fruchtbare Flußoasen, in denen neben Gemüse, Baumwolle und Obst auch Trauben für edle
Weine reifen, tierreiche Felsinseln, wo
einst Millionen von Seevögeln mit ihren
Exkrementen für einen Guano-Boom
sorgten, die Grabanlagen der Paracas-
Kultur mit fein gewebten Textilien, geheimnisvolle Linien und Bilder im Wüstensand – der südliche Küstenabschnitt
ist bei weitem keine leere Wüstenein-
öde. Auf der *Panamericana Sur* geht es
von Lima aus nach Süden durch eine
unwirtliche, aber durchaus abwechslungsreiche Wüstenlandschaft, die sich
zwischen den kahlen Hängen des Kü-

stengebirges und den tosenden Wellen
des hier meist kalten Pazifischen Ozeans
erstreckt.

Nach rund 1000 km erreicht man Arequipa, wegen seiner Gebäude aus weißem Tuffstein auch *La Ciudad Blanca,*
›die weiße Stadt‹ genannt. Zu Füßen der
mächtigen Vulkane Misti und Chachani
findet man hier, auf rund 2400 m Höhe,
eine intakte Altstadt kolonialer Prägung
mit zahlreichen Kirchen und Klöstern.
Eine Tagesreise entfernt liegt der eindrucksvolle Cañón de Colca, zwar nicht
›die tiefste Schlucht der Welt‹, aber immerhin die Südamerikas, und auf alle
Fälle eine Reise wert – schon die Anfahrt
über Hochebenen und Gebirgspässe ist
ein großartiges Erlebnis.

◁ *Inkaseeschwalben auf den Islas Ballestas*

Auf der *Panamericana Sur* nach Arequipa

Lima – Pisco – Ica – Nazca –
Arequipa (ca. 1000 km)
(Karten S. 142, 152)

Zahlreiche herausragende Sehenswürdigkeiten wie die Halbinsel Paracas, die
Ballestas-Inseln, das Museum in Ica und
natürlich die geheimnisvollen Wüsten-
zeichen von Nazca bieten neben der herben Schönheit der Wüstenlandschaft
genügend Argumente für eine Fahrt in
den Süden, zumal mit Arequipa eine der
schönsten Städte des Landes als Ziel
wartet. Drei bis vier Tage sollte man sich
für die rund 1000 km schon Zeit nehmen, die durchgehend asphaltierte
Straße ist in hervorragendem Zustand.
Für eine Zwischenübernachtung bieten
sich Pisco/Paracas, Ica und Nazca an.

Das Heiligtum des Weltenschöpfers

Die Fahrt von Lima nach Süden führt auf
der mehrspurigen *Panamericana* vorbei
an ausgedehnten Armutssiedlungen, in
Peru verharmlosend *pueblos jóvenes*
(›junge Dörfer‹; s. S. 67) genannt. Nach
rund 30 km erreicht man das Ruinenfeld
von **Pachacamac** 1 (S. 319) im Lurín-
Tal, in vorspanischen Zeiten das be-
rühmteste Heiligtum an der Küste und
eine beliebte Pilgerstätte. Über einen
Zeitraum von fast 2000 Jahren lösten
hier zahlreiche Kulturen einander ab, so
daß Pachacamac wohl die am längsten
kontinuierlich besiedelte Stätte im Andenraum war. Der deutsche Forscher
Max Uhle aus Dresden, der sich 1896 für
ein Jahr hier aufhielt, führte aufwendige
Vermessungsarbeiten durch und konnte

durch Schichtgrabungen erstmals die
Überlagerung von Kulturen in Altame-
rika nachweisen. Die ältesten Funde,
Wohngebäude mit Wandgemälden der
Lima-Kultur, datieren auf die ersten Jahrhunderte unserer Zeitrechnung. Während des Mittelhorizontes (500–900) entwickelte sich die Stadt zu einem bedeutenden religiösen Zentrum. Zahlreiche
Keramikfunde belegen, daß es auch ein
wichtiger Knotenpunkt des Huari-Rei-
ches gewesen sein muß, bevor es die
Inka weiter ausbauten.

Bei einer Rundfahrt durch das ausgedehnte Grabungsgelände kommt man
zunächst zur *Casa de las Mamaconas,*
einem rekonstruierten Gebäudekomplex
aus der Inka-Zeit. Der zweigeschossige
Baublock mit zahlreichen Wohnräumen
wurde 1940/41 von Julio César Tello freigelegt und restauriert. Er vermutete,
daß es sich hier um einen Konvent der
›Sonnenjungfrauen‹ gehandelt habe,
denn bei den Inka lebten auserwählte
Frauen ähnlich wie Nonnen in völliger
Abgeschiedenheit im Bereich von Tempelanlagen. An exponierter Stelle thront
die 80 m hohe Pyramide des Sonnentempels, die ursprünglich als Unterbau
für die eigentlichen Tempelgebäude
diente, auf den Fundamenten früherer
Bauwerke. Von hier bietet sich ein herrlicher Rundblick über die fruchtbare Flußoase und hinüber zum Meer mit den
vorgelagerten Inseln. Zum Abschluß
lohnt ein Besuch des kleinen Museums,
in dem neben Keramikfunden ein ge-
schnitzter Holzstab auffällt, der in den
30er Jahren entdeckt wurde. Das darge-
stellte zweigesichtige Idol stellt vermutlich den mächtigen Weltenschöpfer Pachacamac dar.

Schon bald beginnt mit Punta Hermosa, Punta Negra, San Bartolo und Sta. María eine Reihe von Badeorten, die während der Sommer- und Ferienzeit (Dez.–März) vor allem am Wochenende gut besucht sind. Auch das Fischerdorf **Pucusana** 2, das man nach 58 km über eine Stichstraße erreicht, hat sich zum beliebten Badeziel der *Limeños* entwickelt. In den Fischrestaurants des Ortes heißt die Spezialität *corvina al macho,* Schlangenfischfilet mit pikanter Meeresfrüchtesoße. Mit Booten kann man sich zu einer ungewöhnlichen Felsformation bringen lassen, die wegen der starken Brandung *Boquerón del Diablo* (›Teufelsrachen‹) genannt wird. Hinter dem Ort Chilca steigt die Schnellstraße zunächst etwas an und führt dann hinunter in die fruchtbare Tal-

oase des Río Mala. In kleinen Buden am Straßenrand werden die frischen Früchte der Region angeboten. Vorbei an ausgedehnten Baumwollplantagen nähert man sich der nächsten Oasenstadt, San Vicente de Cañete. Eine Seitenstraße (35 km) führt von hier nach **Lunahuaná** 3, dem Ausgangspunkt für Schlauchboottouren auf dem Río Cañete (buchbar ab Lima).

Eines der ungewöhnlichsten Bauwerke an der Südküste, das **Castillo de Unánue** mit einem mutigen Stilgemisch aus maurischen, gotischen und barocken Elementen, zieht hinter Cañete links der *Panamericana* die Blicke auf sich.

Im benachbarten Chincha-Tal wird dank ausgedehnter Bewässerungssysteme intensiv Landwirtschaft betrieben. Neben Baumwolle, Gemüse und

Von Lima nach Nazca

Obst beginnt hier der Anbau von Weintrauben, die an Ort und Stelle zu schmackhaften Weinen verkeltert werden oder als Traubenschnaps (ähnlich dem Trester oder Grappa) unter der Bezeichnung *pisco* in den Handel kommen (s. S. 147). Viele der etwa 40 000 Einwohner von **Chincha Alta** 4 (S. 298) sind Nachfahren von schwarzen Sklaven, die auf den Baumwollfeldern schuften mußten und sich auch nach Abschaffung der Sklaverei Mitte des 19. Jh. als Plantagenarbeiter verdingten. So gilt Chincha Alta heute als Zentrum afroperuanischer Tänze und Musik, und viele der erfolgreichsten Sportler des Landes kommen von hier. 10 km hinter Chincha Alta führt eine Abzweigung zur **Huaca La Centinela,** einem ehemaligen Tempelkomplex der Chincha- oder Ica-Kultur (1200–1450) in der Nähe der Meeresküste mit einer Adobe-Stufenpyramide.

Auf der Straße nach Huancavelica (s. S. 94 f.) und Ayacucho (s. S. 95 ff.), die unmittelbar vor dem Río Pisco links abzweigt, erreicht man nach etwa 38 km **Tambo Colorado** 5, einen gut erhaltenen Ruinenkomplex auf 530 m Höhe. Der Name dieser wohl interessantesten Inka-Stätte an der Küste bezieht sich auf rötliche Farbreste, die man an den Gebäuden gefunden hat. Ob es sich um eine Militärbasis oder ein religiöses Zentrum gehandelt hat, konnte noch nicht eindeutig geklärt werden.

Kurz darauf (km 232) kommt man zur Abzweigung nach **Pisco** 6 (S. 324), der wichtigsten Hafenstadt der Region. Der gleichnamige Traubenschnaps, der neben zahlreichen Agrarprodukten von hier verschifft wird, stammt übrigens meistens aus der Gegend um Ica. Dennoch geht das Leben in dem rund 80 000 Einwohner zählenden Städtchen, das nach einem Erdbeben im Jahre 1687 hierher verlegt wurde, eher gemächlich zu: Um die zentrale Plaza – wie überall im Land beliebter Treffpunkt für jung und alt – gruppieren sich Kathedrale (ca. 1687–1723) und Rathaus, eine Statue in ihrer Mitte ehrt General José de San Martín, der am 8. September 1820 in der Bucht von Paracas an Land ging und hier sein Hauptquartier aufschlug, bevor er nach Lima weiterzog.

Mumienbündel und Vogelinseln

Von Pisco führt eine Straße am Meer entlang durch den Fischerort San Andrés, vorbei an einem Luftwaffenstützpunkt und Fischmehlfabriken, zur 16 km entfernten Fischer- und Feriensiedlung **Paracas** 7 (S. 323), Ausgangspunkt für Ausflüge auf die gleichnamige Halbinsel und für Bootstouren zu den vorgelagerten Vogelinseln. Ein Obelisk am Ortseingang erinnert an die Ankunft von San Martín mit seinen Truppen (s. o.), dem die Bucht auch den Ehrennamen *Bahía de la Independencia* (›Bucht der Unabhängigkeit‹) verdankt.

Die fischreiche Küste der nahegelegenen **Península de Paracas** 8 bietet zahlreichen Tieren wie Seelöwen, Kormoranen, Pelikanen und Chile-Flamingos einen idealen Lebensraum. Auch Kondore, die wie die Flamingos ihre Brutplätze in den Anden haben, sieht man gelegentlich auf der Suche nach Robbenkadavern. Zum Schutz dieser Tiere wurde 1975 ein 3350 km^2 großes Gebiet als *Reserva Nacional* unter Naturschutz gestellt. Ein einstündiger Fußmarsch führt zum *Mirador de los Lobos* bei Punta Arquillo, wo man Seelöwen und Meeresvögel beobachten kann. Lohnenswert ist auch ein Spaziergang entlang der Küste zur *Catedral,* einer von der Brandung ausgewaschenen Höhle.

Die Tierwelt der Guano-Inseln

Südliche Seelöwen beim Dösen auf den Felsen

Der an Fischen überreiche Pazifik bietet Nahrung im Überfluß für zahlreiche Seevogelarten, Robben, Haie und andere Meeresbewohner. Eine der besten Gelegenheiten, die Vielfalt der Tierwelt zu beobachten, bietet sich bei einem Bootsausflug zu den Islas Ballestas bei Paracas. Schon bald nachdem die vorgelagerten Inseln aus dem Dunst auftauchen, erkennt man Tausende von weißen Vögeln, die als Guano- oder Perutölpel *(Sula variegata)* bezeichnet werden. Sie sind die dominante Tierart auf den Inseln und Hauptlieferant des einst so wertvollen Guano-Düngers, der noch heute in bescheidenem Maße abgebaut wird. Ab und zu verirren sich auch einige Exemplare der verwandten Blaufuß- und Maskentölpel *(S. nebouxii* bzw. *S. dactylatra)* hierher, die auf den zu Ecuador gehörigen Galápagos-Inseln beheimatet sind. In den wildzerklüfteten Grotten liegen vereinzelte Seelöwen am Kiesstrand, und an den schattigen Felswänden haben die schön gezeichneten Inkaseeschwalben *(Larosterna inca)* ihre Nester. Sie tragen einen auffälligen weißen Federschweif am Hinterkopf und zählen mit ihrem leuchtendroten Schnabel und den roten Füßen zu den auffälligsten Vogelarten der Region.

Insgesamt drei Arten von Kormoranen teilen sich diesen Lebensraum: Am häufigsten bekommt man die Biguascharbe *(Phalacrocorax olivaceus)* zu

Gesicht, auch als Schwarzer Kormoran bekannt. Dem gelben Schnabel und den roten Füßen verdankt die Buntscharbe *(P. gaimardi)* ihren Namen. Der Guanokormoran *(P. bougainvillei)* läßt sich leicht an seinem weißen Bauch und der roten Augenpartie von den anderen

Kaum zu glauben, welchen Lärm die in Familienverbänden zusammenlebenden Südlichen Seelöwen *(Otaria byronia)* veranstalten. Zu Hunderten liegen sie an den Kiesstränden der Inseln oder trocknen auf den Klippen ihr Fell. Nur selten hingegen erblickt man ein ver-

Chilepelikan

Perutölpel

Kormoranarten unterscheiden. Häufig sieht man auch die Simeonsmöwe *(Larus belcheri)*; die ausgewachsenen Tiere tragen an der Spitze ihres gelben Schnabels einen roten Punkt. Die größte Vogelart der Inseln ist der Chilepelikan *(Pelecanus thagus)*, den manche Wissenschaftler als Unterart des Braunen Pelikans ansehen. Allerdings werden die an der zentralen Pazifikküste Südamerikas heimischen Chilepelikane mit 1,50 m wesentlich größer als ihre Verwandten. Mit etwas Glück kann man auch die seltenen Humboldtpinguine *(Spheniscus humboldti)* entdecken, die zu den kleinsten der weltweit 18 Pinguinarten zählen; erwachsene Tiere werden kaum größer als 68 cm.

einzeltes Exemplar des Südlichen Seebären *(Arctocephalus australis)*, der wegen seines äußerst feinen Fells, das ihm den ›Ehrennamen‹ Pelzrobbe einbrachte, erbarmungslos bis an den Rand der Ausrottung bejagt wurde.

Mit etwas Glück kann man auch vom Boot aus eine Schule von Delphinen *(Delphinus delphis)* beobachten, die den Fischschwärmen folgen und dabei immer wieder elegant aus dem Wasser springen. An manchen Tagen bekommt man sogar die Blasfontäne eines Grauwals *(Eschrichtius gibbosus)* zu Gesicht, und auch die zu Unrecht als ›Killerwale‹ verunglimpften Schwertwale *(Orcinus orca)* sind in dieser Gegend manchmal auf Nahrungssuche.

Guanofelsen bei den Islas Ballestas mit Perutölpeln

Im Gegensatz zum reichen Nahrungsangebot des Meeres scheint das wüstenhafte Innere der Halbinsel kaum Chancen zum Überleben zu bieten, und dennoch haben sich Insekten und Eidechsen mit dieser lebensfeindlichen Umgebung arrangiert, in der es so gut wie keinen Niederschlag gibt. Auch Menschen haben hier seit frühester Zeit ein Auskommen gefunden, wie zahlreiche Keramikfunde belegen. Darüber hinaus ist die Halbinsel die bedeutendste Fundstätte präkolumbischer Grabanlagen in Peru. Der peruanische Archäologe Julio César Tello entdeckte hier 1925 Hunderte von Grabstätten mit Mumien, die in fein gewebte Textilien gehüllt waren. Im kleinen **Museo Arqueológico Julio C. Tello** sind diese Totentücher zusammen mit Mumienbündeln und Keramiken der Paracas-Kultur ausgestellt, die ihre Blütezeit etwa von 1300 v. Chr. bis 200 n. Chr. hatte (s. S. 27). Weitere Funde aus der Region sind im Museo Regional in Ica (s. S. 148) und in den Museen der Hauptstadt (Museo de la Nación, Museo Nacional de Arqueología, Museo Amano; s. S. 78 ff.) zu sehen.

Auf den zahlreichen vorgelagerten Inseln leben Unmengen von Seevögeln und Robben, die hier ihre Jungen großziehen. Jeden Morgen starten von Paracas aus schnelle Motorboote zu den **Islas Ballestas** 9, die, wie auch die benachbarten Chincha-Inseln, wegen ihres Reichtums an Guano, dem als Düngemittel hervorragend geeigneten weißen Vogelkot, im 19. Jh. von großer wirtschaftlicher Bedeutung waren. Die Bootsfahrt führt zunächst entlang der Halbinsel aus der Bucht heraus zu einer seltsamen überdimensionalen Zeichnung, die hier in den vom Salz fest verbackenen Wüstensand gegraben wurde. **El Candelabro** wird das fast 200 m hohe Scharrbild wegen seiner Ähnlichkeit mit einem dreiarmigen Kerzenleuchter genannt. Doch weder sein Alter noch seine Bedeutung sind bislang geklärt. Steht es in Verbindung mit dem Kreuz des Südens? Stellt es einen stilisierten Kaktus dar, der schon bei der Chavín-Kultur als Machtsymbol diente? Besteht ein Zusammenhang zu den Linien und Zeichnungen von Nazca? Oder ist es doch nur ein Werk des 19. Jh.?

Immer schärfer zeichnen sich die Konturen der Ballestas-Inseln in der Ferne ab, und bald erkennt man das aufgeregte Treiben der Guanotölpel und anderer Seevogelarten, die zu Hunderttausenden die Inseln bevölkern (s. S. 144 f.). Tosend brechen sich die Wellen an den Wänden der Felsgrotten, dem bevorzugten Lebensraum der schön gezeichneten Inkaseeschwalben. Schon bald entdeckt man die ersten Seelöwen, die dösend auf den Felsen liegen und ihr Fell trocknen. Nicht weit entfernt tummeln sich ganze Kolonien der Meeressäuger an den Kiesstränden und veranstalten einen ohrenbetäubenden Lärm. Die Tiere, die sich an Land etwas unbeholfen bewegen, sind ausgezeichnete Schwimmer und zeigen keinerlei Scheu vor den Besuchern in den orangen Schwimmwesten. Vielleicht wissen sie, daß das Betreten der Inseln, auf denen noch heute in bescheidenem Maße Guano abgebaut wird, für uns Menschen verboten ist?

Trauben, Schnaps und hohe Dünen

Südlich von Paracas durchquert man die **Pampa de Villacurí,** die einzige Gegend Perus, in der Dattelpalmen zu finden sind. Sie wurden Ende des 16. Jh. zusammen mit Feigenbäumen und Kamelen von den Spaniern eingeführt; der Versuch, die Wüstentiere hier heimisch zu machen, scheiterte allerdings. Schon bald kündigen Baumwoll- und Spargel-

felder die Nähe von **Ica** 🔟 (S. 309) an, mit rund 150 000 Einwohnern die größte Stadt zwischen Lima und Arequipa. Die Oasenstadt am Río Ica liegt etwa 50 km vom Meer entfernt am Rande der höchsten Dünen des Landes und hat ein ganzjährig sonniges und heißes Klima. Die 1536 als Villa de Valverde gegründete und 1640 in Ica umgetaufte Stadt war schon zu Zeiten der Spanier ein bedeutendes Landwirtschaftszentrum. Trotz schwerer Erdbeben in den Jahren 1568, 1571 und 1664 entstand hier eine blühende Kolonialstadt mit der obligatorischen Kathedrale am Hauptplatz und schmuckvollen Kirchen wie La Merced und San Francisco. Dennoch leisteten die Einwohner Icas den Spaniern gegen Ende der Kolonialzeit erbitterten Widerstand. Einer der bedeutendsten Söhne der Stadt, der 1786 geborene José de la Torre Ugarte, diente in der Revolutionsarmee unter General San Martín und war der Verfasser der Nationalhymne.

Seit 1650 gilt Ica als Zentrum des Weinbaus in Peru. Die Bedeutung von Weintrauben – lange Zeit wichtigstes Erzeugnis der Region – ist inzwischen jedoch wegen der Konkurrenz aus Chile stark zurückgegangen; Weinreben bedecken heute weniger als 10 % der Anbaufläche. Längst haben sich die Bauern der Region auf andere Produkte wie Baumwolle, Bohnen, Mais, Spargel und Mangos umgestellt. Doch während der Festwoche im März dreht sich wieder alles um den Rebensaft. Überhaupt wird in Ica gerne und leidenschaftlich gefeiert, egal ob es sich um religiöse Feierlichkeiten wie die nächtlichen Prozessionen zu Ehren des *Señor de Luren* handelt oder um heidnische Kulte – die Stadt gilt als Zentrum für schwarze Magie und Wunderheilung (s. S. 124).

Normalerweise landen alle bedeutenden archäologischen Funde des Landes

Die Oase Huacachina bei Ica

in den Museen der Hauptstadt, doch es gibt einige wenige Ausnahmen, wie das **Archäologische Regionalmuseum** von Ica (Museo Regional de Ica). Trotz der etwas altmodischen Einrichtung lagern hier wahre Schätze aus drei Jahrtausenden: Besonders die fein gewebten Textilien der Paracas-Kultur beeindrucken durch ihre Farbenfreude und die phantasievollen Dekors, meist stilisierte tierischmenschliche Mischwesen. Die Sammlung gibt auch einen Überblick über die Töpferkunst der Region und belegt an einigen Beispielen, daß die Tiermotive in der Keramik der Nazca-Kultur mit denen der Nazca-Linien übereinstimmen. Weitere Objekte regionaler Kulturen wie der Chincha-Kultur leiten über zu den Inka, die mit ihren *quipú* genannten Knotenschnüren über ein ausgefeiltes bürokratisches Zählinstrument verfügten. In einem zweiten Saal sind vorwiegend Mumien und Schädel zu sehen, teilweise mit Spuren von Trepanationen. Daß diese operativen Schädelöffnungen durchaus erfolgreich waren, zeigen einige Exemplare mit wieder verwachsenen Schädelknochen. Ein Modell der Nazca-Linien im Freien ergänzt das Angebot des sehenswerten Museums.

Eingerahmt von hohen Sanddünen liegt 6 km südwestlich von Ica die Oase **Huacachina** 11. Um einen kleinen See, dessen schwefelhaltiges Wasser eine heilende Wirkung bei Rheuma und Hautleiden haben soll, ist ein winziger ›Kurort‹ mit Palmen, einigen Restaurants und einem Hotel entstanden, der sogar auf dem 20-Soles-Geldschein verewigt wurde. Ein Bad im See, dessen Wasserstand nach und nach sinkt, bietet auch für Gesunde eine angenehme Erfrischung nach einer anstrengenden Dünenwanderung. Wen jedoch die Wasserqualität nicht überzeugt, dem bietet der kleine Swimmingpool des Hotels Mossone eine gute Alternative!

Etwa 30 km südlich von Ica (km 333) zweigt die Zufahrt zur **Hacienda Ocucaje** ab, einem Weingut aus dem 16. Jh., in dem noch heute erstklassiger Wein und Pisco produziert wird. Eine Besichtigung ist nach vorheriger Anmeldung möglich. Wie überall an der Küste wurde auch diese Gegend von Grabräubern *(huaqueros)* systematisch nach Keramiken und Textilien der Paracas- und Nazca-Kultur abgesucht.

Rätselhafte Bilder in der Wüste

Die Weiterfahrt nach Süden führt durch das Tal des Río Grande, ein Anbauzentrum für Mandarinen und Orangen, die in der Stadt Palpa verkauft werden. Nach etwa 140 km erreicht man die Pampa Colorada, eine ausgedörrte Ebene auf 550 m Höhe in der Nähe der Provinzstadt **Nazca** 12 (S. 321), in der es so gut wie nie regnet und auch kein *garúa*-Nebel für Feuchtigkeit sorgt. Kein Mensch würde sich in diese lebensfeindliche Ge-

gend verirren, wären da nicht höchst seltsame Linien und Zeichnungen in den steinigen Wüstenboden eingegraben, die den Wissenschaftlern bis heute Rätsel aufgeben. Die als **Nazca-Linien** (Lineas de Nazca) 13 bekannten ›Scharrbilder‹ (s. S. 150 f.) bedecken eine Fläche von rund 350 km² und sind in ihren enormen Ausmaßen nur aus der Luft zu erkennen. Mehrere Airlines bieten vom Flughafen der Oasenstadt Rundflüge in kleinmotorigen Propellermaschinen an. Wem dieses Unterfangen zu abenteuerlich erscheint, der kann auch vom etwa

Das Geheimnis der Pampa Colorada

Nachdem bereits 1926 zwei Archäologen auf der Suche nach
Gräbern der Nazca-Kultur seltsame Zeichen im Wüstensand bei
Nazca entdeckt hatten, begann die eigentliche Erforschung der geheimnisvollen Nazca-Linien – inzwischen zum
UNESCO-Weltkulturerbe erhoben – erst
im Jahre 1939. Damals erkannte der
US-Amerikaner Paul Kosok von einer
New Yorker Universität auf einem Flug
die erste Figur – einen Vogel. Mit der
Zeit kamen immer mehr Darstellungen
zum Vorschein, verteilt auf einen 50 km
langen und 20 km breiten Streifen zwischen Nazca und Palpa.

Maria Reiche, eine aus Dresden emi-
grierte Mathematikerin und Geogra-
phin, war gerade aus Cusco, wo sie in
einer begüterten Familie als Kinder-
mädchen gearbeitet hatte, nach Lima
gekommen und verdingte sich dort
mehr schlecht als recht als Übersetze-
rin. Durch diese Tätigkeit kam sie mit
Kosok in Verbindung und begann sich
für dessen Entdeckungen zu interessieren. Nach Ende des Zweiten Weltkriegs,
den sie als Deutsche zwangsweise in
Lima verbringen mußte, reiste Maria
Reiche nach Nazca und begann per
pedes die Linien eingehend zu studieren. Mit einem Besen und einem Zoll-
stock ›bewaffnet‹, verließ sie Tag für
Tag ihre ärmliche Bleibe in einem
Lehmhaus nahe Nazca, um die oft nur
20 cm breiten und fingertiefen Furchen

im Wüstensand zu säubern und zu ver-
messen. Abends fertigte sie maßstab-
getreue Abbildungen der Figuren an.
Maria Reiche sah darin ihre Lebensaufgabe. Selbst im hohen Alter von
90 Jahren hielt sie noch, im *hotel de
turistas* in Nazca lebend, allabendlich
Vorträge in verschiedenen Sprachen
über die Linien.

Maria Reiche vermutete als Entste-
hungszeit der Figuren die Periode zwischen 300 und 700. Vor wenigen Jahren
entdeckte man in der Pampa Colorada
eine kleine Planskizze, die wohl zu jener
Zeit angefertigt und anschließend vielfach vergrößert übertragen worden war
– mit Holzpflöcken und Seilen, mit
denen man exakte Kreise und Spiralen
im Boden markierte.

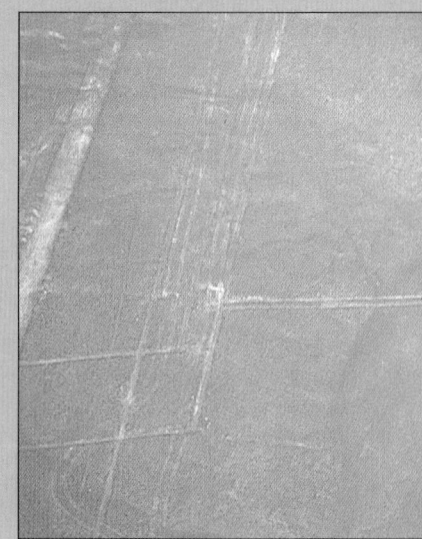

Kolibri-Bild im Wüstensand bei Nazca

Welche Darstellungen hat man bis heute identifizieren können? Neben vielen Geraden und Dreiecken ist eine menschliche Figur zu erkennen, die gemeinhin als ›Astronaut‹ bezeichnet wird, weil sie spontan an einen Raumfahrer erinnert. Ein Lama, eine stattliche 188 m lange Eidechse, deren Schwanz heute die *Panamericana* zerschneidet, ein Leguan, eine Spinne, ein Kolibri und ein Hund mit aufrecht stehendem Schwanz sind leicht auszumachen. Zudem sind ein Wal abgebildet, ein 90 m langer Affe und ein mächtiger Baum. Ein weiteres Prunkstück ist ein Kondor mit einer Flügelspannweite von 180 m.

Doch was bedeuten diese Figuren? Kosok interpretierte die Linien als das ›größte Astronomiebuch der Welt‹. Maria Reiche verglich die Figuren mit dem Intihuatana der Inka und den Stelen-Setzungen der Maya und sprach in ihrem Buch ›Secreto de la Pampa‹ von einem gigantischen astronomischen Kalender. Sie verwies dabei u. a. auf den 21. Dezember, den Tag der Sommersonnenwende, wenn die Sonne genau in der Verlängerung einer langen Linie am Horizont versinkt. Auch Mond- und Sternenbahnen, in Tierfiguren festgehalten, sollten den Menschen den Zeitpunkt für die Aussaat ihres Getreides auf den Feldern angeben. Der Schnabel eines Vogels endet an einer Gruppe von Linien, deren letzte auf die aufgehende Sonne am Tag der Sommersonnenwende weist.

Die Figuren waren den Nazca-Menschen vermutlich kaum im Ganzen sichtbar, denn selbst von den nahen Hügeln sind sie in der diesigen Luft kaum zu erkennen. Der US-Anthropologe Jim Woodman hat in Versuchen nachzuweisen versucht, daß die Menschen der Nazca-Kultur bereits einen Heißluftballon zum Überfliegen der Linien gebaut haben könnten. Einzelne Anthropologen sehen in ihnen den Nachweis für die Existenz von Flugdrachen, und Erich von Däniken bringt die Linien mit UFOs und Außerirdischen in Verbindung.

Klaus Boll

15 m hohen Aussichtsturm am Kilometer 425 der *Panamericana,* der seinerzeit von Maria Reiche errichtet wurde, einen Blick wagen. Allerdings sind von dort nur zwei Bilder schemenhaft auszumachen, ein ›Baum‹ mit verzweigtem Wurzelwerk und eine seltsame Tierfigur mit zwei Händen. An der Plaza de Armas im Zentrum der Stadt befindet sich ein kleines Museum mit Keramiken der Nazca-Kultur.

Am südlichen Ortsende von Nazca zweigt eine während der Regenzeit kaum passierbare Straße ab, die über Hochebenen und zwei rund 4300 m hohe Bergpässe nach Abancay (460 km ab Nazca) im südlichen Hochland führt. Kaum zu glauben, daß diese holprige Schotterstraße die Hauptverbindung von Lima nach Cusco darstellt, doch Besserung ist in Sicht: Die Straße wird derzeit komplett geteert und dürfte in Zukunft eine lohnenswerte Alternative für die Routenwahl durch den Süden Perus darstellen.

Mitten in der Wüste, rund 28 km südlich von Nazca, liegt der **Cementerio de Chauchilla,** ein weitläufiger vorspa-

nischer Friedhof mit Tausenden geplünderter Gräber. Überall liegen Knochen, Textilfragmente und Keramikscherben herum, die von den *huaqueros* zurückgelassen wurden.

Die kleine, erst 1953 gegründete Hafenstadt **Puerto San Juan** erreicht man über eine Abzweigung bei Kilometer 483. Die Straße führt an den Minen von Marcona vorbei, den größten Eisenerzgruben des Landes, in denen das wertvolle Metall im Tagebau gefördert wird.

Nach vielen endlosen Kilometern durch die menschenleere Wüsteneinsamkeit trifft die *Panamericana* etwa 85 km hinter Nazca bei Puerto de Lomas wieder aufs Meer. Nur selten verirrt sich ein Mensch an die fast unberührten Strände dieses Küstenabschnitts. Auf spektakulärer, kurvenreicher Strecke geht es weiter durch eine gebirgige Landschaft, mit immer neuen Ausblicken auf den Pazifik. Hinter der Zufahrt zur Minenstadt Acarí, in der Eisenerze und andere Metalle gefördert werden, beginnt eine windige Treibsandzone, unterbrochen vom grünen Yauca-Tal mit seinen knorrigen Olivenbäumen.

Von Nazca nach Arequipa

Blick vom Inka-Friedhof bei Ocoña über die Felder in Richtung Küste

Das Städtchen **Chala** 14 (S. 297) macht heute einen recht armseligen Eindruck, doch bis zum Bau der Eisenbahn von Arequipa zum Meer war hier ein geschäftiger Hafen, von dem die Waren auf Maultieren nach Cusco geschafft wurden. Schon die *chasquis,* die schnellen Staffettenläufer der Inka, brachten von dem 10 km westlich gelegenen Puerto Inka fangfrischen Fisch über eine wichtige Inka-Straße in die Hauptstadt des Andenreiches. Nach Chala beginnt einer der landschaftlich aufregendsten Streckenabschnitte: Die Straße windet sich an der eindrucksvollen Steilküste mit felsigen Buchten nach Süden.

Einer der wichtigsten Flüsse an der peruanischen Küste, der 250 km lange Río Ocoña, der mehr Wasser führt als der Río Santa, mußte sich auf seinem Weg ans Meer eine enge Schlucht graben und bietet so kaum Platz für Ackerbau. Hinter dem Ortsende von **Ocoña** steigt die Straße wieder an und führt an einem geplünderten Inka-Friedhof vorbei.

Ein ähnliches Schicksal wie Chala ereilte auch die Stadt **Camaná** 15 (S. 296), die während der Kolonialzeit ein wichtiger Verladeort für Gütertransporte nach Arequipa und für das Silber der Minen von Potosí war. Die Stadt liegt an der Mündung des Río Camaná, des mit 374 km längsten Flusses der peruanischen Pazifikküste, der als Río Colca nordöstlich von Arequipa entspringt und die tiefste Schlucht Südamerikas bildet (s. S. 163 ff.). Ihre Bewohner leben heute in erster Linie von Landwirtschaft und Fischfang. Die Krebse, die hier gefangen werden, sind sehr schmackhaft und werden auch in den Fischlokalen Limas geschätzt. Während der Sommermonate ist Camaná einer der beliebtesten Badeorte für Erholungssuchende aus der 170 km entfernten Stadt Arequipa.

Schon bald verläßt die Straße das Meer und steigt kontinuierlich bis auf über 1000 m an. Etwa 60 km hinter Camaná zweigt bei Kilometer 916 die

Zufahrt nach Aplao ab, die nach rund 50 km zu den Felszeichnungen von **Toro Muerto** 16 führt. Ob diese auf Hunderten vulkanischer Felsen eingeritzten Petroglyphen tatsächlich der Huari-Kultur zuzurechnen sind, ist noch nicht endgültig geklärt. Dargestellt sind typische Vertreter der Andenfauna wie Lamas, Guanakos, Kondore und Pumas, aber auch Tänzer und Krieger finden sich als Motive. Zur Weiterfahrt ins landschaftlich überaus eindrucksvolle **Valle de los Volcanes** (›Tal der Vulkane‹) zu Füßen des weißhäuptigen Bergriesen Nevado Coropuna (6613 m) sollte man über eine entsprechende Ausrüstung (Benzin, Lebensmittel, Zelt etc.) verfügen, denn jenseits der Provinzstadt Chuquibamba endet die Zivilisation …

Zurück auf der Hauptroute, führt nach weiteren 20 km eine Abzweigung über Huambo zum Colca-Canyon (s. S. 163 ff.). Schon bald darauf erreicht die *Panamericana* mit 1450 m vorläufig ihre höchste Stelle, bevor sie wieder ins Tal des Río Vitor abfällt, das für sein Obst und für vollmundige Weine bekannt ist. Jenseits des Bahngleises, auf dem Waren zwischen Arequipa und Mollendo transportiert werden, steigt die Straße nochmals an auf 1750 m Höhe zur wichtigen Kreuzung **Repartición.** Von hier sind es nur noch etwa 40 km über Uchumayo nach **Arequipa.**

Arequipa – Die weiße Stadt

■ (S. 292) Rund 1000 km südlich von Lima und etwa 70 km vom Meer entfernt liegt auf 2350 m Höhe Arequipa. An der Stelle einer früheren Inka-Stadt hatten die Spanier hier im Jahre 1540 die ›weiße Stadt‹ gegründet, die mit ihren Kirchen und Palästen aus dem charakteristischen weißen Tuffstein *(sillar)* schon bald zu einer der schönsten Städte im spanischen Kolonialreich erblühte. Daran konnten auch mehrere schwere Erdbeben auf Dauer nichts ändern. Schon immer bescherten die fruchtbaren Felder am Ufer des Río Chili, auf denen Mais, Weizen, Obst und Gemüse gedeihen, der Stadt Reichtum und Wohlstand, die durch den Bau der Bahnlinie vom Titicacasee über Arequipa nach Mollendo am Pazifik 1870 noch gemehrt wurden. Den rund 650 000 Einwohnern der ›Hauptstadt des Südens‹, wie sie ihren Heimatort selbstbewußt nennen, spricht man Stolz zu und einen ausgeprägten Willen zur Eigenständigkeit; böse Zungen sprechen gar von Überheblichkeit, nur weil die *Ariquipeños* sich nicht dem Diktat der Hauptstadt beugen …

Das ganzjährig angenehme Klima, die herrliche Lage in einer fruchtbaren Flußoase zu Füßen der Vulkane Misti (5822 m), Chachani (6075 m) und Pichu Pichu (5425 m) und die guterhaltene Altstadt machen Arequipa zu einem äußerst lohnenswerten Reiseziel, zumal als Ausgangspunkt zur Colca-Schlucht. Wegen der gemäßigten Höhenlage empfiehlt es sich, einen Aufenthalt vor dem Besuch von Cusco oder dem Titicacasee einzuplanen, um sich so auf die ungewohnten Höhenverhältnisse einzustellen. Für die Weiterreise in die genannten Regionen bietet sich das Flugzeug an, da sich die Straßen nach wie vor in schlechtem

Zustand befinden (eine Teerstraße nach Puno ist geplant) und der Zug nach Juliaca nur nachts verkehrt.

Stadtrundgang

Das Zentrum Arequipas bildet, wie überall in Peru, die gepflegte **Plaza de Armas,** die an drei Seiten von einheitlichen Gebäudekomplexen mit zweigeschossigen Arkaden umgeben ist. Die Nordseite des Platzes wird von der gewaltigen **Kathedrale** 1 beherrscht, die ungewöhnlicherweise mit ihrer Breitseite zur Plaza zeigt. Da die erste Kolonialkirche von 1656 im Jahre 1844 ausbrannte und ein Neubau durch das Erdbeben von 1868 schwer beschädigt wurde, stammt das heutige Neorenaissance-Gebäude im wesentlichen aus dem späten 19. Jh. Im ansonsten eher nüchternen Innenraum finden sich prachtvolle Kronleuchter, ein Hauptaltar aus

Arequipa

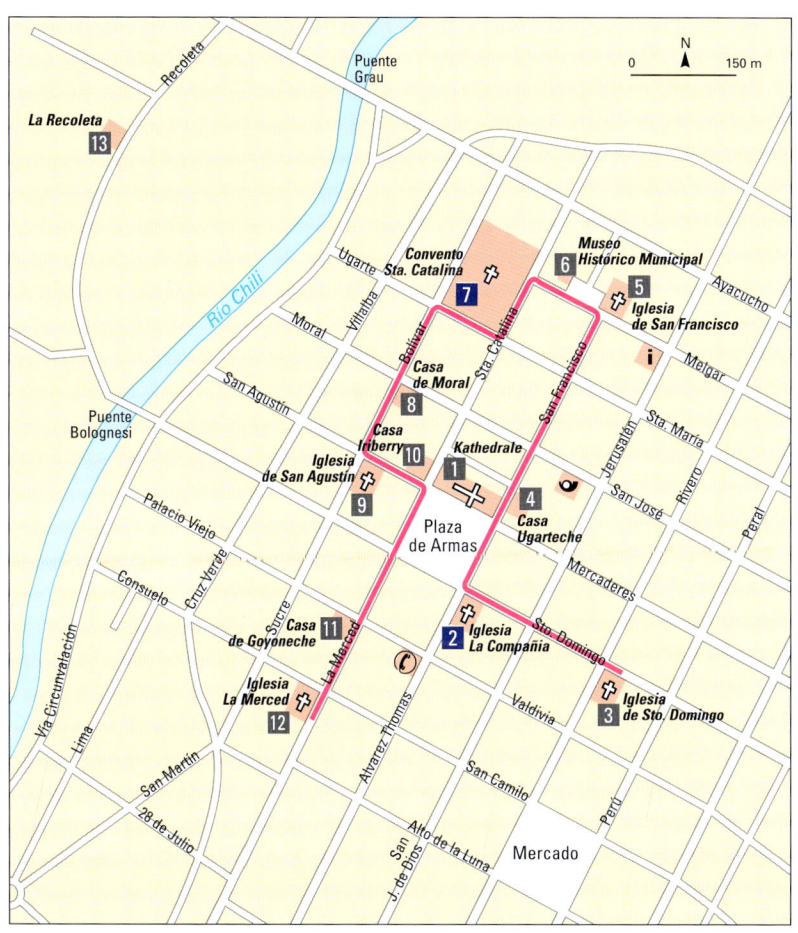

Die Kathedrale von Arequipa,
im Hintergrund der Vulkan Chachani

Carrara-Marmor und eine kunstvoll geschnitzte Holzkanzel des französischen
Künstlers Bussine Rigot (1879). In der Sakristei werden Gemälde aus dem 17. Jh.
aufbewahrt, die Orgel – eine der größten
Südamerikas – stammt aus Belgien.

Von der gegenüberliegenden Seite
des palmenbestandenen Platzes bietet
sich ein herrlicher Blick auf die Kathedrale und die dahinterliegenden verschneiten Gipfel des Chachani-Vulkans.
Ein echtes Juwel aus der Kolonialzeit
wartet in der Südostecke der Plaza auf
die staunenden Besucher: Die reich verzierte Fassade der Jesuitenkirche **La
Compañía 2** im plateresken Stil gilt als
eines der Hauptwerke des Mestizenba-
rocks in Peru. Wer genau hinschaut, entdeckt im Gewirr der steinernen Blüten
und Blätter, Kakteen und Muscheln die
Jahreszahl der Fertigstellung (1698) und
eine vielfüßige Raubkatze – ein Hinweis
auf den indianischen Einfluß. Auch der
Habsburger Doppeladler findet hier seinen Platz, im Giebeldreieck prangt das
Stadtwappen. Auf dem bereits 1654 fertiggestellten Seitenportal findet sich eine
Darstellung von Santiago, dem Schutz-
patron der Konquista. Im Inneren des
soliden Gotteshauses, das 1698 nach
über 100jähriger Bauzeit fertiggestellt
wurde und seither allen Erdbeben
trotzte, finden sich vergoldete Barockal-
täre und eine reich geschnitzte Kanzel.
Eine Besonderheit ist die St.-Ignatius-
Kapelle, die ehemalige Sakristei. Die
Wände und Decken sind vollständig mit
farbigen Fresken versehen, die vom mis-
sionarischen Eifer der Jesuiten zeugen:
üppige Pflanzenornamente und Darstellungen von tropischen Tieren aus allen
Regionen der Erde als Reminiszenz an
die weltweiten Aktivitäten des Ordens.

Vom Kirchturm, dem einzigen Teil des
Bauwerks, der nach den Erdbeben renoviert werden mußte, genießt man eine
herrliche Aussicht über die Stadt. Linker
Hand schließt sich das ehemalige **Jesu-
itenkloster** aus dem Jahre 1738 an,
dessen außergewöhnlich schöner Kreuzgang bis heute erhalten blieb. Die steinernen Säulen sind üppig verziert mit
Blüten, Weintrauben und Maiskolben;
aus Blumenkränzen blicken dem Betrachter fröhliche Engelsgesichter entgegen.

Der Orden der Dominikaner hatte
zwei Häuserblocks weiter östlich sein

Kloster errichtet. Die dazugehörige Kirche **Sto. Domingo** 3 aus dem spaten
17. Jh. verfügt ebenfalls über verzierte
Portale und einen Chor mit Steinmetzarbeiten im indianisch-spanischen Misch-
stil, die 1677 angefertigt wurden.

An der Stirnseite der Kathedrale, in
der Calle San Francisco (Nr. 108), steht
eines der schönsten Herrschaftshäuser
der Stadt: Die **Casa Ugarteche** 4
wurde 1738 als Jesuitenseminar San
Gerónimo erbaut, wie eine Inschrift über
dem Portal belegt. Der auch Casa Rik-
ketts oder Casa del Tristán del Pozo ge-

nannte Gebäudekomplex diente zeitweise als Erzbischöflicher Palast und
später einer der reichsten Familien der
Stadt als Residenz. Heute ist er im Besitz
einer Bank, die hier wechselnde Ausstellungen veranstaltet.

Über die Fußgängerpassage hinter
der Kathedrale mit einigen Kunst- und
Andenkenläden kann man nun direkt zur
Klosterstadt Sta. Catalina weitergehen
oder vorher einen kleinen Umweg zur
Kirche **San Francisco** 5 unternehmen.
Das im 17. Jh. aus weißem Tuffstein er-
richtete Gotteshaus wurde beim Erdbe-

Eine Stadt in der Stadt –
Die Klosteranlage Sta. Catalina

Der spanische Mutterorden der Dominikaner gründete 1580 das Kloster Sta. Catalina in Arequipa und erweiterte es aufgrund starker Nachfrage von spanischen Familien, die ihre Töchter hier unterbringen wollten, im 17. Jh. auf stattliche 20 000 m². Hohe Mauern ließen den damals rund 500 Nonnen und ebenso vielen Bediensteten keinen unkontrollierten Kontakt zur Außenwelt mit ihren Verlockungen. Nicht selten wird das Kloster daher auch eine ›Stadt in der Stadt‹ genannt. Für Sta. Catalina herrschten strenge Auswahlkriterien: Nur Töchter wohlhabender spanischer Eltern mit einer makellosen Vergangenheit durften gegen eine für damalige Verhältnisse horrende Kaution von 1000 Goldpesos in die Kongregation eintreten. Von der Herkunft der Angehörigen zeugen auch die nach spanischen Städten benannten Straßen Sta. Catalinas: Calle Granada, Córdoba, Málaga und Toledo. Die Wände des Klosters sind geschmackvoll in Pastellfarben (orange, rot, hellblau) gestrichen; bunte Zierblumen auf den Fenstersimsen lockern die Sinfonie aus Stein zusätzlich auf. Mancher Besucher fühlt sich nicht nur ins Mittelalter, sondern auch nach Andalusien versetzt.

Beim Eintritt ins Kloster mußten die Nonnen ein absolutes Schweigegelübde ablegen, doch ließ sich dieses in der Klosterwirklichkeit kaum dauerhaft einhalten. Im Gegensatz zum einfachen Volk Arequipas fehlte es hier materiell an nichts – im Gegenteil: Die Nonnen hielten sich Dienerinnen, die ihnen profane Tätigkeiten wie Waschen, Kochen und Fegen abnahmen. Vom heutigen Standpunkt aus mutet dieses Arrangement recht merkwürdig an, auch wenn alles im Namen Gottes und zu Ehren der hl. Katharina geschah. Nur bei besonderen Gelegenheiten war es den Nonnen erlaubt, in sogenannten Lokutorien hinter dem Klostereingang Besucher aus der ›Außenwelt‹ zu empfangen – allerdings konnten sie sich nur durch Gitterstäbe mit ihnen verständigen.

Für die etwa 50 Ordensschwestern, die noch heute im nördlichen Viertel des Konvents den Klosterbetrieb aufrechterhalten, gelten diese Bestimmungen nicht mehr. 1985 rückte das Kloster kurz in den Mittelpunkt der Öffentlichkeit: Damals sprach Papst Johannes Paul II. die 1683 geborene ehemalige Priorin Sta. Catalinas, Sor Ana de los Angeles Monteagudo y León, selig.

Klaus Boll

ben von 1960 schwer beschädigt. Fassade und Innenraum sind vergleichsweise schmucklos, sehenswert ist jedoch der Silberaltar im Presbyterium und das zu-

gehörige Kloster mit einer Bibliothek und einem Museum für religiöse Kunst.

An der Westseite des hübschen, mit Jacarandas bestandenen Platzes liegt

Detail am Portal der Iglesia La Compañia in Arequipa

das Gebäude der Fundación del Fierro (im 18. Jh. als Mädchenschule gegründet und 1868 vom Erdbeben zerstört), das seit 1971 als **Stadtmuseum** (Museo Histórico Municipal) 6 mit einer Gemäldegalerie und Ausstellungen zu Archäologie und Stadtgeschichte dient.

200 m westlich liegt der Eingang zu **Sta. Catalina** 7 , einer in ihrer Art wohl einmalige ›Klosterstadt‹ mit malerischen Gassen, Plätzen, Innenhöfen. Der noch heute bewohnte Komplex zählt zu den Hauptsehenswürdigkeiten der Stadt (s.S. 158). Gegenüber vom Klostereingang kann man im **Museo Santuarios Andinos** der Katholischen Universität UCSM den gut erhaltenen Leichnam von Juanita bewundern, einem Inka-Mädchen, das 1995 im Gletscherbereich des 6380 m hohen Ampato entdeckt wurde und möglicherweise vor ca. 500 Jahren von Priestern geopfert wurde.

Ein Maulbeerbaum im Innenhof gab der nahegelegenen **Casa de Moral** 8 ihren Namen. Über dem Eingangstor des barocken Privatpalastes fällt ein herrlicher Fries ins Auge, auf dem ein Puma mit einer Schlange im Maul dargestellt ist, der an die Symbolik der Nazca-Kultur erinnert. Die Überreste der prächtigen Barockkirche **San Agustín** 9 , ein Meisterwerk mestizischer Architektur aus dem späten 17. Jh., liegen nur eine Straße weiter in der Calle Agustín. Ein Erdbeben zerstörte das einst reiche Kloster und ließ von der Kirche nur die üppige Fassade und die große Sakristei zurück. In der 1793 erbauten **Casa Iriberry** 10 auf der anderen Straßenseite – einst Residenz reicher Familien – hat die Universität Büros und Ausstellungsräume eingerichtet, und im Obergeschoß wartet ein kleines Café auf Gäste.

Ein weiteres sehenswertes Kolonialhaus erreicht man über die Calle La Merced in südlicher Richtung: Auch in der **Casa de Goyoneche** 11 hat sich inzwischen ein Bankhaus eingerichtet, das vormittags zwei Räume mit Originalmobiliar der Öffentlichkeit zugänglich macht. In der gleichen Straße liegt die 1740 rekonstruierte Kirche **La Merced** 12 mit einem schönen *sillar*-Portal und einem üppigen, goldverzierten Barockaltar. Im gotischen Kapitelsaal werden wertvolle Gemälde der Cusco-Schule aufbewahrt.

Ein Spaziergang über die Puente Grau führt zur Klosteranlage **La Recoleta** 13,

Im Convento Sta. Catalina in Arequipa ▷

die 1647 von den Franziskanern auf der Westseite des Río Chili erbaut und erst kürzlich renoviert wurde. In den früheren Klosterräumen sind heute mehrere Museen eingerichtet: das **Amazonas-Museum** mit zahlreichen ausgestopften Tieren und indianischen Artefakten aus dem Regenwald, das **Museo Precolumbino** mit einer beachtenswerten archäologischen Sammlung und das **Museo de Arte Religioso** mit wertvollen Gemälden der Cusco-Schule. Auch wegen der drei Kreuzgänge und der wohlbestückten Bibliothek mit über 20 000 Bänden – die ältesten über 500 Jahre alt – verdient La Recoleta Beachtung, doch bislang finden nur wenige Besucher den Weg hierher.

Ebenfalls westlich des Chili-Flusses liegt das Stadtviertel **Yanahuara** mit einigen hübschen Gassen und Plätzen. Die 1750 erbaute Kirche am Hauptplatz, von wo aus sich ein schöner Blick über die Innenstadt bietet, beeindruckt durch eine schmuckvolle Barockfassade. Auch im benachbarten Ortsteil **Cayma** steht eine sehenswerte Kirche, die dem Erzengel Michael gewidmet ist. Sie wurde 1730 aus dem für die Stadt typischen Tuffstein errichtet und Ende des 18. Jh. vergrößert. Am Rande des ehemaligen Dorfes, das längst mit Arequipa verwachsen ist, ziehen sich die Terrassenfelder *(ándenes)* den Hang entlang und bilden mit ihrem intensiven Grün einen herrlichen Kontrast zu den meist schneebedeckten Gipfeln der Vulkane Chachani und Misti im Hintergrund.

Ausflüge in die Umgebung

Besonders am Sonntag, wenn viele großstadtmüde Familien aufs Land gehen, um dort das Wochenende zu genie-

ßen, lohnt sich ein Ausflug in den 5 km südlich gelegenen Vorort **Tingo.** Zahlreiche einfache *picanterías,* typische ländliche Restaurants, sorgen hier wie auch im benachbarten **Tiabaya** für das leibliche Wohl der Besucher. Nicht weit entfernt kommt man zur **Mansión del Fundador,** dem im 16. Jh. erbauten Haus des Stadtgründers Garcí Manuel de Carbajal, das 1585–1767 von Jesuiten bewohnt wurde. Seit 1987 ist das wohl schönste koloniale Landhaus der Gegend zu besichtigen.

Auch im südöstlich gelegenen Dorf **Paucarpata** mit einer hübschen Kolonialkirche an der Plaza gibt es gute Restaurants, und nur etwa 2 km weiter kann man inmitten einer schönen Landschaft die **Molino de Sabandia** besuchen, eine historische Getreidemühle aus Vulkangestein. Sie stammt ursprünglich aus dem Jahre 1622, verfiel aber später zur Ruine und wurde 1973 restauriert.

In der Umgebung von Arequipa liegen auch mehrere **Thermalbäder,** deren Ausstattung allerdings europäischen Ansprüchen nicht gerecht wird. Dem rund 23 °C warmen Wasser des nur 9 km entfernt an der Straße nach Puno gelegenen **Balneario de Jesús** sagt man eine gute Heilwirkung bei rheumatischen Beschwerden nach. Bei gutem Wetter bietet sich von dort ein schöner Blick auf die Stadt Arequipa. Gut 10 Grad wärmer ist das schwefelhaltige Heilwasser in **Yura.** Diese Thermalquellen liegen etwa 30 km von Arequipa an der Straße nach Chivay (s. S. 165) zu Füßen des mächtigen Vulkans Chachani. Von dort sind es noch weitere 7 km nach **Socosani,** das für sein Mineralwasser allgemein bekannt ist. Die schwefel- und eisenhaltigen Quellen des Ortes werden jedoch fast ausschließlich von Einheimischen genutzt.

Zur tiefsten Schlucht des Kontinents

(Karte S. 168)

Es kommt nur auf den Blickwinkel an: Die Einheimischen sind davon überzeugt, daß der **Cañón de Colca** die tiefste Schlucht der Welt und mit fast 3200 m sogar doppelt so tief wie der Grand Canyon sei. Nun ja, gemessen vom Lauf des Colca-Flusses bis zu den höchsten Berggipfeln, die sich hinter der Schlucht auftürmen, mag das ja stimmen, vom Standpunkt des Besuchers am Rand der Schlucht sind es jedoch nicht viel mehr als 1200 m hinunter in das enge Flußtal – immerhin. Und außerdem: Nicht die Superlative sind entscheidend, sondern das ›Drumherum‹, und so gesehen lohnt sich ein Ausflug zur Colca-Schlucht allemal!

Am Anfang des zwei- oder dreitägigen Ausflugs, für den man am besten die Serviceleistungen eines örtlichen Reiseveranstalters in Anspruch nimmt, steht die Fahrt durch die Außenbezirke von Arequipa. Längst hat sich auch hier wie in Lima ein Gürtel von Armutssiedlungen gebildet, der immer weiter wuchert. Schon bald verläßt man hinter Yura die Asphaltstraße und folgt der Bahnlinie nach Juliaca bergauf mit dem Blick auf ein fruchtbares Tal, das von wüstenhafter Gebirgslandschaft eingefaßt wird. Nach etwa 1 1/2 Stunden Fahrzeit erreicht man die **Pampa de Cañahuas,** eine Hochebene auf rund 4000 m Höhe an der Nordseite des Chachani-Massivs, auf der heute wieder zahlreiche Vikunjas einen Lebensraum gefunden haben. Sie gehört zur **Reserva Nacional de Aguada Blanca,** die zusammen mit der Laguna de Salinas eine Fläche von 3670 km^2 einnimmt.

Indígena in der Nähe des Cañón de Colca

El Cóndor Pasa –
Der fliegende Götterbote

Kein anderes Tier steht so sehr als Symbol für die Anden und Südamerika wie der mächtige Kondor, der auch mehreren Staaten als Wappentier dient. Der Andenkondor *(Vultur gryphus)* gehört zur Familie der Neuweltgeier und ist der größte flugfähige Vogel Amerikas; sein Gewicht liegt normalerweise bei 10–13 kg und er erreicht eine stattliche Größe von 1,30 m. Charakteristisch sind der weiße Kragen und das schwarze Gefieder. Beides bildet sich erst bei erwachsenen Tieren aus, die Jungtiere sind unauffällig braun und werden daher oft mit anderen Vogelarten verwechselt. Männliche Tiere erkennt man an dem prägnanten Kamm. Trotz ihrer enormen Flügel-

spannweite von bis zu 3 m sind Kondore geschickte Flieger, die es perfekt verstehen, Aufwinde zu nutzen und sich so ohne größere Anstrengung mehrere Kilometer hoch tragen zu lassen. Lediglich beim Start wirken die gewaltigen Tiere etwas schwerfällig, eine lange ›Startbahn‹ ist schon vonnöten.

Die geselligen Vögel, die auch außerhalb der Brutzeit oft größere Gruppen bilden, sind im gesamten Andenraum verbreitet. Oft ziehen sie auch an der Meeresküste ihre Kreise auf der Suche nach verendeten Robben oder Seevögeln. Die Nahrung besteht vorwiegend aus Aas, aber auch schwache und kranke Tiere sowie Eier und Jungtiere werden nicht verschmäht. Zu einer echten Jagd sind Kondore aber nicht in der Lage, da sie keine Greifkrallen besitzen. Der starke, hakenförmige Schnabel kann jedoch als gefährliche Waffe eingesetzt werden, zum Beispiel wenn das Nest bedroht ist. Nur alle zwei Jahre findet sich dort ein Ei, das entsprechend umsichtig gehütet wird.

Der Kondor war eines der wichtigsten Tiere in der Mythologie fast aller altperuanischen Kulturen. Schon den Menschen der Chavín-Kultur galt er als Götterbote und Mittler zwischen Himmel und Erde. Eine überdimensionale Kondorfigur in Machu Picchu belegt, daß sich diese große Verehrung bis zu den Inka fortsetzte, und auch heute genießt der Vogel bei den Menschen der Anden Respekt und Ansehen.

Nur wenige Menschen finden hier, in den eisigen Höhen der Anden, ein karges Auskommen, und so ist man schon dankbar, wenn man in einem der baufälligen Restaurants am Wegesrand seinen Kreislauf mit einem heißen Kokatee wiederbeleben kann. Scheinbar unbeeindruckt von den widrigen Umständen suchen Lamas und Alpakas an den Gebirgsbächen nach frischem Grün, denn das harte Ichu-Gras ist auch für sie nur schwer verdaulich. An den Lagunen kann man manchmal schwarz-weiße Gänse, Sichler und Flamingos beobachten, bis man endlich den mit 4800 m höchsten Punkt der Fahrt erreicht. Von dem *mirador* bietet sich ein atemberaubender Blick zu den Vulkanen Ampato (6318 m), Hualcahualca und dem aktiven Sabancaya – wenn nicht wieder einmal dichter Nebel oder gar Schneefall herrscht. Von der Paßhöhe schraubt sich die Straße bergab ins Tal des Río Colca, der sich im Unterlauf Río Majes nennt, bevor er als Río Camaná bei der gleichnamigen Stadt in den Pazifik mündet. Das Städtchen **Chivay** 1 (S. 299) auf etwa 3650 m Höhe ist nicht nur für die Bauern der Umgebung ein wichtiger Knotenpunkt, auch für die ausländischen Besucher ist der größte Ort im Colca-Tal mit einfachen Unterkünften und Restaurants eine Zwischenstation auf dem Weg zu der spektakulären Schlucht. Nur wenige Kilometer außerhalb gibt es sogar ein Thermalbad, einfach zwar, aber dafür in herrlicher Lage. Lohnenswert ist auch ein Besuch der Dörfer auf der nördlichen Seite des Flusses, wie z. B. **Coporaque** mit seinen Adobehäusern und einer windschiefen Kirche.

Am nächsten Morgen geht es dann weiter zum **Cruz del Cóndor,** einem Aussichtspunkt am Rande des **Cañón de Colca** 2, wo man vormittags die besten Chancen hat, einen oder gar mehrere Kondore zu beobachten, wie sie sich von den Aufwinden emportragen lassen – ein großartiges Erlebnis. Auf dem Weg dorthin passiert man das Dorf **Yanque,** dessen schneeweiße Kirche aus dem Jahr 1702 über eine hübsche Fassade verfügt. Vom Innenhof führt ein enger Gang hinauf auf das Dach des Gotteshauses, von wo man einen herrlichen Rundblick genießt.

Große Teile des weiter westlich gelegenen Dorfes **Maca** wurden 1991 durch eine Schlammlawine zerstört, die sich nach einem Ausbruch des Vulkanes Sabancaya aus dessen Flanken löste. Noch heute haben die Einwohner unter den Folgen der Katastrophe zu leiden, denn auf den umliegenden Feldern ist Landwirtschaft kaum mehr möglich, da sich überall tiefe Risse in der Erde gebildet haben. Viele der Dorfbewohner sind fortgezogen, um woanders ihr Glück zu versuchen.

Nach und nach wird die Landschaft spektakulärer, Kandelaberkakteen lösen zunehmend die Mais- und Gemüsefelder ab, und schon bald bieten sich die ersten dramatischen Blicke hinunter in die Schlucht. Aber Vorsicht – immer wieder stürzen unachtsame Besucher in die Tiefe, und eine Rettung ist so gut wie ausgeschlossen! Um an die tiefsten Stellen des Canyons zu gelangen, muß man sich an Bord eines Schlauchbootes begeben und mehrere Tage Zeit mitbringen, denn nur an wenigen Stellen ist ein Ein- bzw. Ausstieg möglich. Die Rückfahrt nach Arequipa führt meistens wieder über Chivay; wer mit dem eigenen Fahrzeug unterwegs ist, kann jedoch auch die Route in die entgegengesetzte Richtung über Cabanaconde wählen, die zwar weiter ist, aber statt über Gebirgspässe bergab zur geteerten *Panamericana* führt.

Auf der *Panamericana* nach Chile

**Arequipa – Tacna (ca. 380 km)
(Karte S. 168)**

Von Arequipa geht es zunächst zur Kreuzung **Repartición.** Nach 15 km auf der
nach Süden führenden *Panamericana*

kann man in Richtung Meer abbiegen:
Vorbei am alten Hafen Islay, der nach
einer Gelbfieberepidemie im Jahre 1862
aufgegeben werden mußte, erreicht
man nach 68 km die daraufhin gegründete Hafenstadt **Mollendo** 3 (S. 321)

am Endpunkt der Bahnlinie von Arequipa. Mit dem 1951 abgeschlossenen Bau der modernen Hafenanlagen von Matarani 14 km nordwestlich begann auch der Stern dieser heute etwa 20 000 Einwohner zählenden Stadt zu sinken, deren Wahrzeichen, das neogotische Castillo de Forga, an bessere Zeiten erinnert. Dem über 30 km langen Sandstrand, der sich in Richtung Süden er-

streckt, verdankt die Stadt ihre touristische Bedeutung, auch wenn sich ausländische Besucher im nur 16 km entfernten **Mejía** 4 meist wohler fühlen. Dieser ruhige Badeort verfügt ebenfalls über schöne Strände, es mangelt allerdings an geeigneten Unterkunftsmöglichkeiten. Ein Eldorado für Vogelfreunde sind die 3 km südlich gelegenen **Lagunas de Mejía,** ein 690 ha großes Feuchtgebiet mit Küstenlagunen, in denen Reiher und andere Wasservögel heimisch sind.

Über eine schlechte Straße erreicht man im Tal des Río Tambo bei Kilometer 1041 wieder die *Panamericana,* die sich nun auf schnurgerader Strecke durch die Wüste frißt und nach etwa 100 km an dem staubigen **Moquegua** 5 (S. 321) vorbeiführt. Diese wenig attraktive Provinzhauptstadt auf 1430 m Höhe, die bereits 1625 in den Rang einer Stadt erhoben wurde, lebt vom Anbau von Weintrauben, Oliven und Obst im Tal des Río Osmore – die Avocados *(palta)* der Region sind äußerst schmackhaft.

Im Hinterland von Moquegua liegt auf knapp 3000 m Höhe die Minenstadt **Toquepala** mit einer der größten Kupferminen des Landes, die seit 1958 von der US-amerikanischen Southern Peru Copper Corporation ausgebeutet wird. Über eine neugebaute Eisenbahnlinie wird der wertvolle Rohstoff zum Hafen von **Ilo** gebracht, wo er in einer riesigen Kupferschmelze verarbeitet und auf Frachter verladen wird. In einem 1992 geschlossenen Vertrag hat Peru einen Teil des Hafengeländes für einen Zeitraum von 50 Jahren an den Nachbarn Bolivien abgetreten, der dadurch erstmals seit dem Verlust der Meeresprovinzen im Salpeterkrieg wieder einen Zu-

Die Vulkane Pomerape und Parinacota im Lauca-Nationalpark

gang zum Meer besitzt. Eine neue Straßenverbindung zum Titicacasee und nach La Paz ist im Bau, und regelmäßige Linienflüge nach Lima unterstreichen zusätzlich die neue Bedeutung der aufstrebenden Hafenstadt, die auch über einen bedeutenden Fischereihafen verfügt.

Tacna 6 (S. 337), die südlichste Stadt des Landes, liegt fast genau 1300 km von Lima entfernt am 18. Breitengrad, unweit der Grenze zu Chile. Die Wüstenstadt mit etwa 150 000 Einwohnern, heute ein wichtiger Militärstützpunkt, macht mit ihren Parks und palmenbestandenen Alleen einen gepflegten Eindruck. Ein Monument auf der hübschen Plaza mit einer 1870 von Gustave Eiffel entworfenen Kathedrale erinnert an den Salpeterkrieg, in dem Tacna 1880 von

chilenischen Truppen besetzt wurde. Erst am 28. August 1929 wurde die Stadt an Peru zurückgegeben, andere Provinzen von Peru und Bolivien wie Iquique und Antofagasta blieben hingegen beim südlichen Nachbarn, woraus sich das bis heute gespannte Verhältnis der beiden Andenstaaten zu Chile erklärt. Ein kleines Museum in der Casa de la Cultura zeigt Erinnerungsstücke an diesen Krieg. Obwohl die Stadt keine herausragenden Sehenswürdigkeiten zu bieten hat, lohnt sich ein kurzer Besuch auch wegen des Museo Ferroviario am Bahnhof, mit zahlreichen Exponaten zur Eisenbahngeschichte. Eine Teerstraße verbindet Tacna mit dem 22 km entfernten Meer und dem beliebten Badeort **Boca del Río** (42 km), der allerdings nicht über Hotels verfügt.

Die Umgebung von Arequipa

Abstecher zum Lauca-Nationalpark

Nur 36 km sind es von Tacna zur chilenischen Grenze, und von dort noch einmal 20 km nach Arica, dem Ausgangspunkt für Ausflüge in den **Parque Nacional Lauca** 7. Von den eintägigen Exkursionen, wie sie in den Reisebüros in Tacna angeboten werden, sollte man allerdings nach Möglichkeit Abstand nehmen, denn diese führen in wenigen Stunden von Meeresniveau auf über 4500 m empor und wieder zuruck. Besser ist es, eine Zwischenübernachtung im Bergdorf **Putre** 8 (s. S. 332; 3500 m) einzuplanen, um sich an die Höhe zu gewöhnen, und am nächsten Tag den herrlichen Naturpark zu besuchen.

Die Fahrt führt durch eine spektakuläre Hochgebirgslandschaft mit eindrucksvollen Vulkanen und einer überraschend vielfältigen Tierwelt. Halbwilde Lamas und Alpakas allenthalben, und ziemlich sicher begegnet man auch einigen zierlichen Vikunjas, die oft unbekümmert am Straßenrand grasen. Unterwegs lohnt sich ein Abstecher zum winzigen Dorf Parinacota (4450 m) mit einer rustikalen Adobekirche aus dem 17. Jh. Direkt hinter dem Ort liegen die Lagunas Cotacotani, die zahlreichen Wasservögeln einen idealen Lebensraum bieten (Wanderwege). Schon bald erblickt man die mächtigen Gipfel der Vulkane Pomerape (6240 m) und Parinacota (6330 m), zu dessen Füßen sich der Lago Chungará erstreckt. Ein herrliches Bild bieten die im Wasser stehenden Flamingos vor der Kulisse des schneebedeckten Bergriesen, der sich in der kristallklaren Oberfläche des Sees spiegelt. Mit einer Höhe von 4570 m gilt der Lago Chungará als einer der höchstgelegenen Seen der Welt. Von hier sind es nur noch wenige Kilometer zur bolivianischen Grenze und zum Nationalpark Sajama (s. S. 240 f.), von wo aus man auf einer neuen Teerstraße bequem nach La Paz weiterreisen kann.

Die Heimat der Inka: Cusco und Umgebung

Cusco – Die Hauptstadt des Inka-Reichs

■ (S. 302) Wegen seiner Lage in den Anden, seiner entspannten Atmosphäre, der freundlichen Menschen und der vielen zu Fuß erreichbaren Sehenswürdigkeiten erleben viele Besucher Perus das rund 300 000 Einwohner zählende Cusco als die schönste Stadt des Landes. Eingebettet in ein ausgedehntes Tal liegt die Hauptstadt des gleichnamigen *Departamento* auf einer Höhe von 3340 m. Wer aus den Küstenmetropolen oder dem Amazonas-Tiefland in die ehemalige Inka-Hauptstadt reist, wird in den ersten Tagen die dünne Luft in dieser Höhe zu spüren bekommen. Doch die Mühe lohnt sich: grandiose Kirchen voller kunsthistorischer Schmuckstücke, prachtvolle Kolonialbauten und nicht zuletzt die berühmten Inka-Mauern, die aus paßgerechten Felsblöcken millimetergenau zusammengefügt wurden, haben sich trotz zahlreicher schwerer Erdbeben bis heute beachtlich gut gehalten.

Außerdem ist Cusco Ausgangspunkt für Ausflüge in die landschaftlich besonders attraktive und an Sehenswürdigkeiten reiche Umgebung, denn nicht nur die Ruinen von Machu Picchu lohnen einen Besuch …

Geschichte

Das Tal von Cusco kann auf eine lange Besiedlungsgeschichte zurückblicken: Schon vor über 2000 Jahren nutzten mehrere kleine Stämme den Nahrungsreichtum und die günstige Lage des Tals. Die spätere Hauptstadt des mächtigen Inka-Reichs wurde jedoch erst um das Jahr 1200 gegründet, als der Entstehungslegende der Inka zufolge das Geschwisterpaar Manco Capac und Mama Ocllo auf seinem Weg von der Sonneninsel im Titicacasee hier den vom Sonnengott prophezeiten Ort fand, an dem sich dessen Stab leicht in den fruchtbaren Boden hineintreiben ließ. Manco Capac nannte den Ort *Quosqo* – ›Nabel der Welt‹. Seine Nachfolger bauten in den folgenden 300 Jahren Cusco in jeder Hinsicht zum Zentrum aus: Hier kreuzten sich die beiden Hauptachsen des Inka-Reichs, hier errichtete man die wichtigsten Heiligtümer und Paläste, und hier befand sich auch die Residenz der wichtigsten Adelsfamilien und des obersten Inka-Fürsten. Von Cusco aus regierte dieser das zu seiner Blütezeit über 1 Mio. km² große *Tahuantinsuyo*, das ›Reich der vier Regionen‹.

Archäologen vermuten, daß die Inka ihre Hauptstadt in Form eines gigantischen Pumas anlegten: Der höher gelegene Komplex von Sacsayhuaman (s. S. 182 ff.) bildete dabei den Kopf, die Stadt Cusco selbst den Körper, und der Río Huatanay markierte den Schwanz der Raubkatze. In den Grenzen der Stadt lebten die unterschiedlichsten Schichten der Inka-Gesellschaft voneinander getrennt: Im höher gelegenen Nordteil residierte der Adel, in der südlichen Unterstadt waren Bauern, Diener, Handwerker und Zugereiste ansässig. Die Bauern bewirtschafteten das fruchtbare Tal, legten Bewässerungskanäle an und bauten Alfalfa, Mais, Quinoa und Gerste an. Um 1450 jedoch, nach der erfolglosen Belagerung Cuscos durch Chancas-Indianer, ordnete der Inka Pachacutec Yupanqui

Das Zentrum der Altstadt von Cusco
◁ *mit Kathedrale und Plaza de Armas*

(1438–1471) den vollständigen Abriß und Neuaufbau Cuscos an: 50 000 Fronarbeiter errichteten in wenigen Jahren das neue Cusco – prachtvoller denn je. Die Stadt verfügte nun über gepflasterte Straßen, anstelle der alten Strohhütten über massive Steinhäuser und über eine für damalige Zeiten überaus moderne Wasserversorgung. Am Vorabend der spanischen Eroberung zählte Cusco rund 15 000 Einwohner.

Francisco Pizarro erreichte, von Cajamarca nach Süden ziehend, Cusco am 15. November 1533. Auch die Tempel und Paläste dieser Stadt blieben von der Plünderung durch die goldgierigen Konquistadoren nicht verschont. Pizarro ließ zahlreiche Bauwerke der Inka schleifen, andere wurden sogleich als Baumaterial für den Bau neuer Kirchen und Paläste verwendet. Die Einwohnerzahl Cuscos sank zunächst rapide, auch bedingt durch die eingeschleppten europäischen Zivilisationskrankheiten. Als Atahualpas Nachfolger Manco Capac II. begriff, daß er nichts als ein Strohmann der spanischen Kolonialherren war, erhob er sich 1536 gegen die Besatzer und belagerte Cusco mehrere Monate lang. In der Entscheidungsschlacht brannte der größte

Cusco

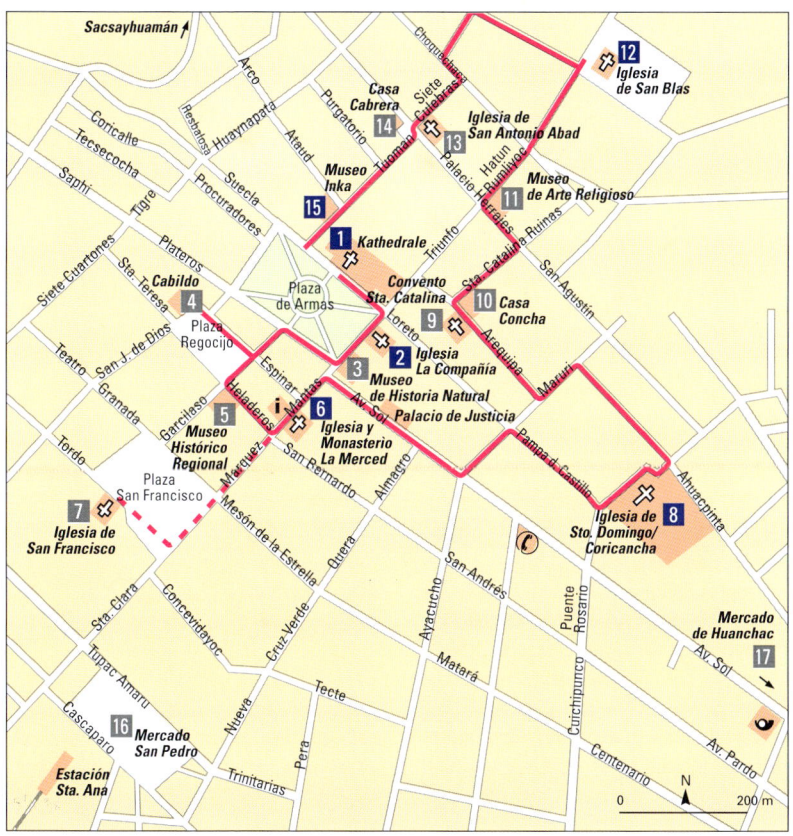

*Blick über die Plaza de Armas von Cusco
mit der Kathedrale (links) und der Iglesia
La Compañía (rechts)*

Teil der Stadt nieder. Von vielen Gebäuden blieben nur noch die Inka-Mauern
erhalten, die von den Spaniern beim
Wiederaufbau der Stadt verwendet und
mit barocken Fassaden verkleidet wurden. In der Folgezeit schufen die besten
Architekten, Steinmetze, Maurer, Tisch-
ler und Künstler des Landes prachtvolle
Kirchen, Regierungs- und Wohnpaläste.

Doch auch die neue Pracht war nicht
von langer Dauer: Dem schweren Erdbeben von 1650 fielen über 80 % der
Kolonialbauten zum Opfer. Es folgten
zahlreiche weitere Erdstöße, und 1950
erschütterte wieder ein schweres Beben
die Stadt, richtete jedoch weniger Scha-

den an als das 300 Jahre zuvor. Das vorläufig letzte Erdbeben vom November
1996 blieb ohne nennenswerte Folgen.
Doch die weitgehend intakte koloniale
Innenstadt sollte nicht über die drängen-
den sozialen Probleme der Stadt hin-
wegtäuschen, immer mehr Menschen
suchen hier Schutz und Arbeit, und
immer weiter wachsen die ärmlichen
Adobehäuser die Hänge hinauf ...

Rundgang durch die Altstadt

Um eine Stadt wie Cusco zu erleben,
reicht es nicht aus, die zahlreichen Hauptsehenswürdigkeiten ›abzuklappern‹, was
ohne weiteres an einem Tag möglich ist.
Vielmehr braucht man Zeit, um das einmalige Ambiente auf sich wirken zu las-

sen, indem man ohne Eile durch die Gassen schlendert. Vor einem Stadt-rundgang empfiehlt sich der Kauf des *Boleto Turístico* (BT); dieses Ticket er-laubt in einem Zeitraum von fünf Tagen den Besuch von 16 der wichtigsten Se-henswürdigkeiten in und um Cusco (s. S. 304)

Heute wie damals bildet die **Plaza de Armas** das geographische und kultu-relle Zentrum Cuscos. Zur Inka-Zeit hieß der damals doppelt so große Platz *Hua-caypata* – ›Ort der Freude‹. Von seinem Mittelpunkt führten die Hauptrouten in die vier Regionen des *Tahuantinsuyo.* Im Zentrum der Plaza weht auch heute noch die Regenbogenfahne des Inka-Reichs. Von morgens bis abends bele-ben spielende Schulkinder in gepflegten Schuluniformen, Zeitung lesende Rent-ner, Schuhputzer und Indianerfrauen,

die Alpaka-Mützen und *pulseras* verkau-fen, die Plaza. Wer neben den Besichti-gungen genügend Zeit hat, sollte dem bunten Treiben einmal einige Minuten von einer Parkbank oder von den Trep-pen vor der Kathedrale zuschauen.

Die Bauphase der mächtigen **Kathe-drale 1** erstreckte sich über einen Zeit-raum von mehr als 100 Jahren: Im Jahre 1559 brach man die Mauern des Inka-Palastes an der Plaza ab und errichtete auf den Grundmauern des einstigen Tempels für den Gott Huiracocha das größte Gotteshaus der Stadt. Die zu Fronarbeiten verurteilte Bevölkerung Cuscos soll dabei auch Steine aus dem 200 m höher gelegenen Sacsayhuaman verwendet haben. Nicht zufällig trägt die im spanischen Renaissancestil gehal-tene Fassade auch Züge inkaischer Steinmetzkunst. Der 85 × 45 m große

Die Malschule von Cusco

Die Malschule von Cusco verdankt ihre Entstehung einem Mangel – der während der Kolonialzeit nicht durch Importe zu befriedigenden Nachfrage nach religiösen Gemälden. Spanische Kaufleute hatten auf ihren Reisen durch Europa unzählige Werke italienischer, flämischer und spanischer Künstler aufgekauft und mit nach Peru gebracht. Dennoch fehlten in vielen neuen Kirchen repräsentative sakrale Kunstwerke. So entschlossen sich die Kirchenoberen, in Peru eigenen Nachwuchs auszubilden. Die bedeutendste dieser neuen ›Malfabriken‹ war die *Escuela de Cusco,* in der Gemälde am Fließband produziert wurden und die im 18. Jh. die Malerei Südamerikas stark beeinflußte. Die Kunstwerke wurden oft in Gemeinschaftsarbeit angefertigt und verließen daher in der Regel unsigniert das Haus.

Bekanntestes Beispiel ist wohl das große ›Letzte Abendmahl‹ in der Kathedrale von Cusco: Jesus und seine Jünger versammeln sich hier nicht um ein Lamm, sondern um ein gebratenes Meerschweinchen, und statt des biblischen Weins trinken sie Maisbier. Je mehr die Bilder der Cusco-Schule vom Kirchenvolk geschätzt wurden, je selbstbewußter die Künstler wurden, desto mehr lösten sie sich von den Originalvorlagen und Vorbildern. Plötzlich trugen Heilige prächtige Strahlenkränze, glitzernde Juwelen, kostbare Kolliers und Goldschmuck wie zu Zeiten der Inka. Engel erschienen mit Gewehren, und viele biblische Szenen spielten sich im Hochland von Peru ab. Mit Hilfe dieser heimischen Motive konnten sich insbesondere die frisch bekehrten Indianer besser in die Wunder des Neuen Testaments hineinversetzen.

Künstler wie Melchor Pérez de Holguín (1660–1724) aus dem bolivianischen Potosí, der sich von den Werken des spanischen Malers Francisco de Zurbarán inspirieren ließ, und Diego Quispe Tito (1611–1681) aus Cusco, der sich mehr an flämischer Malerei orientierte, machten über die Grenzen ihres Landes von sich reden. Titos Gemälde zeigen zum ersten Mal in der peruanischen Kunstgeschichte Landschaften. Mit herrenlosen Hüten und Urwaldvögeln kennzeichnete er seine Werke, die zu signieren ihm als Mestizen verboten war.

Klaus Boll

Kirchenbau – einer der größten Amerikas – macht mit seinen massiven Sandsteinwänden und riesigen Eingangstoren aus dickem Holz einen monumentalen Eindruck. Verstärkt wird dies durch die stattlichen, 33 m hohen Glockentürme. Im linken erschallt an Feiertagen die größte und mit 6 t schwerste Glocke Südamerikas – die ›María Angela‹. Bei günstigen Windverhältnissen soll man sie selbst in 40 km Entfernung noch hören können.

Den für Kirchenbesucher geöffneten Seiteneingang bildet die **Capilla de la Sagrada Familia** (›Kapelle der hl. Familie‹) links neben der Kathedrale. Die durch das Erdbeben 1950 stark beschädigte Kirche wurde nach umfangreichen Renovierungen erst 1998 wiedereröffnet. Über die Gestaltung des Innenraums läßt sich sicherlich streiten, doch treffen die üppigen Seitenaltäre ganz bestimmt den Geschmack der örtlichen Bevölkerung.

Durch ein Seitenportal betritt man die eigentliche Kathedrale. Vorbei an einigen der elf Seitenkapellen – darunter auch die der vor allem von Indianerfrauen verehrten *La Linda*, der Jungfrau der unbefleckten Empfängnis, und die der *Virgen de los Remedios,* der Jungfrau der immerwährenden Hilfe – kommt man zu einer großen, vom Rauch der Tausenden Opferkerzen mittlerweile ganz schwarz gewordenen Heiligenfigur: *El Señor de los Temblores.* Die Statue erinnert an das schwere Erdbeben von 1650, als man sie zum ersten Mal durch die Straßen Cuscos trug. Dieses Ritual wiederholt sich seitdem – in der Hoffnung auf prophylaktischen Schutz – alljährlich am Montag der *Semana Santa.* Der ›Herr der Erdbeben‹ trägt dabei einen seiner zahllosen gold- und edelsteinverzierten Röcke, wie dies auch auf einem großen Gemälde von der ersten Prozession nahe des Hauptportals zu sehen ist.

Gegenüber betritt man den Chorraum mit einem fein geschnitzten Chorgestühl – ein Meisterwerk aus dem 17. Jh. Dieses in vielen tausend Arbeitsstunden geschaffene Kunstwerk beinhaltet neben den eigentlichen Sitzen 40 Heiligenfiguren in Lebensgröße. Wer Sinn für Details hat, sollte einmal genauer unter die Armlehnen schauen: Hier tauchen kleine, mittlerweile leicht abgegriffene Halbreliefs barbusiger *cholitas* (Indianermäd-

chen) auf. Rechter Hand gelangt man in die geräumige und auffallend hohe Sakristei, die bis unter die Decke mit Porträts von Bischöfen der Diözese Cusco geschmückt ist. Die Chronik beginnt mit dem Begleiter der Pizarros, Padre Vicente de Valverde, und führt über Manuel de Mollinedo (1673–1699), einen wichtigen Förderer der Cusco-Schule, bis zum derzeitigen Bischof Cuscos. Das einstige Prunkstück der Sakristei, eine 1,20 m hohe Monstranz aus 21 kg Gold, 5 kg Silber und 2000 Edelsteinen ist seit seinem Diebstahl aus diesem Raum nie wieder aufgetaucht. Zahlreiche der mehr als 250 teilweise überaus großen Gemälde der Kathedrale sind im Cusco-Stil gearbeitet, der die europäische Malkunst des 16. und 17. Jh. mit der Imagination indianischer Künstler aus den Anden verschmelzen läßt (s. S. 176). Nicht selten scheinen sich selbst biblische Szenen in Peru abzuspielen: Indianische Gesichter, peruanische Landschaften sowie Speisen, Pflanzen oder Tiere aus Peru ersetzen die ursprüngliche Umgebung – so zum Beispiel bei dem riesigen Gemälde von Marcos Zapata (links vom Eingang zur Sakristei) mit dem Titel ›Das letzte Abendmahl‹.

Doch nicht nur peruanische Künstler haben bei der Ausschmückung von Cuscos Kathedrale mitgearbeitet: Das Kruzifix an der Rückseite der Sakristei soll beispielsweise von dem flämischen Maler van Dyck oder von Tizian stammen. Verdeckt vom mächtigen, weil von der Stirnwand abstehenden, neoklassischen Hauptaltar, bei dem mehrere hundert Kilogramm Silber verarbeitet wurden, steht der ursprüngliche Hochaltar aus dunkelbraunem Zedernholz im für Lateinamerika charakteristischen Churriguera-Stil.

Neben der Capilla de la Sagrada Familia verfügt die Kathedrale über einen zweiten Annex: Rechts neben dem Hauptschiff erhebt sich die **Capilla del Triunfo.** Um 1723 errichteten die neuen Herren der Stadt dieses Gotteshaus aus Dankbarkeit für den erfolgreich abgewehrten Indianeraufstand Manco Capacs von 1536. Gleich rechts hinter dem Portal erblickt man eine Urne mit den Gebeinen Garcilaso de la Vegas. Dieser bekannteste Chronist der Inka-Geschichte war 1539 in Cusco geboren worden und verstarb 1616 in Spanien. Seine sterblichen Überreste hatte der spanische König wenige Jahre später nach Peru überführen lassen.

An der Südostseite der Plaza de Armas zieht die prachtvolle Barockfassade der 1571 von Jesuiten erbauten Iglesia **La Compañía** 2 die ganze Aufmerksamkeit auf sich. Das Fundament der wohlproportionierten einschiffigen Kirche besteht aller Wahrscheinlichkeit nach aus Steinen des um 1500 errichteten Palastes des Inka Huayna Capac. Als sie bereits 80 Jahre nach Fertigstellung beim Erdbeben von 1650 zusammenstürzte, entschlossen sich die zwischenzeitlich reichen Jesuiten, hier nun die großartigste Kirche der Stadt zu erbauen. Sie sollte sogar die benachbarte Kathedrale an Glanz noch übertreffen. Der Bischof versuchte indes, dies zu verhindern. Letztendlich mußte Papst Paul III. entscheiden – und dieser verbot die Pläne des Ordens. Als das päpstliche Urteil Cusco erreichte, waren die Bauarbeiten jedoch schon abgeschlossen. Obwohl der Großteil des Kirchenschatzes nach der Vertreibung der Jesuiten aus Peru versteigert worden war, läßt die Inneneinrichtung den einstigen Reichtum des Gotteshauses erahnen: aus feinstem Zedernholz geschnitzte, vergoldete Altäre in purem Barockstil, hervorragende Heiligengemälde und -statuen, Gemälde von ver-

schwenderischen Adelshochzeiten des 16. Jh. Die ehemalige San-Ignacio-Kapelle rechts der Kirche wird heute als Buchladen genutzt. Daneben liegt die 1622 vom Jesuitenorden gegründete **Universität** 3, deren Barockfassade mit ihren indianischen Einflüssen gut zur benachbarten Kirche paßt; heute ist hier das **Naturhistorische Museum** untergebracht.

Verläßt man nun die Plaza de Armas in südwestlicher Richtung, so gelangt man zur **Plaza Regocijo** (›Platz der Freude‹), auf der zu Inka-Zeiten die siegreich heimkehrenden Soldaten empfangen wurden. An der Nordwestseite des Platzes, der auch unter den Namen Plaza Cabildo bzw. Cusipata bekannt ist, befindet sich in den Räumen des alten Rathauses (cabildo) das **Museo Municipal de Arte Contemporáneo** 4 mit einer interessanten Ausstellung von Werken zeitgenössischer Künstler. An der Südseite dieses kleinen Platzes steht das Geburtshaus von Garcilaso de la Vega, dem ersten einheimischen Historiker und Autor der ›Comentarios Reales de los Inca‹ (›Wahrhafte Nachrichten über die Inka‹). Als Sohn eines spanischen Aristokraten und einer Inka-Prinzessin reiste er im Alter von 21 Jahren nach Spanien, um dort vor überaus interessierten Zuhörern über das mächtige Inka-Imperium und die glanzvollen Siege der Pizarros Bericht zu erstatten. Heute befindet sich hier das **Regionalmuseum** 5, in dem neben Zeugnissen aus dem Leben des Chronisten einige Gemälde der Cusco-Schule und feine Kolonialmöbel ausgestellt sind.

Von der Plaza Regocijo ist es nicht weit zur Calle Mantas, wo ein weiteres sakrales Schmuckstück Cuscos steht: die Iglesia **La Merced** 6. Das einstige südamerikanische Mutterhaus des Mercedarierordens gilt als die älteste Kirche der Stadt (1536). Nachdem sie vom Erdbeben des Jahres 1650 erheblich beschädigt worden war, baute man sie innerhalb von nur vier Jahren – nun zweischiffig – wieder auf. Ein schmucküberhäufter Hauptaltar, wertvolle Heiligengemälde und das fein geschnitzte Chorgestühl aus Zedernholz sind nur einige Beispiele für den einstigen Reichtum der Mercedarier. Links des Hauptportals der um 1950 renovierten Kirche führt eine Tür zum angegliederten **Kloster La Merced.** Das Zentrum der Anlage bildet der im Renaissancestil gestaltete Klosterhof mit einem hübschen Brunnen. Im Kreuzgang und im Kapitelsaal, in dem sich Mercedarier aus ganz Südamerika versammelten, hängen Gemälde mit Szenen aus dem Leben des Ordensgründers Don Pedro Nolasco. Beachtlich ist auch die äußerst aufwendig gearbeitete Zedernholzdecke. Besonders interessant ist ein Besuch der Zelle des Francisco Salamanca (1670–1720): Der strenggläubige Padre hatte sich jahrelang zu Besinnung und Gebet in diesen winzigen Kellerraum zurückgezogen und dabei die Wände mit farbenprächtigen Fresken mit Bibelszenen bemalt. Im kleinen Museum fällt neben Meßgewändern und Gemälden eine um 1720 gefertigte Monstranz aus purem Gold ins Auge. Mit einer Höhe von 1,30 m und einem Gewicht von über 22 kg gilt sie als einer der wertvollsten sakralen Gegenstände des Landes. 1518 Diamanten und 615 Perlen und Edelsteine schmücken den Hostienbehälter mit der Darstellung der *Virgen de la Merced* im Zentrum, darunter Rubine, Saphire, Topase, Smaragde, Amethyste und schwarze Perlen – die größte Perle hat einen Durchmesser von 10 cm.

Wer noch Zeit und Energie für einen weiteren Kirchenbesuch hat, kann einen Schlenker zur Plaza San Francisco ma-

Glockenturm der Iglesia La Merced

chen. Hier erhebt sich an der südwestlichen Längsseite die von außen recht schmucklose Iglesia de **San Francisco** **7** mit einem aus dem 16. und 17. Jh. stammenden Klosterannex. Ungewöhnlich sind die in den beiden Krypten zu Buchstaben angeordneten Knochen verstorbener Gemeindeangehöriger. Ebenfalls sehenswert sind das prachtvolle Chorgestühl aus Zedernholz sowie eine Darstellung des Stammbaums des Ordensgründers, des hl. Franz von Assisi. Dieses Kunstwerk gilt mit seinen 9 × 12 m als das größte Heiligengemälde des gesamten Subkontinents.

Zurück in Richtung Plaza de Armas, trifft man auf die Hauptachse Avenida Sol, wo sich der neoklassische **Justizpalast** (Palacio de Justicia) erhebt. Drei Häuserblocks bergab erblickt man an der Ecke zur Avenida Grau links die Klosterkirche **Sto. Domingo** **8**, die auf den Ruinen des Inka-Sonnentempels Coricancha erbaut wurde. Beim Erdbeben von 1650 weitgehend zerstört und wenig später wiederaufgebaut, stürzte die Ordenskirche 1950 erneut ein. Dabei traten an einigen Stellen die alten Inka-Grundmauern zutage. Archäologen legten die von den Spaniern verschont gebliebenen Reste des Inka-Heiligtums frei und richteten das heutige Coricancha-Museum ein.

Die Architektur des **Coricancha** (›Goldener Hof‹) war die vollendetste aller Inka-Bauten: Die Steine waren perfekt gemeißelt, die Maße stimmten millimetergenau, jede Mauer war erdbebensicher, die Formen (Trapeze, Quader, Kreise) schlichtweg unübertrefflich – Prunkstück ist eine 6 m hohe, runde Mauer, die bislang allen Erdbeben standgehalten hat. Die ganz ohne Mörtel hochgezogenen, mit Metallklammern stabilisierten und mit Edelsteinen verzierten Mauern waren behangen mit großen goldenen Scheiben, die Sonne, Mond, Sterne und zahlreiche Götter symbolisierten. Der Wert der ursprünglichen ›Inneneinrichtung‹ muß schier unermeßlich gewesen sein. Die Wände der *Sala del Sacrificio* (Opferhalle) waren mit Gold verkleidet, in den Mauernischen befanden sich Götterfiguren. Gold war dem Glauben der Inka nach von der Sonne geweinte Tränen. Scheiben aus Silber, Schalen und Figuren aus Juwe-

Paßgenaue Steine einer Inka-Mauer im Coricancha in Cusco

len und Edelsteinen sowie kunstvoll bestickte Federgewänder waren jedoch auch sehr wertvoll.

Im Coricancha pflegten die Adelsfamilien die Mumien früherer Inka-Herrscher. Er diente den Inka-Priestern aber auch für religiöse Zeremonien und den Sterndeutern *(tarpuntaes)* als Observatorium. Im zwei Hektar großen Innenhof bewahrten die Inka eine Sammlung ihrer wichtigsten Pflanzen und Tiere auf – in Gold! Bäume, Getreideähren, Blumen, Bohnen und Maiskolben, Lamas, Alpakas, Vögel und Schmetterlinge, sogar die Altäre sollen aus massivem Gold bestanden haben.

Auch im Gebäudekomplex des nahegelegenen **Convento Sta. Catalina** 🄉 befand sich bis 1533 ein Inka-Tempel, in welchem 3000 *mamacunas* (Priesterinnen) lebten. Die dem Sonnengott Inti geweihten Frauen lehrten die *acllas* (Jungfrauen) Beten, Nähen, Weben und die Zubereitung von *chicha* (Maisbier) für rituelle Anlässe. Im heute teilweise der Öffentlichkeit zugänglichen Kloster sind eine Orgel, historische Devotionalien und Heiligengemälde aus der Kolonialzeit zu besichtigen. Schräg gegenüber, in der Calle Sta. Catalina, liegt die **Casa Concha** 🄉, deren Mauern größtenteils aus Inka-Fundamenten bestehen. Heute fungiert das ›Muschelhaus‹ als Polizeiwache – und als ein besonders schönes Beispiel für die während der Kolonialzeit so beliebten holzgeschnitzten Balkons.

Von der Casa Concha gelangt man über die Calle Triunfo zum **Museo de Arte Religioso** 🄫, das einen guten Überblick über die koloniale Kunst Cuscos bietet: Möbel, Haushaltsgegenstände und zahlreiche Gemälde der Cusco-Schule bilden den Schwerpunkt der Exponate. Das Museum für religiöse Kunst hat eine wechselvolle Geschichte: Zunächst war es der Palast von Inca

Roca, eine feine Adelsresidenz, danach bezog der Erzbischof hier Quartier.

In der angrenzenden Gasse Hatun Rumiyoc (›Straße des Großen Steins‹), die von Bettlern, Musikanten und zahlreichen Händlern bevölkert wird, kann man sich auf die Suche machen nach dem legendären **Zwölfeckigen Stein.** Dieser in Bauchhöhe in die hohe Mauer eingepaßte, tonnenschwere Felsblock beweist einmal mehr die hohe Kunst der Inka-Steinmetze und -Architekten, die von keiner anderen Kultur zu jener Zeit erreicht wurde.

Von hier aus bietet sich ein gemütlicher Bummel durch die engen Gassen nach San Blas an, dem Künstlerviertel Cuscos. Dort finden sich zahlreiche geschmackvoll eingerichtete Galerien, Ateliers und Kunsthandwerkläden mit romantischen, bunt bepflanzten Innenhöfen. Zentrum dieses alten Stadtteils ist die Iglesia **San Blas** 12 aus dem 17. Jh. Die aus Zedernholz bestehende, im Barockstil wahrhaft filigran geschnitzte Holzkanzel gilt als eines der weltweit besten Kunstwerke seiner Art. Aus Dankbarkeit für die Errettung von einer tödlichen Krankheit soll der indianische Künstler Juan Tomás Tuyrotupa sein Leben dem Ruhme Gottes geweiht und fortan 40 Jahre lang an diesem Meisterwerk gearbeitet haben. Man sagt, der Erzbischof von Cusco habe ihn daraufhin umbringen lassen, um die Vollendung eines weiteren derart außergewöhnlichen Kunstwerks zu verhindern. Angeblich bildet der Schädel des Meisters heute die Spitze der Kanzel.

Spaziert man vom San-Blas-Hügel wieder hinab in Richtung Stadtkern, sollte man zur kleinen **Plazoleta de las Nazarenas** abbiegen, einem gemütlichen Platz abseits des Touristenrummels. Namensgebend für den Platz war der Convento de las Nazarenas, ein ehe-

maliges Kloster für bekehrte Indianermädchen aus der Oberschicht der Inka. Die prächtige Barockkirche des ehemaligen Klosters **San Antonio Abad** 13 dient heute dem Luxushotel Monasterio als Tagungsraum und ist auch Nicht-Hotelgästen zugänglich. An der Nordseite der Plaza beherbergt das **Cabrera-Haus** 14 in den Räumen um den großen Innenhof wechselnde Ausstellungen, die von einer Bank finanziert werden. Dort, im ehemaligen Convento de Sta. Clara aus dem Jahre 1558 kann man heute Fotos, Gemälde und allerlei Kolonialkunst bewundern. Über ein kleines Sträßchen in Richtung Plaza de Armas gelangt man zum **Museo Inka** 15 mit einer sehenswerten Sammlung präkolumbischer Artefakte. Neben ausgesuchten Exponaten älterer Kulturkreise, darunter fein gewebte Textilien der Paracas-Kultur, bilden Beispiele aus der grandiosen Handwerks- und Ingenieurkunst der Inka, aus deren Medizin (trepanierte Schädel) und Kriegswesen sowie mehrere gut erhaltene Mumienbündel und *quipús* (Knotenschnüre) den Schwerpunkt der Sammlung.

Zum Besuch eines typischen lokalen Marktes bieten sich – bei der gebotenen Vorsicht vor Taschendieben – zwei *mercados* an: Von der Plaza San Francisco gelangt man via Calle Sta. Clara zum **Mercado San Pedro** 16 neben der gleichnamigen Kirche. Hier werden Haushaltswaren, Gemüse, Obst, frisches Brot und Kuchen, aber auch Uhren-Plagiate, Schmuggelware und Kunsthandwerk gehandelt. In dem Gebäude gegenüber, dem Sta.-Ana-Bahnhof, fährt täglich frühmorgens der Zug nach Machu Picchu ab. Eine zweite Möglichkeit bietet der **Mercado de Huanchac** 17 im gleichnamigen Stadtteil nahe dem Postamt *(Correos):* Hier liegt der Schwerpunkt auf Gemüse und Früchten.

Das ›geheiligte Tal der Inka‹

**Cusco – Pisac – Urubamba (78 km)
(Karte S. 186)**

In unmittelbarer Nachbarschaft von Cusco finden sich hochinteressante Ruinenstätten aus der Zeit der Inka, für deren
Besuch man einen halben Tag einplanen
sollte – wer gut zu Fuß ist, kann sie auch
auf Wanderwegen an einem Tag er-
schließen. Das nahegelegene Urubamba-Tal, das ›geheiligte Tal der Inka‹, bietet für den Reisenden nicht nur eine Vielzahl erstklassiger Sehenswürdigkeiten
wie gewaltige Inka-Ruinen und farbenfrohe Wochenmärkte, sondern inzwischen auch eine Vielzahl attraktiver Übernachtungsmöglichkeiten, die nicht nur
einen ruhigeren Schlaf versprechen als
in Cusco, sondern auch rund 500 m tiefer
liegen und so dem höhengeplagten Touristen eine spürbare Entlastung bieten.

Inka-Ruinen in der Nähe von Cusco

Im Norden der Stadt Cusco erhebt sich
als stummer Zeuge des goldenen Zeit-
alters der Inka-Herrschaft der ausge-
dehnte Ruinenkomplex von Sacsay-
huaman. Mit dem Auto erreicht man die
rund 200 m oberhalb Cuscos gelegene
Stätte, die von der UNESCO zum Welt-
kulturerbe erklärt wurde, in wenigen
Minuten; zu Fuß benötigt man von der
Plaza de Armas je nach persönlicher
Kondition eine halbe bis eine Stunde.
Der Fußweg führt an der Plazoleta de las
Nazarenas vorbei und erlaubt immer
wieder malerische Ausblicke auf die
Stadt und das angrenzende Tal von
Cusco. In mittlerer Höhe passiert man

die Adobekirche **San Cristóbal,** die auf
den Fundamenten des Palastes von
Manco Capac errichtet worden sein soll.
Blickt man von Sacsayhuaman hinunter
über Cusco, so überschaut man ein in
seiner Homogenität selten gewordenes
Stadtbild: ein Meer von rotbraunen
Dächern, aus dem die Kirchtürme em-
porragen. Nicht weit entfernt breitet der
Cristo Blanco, eine haushohe, weiße
Christus-Statue, ähnlich der auf dem
Corcovado in Rio de Janeiro, seine
Arme schützend über die Stadt – ein
Geschenk der arabisch-katholischen Ge-
meinde aus dem Jahre 1946.

Obwohl bis heute im Zusammenhang
mit der Anlage von **Sacsayhuaman 1**
(S. 304; ›satter Adler‹) meist der Begriff
›Festung‹ verwendet wird, handelte es
sich zu Zeiten der Inka wohl in erster
Linie um eine wichtige religiöse Kult-
stätte. Erst später, zum Beispiel während
der Belagerung der Stadt Cusco unter
Manco Capac im Jahre 1536, diente sie
militärischen Zwecken. Bis heute liegen
Baubeginn und Bauende von Sacsayhuaman im Dunkeln, der größte Teil der
Anlage dürfte jedoch in der Regierungs-
zeit des Inka Pachacutec, also in der
Mitte des 15. Jh. errichtet worden sein.
Das massive Bauwerk, das auch als *Inti
Huasi* (›Haus der Sonne‹) bekannt war,
besteht aus drei übereinanderliegenden
Zickzackmauern, die ursprünglich doppelt so hoch gewesen sein dürften. In
der Mythologie der Inka stellten diese
die Zähne des imaginären Pumas dar,
dessen Körper die Stadt Cusco bildete.
Die drei Mauern symbolisierten dabei
die drei Welten im Glauben der Inka:
Kay Pacha, die Welt der Menschen,
Hanan Pacha, die Welt der Götter, und

Monumentale Inka-Mauern in Sacsayhuaman

Ukhu Pacha, die Unterwelt. Mannshohe Steinquader wurden während der rund 50jährigen Bauzeit von Zehntausenden Indianern unter unsäglichen Mühen auf diese Anhöhe über der Inka-Hauptstadt transportiert. Dabei muß es mehrfach zu Unglücken gekommen sein, die Hunderte von Arbeitern das Leben kosteten. Vor Ort wurden die mächtigen Felsblöcke kunstvoll mit Steinwerkzeugen bearbeitet, millimetergenau eingepaßt und ohne Mörtel übereinandergeschichtet. Ein 5 × 5 × 2,50 m messender Monolith – wohl der schwerste von allen – wiegt stattliche 200 t und soll dem Chronisten Garcilaso de la Vega zufolge von 10 000 Indianern mit Hilfe langer Stricke hinaufgeschafft worden sein. Die Spanier brachen für den Wiederaufbau und Umbau von Cusco kleinere Blöcke aus den Wänden. Diese nachträgliche Zerstörung Sacsayhuamans macht eine angemessene wissenschaftliche Interpretation der ausschließlich steinernen Überreste noch schwieriger.

Auf der obersten Plattform befinden sich die Fundamente von drei massiven Türmen und ein sonnenähnliches Gebilde, das als Kultort des Wassers gedient haben dürfte, möglicherweise aber auch mit Astronomie in Verbindung stand. Archäologen vermuten, daß es sich dabei auch um einen riesigen Wassertank handelte, der Cusco über unterirdische Kanäle mit Trinkwasser versorgte. Diese zusätzliche Nutzung der Türme korreliert mit Berichten de la Vegas, demzufolge in Sacsayhuaman 5000 Krieger dauerhaft stationiert gewesen sein sollen; ein Teil der Anlage wird demnach auch als Nahrungsspeicher dieser Krieger fungiert haben, die sich hier auf eine lange Belagerung eingestellt haben müssen.

Gegenüber der großen, grasbewachsenen Plaza erkennt man eine aus mehreren Stufen bestehende sitzartige Struktur, die als *trono del Inca* (›Inka-Thron‹) bekannt ist. Daneben fällt eine breite, durch Gletscherschliff entstandene Felsschräge auf, deren glatte, nebeneinander liegende Bahnen heute gerne als *rodadero* (›Rutschbahn‹) bezeichnet werden. Seit 1944 findet alljährlich zur Wintersonnenwende am 24. Juni in der Anlage von Sacsayhuaman die größte Fiesta der *Cusqueños* statt – das Fest **Inti Raymi.** Das Sonnenfest war bereits in präkolumbischer Zeit eines der wichtigsten Feste Cuscos und erweckt heute inkaische Traditionen, Kulte und Rituale zum Leben. Damals erschienen am kürzesten Tag des Jahres der gesamte Inka-Adel frühmorgens auf der Hauptplaza Cuscos, um die Sonne zu begrüßen. Diese und andere Zeremonien spielen heute Hunderte von Freiwilligen vor Tausenden in- und ausländischen Besuchern in den Mauern Sacsayhuamans nach. Spektakulär ist der farbenprächtige Zug der Darsteller in ihren Inka-Kostümen und der Zuschauer nach Ende der Aufführung hinunter in die Stadt Cusco.

Nicht weit entfernt, auf dem Weg nach Pisac und ins ›geheiligte Tal der Inka‹, liegt der Kultort **Kenko** 2 (S. 304), ein Heiligtum der Erdgöttin Pachamama. Der Name ›Labyrinth‹ oder ›Zickzack‹ bezieht sich auf eine lange Opferrinne in Form einer Schlange an der Oberseite des gewaltigen zentralen Felsblocks. Inka-Priester hatten hier, so die Vermutung von Archäologen, im Zuge geheimnisvoller Opferrituale *chicha,* geweihtes Wasser oder gar Menschenblut durchrinnen lassen. Im Inneren des durch Gletscherschliff geformten Felsens öffnet eine Spalte den Zugang zu einer künstlichen unterirdischen Plattform, die den Inka möglicherweise als Altar zur Einbalsamierung von Toten gedient hat. Ein benachbarter 6 m hoher

Monolith, der ursprünglich wohl einen Puma darstellte, bevor er von den Spaniern als heidnische Gottheit zerstört wurde, trägt an mehreren Stellen Spuren von Gravuren, deren Bedeutung man bis heute noch nicht sicher hat entschlüsseln können. Auch die Bedeutung der mit Nischen versehenen Seitenmauer ist nicht eindeutig geklärt, wahrscheinlich wurden in diesem ›Amphitheater‹ während der Rituale für die Ahnen der Inka die Mumien plaziert.

Einige Kilometer weiter an der Straße nach Pisac liegen die Überreste von **Puca Pucara** 3 (S. 304). Die sogenannte ›Rote Festung‹ war aller Wahrscheinlichkeit nach eine von vielen fest eingerichteten Stationen *(tambos),* in denen die Stafettenläufer der Inka *(chasquis)* ausgetauscht oder Waren gelagert wurden und die militärischen Trupps, reisenden Kaufleuten und Pilgern Unterkunft boten. Vielleicht diente Puca Pucara überdies als strategischer Kontrollpunkt des Zugangs zu den nahen heiligen Quellen von **Tambo Machay** 4 (S. 304). Diese ›Ort der Freude‹ bzw. ›Höhlenherberge‹ genannte kleine ehemalige Tempelanlage war in der Inka-Zeit ein bedeutender Kultort des Wassers. Die beiden heiligen Brunnen werden von einer unterirdischen Quelle unbekannter Herkunft gespeist. Die Einheimischen nennen den Ort heute noch gerne *baño del Inca,* ›Bad des Inka‹, doch ist nicht sicher, ob hier jemals ein Inka badete. Wahrscheinlicher ist, daß die Inka das sprudelnde Naß als Weihwasser nutzten und bei Sonnenaufgang Wasserzeremonien vollführten. Es wird erzählt, daß ewige Jugend, Schönheit und Fruchtbarkeit gewinne, wer von diesen Quellen trinke. Der Grund dafür liegt in der Verbindung dieses Wassers mit der nie versiegenden Milch der Erdgöttin Pachamama.

Das ›geheiligte Tal der Inka‹

Zwischen Pisac und Ollantaytambo erstreckt sich der zentrale Abschnitt des Urubamba-Tals, das wegen seiner fruchtbaren Böden von den Spaniern als *Valle Sagrado de los Incas* (›geheiligtes

die Nahrungsgrundlage der Menschen. Unvergeßlich bleibt der spektakuläre Blick, der sich schon bald auf das tieferliegende Tal mit dem noch immer recht ursprünglichen Dorf Pisac und den darüber thronenden Inka-Ruinen bietet. Bis in Höhen um 3800 m schmiegen sich die Maisterrassen, die zu Zeiten der Inka an-

Tal der Inka‹) bezeichnet wurde. Die moderate Meereshöhe und die geschützte Lage bedingen ein recht ausgeglichenes Klima mit deutlich höheren nächtlichen Temperaturen als etwa in der Umgebung von Cusco. So wählten die Inka dieses ausgedehnte Tal zu ihrem landwirtschaftlichen Zentrum. Entlang der Flußufer bauten sie ihre Nutzpflanzen an und ließen deren Samen dann in alle Regionen des Landes verteilen.

Eine landschaftlich außerordentlich eindrucksvolle Straße führt von Cusco an den Ruinenanlagen von Kenko und Puca Pucara vorbei nach Pisac (32 km) und durchquert dabei mehrere Dörfer, in denen bis heute das traditionelle Leben der Inka-Bauern fortbesteht. Die hirseähnliche Getreideart Quinoa sowie Bohnen und Kartoffeln bilden immer noch

gelegt wurden, an die Hänge der umliegenden Berge.

Hat man den Talboden des *Valle Sagrado* erreicht, gelangt man über eine massive Stahlbrücke in das Zentrum des kleinen Dorfes **Pisac** 5 (S. 324) auf knapp 3000 m Höhe. Der gigantische Korallenbaum in der Mitte der Plaza, von Moosen und Flechten fast überwuchert, ist von beachtlicher Schönheit. Dienstags, donnerstags und sonntags wird man per Auto nicht bis zur Hauptplaza vordringen können. Dann haben nämlich Händler aus der gesamten Umgebung ihre Stände auf dem Platz und in den angrenzenden Gassen aufgebaut und bieten auf dem großen **Markt von Pisac** Kunsthandwerk und Nahrungsmittel an. Mehrere Arten Süßkartoffeln, frisches tropisches Obst, Zwiebeln,

Maiskolben, Quinoa, Modeschmuck, Lederwaren, handgeknüpfte Wandteppiche, Alpaka-Pullover, Mützen, Gemälde und vieles mehr wechseln den Besitzer. Viele der alten Indianerfrauen, aber auch manche junge Einheimische und Kinder tragen an diesen Tagen ihre traditionelle bunte Kleidung – nicht unbedingt aus nostalgischen, sondern nicht selten aus verkaufsfördernden Gründen. Sonntags, am ursprünglichen und nach wie vor wichtigsten Markttag, gibt es ein besonderes Schauspiel: Auf der Plaza de Armas verläßt nach dem Hochamt eine kleine Prozession die Dorfkirche: Der Bürgermeister Pisacs und seine Kollegen aus den Nachbardörfern schreiten erhaben in Amtskleidung und mit Amtsinsignien, von ihren Assistenten begleitet, zum Pfarrhaus. Hier beraten sie sich eingehend und nehmen dann gemeinsam ihr Mittagessen ein. Auch für das leibliche Wohl der Marktbesucher ist gesorgt: In den Bäckereien wird in alten Lehmöfen traditionelles

pan dulce (›süßes Brot‹), warmes Zwiebelbrot und rustikales Sauerteigbrot gebacken. Eine aus der Tür oder einem Fenster hängende, an einem langen Stock befestigte rote Fahne lädt zu frischem *chicha* (Maisbier) ein. Auch in einem der einfachen kleinen Restaurants an der Plaza findet man etwas zu essen und zu trinken.

Die Inka-Ruinen von Pisac

Auf einem schmalen Felssporn rund 600 m oberhalb des Dorfes erheben sich die Reste eines Inka-Zeremonialzentrums, umgeben von landwirtschaftlichen Terrassen, die allesamt seit Jahrhunderten mit ausgeklügelter Bewässerung fruchtbar gemacht werden. Mit dem Fahrzeug gelangt man auf einer fast 10 km langen, kurvenreichen Straße zu einem der beiden möglichen Ausgangspunkte für eine Besichtigung.

Die Umgebung von Cusco

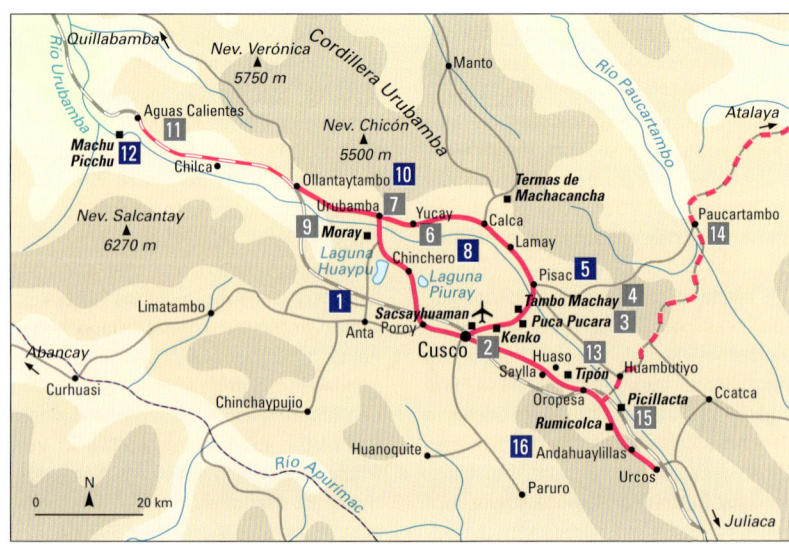

Am besten beginnt man den Ruinenbesuch am oberen Parkplatz: Vorbei an einfacheren Gebäudestrukturen, folgt man zunächst einem schmalen Pfad und erkennt schon bald im Hintergrund unzählige Löcher in den Felswänden. Es handelt sich dabei um einen der größten Inka-Friedhöfe Perus; Archäologen entdeckten in dieser luftigen Höhe rund 2000 Gräber, in denen sich zum Teil noch Mumien befanden. Über eine steile, aber solide Treppe führt der Weg zunächst durch einen Tunnel hindurch, an einem alten Wachturm und an schwindelerregenden Abgründen vorbei hinab in die Mitte des Tempelkomplexes.

Im Tempelzentrum sind die Wände mehrerer Gebäude erhalten geblieben. Innerhalb der besonders aufwendig und exakt gearbeiteten Mauern wohnten wohl Astronomen, Priester und deren Diener. In einem halbrunden Bauwerk erblickt der Besucher einen runden Felsblock mit einer exponierten Felsnadel. Aller Wahrscheinlichkeit nach hat er als Teil eines Observatoriums zur Vermessung der Sonnenbahn und zur Überprüfung des Sonnenkalenders gedient. Archäologen werten diese Struktur als Pendant zum Intihuatana von Machu Picchu – ein ›Stein, an dem man die Sonne anbindet‹. Die Steinblöcke in den Wänden der Wohnhäuser und Tempel verfügen nicht selten über Zapfen, die die Stabilität der Mauern zusätzlich erhöhen.

Für den Rückweg ins Dorf Pisac gibt es zwei Möglichkeiten: Entweder folgt man dem Weg an der Flanke des Berges zum unteren Parkplatz oder man wählt den direkten Weg über einen steilen Pfad hinunter zur Dorfplaza. Wer über festes Schuhwerk und einen sicheren Tritt verfügt, wird das Dorf innerhalb einer halben Stunde erreichen.

Von Pisac nach Urubamba

Wem es nach dem Besuch von Pisac nach einem Bad in heißen Quellen gelüstet, der hat die Auswahl zwischen der schönen Anlage in der Nähe des Nachbardorfes **Lamay** und den *baños termales* von **Machacancha,** etwa 5 km von Calca entfernt. **Calca,** einer der größten Orte des ›geheiligten Tals‹, liegt rund 18 km flußabwärts von Pisac. In mehreren Dörfern des Tals finden im Frühjahr regelmäßig Pfirsichblütenfeste statt. Besucher aus ganz Peru und ausländische Touristen feiern dann tagelang vor der malerischen Kulisse blühender Obstbäume und grünender Felder.

Weitere 28 km flußabwärts liegt das langgezogene Dorf **Yucay** 6 (S. 343). Interessant ist hier vor allem das Hotel Posada del Inca, eine Gebäudeanlage, die ursprünglich als Kloster erbaut und später zu einer Hacienda umfunktioniert wurde. Mit dazu gehört neben einem malerischen Innenhof, einer romantischen Kapelle und einem kleinen, aber feinen archäologischen Museum, das nicht nur Hausgästen offensteht, auch ein – wie viele Gäste versichern – hauseigener Geist, der nachts in den langen Gängen des Hotels spuken soll.

Von Yucay ist es nur noch ein Katzensprung bis nach **Urubamba** 7 (S. 341), dem betriebsamen Hauptort des Tals in 2880 m Höhe, der sich durch die vielen für die Region sonst untypischen *mototaxis* auszeichnet. Im Zentrum der netten Plaza steht ein Brunnen mit einem überdimensionalen *choclo,* einem Maiskolben, dem wichtigsten Produkt der Region. Über eine große Metallbrücke führt die Straße nach Cusco (57 km, s. S. 188), die gute Blicke auf die schneebedeckten Berge der Region ermöglicht. Besonders am frühen Morgen und spätnachmittags zeigen sich die Gipfel der Berge Verónica (5750 m), Chicón (5500 m), Sarcantay (5220 m) und Salcantay (6270 m).

Auf dem Río Urubamba wird seit einigen Jahren von mehreren Agenturen Rafting angeboten. Eine organisierte halb- bis ganztägige Tour beginnt in Huambutio (oberhalb von Pisac) und endet in Höhe von Ollantaytambo. Dabei überwindet man mehrere schöne, aber ungefährliche Stromschnellen.

Eine Reise nach Machu Picchu

Cusco – Ollantaytambo (76 km) – Machu Picchu (Zug) (Karte S. 186)

Eine Fahrt zur weltbekannten Inka-Ruinenstadt Machu Picchu gehört zu den Höhepunkten jeder Peru-Reise und bleibt jedem Besucher unvergessen. Die meisten Touristen erreichen die auf ›nur‹ 2300 m Höhe gelegene Anlage mit dem Zug von Cusco aus im Rahmen eines Tagesausfluges, aber es ist durchaus angeraten, sich mehr Zeit zu nehmen für diesen wirklich einmaligen Ort. Schöner noch als die Fahrt mit dem Zug ist es, den ersten Teil der Strecke bis Ollantaytambo auf der Straße zurückzulegen, besonders an Sonntagen, wenn der Wochenmarkt von Chinchero in vollem Gange ist. Spätestens jedoch in der Ortschaft Ollantaytambo, die am Endpunkt des *Valle Sagrado* mit einer ebenfalls sehr sehenswerten Inka-Festung aufwartet, muß man in den Zug umsteigen, da es nach Machu Picchu keine Straßenverbindung gibt. Nur wenige Kilometer von der archäologischen Zone entfernt gibt es in Aguas Calientes zahlreiche Unterkunftsmöglichkeiten, die genügend Spielraum für eine ausgiebige Besichtigung von Machu Picchu ermöglichen.

Von Cusco geht es zunächst parallel zur Bahnlinie durch die ärmlichen Vororte der Stadt bergauf, die fast ausschließlich aus einfachen Adobehäusern bestehen, auf deren Dächern tönerne Stiere als Glücksbringer angebracht sind. Im Dorf Poroy führt eine Abzweigung nach Abancay und von dort weiter nach Nazca oder Ayacucho, die Straßenverbindung über Abancay zur *Panamericana* bei Nazca wird derzeit geteert. Nach der Bahnlinie entdeckt man rechts der Straße die Laguna Piuray, einen See, der die Wasserversorgung von Cusco sichert.

Etwa auf halber Strecke zwischen Cusco und Urubamba liegt auf stattlichen 3760 m Höhe **Chinchero** 8, die ›Stadt des Regenbogens‹. Wegen des paradiesischen Ausblicks einst Sommersitz mehrerer Inka, machen heute die jahrhundertealten Häuser, die auf Inka-Fundamenten erbaute Dorfkirche, die traditionell gekleideten Bewohner und die nahegelegenen Inka-Ruinen mit ihren Terrassen den Ort sehr besuchenswert. Landesweit bekannt ist der farbenprächtige Sonntagsmarkt, der vorwiegend auf die Bedürfnisse der Einheimischen ausgerichtet und somit weniger touristisch als der von Pisac ist. Für Naturliebhaber empfiehlt sich von hier ein landschaftlich sehr schöner Pfad nach Huayllabamba, einem Dorf am linken Ufer des Urubamba-Flusses; die

Wanderung nimmt etwa 3–4 Stunden in Anspruch.

Ein herrlicher Blick auf die Berge, die das Urubamba-Tal im Norden begrenzen, bietet sich auch vom Mirador Huayllabamba an der Hauptstraße, von der aus man schon bald die romantische Laguna Huaypu erblickt. Ein lohnenswerter Abstecher führt links in das nur selten besuchte Kolonialdorf **Maras** (4 km). Von dort erreicht man auf einer ungeteerten Straße nach 9 km die Inka-Terrassen von **Moray** 9. Deren ungewöhnliche runde Struktur in einer geschützten Vertiefung legt die Vermutung nahe, daß hier von den Inka landwirtschaftliche Experimente durchgeführt wurden.

Zu den noch heute genutzten Salzterrassen, den **Salinas,** gelangt man entweder von Moray aus (ein örtlicher Führer ist empfehlenswert) oder vom unterhalb gelegenen Dorf Tarabamba aus, das sich etwa 6 km flußabwärts von Urubamba befindet. Eine anstrengende, etwa 3 km bergauf verlaufende Wanderung führt von dort zu Hunderten von Salzpfannen, die noch heute eine wichtige Lebensgrundlage für die Bewohner von Moray darstellen.

Die Inka-Festung von Ollantaytambo

Rund 19 km hinter dem Hauptort Urubamba endet das ›geheiligte Tal der Inka‹ im hübschen, auf etwa 2800 m Höhe gelegenen **Ollantaytambo** 10 (S. 322), dessen Häuser oft noch über einen alten Innenhof verfügen. Das Dorf liegt zum Schutz vor den Fluten des Río Urubamba einige hundert Meter vom Ufer des Flusses entfernt auf einer kleinen Anhöhe.

Der Name der hoch über der Stadt thronenden Festung erinnert an General Ollantay, einen besonders tapferen Feldherrn des Inka Pachacutec Yupanqui, der für den Erfolg vieler Feldzüge verantwortlich zeichnete. Während der Eroberung des Inka-Reichs durch die Spanier spielte die Festung eine wichtige Rolle. Manco Capac, der von den Spaniern eingesetzte nominelle Inka-Herrscher, verschanzte sich hier im Jahre 1536 nach seiner Niederlage in Sacsayhuaman. Mit 70 berittenen Soldaten und Hunderten indianischer und spanischer Fußsoldaten zog Hernando Pizarro an diesen Ort, um den abtrünnigen

Esel mit Maisstroh in der Nähe von Maras

Der *Camino Inca*

Die Inka-Ruinen von Wiñay Wayna am Camino Inca

Jährlich brechen ungefähr 5000 Wanderer aus aller Welt am Ufer des Río Urubamba auf, um den *Camino Inca* (›Inka-Weg‹) nach Machu Picchu zu beschreiten. Kaum jemand, der anschließend nicht begeistert von dieser Trekking-Route schwärmt. Tropische Schluchten, steile Pässe, schneebedeckte Berge am Horizont, blühende Bergwiesen, rauschende Bergflüsse und abgelegene Inka-Ruinen lassen in keinem Augenblick Langeweile aufkommen. Auf den Spuren der *chasqui* (Stafettenläufer), die bereits vor 500 Jahren auf diesem Pfad von *tambo* zu *tambo* eilten, kann man die ›Stadt in den Wolken‹ erreichen. Streckenweise ist der Weg sehr gut ausgebaut: Die Inka haben ihn über weite Teile gepflastert, Treppenstufen, Tunnel, Stege und schwindelerregende Hängebrücken integriert. So kann das drei- bis fünftägige Wandern durch unberührten Nebelwald und dichten Urwald zu einem unvergeßlichen Erlebnis werden. Die am *Inca Trail* liegenden Ruinen Runkuracay, Sayacmarca, Phuyupatamarca und Wiñay Wayna sind zudem nur auf diese Weise erreichbar.

Der *Camino Inca* läßt sich als organisierte und geführte Tour (mit Trägern) bewältigen. Wer den Pfad auf eigene Faust wandern möchte – aus Sicherheitsgründen möglichst nicht alleine –, kann sich in Cusco mit einer detaillierten Trekking-Karte und einer genauen Anleitung versorgen. Mitbringen sollte man dazu eine solide Ausrüstung – die

meisten Dinge lassen sich in Cusco aus-
leihen. Wichtig sind zudem eine gute
körperliche Verfassung, viel Energie
und Spaß am Trekking. Je besser man
akklimatisiert ist und je mehr Interesse
für Inka-Kultur und Natur man mitbringt, desto mehr Spaß wird der *Inca
Trail* machen.

Der Ausgangspunkt der Wanderung
liegt am Kilometer 88 der Bahnlinie von
Cusco nach Machu Picchu – besonders
Ehrgeizige beginnen bereits einige Kilometer früher. Da nicht jeder Zug am ›km
88‹ (Qoriwayrachina) hält, empfehlen
sich genaue Erkundigungen in Cusco.
Nachdem man den tosenden Río Urubamba über eine hohe Hängebrücke
überquert hat, beginnt die Wanderung
gleich mit einem recht steilen Anstieg.
Am Nachmittag erreicht man Huayllabamba, das einzige Dorf auf dem *Camino Inca.* Dort oder weiter bergauf –
etwa auf der Lichtung Lullucha Pampa
– kann man campieren. Gut erholt,
nimmt man am nächsten Tag den ersten und höchsten Paß des *Inca Trail,*
die Abra de Huarmihuanusca (4198 m)
in Angriff. Am Ende des Abstiegs gelangt man zum Río Pacamayo, an dessen Ufern man ebenfalls gut sein Zelt
aufstellen kann. Jenseits des Flusses
passiert man mehrere kleine Wasserfälle und entdeckt vielleicht einige tropische Blumen – allein hundert verschiedene Orchideenarten sollen entlang des
Pfades wachsen. Nun erfordert der
zweite Paß, die Abra de Runkuracay
(3998 m), volle Aufmerksamkeit. Vorbei
an drei kleinen Seen, über in den Felsen
geschlagene Treppen, kommt man zu
den Ruinas Sayacmarca, dann zu einer
weiteren Möglichkeit zum Zelten bei
den Ruinas Phuyupatamarca. Nun geht
es weiter zu den malerisch gelegenen
Ruinen von Wiñay Wayna, und dann
weiter zu Intipunku, einem ehemaligen

Kontrollposten auf einem schmalen
Bergrücken. Der Blick von diesem Punkt
auf Machu Picchu gehört zu den spektakulärsten der gesamten Anden. Von
hier dauert es noch etwa eine halbe
Stunde, bis man dort erschöpft, aber
glücklich ankommt.

Neben dem klassischen, leider oft
überlaufenen *Inca Trail* existiert inzwischen auch eine in etwa 5–6 Stunden
gut begehbare Kurzvariante, die bislang
noch relativ selten genutzt wird – der
sogenannte *Camino Sagrado* (›geheilig-
ter Weg‹). Am Kilometer 104 der Bahnlinie nach Machu Picchu (ca. 2200 m)
überquert man den Río Urubamba auf
einer Brücke und geht dann am Hang
entlang beständig, aber nie zu steil
bergauf. Unterwegs wurden Unter-
stände eingerichtet, um vor Sonne bzw.
Regen zu schützen. Nach etwa 3 Stunden gemütlicher Wanderung erreicht
man die Ruinen von Wiñay Wayna
(ca. 2700 m), ein ideales Plätzchen für
eine Mittagspause. Anschließend geht
es auf dem letzten Abschnitt des *Inca
Trail* hinauf nach Intipunku (2750 m)
und zu den Ruinen von Machu Picchu.
Dieser Weg ist auch für weniger geübte
Wanderer machbar, insgesamt wird ein
Höhenunterschied von ca. 550 m über-
wunden, die Wegbeschaffenheit ist
durchwegs gut.

Wem beide Wanderungen zu anstrengend erscheinen, der kann sich für
eine dritte Variante entscheiden: Zwischen den Ausgangspunkten der beiden oben beschriebenen Wanderungen
wurde ein neuer Weg angelegt, der auf
einer Länge von 16 km ohne größere
Höhenunterschiede am Flußufer des
Río Urubamba entlangführt. Eine Kom-
bination mit dem *Camino Sagrado* mit
Zwischenübernachtung am Kilometer
104 ist ebenfalls denkbar.

Klaus Boll

Blick über die Ruinen von Machu Picchu

Inka zu bestrafen. Manco Capacs Krieger wehrten sich jedoch tapfer, setzten die Ebene vor der Festung unter Wasser und zwangen so die Konquistadoren zur Flucht. Doch wenige Wochen später starteten die Spanier, durch gerade aus Chile zurückgekehrte Truppen verstärkt, einen neuen Angriff und eroberten schließlich die Festung. Manco floh, starb jedoch bald von der Hand eines spanischen Mörders.

Vor dem Besuch der Ruinen liegt allerdings der buchstäblich atemberaubende Aufstieg über die steilen Treppen. Oben angekommen, erblickt man auf der gegenüberliegenden Talseite den Steinbruch, aus dem die riesigen Felsblöcke stammen. Die Arbeiter der Inka mußten sie zunächst 6 km bergab rollen, dann durch den Fluß ziehen und anschließend über Rampen den Berg hin-

auf schaffen – eine phantastische Leistung! Der große Haupttempel ist nie vollendet worden, überall liegen gewaltige Porphyrblöcke herum, andere sind buchstäblich zwischen Steinbruch und Heiligtum auf der Strecke geblieben.

Eine aus dem anstehenden Fels geschlagene Nische in Form eines Sessels, die gemeinhin als ›Inka-Thron‹ bezeichnet wird, soll von den Fürsten oder Hohepriestern bei großen Ritualen ihrem Namen entsprechend genutzt worden sein. Auch in Ollantaytambo haben die Baumeister der Inka die großen Blöcke mit Nuten und Zapfen kunstvoll ineinander verzahnt und die Mauern damit erdbebensicher gemacht; diese Technik wird an mehreren Stellen sichtbar. Neben der Funktion als Festung gegen aus Nordperu eindringende Urwaldstämme nutzten die Inka, so vermuten Archäologen, Ollantaytambo auch als Begräbnisplatz. In den Tempeln auf der obersten Terrasse seien die Herzen ihrer verstorbenen

Fürsten bestattet und in regelmäßigen Zeremonien verehrt worden.

Rechts vom Eingang befindet sich in einem Garten eines privaten Anwesens das ›Bad der Prinzessin‹. Das *Baño de la Ñusta* besteht aus einem mit geometrischen Figuren verzierten Felsblock. Wenn der Besitzer des Gartens gegen ein Trinkgeld den Wasserkanal öffnet, plätschert ein zarter Wasserstrahl über den Felsen.

Machu Picchu – Die geheimnisvolle Inka-Stadt

Ungewöhnlich ist schon die Anreise zur ›Stadt in den Wolken‹, denn wer Machu Picchu nicht auf dem *Inca Trail* erwandert oder mit dem Helikopter einfliegt, wird per Zug entlang dem Flußlauf des Río Urubamba bis Aguas Calientes fahren, um von dort mit Kleinbussen zur

rund 400 m höher gelegenen Ruinenstadt gebracht zu werden. Während im Hinterland von Cusco die Landschaft noch von karger Hochlandvegetation bestimmt wird, ändert sich das Bild im weiteren Verlauf der Fahrt zunehmend. Nach dem Bahnhof Ollantaytambo – nur mehr auf 2750 m Höhe – wird die Vegetation tropischer, die Schlucht des Río Urubamba immer enger, dichter Tropenwald und eine bunte Blütenvielfalt ersetzen die karge Flora des Hochlandes, die lediglich von gelbblühenden Ginstersträuchern erheitert wird. Die etwa zweistündige Zugfahrt (ab Ollantaytambo) endet im Dorf **Aguas Calientes** 11 (S. 291), das sich als Übernachtungsort anbietet und zudem mit heißen Thermalquellen aufwartet, die allerdings leider nicht immer einen besonders hygienischen Eindruck machen. Die letzten 12 km legt man auf einer bereits von Hiram Bingham, dem modernen Entdecker der lange ver-

Die Entdeckung der verlorenen Stadt

Das ›Gefängnis‹ in Machu Picchu

Der 1875 in Honolulu geborene US-Amerikaner Hiram Bingham hatte an der renommierten Yale University Archäologie studiert. 1906 war er erstmals nach Südamerika gekommen, um Venezuela und Kolumbien auf den Spuren Simón Bolívars zu bereisen. Zwei Jahre später folgte er der alten spanischen Handelsroute durch die Anden von Buenos Aires nach Lima, und 1911 kehrte er als Leiter einer Expedition der Yale University in die peruanischen Anden zurück. Die Archäologen suchten im Dschungel nördlich von Cusco nach einer geheimnisvollen Stadt mit dem Namen Vilcabamba, von der spanische Chronisten berichtet hatten. Das sagenhafte Vilcabamba galt als letztes Versteck der Inka, und vielleicht fand sich dort ein Teil der Schätze aus Cusco.

Mehrere Expeditionsteilnehmer wollten längst aufgeben, und nur Binghams Durchhaltevermögen und Risikobereitschaft ist es zu verdanken, daß die Expedition letztendlich fündig wurde. Während Bingham im Juli 1911 mehrere Wochen lang dem Río Urubamba folgte, sprach er mit vielen Menschen in den Dörfern entlang des Flusses. In Höhe des heutigen Aguas Calientes traf er einen jungen Einheimischen namens Melchor Arteaga, der ihm erzählte, er habe jüngst in den Bergen oberhalb des Urubamba Reste von Inka-Ruinen entdeckt. Bingham verfolgte auch diese Spur und ließ sich am 24. Juli durch schier undurchdringlichen Dschungel zu einem Ort in 2400 m Höhe führen. Oben angelangt, stieß er auf eine Vielzahl überwucherter Gebäudereste, und als er erkannte, daß einige Mauern Ähnlichkeiten mit dem Sonnentempel in Cusco aufwiesen, war er fest überzeugt, Vilcabamba endlich gefunden zu haben.

Doch tatsächlich hatte er, sozusagen zufällig, die ebenfalls ›verlorene‹ Stadt Machu Picchu entdeckt, die vor dem Zugriff der spanischen Eroberer bewahrt blieb, da diese von der Existenz einer Stadt im tropischen Bergland nichts wußten. Bingham arbeitete vier Jahre als Ausgrabungsleiter in Machu Picchu und entdeckte während dessen weitere Ruinen in der Umgebung. Später publizierte er drei Bücher über seine Arbeiten und Theorien: ›Inca Land‹ (1922), ›Machu Picchu‹ (1930) und ›Lost City of the Incas‹ (1948).

Bereits während der jahrelangen Ausgrabungskampagne beschäftigte sich Bingham intensiv mit den Rätseln Machu Picchus. Seine Entdeckung hatte zwar einige Fragen zur Geschichte und Kultur der Inka beantworten können, aber weitaus mehr erst aufgeworfen. Wie geheim war Machu Picchu gewesen? Wußten selbst die Inka in Cusco nichts von diesem Ort? Warum entdeckten die Spanier Machu Picchu nie? War es der Landsitz des Inka Pachacutec, der nach dessen Tod verlassen wurde? Vernichteten wilde Urwaldstämme die Bewohner Machu Picchus? Beendete eine Epidemie die Existenz der blühenden Stadt? War es ein astronomisches oder ein zeremonielles Zentrum gewesen, oder diente die Stadt als Vorbereitungsort für die Sonnenjungfrauen der Inka? Viele von Binghams Fragen sind bis heute nicht eindeutig beantwortet worden. Vielmehr existieren zu jedem Punkt unterschiedliche Theorien und Interpretationen. Machu Picchu gehört bis heute zu den größten Mysterien der archäologischen Welt.

schollenen Inka-Stadt (s. S. 194 f.), angelegten Straße zurück, die sich in weiten Serpentinen bergauf windet. Schon vom Eingang zur ausgedehnten Ruinenanlage von **Machu Picchu** 12, an dem sich ein überteuertes Hotel befindet, hat man einen ersten Blick auf die Stätte mit dem dominanten Gipfel des Huayna Picchu (›Junger Berg‹) im Hintergrund.

Ein Rundgang durch die Ruinen

Die meisten Besucher bevölkern entsprechend dem Zugfahrplan zwischen 10 und 14 Uhr die Anlage. Nur die Wanderer vom *Inca Trail* und die Gäste der Hotels am Eingang und in Aguas Calientes sind nicht an diese ›Hauptbesuchszeit‹ gebunden. Wer die Anlage in gut zwei Stunden ohne Hast studieren möchte, sollte den Rundgang mit einem herrlichen Blick über die Ruinenstadt beginnen. Dazu hält man sich kurz nach dem **Eingang** (1) links und folgt einem Pfad bergauf zur **Hütte des Verwalters vom Grabfelsen** (2). Von hier bietet sich der klassische ›Postkartenblick‹ über die Ruinenstadt mit dem eindrucksvollen Gipfel des Huayna Picchu im Hintergrund. Auf der gegenüberliegenden Seite erhebt sich der namengebende Machu Picchu – was nichts anderes bedeutet als ›Alter Berg‹ – und links davon die Zinnen des Intipunku (Sonnentor), das letzte Etappenziel auf dem *Camino Inca*. Wer sich für die etwa 45minütige Wanderung dorthin entscheidet, sollte die intensive Wirkung der Tropensonne nicht unterschätzen!

Der Blick über die gesamte Stadt lädt ein zum Nachdenken über die Geschichte dieses geheimnisvollen Ortes. Noch immer kursieren viele, zum Teil abenteuerliche Theorien über Machu

Picchu, doch ist es wegen der relativ geringen Größe der Anlage offensichtlich, daß es sich hier weniger um eine Wohnstadt handelte als vielmehr um ein religiöses Heiligtum und astronomisches Zentrum, das sicher häufig auch von Pilgern aufgesucht wurde. In seinen etwa 300 Wohnungen dürften kaum mehr als 1000–1500 Menschen dauerhaft gelebt haben. Der Baustil spricht dafür, daß die Stadt zwischen 1420 und 1520, im ›Goldenen Zeitalter der Inka‹, erbaut wurde.

Ob der seltsam skulptierte Felsen auf dem oberen Friedhof für Opferriten diente, ist nicht eindeutig geklärt. Jedenfalls fand Bingham hier um eine einzelne Hütte herum unversehrte Mumien, 173 Skelette und viele Einzelknochen. Die anschließenden Untersuchungen deuteten darauf hin, daß fast 90 % der Skelette von Frauen stammen und förderten die Theorie von Machu Picchu als der Enklave der Sonnenjungfrauen.

Unterhalb des Friedhofs betritt man den eigentlichen Stadtbereich durch ein gut erhaltenes Tor, das sogenannte **Huaca Punku** (3). Vorbei an Gebäuden, die in recht einfachem Baustil errichtet wurden, kommt man über Treppen hinunter zum **Steinbruch** (4), wo noch mehrere unvollendete Felsblöcke liegen. Dahinter erhebt sich das sakrale Zentrum der Stadt: An der Ostseite des ›Heiligen Platzes‹ (Inticancha), von dem sich ein herrlicher Blick über das Tal des Río Urubamba bietet, steht der **Tempel der drei Fenster** (5). Eine alte Legende erzählt von vier Geschwistern göttlicher Abstammung, die die Quechuastämme Perus vereinigt hatten und danach aus den drei Fenstern dieses Hauses auf die Erde niederstiegen. Der benachbarte, durch Grabungsarbeiten und Erdbeben schwer in Mitleidenschaft gezogene **Haupttempel** (6) war früher sicher

reich ausgestattet. Dahinter liegt ein als **Sakristei** (7) bezeichneter Raum. In die Wand rechts des Eingangs ist ein Stein mit 32 Kanten integriert – Zeugnis der grandiosen Steinmetzkunst der Inka.

Über Treppen erreicht man einen exponierten Hügel, auf dem der 1,80 m hohe **Sonnenstein** (Intihuatana; 8), der wohl das wichtigste religiöse Heiligtum der Anlage darstellte, in den Himmel ragt. Hier bestimmten die Astronomen den Beginn der Regenzeit und damit den Zeitpunkt für die Aussaat, hier überprüften sie den Kalender. Dennoch ist die exakte Art der Nutzung dieses einzigen nicht von den Spaniern zerstörten bzw. entweihten Sonnensteins bis heute nicht geklärt. Der Abstieg auf der gegenüberliegenden Seite führt hinunter zum **Versunkenen Platz** (9), an dem möglicherweise landwirtschaftliche Experimente durchgeführt wurden. Ein Stück weiter liegen ein etwa 3 m hoher Monolith und der dazugehörige **Tempel des heiligen Felsens** (10) am Weg. Von hier beginnt der Aufstieg zum Huayna Picchu (s. S. 198).

Auf dem Rückweg in Richtung Ausgang durchquert man zunächst ein einfaches Wohnviertel, das früher als Ostviertel bezeichnet wurde und heute als **Viertel der drei Türen** (11) bekannt ist. Hier sollen die Sonnenjungfrauen oder große Familien gewohnt haben. Südöstlich davon erstreckt sich das **Handwerkerviertel** (12): Bingham hatte in diesem Bereich Bronzeartefakte, Web- und Nähgerät sowie Steinwerkzeuge ausgegraben. Ein von Mauern und Nischen geformter Hohlraum, der nahegelegene **Tempel des Kondors** (13), erhielt seinen Namen von dem flachen Stein am Boden, der einen Kondor darstellt. Bingham interpretierte das dahinterliegende Bauwerk als ein Gefängnis: dunkle Gewölbe und Mauervertiefungen, in denen

Machu Picchu:
1 Eingang
2 Hütte des Ver-
   walters vom
   Grabfelsen
3 Huaca Punku
4 Steinbruch
5 Tempel der
   drei Fenster
6 Haupttempel
7 Sakristei
8 Sonnenstein
9 Versunkener
   Platz
10 Tempel des heili-
   gen Felsens
11 Viertel der drei
   Türen
12 Handwerker-
   viertel
13 Tempel des
   Kondors
14 Königlicher
   Palast
15 Straße der
   Brunnen
16 El Torreón
17 Palast der
   Prinzessin
18 Huayna Picchu
19 Puente Inca

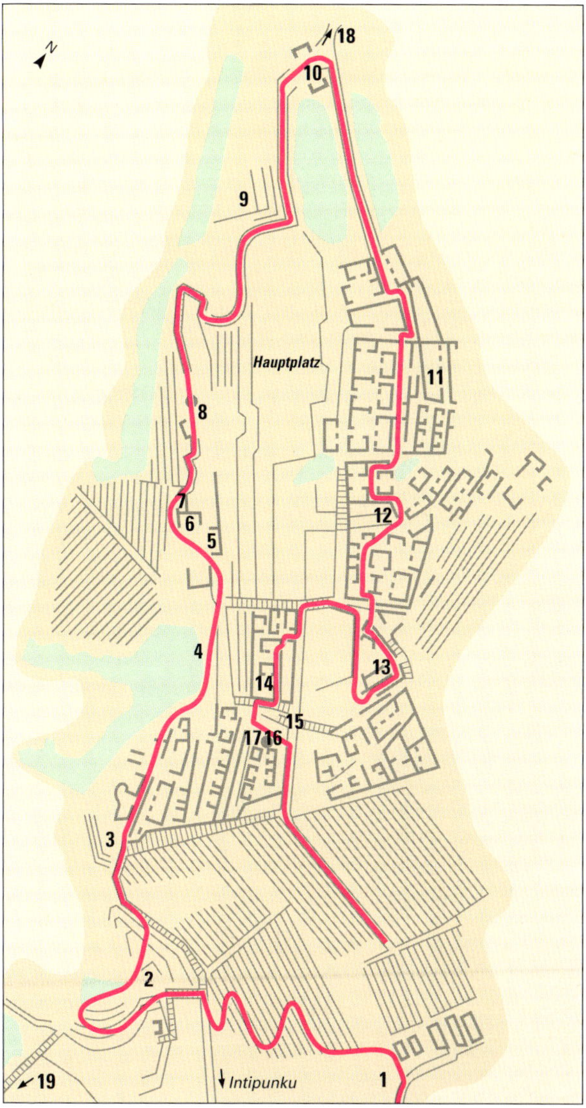

man Menschen an ihren Handgelenken festbinden kann, legten dies nahe.

Im gegenüberliegenden Palastviertel kommt man zunächst zum **Königlichen Palast** (Incahuasi; 14), wo ein exakt gemeißeltes, trapezförmiges Tor und bis zu 3 t schwere Türstürze auf eine Nut-

zung durch wichtige Priester oder Adlige schließen lassen. In den von kleinen Wasserfällen künstlich geschaffenen Bassins der **Straße der Brunnen** (15) mag das Wasser für die Felder und Bewohner verteilt worden sein. Frühe Forscher vermuteten darin ein Bad für Adlige und nannten die Stelle daher *Baño del Inca.* Gleich neben diesem ›Bad‹ steht **El Torreón** (16), ein runder Turm, der auch unter dem Namen ›Tempel der Sonne‹ firmiert. Mehrere Nischen in den Mauern boten Platz für Opfergaben und Götteridole. Da durch ein Fenster zur Wintersonnenwende das Licht der aufgehenden Sonne auf eine eingeritzte Linie in der Mitte des Raumes fällt, könnte der Turm auch von den Inka-Astronomen zur Kontrolle des Kalenders genutzt worden sein. Andere Theorien vermuten hier einen strategischen Wehrturm oder einen Getreidespeicher. An den Torreón schließt sich der **Palast**

Auf dem Camino Inca unterwegs nach Machu Picchu

der Prinzessin (Palacio de la Ñusta; 17) an. Das von einfachen Gebäuden, die vermutlich als Getreidespeicher dienten, umgebene zweistöckige Bauwerk war Bingham zufolge die Residenz des Hohenpriesters. Unterhalb des Sonnentempels sind Nischen in den Fels geschlagen, die als Mausoleum verwendet wurden. Hier wurde in ausgiebigen Ritualen den Mumien der wichtigsten Würdenträger des Reiches gehuldigt.

Abstecher auf den Huayna Picchu und zur Puente Inca

Wer nach der Besichtigung von Machu Picchu noch Energie und Zeit hat, kann den Aufstieg wagen zum **Huayna Picchu** (18), dessen Spitze rund 2700 m über Meereshöhe liegt. Hat man sich (bis spätestens 13 Uhr) am Kontrollpunkt in das ›Bergsteigerbuch‹ eingetragen, kann man den Granitberg über einen steilen und anstrengenden Pfad (etwa 350 Höhenmeter) in einer knappen Stunde erklimmen. Der Blick vom Gipfel über die steilen Terrassen und den 1000 m tiefer fließenden Río Urubamba ist atemberaubend. Am Nordhang des Berges hatten Archäologen 1936 den unterirdischen **Tempel des Mondes** freigelegt.

Vom Friedhof aus bietet sich ein weiterer Abstecher an: Folgt man dem schmalen Weg entlang der Westflanke des Berges, kommt man nach etwa 30 Minuten zur **Puente Inca** (19), einer alten Holzbrücke, die sich an die glatte Felswand schmiegt. Diese Brücke hatte einst wohl die Funktion eines Stadttors. Da die Bretter auf einem künstlichen, unterbrochenen Felsvorsprung liegen, konnten die Wachen etwaigen Angreifern leicht den Zugang zur Stadt verwehren.

Zur ›Sixtinischen Kapelle der Anden‹

**Cusco – Picillacta – Andahuaylillas
(35 km)
(Karte S. 186)**

Wem nach dem Besuch der Stadt Cusco und der herausragenden Sehenswürdigkeiten in ihrer Umgebung noch Zeit für weitere Erkundungen bleibt, für den bietet sich ein Abstecher ins Tal von Cusco und zur außergewöhnlichen Kirche von Andahuaylillas an. Der beschriebene Abstecher führt in eine Gegend, die bislang von den Touristenströmen weitgehend verschont geblieben ist, und ist mit eigenem Fahrzeug bequem an einem Nachmittag zu bewältigen. Die gleiche Strecke führt weiter in Richtung Titicacasee – dank jüngster Straßenbauarbeiten ist dieser inzwischen sogar problemlos in einem Tag zu erreichen.

Durch das Cusco-Tal nach Andahuaylillas

Längst ist die Stadt Cusco mit den östlichen Nachbargemeinden **San Sebastián** und **San Jerónimo** verwachsen, deren schöne Kolonialkirchen einen kurzen Besuch durchaus lohnen; in der erstgenannten finden sich überdies sehenswerte Gemälde von Diego Quispe Tito, einem der bedeutendsten Künstler der Cusco-Schule. Entlang der Bahngleise nach Juliaca gelangt man nach **Saylla,** wo in einfachen Lokalen am Straßenrand *chicharrones* angeboten werden – in heißem Fett gebackenes Schweinefleisch, das mit Kartoffeln, Salat und gerösteten Maiskörnern serviert wird. Besonders am Wochenende drängen sich die Ausflügler aus Cusco in diesen *chicharronerías* und kurbeln dabei auch den Umsatz der Cuzqueña-Bierbrauerei kräftig an.

Etwas abseits der Hauptstraße liegt linker Hand das Dorf **Huaso,** in dem zahlreiche einflußreiche *curanderos* beheimatet sind. Bis heute greifen viele Einheimische gerne auf die Dienste dieser ›Wunderheiler‹ zurück (s. S. 124). Eine beschilderte Abzweigung führt kurz darauf etwa 4 km bergauf zur nur selten besuchten Inka-Stätte **Tipón** 13. Die aufwendig gearbeiteten Terrassen, die in feiner Steinarbeit gesetzten Mauern und die noch heute funktionsfähigen Bewässerungskanäle legen die Vermutung nahe, daß die hier angebauten Feldfrüchte für einen besonderen Zweck bestimmt waren, zumal auch Reste von Tempelanlagen gefunden wurden.

Als ›Hauptstadt des Brotes‹ wird **Oropesa** wegen seiner zahlreichen Backstuben oft bezeichnet, und wer zu Fuß durch die Straßen des Ortes bummelt, wird überall den Geruch von frischem Brot bemerken. Auch die sehenswerte Kirche am Hauptplatz mit einer freskenverzierten Fassade und einer hübsch geschnitzten Kanzel lohnt den kurzen Abstecher.

Kurz bevor sich die Straße an der Laguna Huacarpay bergauf müht, führt links eine Abzweigung in den Ort Huambutiyo und von dort weiter auf einer schmalen, ungeteerten Straße nach **Paucartambo** 14, einer unscheinbaren Gemeinde an den Ostabhängen der Anden, rund 115 km und 6 Fahrstunden von Cusco entfernt. Jedes Jahr Mitte Juli empfängt der Ort zur *Fiesta del Carmen* Tausende von Gläubigen und Be-

Mit der ›Andenbahn‹ zum Titicacasee

Eines der schönsten Eisenbahn-Erlebnisse Südamerikas ist die Fahrt mit der ›Andenbahn‹ von Cusco an den Titicacasee. Zwar benötigt der Zug für die etwa 380 km lange Strecke bis Puno rund neun Stunden – mögliche Reparaturen oder sonstige Verspätungen nicht eingerechnet – doch entschädigen die herrlichen Ausblicke vom Zugfenster auf Dörfer und Landschaften für die Strapazen der Fahrt. Allerdings ist eine Besichtigung der Sehenswürdigkeiten unterwegs dabei leider nicht möglich.

Dreimal wöchentlich verläßt der Zug gegen 8 Uhr morgens die Estación de Huanchac im Süden der Stadt **Cusco.** Zunächst geht die Fahrt durch die Nachbargemeinden San Sebastián und San Jerónimo, bis man nach etwa einer Stunde bei **Oropesa** Halt macht (s. S. 199). Nach einer weiteren Stunde Fahrt, vorbei am Dorf **Andahuaylillas** (s. S. 201 f.), erreicht der Zug die Provinzhauptstadt Urcos, die gerade einmal 53 km von Cusco entfernt liegt. Danach beginnt der mühevolle Aufstieg zur Paßhöhe, vorbei an der Ortschaft **Tinta,** dem Geburtsort des Freiheitshelden José Gabriel Concorcanqui – besser bekannt als Tupac Amaru II. In der Nähe des Bahnhofs von San Pedro liegen zu Füßen des Vulkans Quinsachata die Ruinen von **Raqchi.** Die Reste des Inka-Tempels – der Gottheit Huiracocha geweiht – ähneln aus der Entfernung einem römischen Viadukt. Nirgends sonst hatten die Inka-Baumeister eine

Frau in der Umgebung von Cusco mit einem der typischen Bowler-Hüte

so große Dachkonstruktion gefertigt. Tänzer aus allen Landesteilen versammeln sich hier Mitte Juni zu einem großen Folklore-Festival.

Wenige Kilometer hinter der Goldschmiede-Gemeinde San Pablo wird die Fahrt in der Provinzhauptstadt **Sicuani,** der Heimatstadt bekannter peruanischer Dichter, unterbrochen. Lautstark bieten eifrige Händler ihre Ware – Getränke, Obst, *empanadas* und andere Leckereien – durch das Zugfenster an; eine gute Gelegenheit für eine kleine Stärkung. Eine knappe Stunde und rund 30 km später erreicht der Zug **Aguas Calientes,** die letzte Siedlung vor dem Paß, die bereits auf einer Höhe von über 4000 m liegt. Mühsam arbeitet sich die Diesellok bergauf, bis sie schließlich bei **La Raya** die 4313 m hohe Paßhöhe erreicht. Hier, am Ursprung des Río Urubamba, eines der Quellflüsse des Amazonas, verläuft die Grenze zwischen den *Departamentos* Cusco und Puno. Vor dem beeindruckenden Hintergrund wilder Berglandschaften weiden Lamas und Alpakas, und im sumpfigen Untergrund finden zahlreiche Vogelarten ein reiches Nahrungsangebot. Hinter der Ortschaft **Sta. Rosa,** die für die Zucht von Kampfstieren bekannt ist, passiert man in **Chuquibambilla** ein Forschungszentrum für Alpakas und Vikunjas, das zur Altiplano-Universität von Puno gehört. Das Nordende der als *Altiplano* bekannten Hochebene, die sich zwischen Peru und Bolivien auf durchschnittlich 3900 m Höhe erstreckt, markiert die Provinzhauptstadt **Ayaviri,** die bereits 250 km von Cusco entfernt liegt. Das bekannteste Produkt der geschickten Töpfer von **Pucara** sind die beliebten *torritos de Pucara,* tönerne Stierfiguren, die die Häuser des *Altiplano* vor Unheil beschützen sollen.

Wenn der Zug im Bahnhof von **Juliaca** einläuft, einem bedeutenden Umschlagplatz am Kreuzungspunkt mehrerer Handelsstraßen, dauert es meist nicht mehr lange, bis die Dunkelheit unvermittelt hereinbricht. Da hier einige Waggons in Richtung Arequipa abgekoppelt werden und es dabei meist vor der Weiterfahrt nach Puno zu einem längeren Aufenthalt kommt, ist es empfehlenswert, hier in einen der Kleinbusse nach **Puno** (s. S. 209 ff.) umzusteigen, die in etwa 45 Minuten die größte Stadt am Titicacasee erreichen. (Im Bereich des Bahnhofs von Juliaca sollte man besondere Vorsicht vor Taschendieben walten lassen, damit dieser außergewöhnliche Reisetag nicht mit einer unangenehmen Überraschung endet!)

suchern, die dem folkloristischen Spektakel mit aufwendigen Prozessionen und Straßentänzern in bunten Kostümen beiwohnen. Trotz der großen Bedeutung dieser Fiesta sind die Einheimischen noch weitgehend unter sich, denn die Anfahrt ist anstrengend, und geeignete Übernachtungsmöglichkeiten sind rar. Von Paucartambo gelangt man über eine holprige Piste weiter nach **Atalaya,** dem Ausgangspunkt für Bootsfahrten in den Manú-Nationalpark (s. S. 204).

Erhöht über dem Tal liegt die etwa 50 ha große Ausgrabungsstätte **Picillacta** 15, eine ausgedehnte Stadtanlage der Huari-Kultur, deren einst 10 m hohe Mauern vermutlich ein Depot für Lebensmittel, Waffen und Kleidung umschlossen. Lange vor den Inka sollen Aymara-Indianer die Stadt, die in Kontakt mit Tiahuanaco im heutigen Bolivien stand, bevölkert haben. Bei Ausgrabungen eines nordamerikanischen Archäologen kamen Stuckreste und Figuren aus Türkis zum Vorschein. Vorbei an der wuchtigen Mauer **Rumicolca** – einst das südliche Eingangstor der Inka-Kapitale – führt die Straße bergab ins Tal des Río Urubamba.

Wenige Kilometer weiter erreicht man den Ort **Andahuaylillas** 16, ein verschlafenes Nest mit ausladenden Pisonay-Bäumen *(Eritrina falcata)* an der zentralen Plaza. Bekannt ist der Ort vor allem für seine freskengeschmückte Kirche aus dem frühen 17. Jh., die man sogar mit dem Ehrentitel ›Sixtinische Kapelle der Anden‹ bedacht hat. Von außen eher unscheinbar – die Fassade ist mit einfachen Wandmalereien verziert –, versetzt der Innenraum den Betrachter in andächtiges Staunen: Überwiegend gut erhaltene Wandmalereien und ein reich dekorierter Dachstuhl ziehen alle Blicke auf sich und drängen den üppigen Goldaltar und die in prunkvolle Goldrahmen gefaßten Ölgemälde der Cusco-Schule in den Hintergrund des Interesses. Besonders farbenfroh sind die Fresken auf der Innenwand seitlich des Eingangs, die den Weg zum Himmel (links) und zur Hölle (rechts) darstellen. Wie die meisten Wandbilder in der Kirche werden diese dem Künstler Luis de Riaño zugeschrieben, der stark vom Stil der Flamen Johan, Antonie und Hieronymus Wierix beeinflußt war.

Von der nächstgelegenen Stadt, **Urcos,** gelangt man auf einer schlechten, aber spektakulären Straße, die über einen 4800 m hohen Paß führt, nach Puerto Maldonado am Río Madre de Dios. Die ordentliche und teilweise geteerte Hauptstraße führt parallel zur Bahnlinie weiter über Sicuani nach Juliaca. Als Variante für die Rückreise nach Cusco bietet sich die Fahrt über Pisac an, die Zufahrtsstraße biegt in Huambutiyo links ab.

Urwaldabenteuer am Río Madre de Dios

■ (S. 328) Obwohl Puerto Maldonado im südlichen Teil des peruanischen Amazonasgebiets nur 30 Flugminuten von Cusco entfernt liegt und als Ausgangspunkt für Urwaldexkursionen nicht weniger geeignet ist als Iquitos, führt die Stadt am Río Madre de Dios noch immer ein touristisches Schattendasein. Doch mit dem neuen Flughafen und einer immer besseren touristischen Infrastruktur – neue Lodges, Boote etc. – entwickelt sich die Gegend immer mehr zur ernstzunehmenden Alternative zu Iquitos als Ausgangspunkt für einen Ausflug in die *Selva,* das tropische Regenwaldgebiet Perus.

Für einen Aufenthalt in einer Urwald-Lodge sollte man mindestens zwei oder drei Nächte veranschlagen, damit man etwas Zeit hat, die Natur zu erkunden. Als Verkehrsmittel bietet sich das Flugzeug an, da die Anreise über Land sehr anstrengend und zeitaufwendig ist: Für die Fahrt mit dem LKW von Cusco aus (650 km) sollte man, je nach Zustand der Piste, zwischen zwei Tagen und einer Woche veranschlagen. Den dicken Al-

paka-Pullover kann man getrost im Hotel in Cusco zurücklassen – es herrscht tropisch-heißes Klima mit einer Durchschnittstemperatur von 30 °C; ein guter Regenschutz ist hingegen unentbehrlich.

Puerto Maldonado

Das durch Goldfunde in den 70er Jahren aufstrebende Puerto Maldonado selbst hat für den Besucher zwar nur wenig zu bieten, dient aber dank seines Flughafens und seiner Lage am Zusammenfluß des Río Madre de Dios und des Río Tambopata als Ausgangspunkt für Bootsausflüge in den tropischen Regenwald. ›Hauptstadt der Biodiversität‹ nennt sich die um die Wende zum 20. Jh. gegründete Kapitale des *Departamento* Madre de Dios (›Mutter Gottes‹) stolz wegen des außerordentlichen Artenreichtums von Flora und Fauna in dieser Region (s. u.). Die schnell wachsende Urwaldstadt zählt heute etwa 32 000 Einwohner, die neben der Suche nach Gold – meist im sandigen Uferbereich der Flüsse – von der Holzwirtschaft und vom Anbau tropischer Produkte wie Kakao, Kaffee, Kautschuk und Paranüssen leben.

Die Gegend war früher vom Stamm der Mojo besiedelt, die schon den eindringenden Inka erbitterten Widerstand leisteten und erst von der ›friedlichen‹ Invasion durch die Zivilisation verdrängt wurden. Wie in Iquitos brachte auch hier gegen Ende des 19. Jh. die Suche nach dem wertvollen Kautschuk die ersten Weißen in die bis dahin abgelegene Region. Unter ihnen war auch der irischstämmige *cauchero* Carlos Fermín Fitzcarrald (1862–1897), dessen Leben Werner Herzog in dem Film ›Fitzcarraldo‹ mit Klaus Kinski in der Hauptrolle verfilmte. Kurz vor seinem Tod entdeckte er eine Wasserverbindung zwischen dem Río Madre de Dios und dem Río Ucayali, beides Quellflüsse des Amazonas, die aber erst Tausende von Kilometern flußabwärts im Amazonasgebiet Brasiliens aufeinandertreffen.

Jaguar im Dickicht des Manú-Nationalparks

Der Manú-Nationalpark

Eines der herausragendsten Erlebnisse einer Südamerika-Reise bieten zahlreiche Agenturen in Cusco an: eine Tour in den Manú-Nationalpark. Genaugenommen geht die Fahrt nicht in den Park selbst, sondern in eine angrenzende Schutzzone, die für ein begrenztes Touristenaufkommen geöffnet ist – doch das tut dem eindrucksvollen Urwalderlebnis keinen Abbruch. Die Artenvielfalt im mit über 18 000 km² größten peruanischen Nationalpark ist wegen seiner Lage an den Ostabhängen der Anden unübertroffen: Von den Flußniederungen des Río Manú bis hinauf zur windumtosten Grassteppe des *páramo* in Höhen bis zu 3900 m erstreckt sich dieses außergewöhnliche Naturschutzgebiet. Auf einer Fläche, knapp halb so groß wie die Schweiz, tummelt sich hier alles, was im tropischen Regenwald Südamerikas Rang und Namen hat, so auch der Jaguar, von den Einheimischen als ›Herr des Dschungels‹ verehrt, zahlreiche Affenarten sowie die vom Aussterben bedrohten Riesenotter und Schwarzen Kaimane. 1987 wurde der Park von der UNESCO zum Weltnaturerbe erklärt und damit seine Bedeutung als eines der wichtigsten Ökosysteme der Erde gewürdigt.

Vier Veranstalter bieten zur Zeit den kostspieligen, aber unter allen Umständen lohnenswerten Ausflug an (s. S. 304). Wer nicht schon von Cusco aus mit einer Propellermaschine anreist – und damit die herrliche Anfahrt versäumt – startet frühmorgens mit geländegängigen Fahrzeugen in Richtung Paucartambo (s. S. 199) und überquert zunächst den rund 3700 m hohen Acjanacu-Paß, bevor es auf holpriger Strecke durch die aufregende Nebelwaldregion wieder bergab geht nach Atalaya am Río Alto Madre de Dios. Hier steigt man am nächsten Morgen auf ein Motorboot um in Richtung Boca Manú am Rande der ›Ökotourismus-Zone‹. Schon unterwegs kann man zahlreiche Vogel- und Tierarten beobachten. Den Höhepunkt der Exkursion bilden dann die Bootsfahrten auf dem Manú-Fluß und den nahegelegenen Urwaldseen sowie Wanderungen im noch nahezu unberührten tropischen Regenwald. Die kleine Landepiste bei Boca Manú bietet eine schnelle und bequeme Alternative für die Rückreise nach Cusco.

Auf dem Río Madre de Dios und dem Río Tambopata

■ (S. 328) Die größte Sehenswürdigkeit der Region ist die üppige tropische Natur, und die breiten Flüsse bieten sich als Verkehrswege geradezu an. Nach einer guten Stunde Bootsfahrt auf dem Río Madre de Dios flußabwärts beginnt ein etwa 5 km langer Wanderweg zu einem traumhaft im Urwald gelegenen See, dem **Lago Sandoval**. Mit einfachen Holzbooten gleitet man lautlos am Ufer entlang, wo neben zahlreichen Reihern, Schlangenhalsvögeln, Kormoranen und anderen Wasservögeln auch Affen und der seltene Hoatzin *(Opisthocomus hoazin)* zu beobachten sind, eine seltsame Baumhuhnart mit einem auffälligen Federschopf. In den frühen Morgenstunden zeigen sich manchmal auch die scheuen Riesenotter *(Pteronura brasilensis)*. Die bis zu 2 m langen Tiere – mithin die größte Otterart – sind an das Leben im Wasser hervorragend angepaßt und machen tagsüber Jagd auf Fische und Vögel oder laben sich an deren Eiern. Weiter flußabwärts in Richtung Bolivien passiert man am Río Madre de Dios zwei Lodges und kann dann über einen Seitenfluß zum **Lago Valencia** gelangen, einem Urwaldsee mit ebenfalls reichem Tierbestand.

Der etwas kleinere, aber im unteren Bereich ebenfalls recht breite **Río Tambopata** führt hinein in die 1989 gegründete Reserva Nacional Tambopata-Canamo, eine fast 15 000 km² große Schutzzone, deren endgültiger Status als Schutzgebiet noch nicht geklärt ist. Nach zahlreichen Forschungsarbeiten in dieser Region ergaben sich mehrere biologische ›Weltrekorde‹: Die größte Artenvielfalt an Vögeln (rund 750) und Schmetterlingen (über 1100) wurde hier festgestellt, außerdem zählte man über 300 Baumarten und eine unüberschaubare Vielfalt an Pflanzen. Weltbekannt wurde die Region durch eine Titelgeschichte in ›National Geographic‹ über die Ara-Salzlecke *(collpa)* am oberen Flußlauf. Tausende von Aras und anderen Papageien stillen hier morgens an einem steilen Flußufer ihren Salzbedarf und bieten damit eines der farbenprächtigsten Schauspiele im Tierreich. Da die Anfahrt dorthin selbst mit einem gut motorisierten Boot (115 PS) flußaufwärts rund 9 Stunden dauert, sollte man sich in der nächstgelegenen Lodge einmieten und von dort aus möglichst früh zur Salzlecke starten.

Der Titicacasee und der bolivianische Altiplano

Der Titicacasee

Nein, er ist nicht der höchstgelegene See der Welt, wie vielfach behauptet wird, aber mit einer Höhe von über 3800 m und einer Fläche von 8288 km² – über 15mal größer als der Bodensee – ist der Titicacasee der höchstgelegene See dieser Ausmaße, und der größte See Südamerikas dazu. Doch es sind nicht die Superlative, die den besonderen Charakter dieses Gewässers ausmachen – es sind vielmehr die landschaftlichen Eindrücke und die Menschen, die an seinen Ufern leben, die dem ›Andenmeer‹ sein besonderes Gepräge verleihen. Eine Bootsfahrt über das kristallklare blaue Wasser des Sees, ein Spaziergang auf einer der zahlreichen Inseln, vielleicht sogar mit einem atemberaubenden Blick zur bolivianischen Königskordillere, eine Begegnung mit den

◁ *Blick über den Titicacasee*

Menschen, die noch heute wie vor Jahrhunderten von Ackerbau und Viehzucht mehr schlecht als recht leben – das sind die bleibenden Eindrücke, die eine Reise zum Lago Titicaca zu einem unvergeßlichen Erlebnis werden lassen.

Auf peruanischer Seite – die Grenze zu Bolivien verläuft quer über den See – ist die Stadt Puno der geeignete Ausgangspunkt für Ausflüge und Bootsfahrten, am bolivianischen Ufer bildet der Wallfahrtsort Copacabana die Basis für Exkursionen. Ein Abstecher zu den Ruinen von Tiahuanaco ist beinahe Pflicht, und von dort ist es dann auch nicht mehr weit in die aufregende Großstadt La Paz mit ihren Märkten und Museen. Obwohl man die Region auch in zwei bis drei Tagen ›abhaken‹ kann, sei zu einer Aufenthaltsdauer von einer Woche geraten, um so einen tieferen Einblick in diese uralte Kulturlandschaft zu gewinnen.

Im Nordwesten des Andenmeeres

(Karte S. 208)

Puno, die größte Stadt am See

Um es gleich vorweg zu sagen: Obwohl **Puno** **1** (S. 330) auf eine spanische Stadtgründung zurückgeht, gehört die auf anstrengenden 3830 m Höhe gelegene Hauptstadt des gleichnamigen *Departamento* nicht zu den attraktivsten Städten des Landes. Dazu kommt das extreme Klima der Region: während tagsüber die Hochlandsonne meist erbarmungslos brennt, wird es nachts besonders im südamerikanischen Winter (Juni–August) unangenehm kalt, oft mit Temperaturen unter dem Gefrierpunkt. Dennoch ist Puno der nur 44 km entfernten Nachbarstadt Juliaca als Standort

für Ausflüge in die sehenswerte Umgebung vorzuziehen, da es wenigstens über eine bescheidene Auswahl an akzeptablen Unterkünften und Restaurants verfügt und sich durch seine Lage am Titicacasee auch als Startpunkt für Bootsausflüge zu den vorgelagerten Inseln anbietet. Während der zahlreichen Festtage verwandelt sich Puno zudem in eine überaus lebendige Bühne für Folkloretänzer in bunten Kostümen – nicht umsonst nennt es sich selbstbewußt ›Folklore-Hauptstadt Perus‹.

Nach der Entdeckung reicher Silbervorkommen in der später verlassenen Silbermine von Laikakota durch zwei spanische Brüder im Jahre 1657 bildete sich hier rasch eine kleine Siedlung. Um der zunehmenden Verrohung der Sitten Einhalt zu gebieten, gründete der damalige Vizekönig Conde de Lemus am

Detail am Portal der Kathedrale von Puno

4. November 1668 formell eine Stadt, die zu Ehren des damaligen spanischen Königs Karl II. Villa Rica de San Carlos de Puno getauft wurde. Bald darauf entstand eine typische Kolonialstadt im Schachbrettstil, die später auch Bischofssitz wurde. Heute ist die über 100 000 Einwohner zählende Handelsstadt, die über einen Hafen und eine Landwirtschaftliche Universität mit rund 8000 Studenten verfügt, dreisprachig – die zahlreichen Idiome der ausländischen Besucher nicht mit eingerechnet –: In den Straßen Punos hört man Spanisch, Quechua und Aymara, die Sprache des gleichnamigen Indianervolkes, das v. a. im bolivianischen Teil des *Altiplano* beheimatet ist.

Hauptsehenswürdigkeit der Stadt ist die 1757 fertiggestellte **Kathedrale** an der zentralen Plaza, die mit ihrer eindrucksvoll gearbeiteten Fassade zu den sehenswertesten Kirchen im Hochland zählt. Deutlich zeigt sich bei der Wahl der Motive – typisch peruanische Blumen, Früchte und Tiere – der Einfluß der einheimischen Künstler. Wer genau hinschaut, erkennt sogar einen Puma, der im vorspanischen Glauben eine überaus wichtige Rolle spielte, ebenso wie die Symbole von Sonne und Mond. Selbst die Engel sind im besten Mestizo-Stil mit einem *charango,* einem gitarreähnlichen Musikinstrument, in Händen dargestellt.

Schräg gegenüber vom ebenfalls reich dekorierten rechten Seitenportal der Kathedrale kommt man zum **Museo Dreyer,** das eine durchaus bedeutende Sammlung von präkolumbischen Keramiken und anderen Artefakten bereithält. Leider fehlt es auch hier an Geld und Initiative, Ordnung in das Chaos dieser ehemaligen Privatsammlung zu bringen und so dem Museum zu überregionaler Bedeutung zu verhelfen. Wer trotz der ungewohnten Höhe die Energie aufbringt, den hinter der Kathedrale gelegenen **Huajsapata-Hügel** mit einer überlebensgroßen weißen Statue des ersten Inka, Manco Capac, zu besteigen, wird mit einem schönen Blick über die Stadt und den See belohnt.

Interessant ist auch ein Bummel über den **Mercado Central,** auf dem nicht nur allerlei Obst und Lebensmittel verkauft werden, sondern praktisch alle Dinge des täglichen Bedarfs von Badeschlappen bis hin zu Waschbecken und Möbeln. Oft kann man sich des Ein-

drucks nicht erwehren, die ganze Stadt hätte sich in einen riesigen Markt verwandelt, wenn vor allem entlang der Avenidas El Sol und El Puerto die Händler ihre Ware ausbreiten. Für Touristen besonders attraktiv ist auch der **Mercado de Artesanos,** der Kunsthandwerksmarkt in der Nähe des Bahnhofs (Jr. Cahuide/Alfonso Ugarte). Pullover, Ponchos, Mützen, Strümpfe und Handschuhe aus Alpaka- und Schafwolle, aber auch Masken, Töpferwaren und typische Musikinstrumente finden sich im reichhaltigen Sortiment – und das zu relativ günstigen Preisen, die ein Handeln oft überflüssig machen.

Bootsausflüge auf den Titicacasee

Kleine Holzboote starten morgens und nachmittags vom Hafen über die Bucht von Puno (Laguna de Chucuito) zu den **Schwimmenden Inseln der Urus** 2. Ursprünglich waren die künstlich angelegten Inseln vom Volk der Urus (›Seemenschen‹) besiedelt, die sich jedoch längst mit den Aymara vermischt haben. Das saftig-grüne Schilfgras dient den Menschen bis heute als Lebensgrundlage im wahrsten Sinne des Wortes: der Boden der Inseln, die übrigens nur bei Hochwasser tatsächlich schwimmen, besteht aus *totora* (Binsen), mit Erde vermischt. Auch die Häuser und Boote sind aus dem vergänglichen Material und müssen immer wieder erneuert werden. Außerdem geben die getrockneten Binsen einen recht brauchbaren Brennstoff ab, und die frischen Triebe sind sogar eßbar. Hauptnahrungsmittel der rund 800 Menschen, die auf 15 Inseln verteilt leben, sind die kleinen Fische des Sees, und auch so mancher unvorsichtige Wasservogel landet in den Kochtöpfen der Insulaner, die außerdem Schweine, Hühner und anderes Kleinvieh halten.

Ein Besuch auf diesen ungewöhnlichen Inseln ist zwar zweifelsohne interessant, meist haftet den kurzen Stippvisiten der ausländischen Touristen jedoch der Charakter eines Zoobesuchs an, denn die Kommunikation der beiden unterschiedlichen Kulturen beschränkt sich meist auf verstohlene Fotografierversuche auf der einen und nachhaltige Trinkgeldforderungen und das Anpreisen mehr oder weniger geschmackvoller Souvenirs auf der anderen Seite.

Sehr viel lohnenswerter erscheint daher ein Abstecher zur **Isla Taquile** 3, einer Insel weit draußen im Titicacasee, der auch mit einem Besuch der schwimmenden Inseln zu kombinieren ist. Wie seit eh und je leben die 2000 Bewohner dieser landschaftlich reizvollen Insel von der Textilherstellung, und überraschenderweise sind es vor allem die Männer, die die Wolle spinnen und die für die Gegend typischen langen Mützen *(chullos)* stricken, während die Frauen kunstvolle Hüftbänder weben. Nach einem steilen Aufstieg vom Bootsanleger kommt man ins Dorf, das nach wie vor überwiegend von Aymaras bewohnt wird. Mit immer neuen Ausblicken über den See überrascht eine Wanderung über die 6–7 km lange und nur 1 km breite Insel.

Da die etwa 45 km lange Anfahrt von Puno aus rund drei Stunden dauert, sollte man sich schon früh auf den Weg machen. Als Alternative bietet sich eine Übernachtung in einem der Privathäuser auf der Isla Taquile an, was allerdings die Bereitschaft zum Verzicht auf einigen Komfort voraussetzt. Auch die Einwohner der nicht sehr weit entfernten **Isla Amantani** leben vorwiegend von der Webkunst, doch wegen der längeren Anfahrt verirren sich weniger Touristen hierher als nach Taquile, obwohl auch diese Insel landschaftlich viel zu bieten hat und über einige Inka-Ruinen verfügt.

Zu den Grabtürmen am Umayo-See

Einer der Höhepunkte der Gegend, und nicht nur aus archäologischer Sicht, ist ein Besuch der geheimnisvollen **Chullpas von Sillustani** 4. Diese bis zu 12 m hohen steinernen Grabtürme wurden von der Aymara sprechenden Colla-Kultur auf einer Halbinsel im Umayo-See errichtet, bevor im 15. Jh. auch hier die Inka den Menschen und der Kultur ihren Stempel aufdrückten. Die kleineren, älteren Strukturen, bei denen lediglich unbehauene Steine übereinandergeschichtet wurden, sind leicht von den kunstvollen neueren Bauwerken mit schön behauenen Steinen zu unterscheiden, die unter Inka-Einfluß entstanden. Leider wurden viele der Türme von Grabräubern und Blitzschlag beschädigt – erst vor kurzem hat man zur Vorbeugung Masten als Blitzableiter errichtet –, aber man weiß, daß hier nur wenige Tote bestattet wurden. Es ist daher anzunehmen, daß auf der Halbinsel lediglich wichtige Persönlichkeiten und deren Familienangehörige ihre letzte Ruhestätte

Einer der Grabtürme von Sillustani

fanden. Die kleinen Eingangsöffnungen, die bezeichnenderweise alle in Richtung Osten und damit zum Sonnenaufgang zeigen, waren ursprünglich vermauert.

Mächtig ragt der *Chullpa del Lagarto* in den Himmel, mit einer Höhe von 12 m der größte Grabturm Südamerikas überhaupt. Vom Fußweg aus erscheint das Bauwerk intakt, und von dort erkennt man auch die sich nach oben verbreiternde Form und das kleine Relief einer Eidechse, das dem Turm seinen Namen verlieh. Auf der Rückseite hingegen ist der innen mit Steinmaterial gefüllte Turm ›aufgeplatzt‹, möglicherweise durch Frostsprengung oder Blitzschlag. Ringsum verstreut liegen die tonnenschweren Steinblöcke, die paßgenau zugeschnitten und mit Mulden versehen sind, in denen runde Steine als eine Art Zapfen saßen. Hier fand man auch einen wertvollen Goldschatz, der allerdings in dunklen Kanälen verschwunden ist. Neben den Grabtürmen gibt es zwei Steinkreise zu sehen, wahrscheinlich Kultorte für die Verehrung von Sonne und Mond, vielleicht handelte es sich aber auch um Opfer- und Weihestätten.

Zahlreiche Veranstalter in Puno bieten Ausflüge nach Sillustani an. Wer mit dem eigenen Fahrzeug unterwegs ist, zweigt auf halber Strecke zwischen Puno und Juliaca links ab und erreicht nach etwa 32 km (ab Puno) auf durchgehend geteerter Straße die Halbinsel. Besonders eindrucksvoll ist der Besuch am frühen Morgen und spätnachmittags, wenn das Sonnenlicht die für die Menschen der Region heilige Stätte in eine mystische Stimmung taucht. Ein schönes Erlebnis ist auch ein Spaziergang über die Halbinsel, bei der man zahlreiche Kakteenarten und die flinken, aber neugierigen wilden Meerschweinchen entdecken kann. An den Ufern des Sees suchen viele Wasservögel nach Nahrung, und auch Greifvögel, die in den steilen Hängen der Halbinsel nisten, sind häufig zu sehen.

An den Ufern des Titicacasees

**Puno – Copacabana – Huarina –
La Paz (285 km)
(Karte S. 208)**

Die Fahrt entlang der Südwestseite des
Titicacasees führt durch traditionelle In-
dianergemeinden und zu sehenswerten
Kolonialkirchen und bietet immer neue
Ausblicke über den See. Auf bolivia-
nischer Seite warten mit dem Wallfahrtsort Copacabana, dem Ausgangspunkt
für Bootsausflüge zur Isla del Sol, der
größten Insel im See, und der bedeutenden archäologischen Stätte Tiahuanaco
weitere Höhepunkte auf den Besucher.
In zwei Tagen kann die ganze Route bewältigt werden, besser wäre es allerdings, sich mindestens drei oder vier
Tage Zeit zu nehmen. Als Übernach-
tungsorte bieten sich Copacabana, die
Isla del Sol und die Hotels am Ufer des
südlichen Teiles des Titicacasees an;
zwischen diesen Orten bestehen regelmäßige Schiffsverbindungen.

Von Puno zur bolivianischen Grenze

Die etwa 18 km von Puno entfernte Gemeinde **Chucuito** 5 beherbergt neben
zwei Kolonialkirchen einen wenig bekannten Fruchtbarkeitstempel der Inka.
Innerhalb einer diskreten Steinmauer
finden sich zahlreiche unterschiedlich
große phallusartige Steinsäulen, die in
Unkenntnis ihrer ursprünglichen Position wie Pilze in den Boden gepflanzt
wurden. Nach weiteren 38 km erreicht
man **Ilave,** den größten Ort zwischen
Puno und Copacabana, der aber außer
dem noch recht ursprünglichen Sonntagsmarkt für Besucher nur wenig Sehenswertes bietet.

Im Gegensatz dazu ist **Juli** 6, wo
donnerstags ein Wochenmarkt stattfindet, weithin bekannt für seine schönen
Kolonialkirchen. Im 17. Jh. unterhielten
hier die Jesuiten ein Ausbildungszen-
trum für Missionare, die anschließend

im Regenwaldgebiet und im heutigen Paraguay den Glauben Gottes verbreiten sollten. Die älteste der vier Kirchen Julis, San Juan Bautista, wurde Ende des 16. Jh. errichtet und inzwischen zu einem Museum umgestaltet, das u. a. schöne Gemälde mit üppigen Barockrahmen ausstellt. Die Kirche Sta. Cruz befindet sich in einem desolaten Zustand, das Dach ist teilweise eingestürzt, und auch der Glockenturm der 1620 fertiggestellten Kirche La Asunción, von der aus sich ein eindrucksvolles Panorama bietet, wurde durch Blitzschlag schwer beschädigt. Am besten erhalten ist die Hauptkirche San Pedro, die zahlreiche wertvolle Altäre beherbergt. Lohnenswert ist auch ein näherer Blick auf die anderen Gebäude an der zentralen Plaza, beispielsweise die Casa de Zavala, ein Kolonialhaus aus dem 17. Jh. mit zwei schön verzierten Portalen.

Vorbei an ungewöhnlichen Sandsteinformationen geht die Fahrt weiter zur Ortschaft **Pomata** 7 (106 km ab Puno). Auf keinen Fall sollte man den kurzen Abstecher zur Kirche Santiago Apóstol versäumen, die sich auf einem Hügel neben der Plaza hoch über dem See erhebt. Das um 1700 von Dominikanern begonnene Gebäude aus rosa Granit wurde in der zweiten Hälfte des 18. Jh. von Jesuiten fertiggestellt und zählt mit seinen außergewöhnlich detailfreudigen Steinmetzarbeiten zu den bemerkenswertesten Sakralbauten Südamerikas. Die Portalrahmungen wurden im platteresken Stil mit Motiven aus der tropischen Regenwaldregion ausgestaltet, so daß sich hier Papageien, Kolibris, Affen und andere Tiere und Pflanzen finden, die im Hochland gar nicht vorkommen. Auch im Inneren sind die Wände und Portale sowie die Kuppel aufwendig dekoriert, besonders sehenswert sind die beiden Portale der Sakristei.

Ein Besuch bei der Jungfrau von Copacabana

Kurz hinter Pomata verzweigt sich die Straße: Geradeaus führt sie über Desaguadero und vorbei an Tiahuanaco auf kürzestem Weg nach La Paz, links zunächst nach Yunguyo und von dort über die Grenze nach **Copacabana** 8 (S. 301) auf der gleichnamigen Halbinsel. Dieser bedeutendste Wallfahrtsort Boliviens liegt eingebettet zwischen dem Cerro Calvario, dem ›Kalvarienberg‹, und dem gegenüberliegenden Cerro Sancollani an einer hübschen Bucht am See. Mit seinen Sandstränden und dem meist strahlend blauen Himmel könnte das bolivianische Copacabana seinem Namensvetter in Rio de Janeiro durchaus Konkurrenz machen – wären da nicht das strenge Klima auf über 3800 m Höhe und die unangenehm kühlen Wassertemperaturen … Übrigens: Die vielverehrte Jungfrau von Copacabana am Titicacasee hat dem wohl berühmtesten Strand Brasiliens seinen Namen verliehen – und nicht etwa umgekehrt!

Beherrscht wird das Ortsbild von der 1820 fertiggestellten Basilika im maurischen Stil, die mit ihren bunten *azulejos* (Kacheln) und den eindrucksvollen Kuppeln alle Blicke auf sich zieht. An der Stelle der heutigen Kirche wurde bereits 1614–1618 eine Kapelle erbaut, die dann ab 1670 erweitert wurde. Geweiht ist das Gotteshaus der *Virgen de Copacabana*, der Schutzheiligen des Titicacasees. Der Indio Tito Yupanqui, ein direkter Nachkomme der Inka-Herrscherfamilie, hatte um 1576 eine 1 m hohe Statue der Jungfrau Maria mit Jesuskind aus dunklem Holz geschnitzt, woher sich auch der Beiname *Virgen Morena* (›dunkle Jungfrau‹) ableitet. Die allseits verehrte Figur der Muttergottes mit einer Krone aus purem Gold, der zahlreiche

Wunder und Heilungen zugeschrieben werden, kann im Inneren der Basilika besichtigt werden: Links vom prächtigen Hauptaltar liegt der Zugang zum *Camarín de la Virgen,* einem Raum hinter dem Altar, wo die Wächterin des Sees ihren Blick auf den Lago Titicaca richtet. Vom Kirchenraum aus ist die Figur nur während der Messe zu sehen, dann nämlich wird sie umgedreht und blickt so aus einer Altarnische auf die Gläubigen nieder. Höhepunkt des religiösen Jahres ist die *Fiesta de la Virgen de Copacabana* am 4. August mit einer gro-

ßen Prozession zu Ehren der Jungfrau, an der zahlreiche Tanz- und Musikgruppen aus dem ganzen Land teilnehmen. Aber auch während des restlichen Jahres kann man die inbrünstige Religiosität der Menschen verspüren, so beispielsweise bei der *Cha'lla,* der Fahrzeugweihe vor der Kirche an der Plaza 2 de Febrero, bei der Autos und Lastwagen mit Girlanden, Blumen und Konfetti geschmückt werden, bevor der Priester seinen Segen gibt.

Überall in den Straßen der Stadt finden sich Marktstände mit bunten Son-

nenschirmen, an denen eine Spezialität der Gegend angeboten wird: Säckeweise warten *pasankallas,* Maiskörner, die wie Popcorn aufgebacken werden, auf hungrige Käufer. Östlich der Plaza Sucre führt ein Weg zu einer einfachen, erhöht gelegenen Kirche. Hier beginnt der steile Kreuzweg hinauf zum Cerro Calvario. Ein wahrer Massenauflauf findet hier am Karfreitag statt, wenn Tausende von Pilgern herbeiströmen – einige gar zu Fuß vom rund 140 km entfernten La Paz! Wem der Aufstieg zum Gipfel zu anstrengend ist, den belohnt

bereits auf halbem Weg ein herrlicher Blick über den Ort und den See für die Mühen. Ein anderer Weg führt hinter der Basilika auf den Hügel Niño Calvario im Westen der Stadt, wo sich der *Horca del Inca* (›Inka-Galgen‹) erhebt, ein von Menschenhand modellierter Felsen. Trotz seiner Form handelte es sich aber mitnichten um einen Galgen, sondern vielmehr um ein astronomisches Observatorium der Inka zur Bestimmung der Tagundnachtgleiche im Frühjahr und Herbst – wichtige Anhaltspunkte zum Beginn von Aussaat und Ernte. Nur zu diesem Zeitpunkt nämlich scheint die Sonne durch ein Loch in dem Felsen auf den benachbarten flachen Stein.

Zur Insel des Sonnengottes

Am Hafen von Copacabana warten zahlreiche Boote auf Ausflügler zur sehenswerten **Isla del Sol** 9 (S. 311; ›Sonneninsel‹), die am schnellsten in weniger als einer Stunde mit einem Tragflügelboot zu erreichen ist. Eine erwägenswerte Alternative ist eine vier- bis fünfstündige Wanderung am Ufer des Sees zum Dorf **Yampupata**, dem der Isla del Sol nächstgelegenen Punkt auf dem Festland, von wo aus die kurze Überfahrt zur Insel mit Ruderbooten möglich ist. Zwar verkehren auch Busse zu diesem Ort, doch gilt auch hier: ›Der Weg ist das Ziel.‹ Die Wanderung beginnt in der Calle Pando hinter dem überdachten Markt und führt zunächst nach etwa 2½ Stunden zum Dorf Titicachi und dann weiter über das Nachbardorf Sicuani nach Yampupata. Hier kann man für

Blick über Copacabana und seinen Strand – Vorbild für Rio de Janeiro

wenig Geld per Ruderboot zum Ruinenkomplex **Pilko Kaina** in der Nähe der
Südspitze der Sonneninsel gelangen.
Der zweistöckige Palacio del Inca diente
dem herrschenden Inka als Rückzugsort.

Heute leben etwa 5000 Einwohner auf
der größten Insel im Titicacasee, die
meisten davon in den drei wichtigsten
Siedlungen – Yumani im Süden, Cha'lla
im Zentrum und Cha'llapampa im nördlichen Teil der etwa 10 km langen und
bis zu 4 km breiten Insel. Die meisten
Ausflugsboote legen bei der **Escalera**

del Inca zu Füßen der Ortschaft Yumani
an, einer von den Inka erbauten Stein-
treppe, die von einem Wasserkanal flankiert wird und zu einer Quelle hinaufführt. Einheimische Führer drängen hier
zu einer Kostprobe des heiligen Wassers, dem die Kraft ewiger Jugend zugeschrieben wird. Doch auch wenn die
Heilkraft des Wassers umstritten ist,
lohnt sich der anstrengende Aufstieg,
denn der Ausblick zur verschneiten Cordillera Real ist wahrhaft atemberaubend. Von Yumani aus führt eine etwa

Blick über den Südteil des Titicacasees

Der archäologisch wohl bedeutendste Komplex der Insel sind die **Ruinen von Chincana.** Der zentrale *Palacio del Inca,* auch *El Laberinto, Incanotapa* oder *Pilcocayma* genannt, wurde angeblich vom Inka Tupac Yupanqui erbaut. Der nahegelegene Fels **Titi Khar'ka** (›Stein der Wildkatze‹) ist der Namenspatron des Sees. Mit etwas Phantasie kann man die katzenartige Form des roten Sandsteinfelsens erkennen, der als heiligster Ort der Insel verehrt wird. Hier wurden gemäß der Schöpfungslegende der Quechua und Aymara der erste Inka, Manco Capac, und seine Schwester-Gattin Mama Ocllo vom Sonnengott zur Erde geschickt mit dem Auftrag, einen geeigneten Ort zur Gründung einer Stadt zu suchen, die dem auserwählten Volk der Inka als Heimat dienen sollte. Im Inneren des geheiligten Felsens, der einst mit Vikunjawolle überzogen war, wurden Opfergaben gefunden, die Höhlung war mit Gold- und Silberplatten ausgeschmückt.

Nicht weit entfernt von der Sonneninsel liegt die sehr viel kleinere **Isla de la Luna** [10] (›Mondinsel‹), auch Coati genannt. Der Schöpfungsgott Viracocha gab hier der Legende nach dem Mond den Befehl, in den Himmel zu steigen. Auf der Nordseite der Insel, die seit jeher fruchtbares Ackerland bietet, liegen die Überreste des Tempels der Sonnenjungfrauen *(acllahuasi),* der allein im unteren Geschoß über 35 Räume verfügte. Weiter südlich wird der See schmaler und verjüngt sich schließlich zur **See-Enge von Tiquina,** der mit etwa 800 m engsten Stelle des Titicacasees. Regelmäßig pendeln die Fähren zwischen den Orten Tiquina und San Pablo hin und her und sichern so die Straßenverbindung von Copacabana nach La Paz.

dreistündige Wanderung in den Norden der Insel mit immer neuen Ausblicken über den See. Unterwegs bietet sich ein Abstecher nach **Cha'llapampa** an. In einem kleinen Museum sind die 1992 gehobenen Funde der ›versunkenen Stadt‹ Marka Pampa aufbewahrt, einer archäologischen Stätte, die sich nördlich der Insel etwa 8 m unter dem Wasserspiegel befindet. Die zahlreichen Exponate aus Stein und Keramik tragen deutlich die Handschrift der Tiahuanaco-Kultur.

Mit dem Papyrusboot über den Atlantik

Nach Ende des Zweiten Weltkrieges machte der 1914 in Larvik (Norwegen) geborene Wissenschaftler Thor Heyerdahl, der in Oslo Zoologie und Geographie studiert hatte, mit seinem Balsafloß ›Kon Tiki‹ weltweit Schlagzeilen. Von der peruanischen Hafenstadt Callao aus startete er 1947 zusammen mit vier weiteren wagemutigen Norwegern und einem Schweden auf einem einfachen Floß aus Balsastämmen über den Pazifischen Ozean nach Westen und landete 85 Tage später wohlbehalten in Polynesien. Trotz aller vorhergehenden Zweifel seitens etablierter Anthropologen konnte er damit seine Theorie beweisen, daß es den Menschen schon zu frühester Zeit möglich gewesen war, mit ihren einfachen Mitteln die Ozeane zu überqueren, und daß die Südseeinseln möglicherweise vom amerikanischen Kontinent aus besiedelt worden waren. Sein daraufhin erschienenes Buch über diese erste Expedition, ›Kon Tiki – Ein Floß treibt über den Pazifik‹, erreichte Millionenauflagen, und auch ein Kinofilm wurde zum Kassenschlager.

Ein weiteres Vorhaben, seine Theorien zu beweisen, scheiterte jedoch zunächst: Der erste Versuch, mit dem Papyrusboot ›Ra‹ von Marokko aus über den Atlantik zu segeln, mißlang – das Gefährt drohte mitten auf dem Ozean auseinanderzufallen.

Doch Thor Heyerdahl gab nicht auf. Er erinnerte sich an die geschickten Bootsbauer vom Titicacasee, die auf die Fertigung von Binsenbooten spezialisiert waren. Kurzentschlossen ließ er die drei Gebrüder Limachi von der Isla Suriqui und den Bootsbauer Paulino Esteban von der Nachbarinsel Paco zusammen mit einem Übersetzer nach Marokko anreisen. Routiniert und schweigsam fertigten die Aymara-Indianer in kürzester Zeit ein 12 m langes und 5 m breites Boot aus verschnürten Papyrusbündeln, das den Gewalten des Ozeans besser standhielt als sein Vorgänger: Mit sieben Männern aus sieben Nationen an Bord überquerte die ›Ra II‹ 1970 erfolgreich den Atlantik und erreichte nach 57tägiger Fahrt die Insel Barbados in der Karibik.

Die Bootsbauer selbst, die maßgeblich am Erfolg dieser Expedition mitwirkten, blieben vom großen öffentlichen Interesse im Zusammenhang mit dem geglückten Unternehmen verschont: Längst waren sie wieder zurückgekehrt zu ihren Familien am Titicacasee. Heute lebt nur noch Juan Limachi als Fischer auf der Insel Suriqui, seine beiden Brüder José und Demetrio sowie Paulino Esteban kann man in Huatajata besuchen, wo sie Touristen bereitwillig von ihrer Arbeit mit Thor Heyerdahl berichten. Einen verkleinerten Nachbau der ›Ra II‹ kann man dort auch im Freilichtmuseum Pueblo Andino besichtigen, das zum Hotel Inca Utama gehört.

Nachbildung der ›Ra II‹
mit dem Bootsbauer José Limachi

Der Südteil des Titicacasees

Südlich der See-Enge von Tiquina erstreckt sich der Lago de Huiñaymarca, der flache Südteil des Sees. Ein guter Ausgangspunkt für Bootsausflüge zu den zahlreichen Inseln ist die kleine Siedlung **Huatajata** 11 (S. 309), der Heimathafen der schnellen Tragflügelboote. Hier finden sich auch mehrere interessante Museen zur Kultur und den Menschen des Hochlandes, deren Besuch allerdings den Hausgästen des zugehörigen Hotels vorbehalten ist. Die Teerstraße nach La Paz führt von hier über die Stadt **Huarina**, wo die Zufahrt nach Sorata (s. S. 232 ff.) abzweigt, entlang der eindrucksvollen Cordillera Real. Im Ort Batallas führt eine Straße nach **Puerto Pérez** 12 (S. 329), wo sich eine weitere Hotelanlage mit einem Bootsanleger befindet.

Die wohl bekannteste Insel im Südteil des Titicacasees ist die **Isla Suriqui** 13, die von einem dichten Gürtel aus Binsen umgeben ist, aus denen die Bewohner schon seit jeher leichte Boote fertigen (s. S. 220 f.).

Weniger besucht ist die benachbarte **Isla Kalahuta** 14, auf der sich noch zahlreiche Reste von steinernen Grabtürmen *(chullpas)* finden. Empfehlenswert ist eine ungefähr zweistündige Wanderung auf der Insel, die neben herrlichen Ausblicken über den von Binsen bedeckten See auch Einblicke in das Leben der Menschen verspricht. Wegen des niedrigen Wasserstandes ist die ›Insel‹ inzwischen auch über Land zu erreichen, es bestehen tägliche Busverbindungen nach La Paz.

Auch die weniger bekannten der elf Inseln im Südteil, wie beispielsweise die Isla Taquiri oder die Isla Pariti, lohnen einen Besuch.

Abstecher nach Tiahuanaco

Von Puno führt die direkte Verbindungsstraße nach La Paz vorbei an der Ortschaft **Zepita**, die mit einer Kolonialkirche aus dem 18. Jh. aufwartet, nach knapp 150 km zum häßlichen Grenzort **Desaguadero.** Eine Brücke über den Río Desaguadero, den einzigen Abfluß des Titicacasees, markiert die Grenze zum Nachbarstaat Bolivien. Da dort viele Waren des täglichen Bedarfs billiger zu haben sind als in Peru, hat sich der bolivianische Teil des Ortes mit seinen unverputzten Backsteinhäusern, die schnell in die Höhe gezogen wurden, zu einem riesigen Duty-free-Shop entwickelt: In einfachen Geschäftsräumen und unter freiem Himmel werden überall Getränke, Lebensmittel, Haushaltswaren und allerlei sonstige Produkte angeboten.

Obwohl Boliviens wichtigste ›Hafenstadt‹ und mit einer bemerkenswerten Kolonialkirche ausgestattet, ist der nächste Ort, **Guaqui,** nur eine ärmliche Hochlandsiedlung, die von der Hochwasserkatastrophe im Jahre 1986 schwer in Mitleidenschaft gezogen wurde. Hier werden, am Ende der Bahnlinie von La Paz, Waren auf den Frachter ›Manco Capac‹ verladen, der einmal im Monat mit Ziel Puno ablegt. Für den Personenverkehr wurde die Bahnlinie leider vor einigen Jahren eingestellt.

Nur etwa 20 Minuten weiter liegen links der Straße die Ruinenstätte **Tiahuanaco** 15 und der gleichnamige Ort. Im Zusammenhang mit dem Abkommen zur Nutzung des peruanischen Hafens Ilo (s. S. 167) wurde die Zufahrtsstraße von La Paz (55 km) inzwischen durchgehend geteert. Wo sich heute nach jahrhundertelanger Zerstörung und Plünderung, die bereits von den

Spaniern begonnen wurde, nur noch wenige Überreste einer untergegangenen Kultur finden, hatte einst die wohl fortschrittlichste Zivilisation der Zentralanden ihre Hauptstadt und ihr religiöses Zentrum. Auf einer Siedlungsfläche von 2,5–3 km^2 lebten schätzungsweise bis zu 20 000 Einwohner, die sich vom Ackerbau ernährten. Die Felder, die über Kanäle vom See her bewässert wurden und wohl sehr fruchtbar waren, erstreckten sich über eine Fläche von rund 80 km^2. Im Zentrum der Stadt lag eine bedeutende Kultstätte, die weithin als Wallfahrtsort bekannt war. Obwohl hier schon die frühen Vertreter der Tiahuanaco-Kultur rund 1000 Jahre vor unserer Zeitrechnung gelebt hatten, sind die Tempel und Stelen in einer Zeit zwischen 700 und 1200 entstanden. Der verwendete Basalt und Sandstein stammt aus Steinbrüchen, die sich viele Kilometer entfernt befanden.

Bis hinein in unser Jahrhundert schenkte man der historischen Bedeutung dieses Ortes nur wenig Aufmerksamkeit und strafte ihn mit Ignoranz: Die fein gearbeiteten Gesteinsblöcke mußten herhalten für den Bau der üppigen Barockkirchen in La Paz, und auch noch später wurde die Anlage von Tiahuanaco beim Bau der Eisenbahnlinie als Steinbruch mißbraucht. Entsprechend schwierig gestaltete sich die Arbeit für die Archäologen, die sich seit Beginn des 20. Jh. mit der Geschichte dieser Kultur näher beschäftigten. Nach eingehenden Grabungsarbeiten versuchten sie, den Ort möglichst originalgetreu zu restaurieren, wobei viele Maßnahmen aus heutiger Sicht fragwürdig erscheinen. Auch wenn sich den verbliebenen Fundstücken noch so manches Geheimnis entlocken ließ – noch immer sind viele Fragen unbeantwortet. Die vielleicht drängendste lautet: Warum wurde

Der Templete Semisubterráneo in Tiahuanaco

die Stadt verlassen, was führte zum Untergang dieser einstmals blühenden Kultur? Waren es einschneidende Klimaänderungen oder gar eine gigantische Überschwemmung? Führte eine Überbevölkerung zum Kollaps eines ganzen Volkes? Oder sind Überfälle feindlicher Nachbarn für das Ende von Tiahuanaco verantwortlich?

Rundgang durch die Ruinenanlage

Seit einiger Zeit befindet sich der Eingang zur Ausgrabungsstätte im Süden der Anlage, gegenüber dem **Regionalmuseum** (1). Dieses bietet einen guten Überblick über die verschiedenen Schaffensepochen der Hochlandkulturen und zeigt neben vielfältigen Keramikfunden auch Steinskulpturen, wie etwa den Schwarzen Puma oder einen der berühmten Monolithenköpfe Tiahuanacos. Vorbei an einer Gruppe schlecht erhaltener Monolithen gelangt man linker Hand zur **Puerta de la Luna** (2), dem kleinen und nur wenig verzierten ›Mondtor‹. Im Zentrum der Ausgrabungsstätte

befindet sich der **Kalassasaya** (›Stehender Stein‹), ein offener Tempel auf einer um 3 m erhöhten Plattform, die nach astronomischen Gesichtspunkten angelegt wurde. Eingefaßt wird diese mit 120 × 130 m fast quadratische Anlage von einer weitgehend rekonstruierten Mauer aus gewaltigen Monolithen und dazwischenliegenden kleineren Felsblöcken. Vor der Westmauer erstreckt sich der **Putuni** (›Palast der Sarkophage‹; 3), ein von Steinwänden umrahmter Innenhof.

Im Inneren des **Kalassasaya** erblickt man die berühmte **Puerta del Sol** (›Sonnentor‹; 4), die sich vormittags im besten Licht präsentiert. Die relativ bescheidenen Ausmaße des ca. 44 t schweren Andesitblocks – er ist nur 3 m hoch und knapp 4 m breit – stehen im Gegensatz zur Bedeutung dieses Monolithen als zentrales Kultobjekt. Während sich auf der schmucklosen Rückseite nur leere Nischen und Wandfelder befinden, ist die nach Osten zeigende Vorderseite mit einem Schmuckfries im Basisrelief verziert, der zu den herausragendsten Leistungen präkolumbischer Künstler in Südamerika zählt. In drei Reihen streben

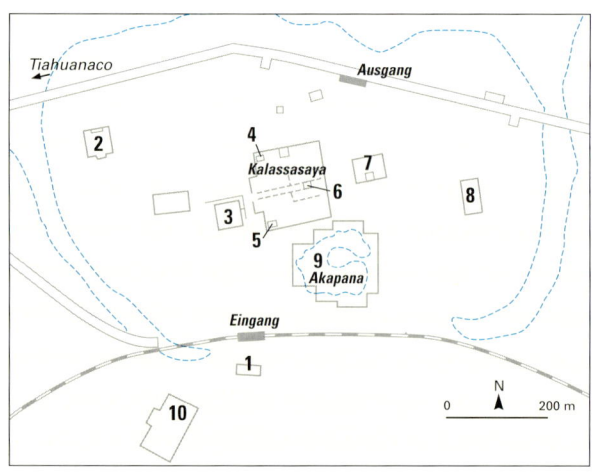

Tiahuanaco:
1 Regional-
   museum
2 Puerta de la
   Luna
3 Putuni (›Palast
   der Sarkophage‹)
4 Puerta del Sol
5 Monolite Fraile
6 Ponce-Monolith
7 Templete Semi-
   subterráneo
8 Kantat hallita
9 Akapana-Hügel
10 Pumapunku

von beiden Seiten menschlich-tierische Mischwesen auf eine zentrale Figur zu, die mit dem Sonnengott in Zusammenhang gebracht wird, aber auch als Donnergott oder als Schöpfergott Viracocha interpretiert werden kann. Diese geflügelten ›Götterboten‹, die z. T. mit Vogelköpfen versehen sind, tragen jeweils einen Stab in Form einer Schlange, der ebenfalls in einem Vogelkopf endet. Auch die zentrale Gottheit hält zwei solche ›Zepter‹ in Händen. Der in Wassertropfen und Pumaköpfen auslaufende Strahlenkranz repräsentiert laut dem Archäologen Arthur Posnansky einen agrarischen Kalender, wobei die zwölf tropfenförmigen Strahlen für die Monate des Jahres stehen.

In der Südwestecke wurde der **Monolite Fraile** (5) aufgerichtet, ein Monolith aus rötlichem Gestein, der anfangs wegen seiner Kopfbedeckung als Mönch *(fraile)* interpretiert wurde. In den Händen hält er ein Zepter und einen *kero,* einen kultischen Trinkbecher. Auffällig ist neben seinem Gürtel aus Krebsen und dem gefleckten Rock die unnatürlich verdrehte rechte Hand, die Anlaß zu Spekulationen gibt. Mit Sicherheit ist diese Anomalität vom Künstler beabsichtigt, und es stellt sich die Frage, ob er damit vielleicht die übernatürlichen Kräfte dieses Wesens symbolisieren wollte. Auch der gut erhaltene **Ponce-Monolith** (6), der 1957 von C. Ponce entdeckt wurde, hat diese seltsam verdrehte Hand. Die knapp 3 m große Andesitfigur datiert aus dem 7. Jh. und ist am ganzen Körper übersät mit Motiven, die im wesentlichen der Symbolik am ›Sonnentor‹ ähneln – ein Hinweis auf Tätowierungen, wie sie in vielen Kulturen verwendet wurden? Wegen der Zöpfe, die in Vogelköpfen enden, wurde spekuliert, daß die Figur weiblich sei. Der gefleckte Rock könnte ein Ja-

Der Ponce-Monolith in Tiahuanaco

guarfell darstellen, denn obwohl der ›Herr des Dschungels‹ hier nicht lebt, gab es sicherlich Handelsbeziehungen in die Regenwaldregion. Als die Spanier diesen Monolithen fanden, ordneten sie ihn einer ›heidnischen‹ Religion zu. Doch statt ihn zu vernichten, wie dies leider viel zu oft geschah, wurde er ›getauft‹, indem man ein christliches Kreuz in die rechte Schulter einritzte.

Vom Ponce-Monolithen blickt man durch das Ostportal zum **Templete Semisubterráneo** (7), dem ›Halbunterirdischen Tempel‹, der zwar schon 1903

Detail der Puerta del Sol in Tiahuanaco

entdeckt, aber erst 1960 freigelegt wurde. Die Wände der 26 × 28 m großen Anlage sind verziert mit eingefügten Steinköpfen aus rotem Sandstein, von denen sich allerdings nur zwei an der Originalstelle befinden. Ob es sich hierbei um die nachgebildeten Schädel der besiegten Feinde handelt, wie dies oft zu lesen ist? Im Zentrum des Hofes stehen drei Stelen, wobei die 2,55 m große Stele Nr. 15, bekannt auch als der ›Bärtige Monolith‹, von besonderer Bedeutung ist. Dargestellt ist eine Figur mit kreisrunden Augen und wulstigen Lippen. Darunter erkennt man zwei Raubkatzen. Noch ein weiterer Monolith, die Stele Nr. 10, wurde 1932 hier entdeckt; sie befindet sich derzeit in La Paz im Freilichtmuseum an der Plaza Tiahuanaco, vor dem Hernando-Siles-Stadion (s. S. 231).

Ein Abstecher führt zur östlich gelegenen **Kantat hallita** (8), wo sich neben zerstörten Monolithen ein steinernes Modell der gesamten Anlage befindet. Einige Gebäudefragmente sind mit Löchern für Metallklammern versehen – ein Hinweis darauf, daß viele Wände einst mit Gold verkleidet waren. Südlich der Kalassasaya ragt der **Akapana-Hügel** (9) rund 18 m in die Höhe, von dem bislang nur Teile der beiden Stirnseiten freigelegt wurden. Ansonsten ist diese riesige Tempelpyramide, die aus sieben Terrassen besteht, noch immer von Erde bedeckt. Noch ist zu klären, ob hier ein vorhandener Hügel überbaut oder ob ein künstlicher Hügel zur Verehrung der Götter aufgeschichtet wurde.

Etwas abseits der eigentlichen Anlage liegt südwestlich des Museums ein weiterer terrassierter Tempel (allerdings weitaus kleiner als Akapana), genannt **Pumapunku** (10), das ›Tor des Pumas‹. Im Zentrum des Komplexes liegen bis zu 130 t schwere Steinblöcke, die ebenfalls Fassungen für Kupferklammern aufweisen.

La Paz – Das pulsierende Herz Boliviens

■ (S. 312) Vor der eindrucksvollen Kulisse des 6322 m hohen Schneeberges Illimani schmiegt sich die bolivianische Metropole in das tief eingeschnittene Tal des Río Choqueyapu. Mit etwa 750 000 Einwohnern – der Großraum zählt sogar gut 1,2 Mio. – ist La Paz bei weitem die größte Stadt Boliviens, nicht aber seine Hauptstadt. Dieser Titel kommt Sucre zu, doch das Herz des Landes pulsiert in La Paz: Die wichtigsten Firmen haben hier ihren Sitz, die großen Schulen, Universitäten und auch Landesregierung, Ministerien und Botschaften sind hier zu finden, kurzum – die Geschicke Boliviens werden von La Paz aus gelenkt.

La Paz ist eine Stadt der Kontraste: Das Zentrum der höchstgelegenen Millionenstadt der Welt mit modernen Bürohochhäusern liegt auf rund 3650 m Höhe, doch wer es sich leisten kann, residiert weiter talwärts, wo das Klima milder ist. Die ärmere Bevölkerung muß hingegen mit den höhergelegenen Stadtvierteln vorlieb nehmen: Allein in der inzwischen selbständigen Vorstadt El Alto (auf ca. 4000 m) leben heute schon über 400 000 Menschen. Die Temperaturen liegen hier oft um 10 °C niedriger als in der ›Unterstadt‹, hinzu kommen oft noch die eisigen Winde des *Altiplano*.

Die Vorteile der geschützten Tallage erkannten schon die Spanier, und so gründete Alonzo de Mendoza am 20. Oktober 1548 La Ciudad de Nuestra Señora de La Paz, die ›Stadt unserer Jungfrau des Friedens‹, und machte somit eine erste Stadtgründung im nahegelegenen Laja, die kurz zuvor erfolgt war, hinfällig. Auch wenn sich die Annahme, in der Gegend Gold zu finden, nicht bestätigte, entwickelte sich die

Stadt rasch zu einem wichtigen Stützpunkt auf der Handelsroute von Potosí nach Lima. Viele Gebäude wurden zerstört, als La Paz 1781 zweimal von Aymara-Kriegern belagert wurde. Auch war es einer der Hauptschauplätze im Kampf um die Unabhängigkeit, der 1825 mit der Gründung der Republik Bolivien endete.

Stadtrundgang

Für einen Stadtbummel durch La Paz, den man bequem zu Fuß unternehmen kann, sollte man schon einen ganzen Tag einplanen, will man auch einen Markt und das eine oder andere Museum besuchen. Die Orientierung ist relativ einfach: Die gesamte Innenstadt wird von einer Hauptachse durchschnitten, die zunächst Avenida Mariscal Sta. Cruz und später dann Avenida 16 de Julio heißt, im Volksmund jedoch nur kurz ›Prado‹ genannt wird. Diese Straße folgt dem Río Choqueyapu, der hier unterirdisch verläuft, und endet an der Plaza del Estudiante. Von El Alto kommend, erstreckt sich rechter Hand das ›Indioviertel‹, das zwar keine architektonisch herausragenden Sehenswürdigkeiten zu bieten hat, aber über eine Vielzahl interessanter Märkte verfügt. Manche Spötter behaupten gar, ganz La Paz sei ein einziger Markt …

Auffälligster Orientierungspunkt ist die Kirche **San Francisco** 1, mit ihrer aufwendig gestalteten Fassade das wohl bedeutendste Gotteshaus der Stadt. Indianische Steinmetze haben die Kirchenfront mit zahlreichen tropischen Blumen, Früchten und Vögeln, Pumaköpfen und menschlichen Fratzen kunstvoll verziert. Bereits 1549 wurde mit dem Bau der ersten Kirche an diesem Platz begonnen, das heutige Gebäude wurde aber erst rund 200 Jahre später errichtet und 1784 geweiht. Hinter ihm kommt man über die steil ansteigende Calle Sagárnaga zum **Mercado de Hechería**

sich mit dem Fotografieren zurückhalten, da dies besonders von den resoluten Marktfrauen ungern gesehen wird.

Auf der gegenüberliegenden Seite der Hauptstraße liegt die koloniale Altstadt mit zahlreichen interessanten Museen. Ihr Zentrum bildet die **Plaza Murillo,** benannt nach Don Pedro Do-

Blick über La Paz: rechts das Stadtzentrum, im Hintergrund der 6322 m hohe Illimani

2 (›Hexermarkt‹), auf dem neben Lamaembryos und allerlei Heilkräutern auch die unterschiedlichsten Glücksbringer angeboten werden. Nicht weit entfernt von der Franziskanerkirche, an der Plaza Alonzo de Mendoza, befindet sich in einem Kolonialpalast des 18. Jh. das kleine **Museo Tambo Quirquincho 3**. Die vielseitige Sammlung umfaßt neben Zeichnungen und Gemälden auch Silberschmuck, traditionelle Kleidung und *diablada*-Masken, wie sie zur Karnevalszeit in Oruro getragen werden (s. S. 239). Unbedingt lohnenswert ist auch ein Bummel über die verschiedenen Märkte dieser Gegend, doch sollte man

mingo Murillo, dem ersten Freiheitskämpfer des Landes, der am 29. Januar 1810 hier öffentlich hingerichtet wurde – ein Schicksal, das noch vielen anderen Bolivianern zuteil wurde. So thront in der Mitte des Platzes das Standbild des Ex-Präsidenten Gualberto Villaroel, der hier 1945 gehängt wurde. Beherrscht wird die Plaza von der eindrucksvollen **Kathedrale 4** an der Südwestseite, deren Bau 1835 begonnen wurde, aber bis heute unvollendet ist. Ihr angeschlossen ist ein kleines Museum mit sakralen Gegenständen. Eine Ehrengarde in historischer Uniform wacht vor dem Eingang des **Präsidentenpalastes 5**, links neben der Kathedrale. Seit 1997 hat hier der Ex-Diktator General Hugo Bánzer Suárez seinen Sitz als demokratisch gewählter Präsident des

Landes. Schräg gegenüber schließt sich das Anfang des 20. Jh. erbaute **Parlamentsgebäude** 6 an, das sowohl das Abgeordnetenhaus als auch den Senat beheimatet.

Im Westen wird die Kathedrale vom Palacio de los Condes flankiert, einem 1775 erbauten Palast aus rosafarbenem

Folklore 9 einen Besuch. In dem Ende des 18. Jh. vom Marqués de Villaverde errichteten Gebäude werden heute Fotos, Webarbeiten und zahlreiche Gebrauchsgegenstände der indianischen Urbevölkerung aus dem Hochland und dem Beni-Tiefland ausgestellt. Nur wenige Schritte weiter befindet sich in der

Granit, in dem heute das **Museo Nacional de Arte** 7 untergebracht ist. Um den großen Innenhof mit einem Alabaster-Springbrunnen sind im Nationalen Kunstmuseum auf drei Stockwerken sowohl Ausstellungen zeitgenössischer Künstler wie auch Werke des Spät-Renaissance-Künstlers Melchor Pérez de Holguín und von Schülern seiner Potosí-Schule zu bewundern (s. S. 176). Vor dem Museum beginnt die Fußgängerzone Calle Comercio, über die man zur Iglesia **Sto. Domingo** 8 gelangt. Innen eher nüchtern, verfügt die in der ersten Hälfte des 17. Jh. erbaute Kirche, die von 1830 bis 1932 der Stadt als Kathedrale diente, ebenfalls über eine sehenswerte Fassade im Mestizo-Stil.

In der nahegelegenen Calle Ingavi lohnt das **Museo de Etnografía y**

Calle Sanjinez das **Teatro Municipal** 10, das frisch renovierte Stadttheater.

Mit einem Schlag mitten in die Kolonialzeit zurückversetzt fühlt man sich in der **Calle Jaén**, einem liebevoll restaurierten Gäßchen, in dem sich vier interessante Museen aneinanderreihen: die **Museos Municipales** 11. Das Wohnhaus von Don Pedro Domingo Murillo, dem Führer des Aufstandes vom 16. Juli 1809, wurde 1945 zum **Museo Casa Murillo** umgestaltet. Ausgestellt sind Kolonialmöbel und Gemälde, im Untergeschoß außerdem auch medizinische Pflanzen und Musikinstrumente. Eines der bedeutendsten Museen des Landes, das **Museo de Metales Preciosos Precolombinos** (›Museum wertvoller präkolumbischer Metalle‹), enthält neben formenreicher vorspanischer Keramik eine beachtliche Sammlung von Objekten aus Gold, Silber und Kupfer. Ein Großteil der Exponate stammt aus dem nahegelegenen Fundort Tiahuanaco. Historische Landkarten und Waffen, Gemälde und andere Relikte aus dem Salpeterkrieg, bei dem Bolivien 1884 seinen Zugang zum Meer an Chile verlor, umfaßt die kleine Sammlung im **Museo del Litoral** (›Museum des Küstengebietes‹), bekannt auch als *Museo de la Guerra del Pacífico* (›Museum des Pazifikkrieges‹). Den Abschluß bildet das **Museo Costumbrista Juan de Vargas,** eine Ausstellung von lebensechten

Dioramen zur Geschichte und dem Alltagsleben, die von Puppen in traditionellen Kostümen und Fotos von Alt-La Paz vervollständigt wird.

In der Nähe der Plaza del Estudiante, dem Zentrum der Neustadt mit einem Reiterstandbild von Simón Bolívar, dem *Libertador* (›Befreier‹) Südamerikas, versteckt sich hinter dem Hotel Plaza in einer Seitenstraße das **Museo Nacional de Arqueología** 12. Das Archäologische Nationalmuseum, noch immer besser bekannt als *Museo Tiwanaku,* beherbergt in mehreren Räumen Keramiken und andere Grabungsfunde aus

La Paz

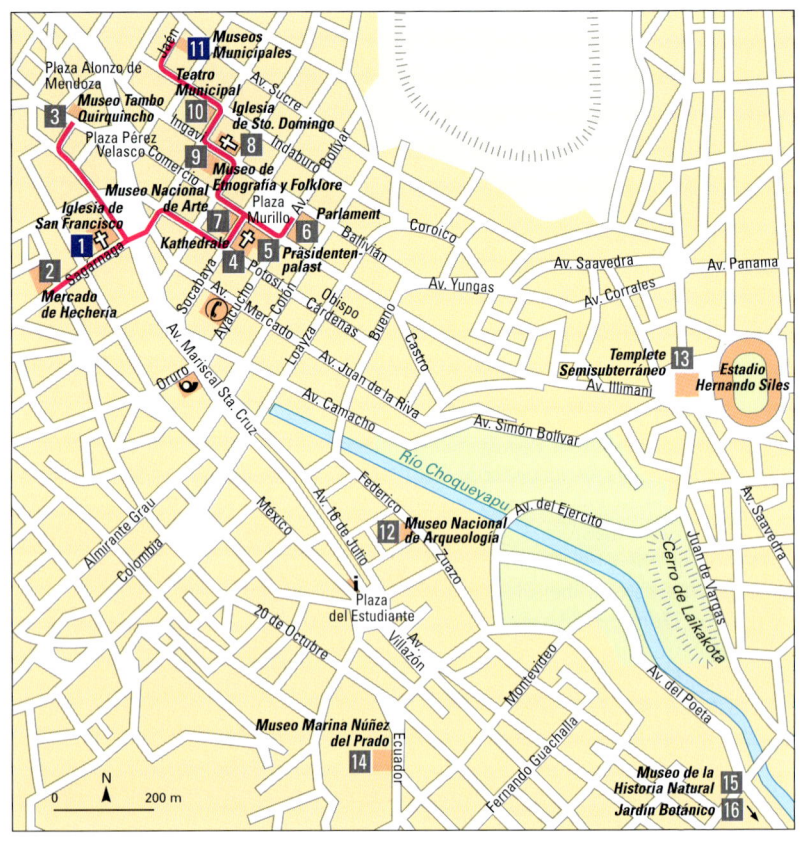

dem ganzen Land, wobei ein Schwerpunkt auf der Tiahuanaco-Kultur unübersehbar ist. Eine Art Freilichtmuseum mit einigen Originalstelen aus Tiahuanaco, der **Templete Semisubterráneo** ⑬, liegt etwas abseits am Stadion Hernando Siles. Die jahrhundertealten Originale sind hier rund um die Uhr den Verkehrsabgasen ausgesetzt und sollen daher durch Kopien ersetzt werden.

Ein weiteres Kunstmuseum findet sich in der Calle Ecuador, südlich der Plaza del Estudiante: Im **Museo Marina Núñez del Prado** ⑭ ist die aus zahlreichen Skulpturen bestehende Privat-

sammlung der 1995 verstorbenen Künstlerin zu bewundern, die als wichtigste bolivianische Bildhauerin des 20. Jh. gilt. Einen guten Überblick über Geologie, Paläontologie, Botanik und Zoologie des Landes kann man sich im **Museo de la Historia Natural** ⑮ auf dem Campus der Universität in der *Zona Sur* verschaffen. Ebenfalls im Süden der Stadt, im Stadtviertel Cotacota, befindet sich der 1991 eröffnete **Jardín Botánico** ⑯ mit einem künstlichen See und den für die Andenvegetation typischen Pflanzen, darunter auch Kakteen und medizinische Kräuter.

Die Umgebung von La Paz

(Karte S. 234)

In der Umgebung von La Paz finden sich zahlreiche sehr interessante Ausflugsziele, für die sich die Metropole mit ihrer großen Auswahl an Hotels als idealer Ausgangspunkt anbietet. Neben den schon obligatorischen Abstechern nach Tiahuanaco (s. S. 222 ff.) und zum Titicacasee (s. S. 208 ff.) kann man zwischen so gegensätzlichen Zielen wie der eindrucksvollen Bergwelt der Cordillera Real und den üppig-tropischen *Yungas* wählen. Mit öffentlichen Verkehrsmitteln erreichbar sind nur Sorata und Coroico/Chulumani, sonst muß man auf einen Mietwagen (am besten mit Fahrer) oder eine organisierte Tour zurückgreifen.

Im Süden von La Paz

Nur etwa 10 km vom Stadtzentrum entfernt liegt im Südosten das bekannte **Valle de la Luna** (›Mondtal‹) ①, das mit

seinen bizarren Erosionsformationen hübsche Fotomotive bietet. Leider sieht sich auch diese ehedem verlassene Gegend immer mehr dem wachsenden Besiedlungsdruck ausgesetzt, und so erscheint es nur noch als eine Frage der Zeit, bis das ohnehin nur kleine Gebiet völlig verschwinden wird. Die Anfahrt führt vorbei an den Villenvierteln im unteren Bereich der Stadt (Calacoto, La Florida) zu einem kleinen Freizeitpark mit Grillmöglichkeiten. Im Hintergrund erkennt man eine exponierte Felsnadel, die im Volksmund *Muela del Diablo* (›Backenzahn des Teufels‹) genannt wird.

Weit seltener besucht und dabei nicht minder eindrucksvoll ist der **Cañón del Huaricunca** ②, der ebenfalls im Südosten der Stadt liegt. Diese auch ›Palca Canyon‹ genannte Schlucht erreicht man über die ungeteerte Straße nach Ventilla, die über den Vorort Calacoto, vorbei am Botanischen Garten, zunächst hinaufführt zur 4400 m hohen **Cuesta de las Animas,** von der aus sich ein herrlicher Blick über die Stadt bietet. Danach beginnt im kleinen Dorf Huni die Wanderung im Tal des Río Huni, die entlang einer Inka-Straße in das ca. 7–8 km entfernte Palca führt. In Jahrtausenden hat sich der Fluß tief in das poröse Gesteinsmaterial eingegraben und so eine eindrucksvolle Schlucht geschaffen. Der nahegelegene Ort Ventilla ist Ausgangspunkt für den legendären **Taquesi Trek,** eine rund 40 km lange Trekking-Tour, die in zwei bis drei Tagen meist auf einer alten Inka-Straße über einen 4650 m hohen Paß nach Chojilla (2280 m) in den *Yungas* führt.

Im Bergland nördlich von La Paz

Wer sich schon einige Tage an die extreme Höhe gewöhnt hat, kann auch ohne bergsteigerische Erfahrung relativ bequem einen Fünftausender bezwingen: Über die Vorstadt El Alto führt am Friedhof vorbei eine Piste in die Berge, über die man mit einem allradgetriebenen Fahrzeug nach **Chacaltaya** 3 gelangt, dem ›höchstgelegenen Skigebiet der Welt‹. Doch nicht die guten Wintersportbedingungen sind es, die diesen Ausflug so einmalig machen (die Saison beschränkt sich ohnehin auf die Monate Januar–März), sondern die Möglichkeit auch für Nicht-Bergsteiger, einmal in die höchsten Regionen der Anden vorzustoßen. Schon die Anfahrt bietet dramatische Ausblicke auf den benachbarten Bergriesen Huaina Potosí (6088 m), bevor sich die Straße in engen Serpentinen bergauf windet zur Schutzhütte des Club Andino auf ca. 5200 m Höhe, in deren Nähe sich ein primitiver Schlepplift befindet. Von dort bietet sich ein

atemberaubender Blick über La Paz zum Titicacasee und auf die umliegende Bergwelt, der den Sauerstoffmangel schnell vergessen läßt. Für Unentwegte führt noch eine wegen der Höhe sehr anstrengende Wanderung zum nahegelegenen Cerro Chacaltaya (5345 m) mit weiteren unvergeßlichen Ausblicken.

Ein zwei- bis dreitägiger Ausflug führt nach **Sorata** 4 (S. 335), einem hübschen Bergort zu Füßen der ›Königskor-

dillere‹. Etwa fünf Stunden dauert die Fahrt mit dem Linienbus von La Paz, der zunächst in Richtung Titicacasee über Huarina nach Achacachi fährt und sich dann auf ungeteerter Straße über einen rund 4200 m hohen Paß kämpft. Bei klarem Wetter bietet sich hier ein eindrucksvoller Blick auf die verschneiten Gipfel der Cordillera Real, bevor sich die Straße wieder über Serpentinen bergab windet. Vorbei an einer Christusstatue

öffnet sich der Blick hinüber nach Sorata auf der anderen Talseite und zu den Gipfeln von Ancohuma (6429 m), Illampu (6368 m) und vielen weiteren Fünf- und Sechstausendern. Schon bald beginnt man zu verstehen, warum der sympathische Ort auf angenehmen 2695 m Höhe mit seinem mittelalterlichen Ambiente mit Treppen und engen Pflasterstein-Gassen gerne als schönstgelegene Stadt Boliviens bezeichnet wird. Sorata

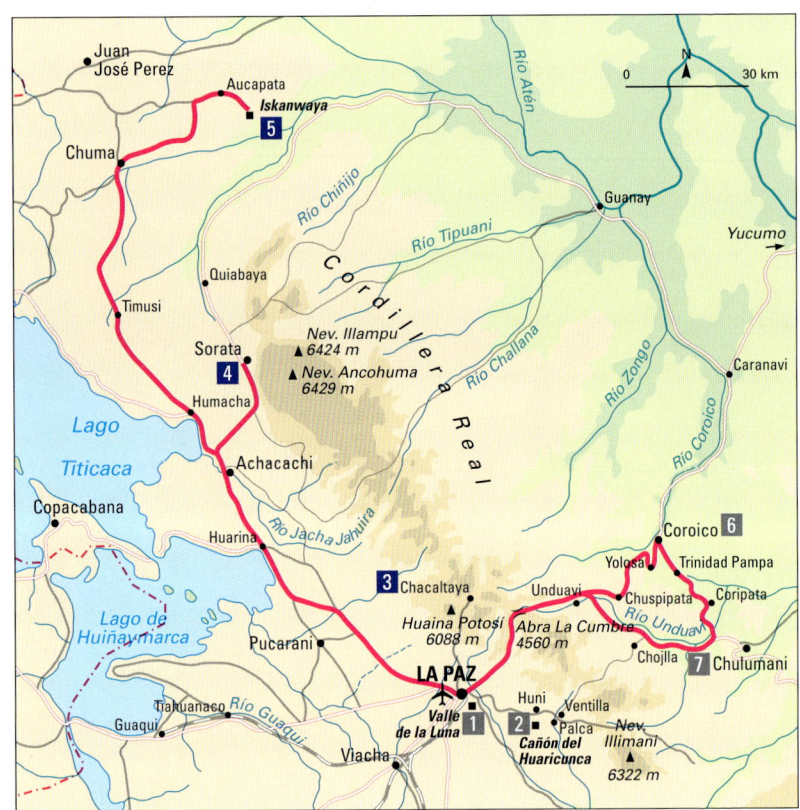

Die Umgebung von La Paz

ist außerdem ein guter Ausgangspunkt für Wanderungen in der Umgebung und für Bergsteiger. Mindestens eine Woche Zeit und eine entsprechende Ausdauer sollte man mitbringen, um beispielsweise den *Camino del Oro* zu begehen, einen alten Inka-Weg, der zunächst über einen 4741 m hohen Paß und danach überwiegend bergab nach Guanay führt.

Wer sich beim Besuch von Machu Picchu von den Menschenmassen gestört fühlte, für den könnte die anstrengende Anfahrt zur prä-inkaischen Ruinenstätte von **Iskanwaya** [5] zu einem großartigen Erlebnis werden. Diese rund 13 ha

große Stadt-Zitadelle der Mollu-Kultur (1145–1425) liegt auf rund 1700 m Höhe am Rande der Schlucht des Río Llica. Die über hundert Gebäude weisen trapezförmige Türen und Fenster auf, obwohl ein unmittelbarer Kontakt mit den Inka-Architekten auszuschließen ist. Auch wenn der Ort vielleicht nicht die Bedeutung und die einmalige Lage von Machu Picchu hat, so ist er doch sicher eindrucksvoller gelegen als Tiahuanaco und hat außerdem noch den Charme eines touristischen ›Geheimtips‹. Ausgangspunkt für einen Besuch der Ruinen ist Aucapata, etwa 50 km nördlich von Sorata (Anfahrt über Achacachi und

Chuma). Das Dorf, in dem sich auch ein kleines Museum befindet, liegt etwa 4 km von der Ausgrabungsstätte entfernt. Die Zufahrt nach Aucapata ist nur mit Allradantrieb möglich (ca. 26 Std. ab La Paz).

Ein Ausflug in die Yungas

Wer unter der ungewohnten Höhenlage von La Paz leidet oder einfach nur Lust hat auf höhere Temperaturen, der muß nicht weit reisen: Nur wenige Fahrtstunden entfernt liegt ein kleines tropisches Paradies, die *Yungas*. Zwischen 1500 und 2000 m herrscht hier ein mildes Klima, in dem auch die Kokapflanzen hervorragend gedeihen; doch keine Angst – alles völlig legal, denn Koka gehört zu den traditionellen Agrarprodukten im Andenraum und wird in Bolivien auf den Märkten genauso verkauft wie Mais und Kartoffeln. Eine Rundfahrt von La Paz über Coripata und Coroico ist zwar in zwei Stunden machbar, besser wäre es jedoch, sich mindestens drei Tage Zeit zu nehmen, um so noch Gelegenheit für Unternehmungen vor Ort zu haben. Die größte Auswahl an Unterkünften findet sich in Coroico.

Die Anfahrt von La Paz gehört zu den spektakulärsten (und unfallträchtigsten) Fahrtstrecken im gesamten Andenraum und ist daher für schwache Nerven nicht geeignet. Über das Stadtviertel Miraflores verläßt man die Andenmetropole und kommt, vorbei an der Represa Janpaturi, einem Stausee, der die Wasserversorgung für La Paz sichert, nach nur 12 km zum 4560 m hohen Paß La Cumbre. Von der Christusstatue bietet sich ein herrlicher Blick über die karge Bergwelt, und tief unten erblickt man das graue Asphaltband, das sich immer tiefer in die Obstabhänge der Cordillera Oriental hineingräbt. Für besonders trainierte und gut ausgerüstete Bergwanderer bietet sich eine zwei- bis dreitägige Wanderung an, die vom Paß La Cumbre hinunterführt nach Coroico. Unterwegs sind neben den krassen Klima- und Temperaturunterschieden Bergpässe bis 4859 m Höhe zu überwinden.

Kurz hinter der Kontrollstation **Undu-avi** auf 3026 m (ca. 20 km ab dem Paß) gabelt sich die Straße: Geradeaus führt die ›gefährlichste Straße der Welt‹ hinunter nach Coroico in die *Nor-Yungas,* nach rechts zweigt die Zufahrt in die *Sud-Yungas* ab. Empfehlenswert ist eine Rundfahrt, die zunächst über die weniger gefährliche Straße in Richtung Chulumani hinunterführt und dann über Coroico auf der spektakulären Strecke wieder zurück bergauf. Doch wer den Nervenkitzel nicht scheut und gleich in Richtung Coroico fährt, muß sich zusätzlich an die ungewohnte Linksverkehr-Regelung halten, die ab Chuspipata bis Caranavi gilt, und sollte wirklich langsam und vorsichtig weiterfahren …

Auf dieser rund 43 km langen Strecke in die **Nor-Yungas** bieten sich immer neue spektakuläre Ausblicke in dicht überwucherte grüne Schluchten, und steile Abhänge lassen selbst erfahrene Autofahrer vor Ehrfurcht erschaudern. Hinzu kommt oft noch ein Nebelvorhang, der die dramatische Stimmung eindrucksvoll unterstreicht. In Eile sollte man besser nicht sein, und wer auf dieser Strecke nachts unterwegs war, wird dies so schnell nicht vergessen. Immer wieder kann es vorkommen, daß liegengebliebene LKWs die Straße stundenlang blockieren, denn besonders nach Regenfällen verwandelt sich die Piste in eine tückische Schlammfalle. Immer dichter wird die Vegetation, und längst ist der Übergang von der kargen Bergflora zur üppigen Vielfalt der Tropen voll-zogen, wenn man schließlich die kleine Straßensiedlung Yolosa auf 1185 m er-reicht, deren einfache Restaurants vor-wiegend auf die Bedürfnisse der Fern-fahrer zugeschnitten sind. Kurz hinter Yolosa zweigt rechts die Zufahrt nach Coroico ab, geradeaus kommt man wei-ter nach Caranavi und ins Regenwaldge-biet des Nordostens (s. S. 282 ff.).

In **Coroico** 6 (S. 302), dem Hauptort der *Nor-Yungas,* haben sich viele Aus-länder niedergelassen, so daß heute in diesem Bergort auf milden 1750 m Höhe fast so etwas wie ein ›multikulturelles Klima‹ herrscht. Neben Spanisch und Aymara gehören inzwischen auch Eng-lisch und Deutsch zu den gängigen Idio-men des Ortes. Nur etwa vier bis fünf Fahrtstunden von La Paz entfernt fühlt man sich hier in eine andere Welt ver-setzt, und man stellt sich unwillkürlich die Frage, wieso immer noch Tausende von Bolivianern in die ungastliche Metro-pole strömen, anstatt hier ihr Glück zu versuchen. Doch der Tourismus scheint derzeit die einzige lukrative Einnahme-quelle dieser Gegend zu sein, denn der Anbau von Koka und anderen Agrar-produkten bietet nur einer sehr begrenz-ten Anzahl von Menschen eine Lebens-grundlage.

Vorbei am rund 20 km entfernten Tri-nidad Pampa führt die Straße hinüber in die *Sud-Yungas* durch eines der wich-tigsten Koka-Anbaugebiete des Landes. Bis zu vier Ernten bringen die fleißigen Bauern im Jahr ein, denn die Wachs-tumsbedingungen für das zarte und un-scheinbare Kokapflänzchen sind hier ge-radezu ideal: eine Höhe zwischen 1500 und 2000 m, hohe Temperaturen und reichlich Niederschläge. Neben diesem wohl wichtigsten Agrarprodukt der *Yun-gas* werden aber auch Kaffee, Orangen, Mandarinen, Bananen und andere Süd-

früchte angebaut. Ebenfalls von Bedeu-tung ist die Förderung von Gold. Wie Adlerhorste kleben die Dörfer an den Hängen, so auch die zweitgrößte Sied-lung in den *Nor-Yungas,* **Coripata.** Im Gegensatz zur 34 km entfernten Nach-bargemeinde Coroico verirrt sich hier-her nur selten ein Tourist, und es gibt keine Unterkünfte. Doch vielleicht ist das auch ganz gut so, denn so konnte sich dieser herrlich gelegene Ort auf 1840 m Höhe bislang noch seine Ur-sprünglichkeit bewahren.

Die Brücke über den Río Unduavi beim winzigen Ort Puente Villa markiert die Grenze zu den *Sud-Yungas.* Die etwa 25 km lange Zufahrtsstraße zu deren Hauptort **Chulumani** 7 (S. 309) auf 1700 m Höhe zweigt links ab, nach rechts führt die Straße wieder hinauf über Unduavi (51 km) nach La Paz. Ein-drucksvoll ragen steile Berghänge in den Himmel, die vom Regenwald dicht überwuchert sind, und zu ihren Füßen hat der Río Unduavi sein Bett tief in den Fels eingegraben. Unvermittelt begeg-net man einem klapprigen Lastwagen, der auf der Ladefläche keinen Unter-schied macht zwischen Waren und Pas-sagieren. Ein wenig deplaziert wirkt das Schlößchen El Castillo, das hier anno 1832 errichtet wurde. Heute beherbergt es ein reichlich heruntergekommenes Hotel und Restaurant. Wenige Kilometer weiter lohnt der Wasserfall Velo de la Novia einen Fotostopp – allerdings nur während der Regenzeit von Dezember bis Februar, ansonsten wird man dieses Naturschauspiel vergeblich suchen. Die Nadel des Höhenmessers ist inzwischen wieder auf über 2000 m geklettert, und vorbei an Blumenpflanzungen für die Märkte im Hochland muß man sich all-mählich wieder an kühlere Temperatu-ren gewöhnen, wie auch an den knap-per vorhandenen Sauerstoff.

Der bolivianische *Altiplano*

La Paz – Oruro – Uyuni (512 km)
(Karte S. 238)

Eine Fahrt über den kargen *Altiplano* zum Salzsee von Uyuni und in den wilden Südwesten Boliviens gehört zu den besonderen und ungewöhnlichen Reiseerlebnissen in Südamerika. Doch sollte man dabei die extremen Klimaverhältnisse, die ungewohnte Höhe und die schlechten Straßen nicht unterschätzen; am besten begibt man sich in die Hände einer erfahrenen Agentur, was für eine Expedition zur Laguna Colorada sowieso unerläßlich ist. Ein überaus lohnenswerter Abstecher führt zum eindrucksvollen Vulkan Sajama, dem höchsten Bergriesen des Landes.

Nur die erste Hälfte der Straße, die La Paz mit allen anderen wichtigen Städten des Landes verbindet, ist geteert, der zweite Teil der Route führt über teilweise schlechte Piste. An einem Tag ist die hier beschriebene Strecke daher praktisch nicht zu schaffen, als einziger Übernachtungsort bietet sich die Stadt Oruro an. Eine denkbare Alternative wäre auch die Bahnfahrt nach Uyuni, allerdings verkehren die Züge ab Oruro derzeit nur nachts und kommen erst nach Mitternacht in Uyuni an, die landschaftlichen Eindrücke würden fehlen.

Von La Paz nach Uyuni

Durch die relativ eintönige Landschaft des *Altiplano* führt eine ordentliche Asphaltstraße von La Paz über El Alto in Richtung Süden. In eindrucksvollem Gegensatz dazu stehen die schneebedeckten Bergriesen der Cordillera Real, die

sich langsam im Hintergrund verlieren. Das erste größere Dorf, **Calamarca** ▮ auf 4100 m, lohnt einen kurzen Abstecher: Die hübsche Dorfkirche, die auf einen Bau vom Ende des 16. Jh. zurückgeht, beherbergt im Inneren sehenswerte Wandgemälde aus der Kolonialzeit. Das benachbarte Dorf Tolar ist bekannt für seinen guten Käse. Eine Abzweigung führt etwas weiter nach etwa 30 km zu den schwefelhaltigen Thermalquellen von **Urmiri** ▮ (S. 341), wo ein schön gelegenes Hotel Unterkunft bietet. Parallel zur Straße verläuft die Bahnlinie nach Oruro und Cochabamba, und wer genau hinschaut, entdeckt immer wieder Überreste vereinzelter *chullpas* – Grabtürme längst untergegangener Kulturen. In dieser Gegend, die bei Archäologen als *Zona Viscachani* bekannt ist, hat man noch viel ältere Überreste entdeckt. Die Menschen einer präkeramischen Kultur – der wohl ältesten Boliviens – lebten als Halbnomaden und hatten bereits Lamas domestiziert. Ein wichtiger Überlebensfaktor war damals wie heute das Vorhandensein von Trinkwasser – und in dieser Gegend gibt es mehrere Brunnen. Am bekanntesten sind die Mineralquellen von Ayo Ayo und Viscachani, wo sich eine wichtige Abfüllanlage und ein kleines Hotel mit Thermalbad befinden.

Nach gut 100 km (ab La Paz) erreicht man **Patacamaya** ▮, die größte Stadt zwischen El Alto und Oruro mit einem interessanten Sonntagsmarkt. Von hier führt eine neue Teerstraße vorbei am Vulkan Sajama nach Arica in Chile (s. S. 169). Auf der Weiterfahrt in Richtung Oruro fällt die neben der Straße verlaufende Erdöl- und Erdgaspipeline ins

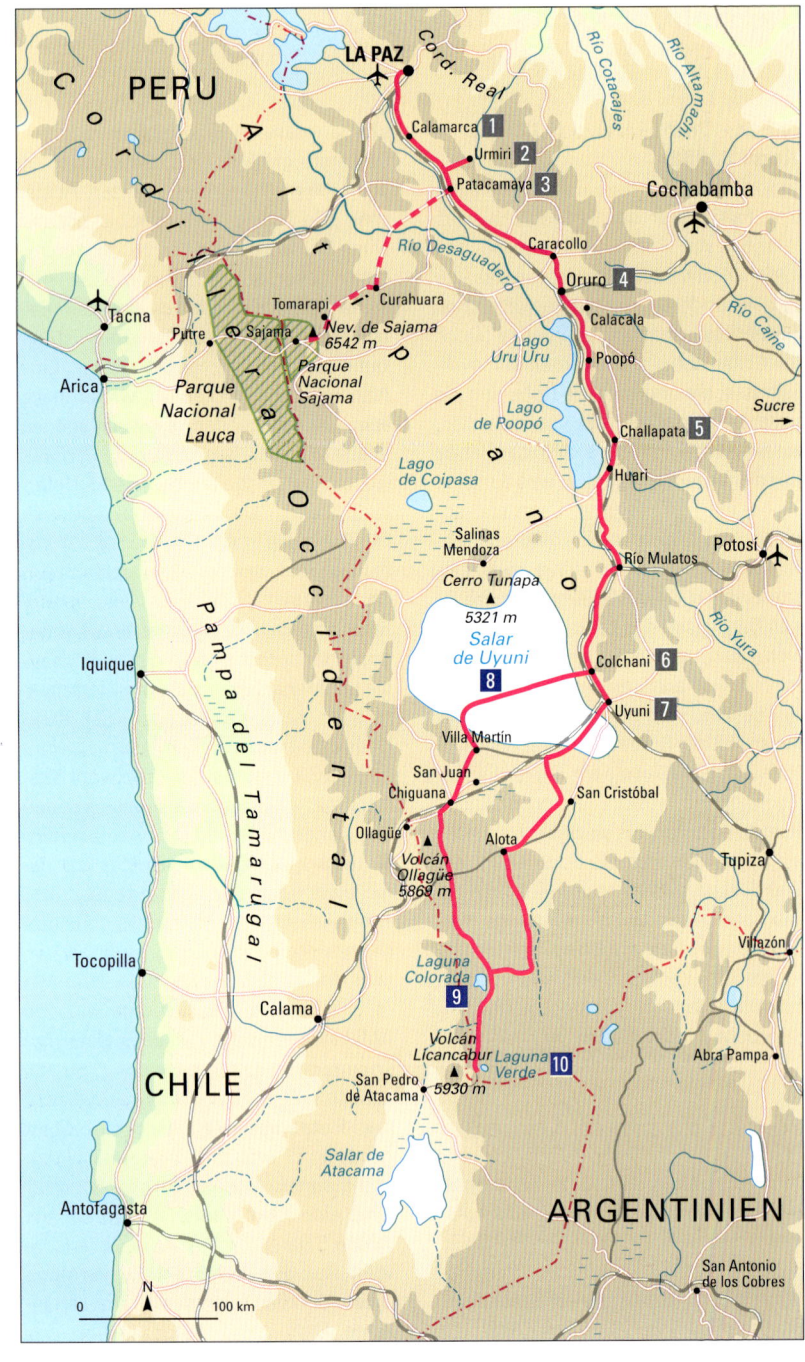

LA PAZ

PERU

Cord. Real

Río Cotacajes

Río Altamachi

Calamarca 1

Urmiri 2

Patacamaya 3

Caracollo

Cochabamba

Río Desaguadero

Oruro 4

Calacala

Río Caine

Tomarapi

Curahuara

Tacna

Putre

Sajama

Nev. de Sajama
6542 m

Poopó

Lago
Uru Uru

Parque
Nacional
Sajama

Parque
Nacional
Lauca

Lago
de Poopó

Sucre

Arica

Challapata 5

Huari

Lago
de Coipasa

Salinas
Mendoza

Cerro Tunapa

Río Mulatos

Potosí

5321 m

Salar
de Uyuni

Colchaní 6

Río Yura

Iquique

8

Uyuni 7

Villa Martín

Pampa del Tamarugal

San Juan

Chiguana

San Cristóbal

Ollagüe

Alota

Volcán
Ollagüe
5869 m

Tupiza

Cordillera Occidental

Cordillera

Altiplano

Laguna
Colorada

Villazón

Tocopilla

9

Calama

Volcán
Licancabur

Laguna
Verde 10

Abra Pampa

CHILE

San Pedro
de Atacama

5930 m

Salar de
Atacama

ARGENTINIEN

Antofagasta

San Antonio
de los Cobres

0   100 km

N

Auge, die von Sta. Cruz über Cochabamba nach La Paz führt. Vorbei am typischen *Altiplano*-Dorf Sica Sica, dessen hübsche Kirche derzeit restauriert wird, trifft man in Caracollo auf die Abzweigung nach Cochabama (s. S. 264 ff.). Danach ist das Land nahezu unbesiedelt, die hier bereits stark salzhaltigen Böden erlauben keine Landwirtschaft mehr, und auch Viehzucht ist nicht mehr möglich. Lediglich eine Ziegelfabrik und eine einsame Telefonzelle erinnern an die Anwesenheit von Menschen.

Bald erreicht man **Oruro** 4 (S. 323), eine wenig attraktive Bergarbeitersiedlung auf kalten 3700 m Höhe. Die knapp 200 000 Einwohner sind überwiegend indianischer Herkunft und leben vom Mineralienreichtum der umliegenden Berge. Gegründet wurde die Stadt 1606 von den Spaniern, die zunächst nur an der Ausbeutung der Silberminen interessiert waren. Im 19. und 20. Jh. wurden dann zunehmend auch Kupfer und Zinn gefördert. Doch der Verfall der Weltmarktpreise für diese Metalle hat sich auch auf den Wohlstand der Stadt negativ ausgewirkt; viele Minen in Oruro und der Umgebung sind inzwischen verlassen.

Sehenswert ist neben der zentralen Plaza 10 de Febrero die einige Straßen nördlich gelegene Casa de la Cultura mit dem Museo Patiño im ehemaligen Palast des Zinnbarons Simón Patiño. Dieser erwarb im Jahre 1897 die Mine La Saladora, die sich schon bald als ergiebigste Zinnmine der ganzen Region entpuppte. Seinen neu erworbenen Reichtum investierte er in den Kauf weiterer Gruben und kontrollierte so schon bald 50 % der nationalen Zinnförderung. Arbeiteraufstände und die Verstaatlichung der Minen unter Präsident Estenssoro setzten 1952 seiner Unternehmerkar-

Der bolivianische Altiplano

riere ein Ende. Trotz mehrerer weiterer Museen, wie dem Minenmuseum, wird der Besuch von Oruro meist nur von kurzer Dauer sein. Eine Ausnahme ist die Karnevalszeit, denn der Karneval von Oruro ist weit über die Grenzen Boliviens hinaus berühmt. Während dieser Tage sind alle verfügbaren Hotelzimmer schon Monate im voraus ausgebucht. Erster Höhepunkt der *diablada,* des ›Teufelsfestes‹, ist bereits die *entrada* am Karnevalssamstag, die feierliche Eröffnung mit einem farbenprächtigen Umzug maskierter Tänzer und Musikanten. Danach steht die Stadt für vier Tage kopf.

Nur wenige Kilometer südlich von Oruro zweigt nach einem Kontrollposten die etwa 15 km lange Zufahrtsstraße nach **Calacala** ab, einer kleinen Ortschaft, in deren Nähe bedeutende Felsmalereien mit Lamas, Pumas und menschlichen Figuren zu sehen sind. Vorbei an verlassenen Minen und *ingenieros* – Anlagen zur Trennung von Mineralien – kommt man nach etwa 30 km in die Nähe des **Lago Uru Uru**, in dessen flachem Wasser sich zahlreiche Flamingos und andere Wasservögel aufhalten. Große Teile des weiter südlich gelegenen **Lago de Poopó,** der früher eine Fläche von 2530 km^2 bedeckte, sind heute ausgetrocknet. Bei einer durchschnittlichen Tiefe von nur 3 m reagiert dieser See höchst sensibel auf Veränderungen in der Wasserzufuhr vom Titicacasee. Kurz hinter den neuen Thermalbädern von Pazña endet am Kilometer 80 die parallel zur Bahnlinie verlaufende Teerstraße und verwandelt sich in eine (zunächst noch gut zu befahrende) Piste.

Im gut 200 km von Oruro entfernten Städtchen **Challapata** 5, dessen staubige Straßen und windschiefe Häuser dem Ort eine herbe Wildwest-Atmosphäre verleihen, sollte man den Wagen nochmals auftanken. Eine kurvenreiche

Abstecher zum höchsten Berg Boliviens

Der Volcán Sajama, mit 6542 m höchster Berg Boliviens

Ein echter landschaftlicher Leckerbissen ist der eindrucksvolle Vulkan Sajama an der Grenze zu Chile, der unbedingt einen Abstecher lohnt, zumal die neue Teerstraße die Anreise erheblich erleichtert. Wer früh startet und einen langen Fahrtag nicht scheut, kann dies sogar als Tagesausflug ab La Paz planen, oder man fährt weiter nach Oruro und übernachtet dort. Dies ist nämlich in dem kleinen Dorf Sajama nur in einfachsten Verhältnissen möglich, es sei denn, man bringt sein eigenes Zelt mit. Eine weitere Alternative ist die Weiterreise nach Chile,

wo man in Putre (S. 332) übernachten kann.

Am Ortsanfang von Patacamaya zweigt rechts die neue Teerstraße nach Chile ab, die nach rund 150 km am Vulkan Sajama vorbeiführt. Zunächst geht die Fahrt durch den herben *Altiplano*, auf dem neben Lamas und Alpakas auch Rinder und Schafe weiden, und schon bald bietet sich ein erster Blick zum schneebedeckten Vulkangipfel. Nach und nach ändert sich die Landschaft, rötliches Sedimentgestein, von Wind- und Regenerosion zerfressen, bildet eine bizarre Mondlandschaft.

Richtig Reisen
Tip

Immer wieder finden sich restaurierte Grabtürme *(chullpas)* aus Lehm am Wegesrand. Nach etwa einer Stunde Fahrt, nachdem man die Senke des Río Desaguadero hinter sich gelassen hat, erreicht man die Abzweigung zum Dorf **Curahuara.** Einst wichtige Durchgangsstation, ist es heute zu einem armseligen Nest verkommen, das aber dennoch einen Abstecher lohnt: An der Plaza steht eine sehenswerte strohgedeckte Kirche aus dem 16. Jh., deren Wände innen vollständig mit Fresken aus dem 17. Jh. ausgeschmückt sind. In der für die Gegend typischen naiven Maltechnik wurden neben anderen biblischen Szenen die Vertreibung von Adam und Eva aus dem Paradies, das Letzte Abendmahl und das Jüngste Gericht thematisiert.

Zurück auf der Hauptstraße, geht die Fahrt durch eine wilde und durchaus abwechslungsreiche Landschaft. Etwa nach 100 km beginnt der **Cañón de Sajama,** der mit seinen eigenwilligen geologischen Formationen tolle Fotomotive bietet. Doch schon bald gibt es nur noch ein Thema: den **Sajama** (6542 m) und die dahinterliegenden Berggipfel Parinacota (6330 m) und Pomerape (6240 m), die sich bereits in Chile befinden. Die Straße passiert links den Gipfel, der ab 5300 m Höhe von ewigem Schnee bedeckt ist, und führt durch den 1939 gegründeten **Parque Nacional Sajama.** Nach rechts zweigt eine 12 km lange Piste ins gleichnamige Dorf ab, wo sich ein Verwaltungsposten des 1200 km² großen Nationalparks befindet. Hier kann man sich über die Möglichkeiten für die Besteigung des Gipfels informieren: Für erfahrene Bergsteiger bieten sich zwei Routen an, die jeweils vier Tage in Anspruch nehmen und wegen der enormen Höhe sehr anspruchsvoll sind. Das Basiscamp befindet sich auf einer Höhe von 4650 m, das Gipfelcamp auf 5500 m; empfehlenswert ist die Winterzeit von April bis Oktober.

Mit einem geländegängigen Fahrzeug ist eine Rundfahrt um den Vulkan möglich. In der Nähe des Dorfes Sajama bietet sich ein Bad in einfachen

Die Kirche in Curahuara

Thermalquellen an. Auf der Weiterfahrt zur Laguna Huañacota (4350 m) entdeckt man mit etwas Glück die grazilen Vikunjas. Eine botanische Besonderheit sind neben den grünen *yareta*-Polstern *(Azorella compacta),* die an mit Moos bedeckte Felsen erinnern, die *queñua*-Bäume *(Polylepis tarapacana).* Sie wachsen am Hang des Vulkans bis in Höhen von 5200 m und bilden dabei den vielleicht höchsten Wald der Welt. Ein weiteres tolles Fotomotiv bietet die hübsche, schneeweiße Kirche im Dorf Tomarapi mit dem mächtigen Sajama im Hintergrund.

Straße führt von hier in die Bergbaustadt Potosí (s. S. 249 ff.), und wer den
Salzsee von Uyuni zum Ziel hat, für den
beginnt jetzt der schwierige Teil der
Fahrt! Lohnenswert ist eine kurze Pause
in der nahegelegenen Ortschaft **Huari,**
deren Brauerei im ganzen Land für ihr
gutes Bier bekannt ist. Weiter südlich
nähert sich die Straße nochmals dem
von einem weißen Salzrand umgebe-
nen Lago de Poopó, über dem häufig
Luftspiegelungen zu sehen sind. Bald erreicht man die Abzweigung nach Salinas Mendoza, einem armseligen Ort zu
Füßen des Cerro Tunapa (5321 m). Diese
alternative Anfahrtsstrecke zum Salar de
Uyuni sollte man jedoch nur mit einem
ortskundigen Führer und entsprechen-
der technischer Ausrüstung wagen,
denn hier herrscht praktisch kein Verkehr – mit Hilfe ist also nicht zu rechnen!
   Die wenigen Häuser in dieser gottver-
lassenen Gegend sind fast ausschließlich mit Stroh gedeckt – der ansonsten
überall so beliebte Baustoff Wellblech
ist hier noch weitgehend unbekannt.
Vorbei an Sanddünen und einsamen La-
maherden führt die sich oft verzwei-
gende Piste durch ärmliche Dörfer, die
sich entlang der Schienen aufreihen,
zum Río Márquez. Nach Río Mulatos,
einem verschlafenen Nest, wo die Bahnlinie nach Potosí abzweigt, ist die Landschaft dann nahezu unbesiedelt, nur
Lamas und Schafe finden in diesem
menschenfeindlichen Landstrich ein
Auskommen. Fast möchte man zwei-
feln, ob man sich noch auf dem richtigen Weg befindet, doch spätestens
beim ersten Blick auf den Salar de
Uyuni, dessen weißes Band weithin
sichtbar ist, sieht man sich am Ziel: Nach
etwa vier Stunden anstrengender Fahrt
erreicht man die Ortschaft **Colchani** 6,

wo die Zufahrtspiste auf den Salzsee
abzweigt. Die Menschen hier leben vorwiegend vom Salzabbau, doch im Vergleich zu den im Salzsee vermuteten
Reserven von mindestens 10 Mrd. t Salz
ist die Gewinnung von rund 20 000 t
jährlich – überwiegend als Speisesalz
verwendet – recht bescheiden.
   Weitere 22 km südlich von Colchani
liegt die rund 12 000 Einwohner zählende Stadt **Uyuni** 7 (S. 342), ein wichtiger Bahnknotenpunkt zwischen Calama in Chile, Tupiza und Villazón an der
Grenze zu Argentinien. Auf einer Höhe
von 3665 m kann es nachts ungemütlich

kalt werden, wenn eisige Winde durch die staubigen Straßen der Stadt fegen – gerne wird sie als ›Eisschrank Boliviens‹ verspottet. Mit einigen einfachen Unterkünften und zahlreichen Reiseagenturen ist sie jedoch ein wichtiger Ausgangspunkt für Fahrten auf den Salar de Uyuni und in den Südwesten. Einzige Sehenswürdigkeit ist das kleine Museo Arqueológico im Ortszentrum, in dem Keramiken, Textilien und andere Funde aus der Gegend ausgestellt werden. Die meisten Exponate sind der Yura-Kultur zuzuordnen (600–1200), die unverkennbar von Tiahuanaco beeinflußt wurde.

Der größte Salzsee der Welt

Der wichtigste Grund, aus dem man die Strapazen der Fahrt nach Uyuni auf sich nimmt, ist ein Besuch des **Salar de Uyuni** 8, mit einer Fläche von über 12 000 km² der größte Salzsee der Welt. Die Fahrt über die aus purem Kochsalz bestehende Piste auf dem schneeweißen und völlig mit einer dicken Salzschicht überzogenen ›See‹ ist ein unvergeßliches, einmaliges Erlebnis. Als Orientierungspunkte dienen dabei die umliegenden Berggipfel, besonders der

Kakteen auf einer Insel im Salar de Uyuni

Eine sichere Möglichkeit, dieses Natur-spektakel dennoch zu erleben, sind die beiden aus Salzblöcken erbauten ›Salz-Hotels‹ (s. S. 342), die mangelnden Luxus mit ihrer einmaligen Lage mitten auf dem Salzsee und ihrer ungewöhnli-chen Bauart mehr als ausgleichen.

Eine Expedition in den ›wilden Südwesten‹ Boliviens

Wer sich immer noch fragt, wo die Welt zu Ende ist: Wie wäre es mit dem menschenleeren Südwesten Boliviens? Mehrere Veranstalter in Uyuni und Potosí bieten vier- bis fünftägige Exkur-sionen in diese abgelegene Region an, die mit einem rauhen Klima und einer kargen, aber überaus reizvollen Land-schaft aufwartet, umringt von schneege-krönten Vulkanen, die die Grenze zum Nachbarstaat Chile bilden. Gut ausgerü-stete Geländewagen und ein warmer Schlafsack sind unbedingte Vorausset-zungen für eine solche nicht alltägliche Expedition, die zumeist mit einem Be-such des Salar de Uyuni beginnt und sich dann über die Ortschaften Villa Martín, San Juan (Kolonialkirchen) und Chiguana am Rande des gleichnamigen kleinen Salzsees nach Süden wendet.

Cerro Tunapa im Norden des auf 3660 m Höhe gelegenen Sees. Wie eine Fata Morgana taucht unvermittelt eine Land-masse aus der weißen Endlosigkeit auf, eine Insel, dicht mit meterhohen Kak-teen der Gattung *Trichocereus* bewach-sen und von flinken Viscachas bewohnt. Es gibt mehrere solcher ›Inseln‹ auf dem Salzsee, so die Isla Inka Huari und die benachbarte Isla de los Pescadores. Auch wer schon viel gereist ist und viel gesehen hat, wird vom Anblick dieser außerirdisch anmutenden Landschaft nicht unbeeindruckt bleiben. Die Krö-nung ist dann der Sonnenuntergang über dem *salar* – aber Vorsicht: Die Dämmerung währt nur kurz, und bei Dunkelheit kann man sich auf dem Salz-see praktisch nicht mehr orientieren!

Vorbei an mineralienreichen Seen, in denen verschiedene Flamingoarten ein reiches Nahrungsangebot vorfinden, und am aktiven Vulkan Ollagüe (5869 m) führt die rauhe Piste durch eine wüsten-hafte Gegend zur **Laguna Colorada** 9 (S. 312), einem rund 48 km² großen Hochlandsee auf 4775 m Höhe, gut 150 km südlich von Chiguana. Der Name des Sees bezieht sich auf seine rötliche Farbe, die von Algen und Plankton her-rührt, die ihrerseits die Nahrungsgrund-lage der Flamingos bilden. Neben den

Der Volcán Licancabur an der Grenze zu Chile

relativ häufigen Chile- und den etwas größeren Andenflamingos brüten hier auch die sehr seltenen James-Flamingos. Am weiß leuchtenden, von Gips und Salz verkrusteten Westufer bietet das Camp der Elektrizitätsgesellschaft ENDE einfache Unterkunft. Nachts wird es hier bitterkalt, –20 °C sind keine Seltenheit.

Doch im Erdinneren herrschen ganz andere Temperaturen, die man nun auch zu nutzen beginnt: Rund 50 km südlich befindet sich das geothermische Projekt *Sol de Mañana,* in dessen Nähe auch Schlammquellen und Fumarolen zu finden sind – auf 4850 m Höhe! Über Pampa de Challviri (4800 m) und einen rund 5000 m hohen Paß erreicht man die Termas de Chalviri zu Füßen des Cerro Polques. Was für eine Wohltat ist ein Bad in den heißen Quellen!

Noch weiter südlich, etwa 50 km von *Sol de Mañana* entfernt, liegt die kleinere **Laguna Verde** 🔟 auf über 4600 m Höhe, eindrucksvoll zu Füßen des perfekt geformten Vulkans Licancabur (5930 m). Seine grünliche Farbe beruht auf der hohen Konzentration an Blei, Schwefel und Kalziumkarbonaten. In der Gegend gibt es noch zahlreiche weitere Seen, z. B. die Laguna Celeste, die jedoch nicht von allen Agenturen angefahren wird. Zur Rückfahrt nach Uyuni bietet sich eine andere Route an, die zu bizarren Erosionsformationen in der Nähe des Dorfes Alota und nach San Cristóbal führt, dessen Kirche aus dem 17. Jh. mit einem sehenswerten Silberaltar aufwartet.

Bolivien:
Anden und Tiefland

Bacchus-Maske an der Casa Real de la Moneda in Potosí

Die drei schön gelegenen Andenstädte Potosí, Sucre und Cochabamba, die aufregende Umgebung von Sta. Cruz im Tiefland, die Missionsstationen der Jesuiten und die Regenwaldgebiete im Norden sind weitere äußerst lohnenswerte Reiseziele in Bolivien, die sich aber in den Reiseprospekten der meisten deutschen Veranstalter nicht finden. Doch wer genügend Zeit mitbringt, kann sich in die Hände von Agenturen vor Ort begeben oder mit etwas Unternehmungsgeist auch viele Exkursionen auf eigene Faust durchführen. Die Auswahl an Unterkünften außerhalb der Städte ist dabei eher gering.

Da die Anreise nach Potosí und Sucre über Land sehr mühsam ist, nimmt man am besten ein Flugzeug nach Sucre, von wo eine gute Teerstraße hinüberführt nach Potosí. Wer allerdings schon bis Uyuni gereist ist, kann von dort per PKW oder Bus auf einer landschaftlich eindrucksvollen Strecke direkt nach Potosí fahren. Auch die Weiterfahrt von Sucre über Land nach Cochabamba oder Sta. Cruz ist sehr anstrengend, da die Straßen bis heute nicht geteert sind und die meisten Busse nur nachts verkehren. Die Hauptstraße von La Paz über Cochabamba und Villa Tunari nach Sta. Cruz ist hingegen durchgehend asphaltiert und gut befahrbar. Ein Rundreisevorschlag führt von La Paz über den *Altiplano* nach Uyuni und von dort über Potosí nach Sucre. Weiter geht es per Flugzeug nach Cochabamba oder Sta. Cruz und nach einem Abstecher nach Samaipata und zu den Missionsstationen wieder auf dem Luftweg zurück nach La Paz. Diese Rundreise nimmt gut drei Wochen in Anspruch, allerdings kann man die Sehenswürdigkeiten auch in 14 Tagen ›abhaken‹. Ausflüge in die Urwaldregion des Nordens unternimmt man über Land am besten von La Paz aus über die *Yungas,* oder man reist gleich per Flugzeug an.

◁ *Die Kathedrale in Potosí*

Potosí – Die legendäre Silberstadt

■ (S. 326) Potosí – dieser Name klingt noch immer wie ein Traum aus längst vergangenen Zeiten. Denn die besseren Tage dieser einmaligen Kolonialstadt liegen bereits einige Jahrhunderte zurück. Im späten 16. und vor allem im 17. und 18. Jh. galt Potosí als eine der reichsten Städte der Erde. Dies hatte es vor allem einem unscheinbaren Berg zu verdanken, der vor Silber nur so strotzte: Wie ein Symbol verflossenen Reichtums überragt der 4830 m hohe Cerro Rico, der ›Reiche Berg‹, die Stadt. Damals entstanden prunkvolle Kirchen und die Paläste derer, die durch Silber unermeßlich wohlhabend geworden waren. Erkauft hatten sie sich diesen Reichtum mit der kostenlosen Arbeitskraft versklavter Indios, die zu Tausenden in den Stollen schufteten und nicht selten mit ihrem Leben bezahlen mußten.

Das ist, wie gesagt, lange her. Längst ist der Reichtum versiegt, und das spanische Kolonialreich hat sich in eigenständige Republiken verwandelt. Doch für die etwa 150 000 Einwohner der höchstgelegenen Großstadt der Welt – die Luft ist dünn und kalt auf 4070 m Höhe – hat sich nur wenig geändert. Noch immer schuften sie in den Silberminen der Umgebung und suchen unter teilweise unmenschlichen Bedingungen nach dem wertvollen Metall. Doch ihnen bleibt keine Wahl, denn es gibt kaum andere Arbeitsmöglichkeiten.

Stadtrundgang

Potosí ist durch und durch eine Kolonialstadt, auf Schritt und Tritt begegnet man aufwendig verzierten Kolonialhäusern oder einer der über 30 Kirchen, die jedoch leider zum Teil dem Verfall preisgegeben sind, denn es fehlt an Geld zur Restaurierung. Rettung in letzter Minute versprechen die Gelder der UNESCO, die 1987 die gesamte Altstadt von Potosí und die Silberminen zum Weltkulturerbe erklärte.

Im Zentrum der Stadt liegt die gepflegte Plaza 10 de Noviembre mit dem Cabildo (altes Rathaus), dem neuen Rathaus und dem Palacio de la Justicia (Justizpalast). An der Nordseite erhebt sich die prunkvolle **Kathedrale** ❶, die zurückgeht auf einen Bau aus der zweiten Hälfte des 16. Jh., der allerdings Anfang des 19. Jh. zerfiel. Das heutige Gebäude mit einem schön ausgestalteten Innenraum stammt aus den Jahren 1808–1838 und enthält zahlreiche neoklassische Elemente. Doch die Blütezeit der Stadt war bei Fertigstellung der neuen Kathedrale längst vorbei, denn die meisten Minen waren erschöpft und wurden geschlossen.

Nur wenige Schritte entfernt liegt der Eingang zur **Casa Real de la Moneda** ❷, der früheren königlichen Münze, in der das Silber der Stadt geprägt wurde. Nachdem das erste Gebäude an der Plaza aus dem Jahre 1572 zu klein wurde, wurden die Anlagen rund 200 Jahre später in einen Neubau verlegt. Die enormen Kosten des massiven Bauwerks mit über 1 m dicken Wänden, das einen ganzen Häuserblock einnimmt, beliefen sich auf stolze 2 Mio. Piaster – etwa 2 Mio. Dollar. Doch die Vorteile des Umzugs lagen auf der Hand, denn nun hatte man die Silberschmelzen und Prägemaschinen unter einem Dach. Nach der Unabhängigkeit fungierte das Gebäude auch als Gefängnis und Festung und während des Chacokriegs sogar als Hauptquartier der bolivianischen Armee. Heute ist hier eines der wichtigsten Museen des Landes untergebracht, das man auf einer etwa zweistündigen geführten Tour kennenlernen kann. Im ersten Innenhof fällt sofort eine riesige lächelnde Maske des Weingottes Bacchus ins Auge, die Mitte des 19. Jh. hier angebracht wurde und heute so etwas wie ein Symbol für die Stadt und deren vergangenen Reichtum geworden ist. Im Untergeschoß befinden sich allerlei alte Gerätschaften zur Silberverarbeitung. Eindrucksvoll sind die riesigen hölzernen Prägemaschinen, die von Sklaven in Bewegung gesetzt wurden, nachdem diese die schweren Holzbalken zuvor aus Argentinien hatten hierher schaffen müssen. In den oberen Räumen ist eine Kunstgalerie mit Kolonialgemälden untergebracht, darunter wertvolle Originale des berühmten Malers Melchor Pérez de Holguín (s. S. 176). Weitere Ausstellungen mit Silberarbeiten, Altären und Möbeln aus der Kolonialzeit, historischen Waffen, Münzsammlungen sowie zu Archäologie und Mineralogie ergänzen das umfangreiche Angebot dieses Museums.

Ein echter Augenschmaus ist der wunderschöne zweistöckige Glockenturm über der Fassade der Iglesia **La**

Potosí

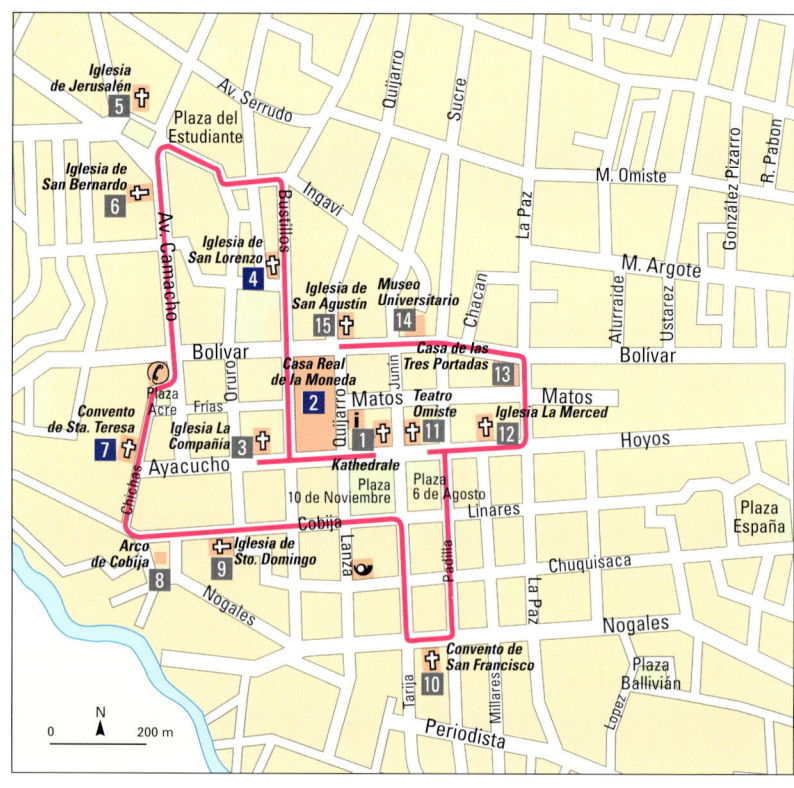

Compañía 3 mit seinen verspielten Bögen, Simsen und gedrehten Säulen, der auch auf dem 50-Bolivianos-Geldschein abgebildet ist. Nachdem die ursprüngliche Jesuitenkirche aus dem Jahre 1590 baufällig geworden war, entschloß man sich zu einem Neubau, der 1705 fertiggestellt wurde. Doch auch von diesem zweiten Gebäude blieb nur der Eingangsbereich mit dem weithin sichtbaren Turm erhalten, der bestiegen werden kann.

Über die Calle Bustillos gelangt man zur Iglesia de **San Lorenzo** 4, deren herrliche Fassade im Mestizo-Stil, 1728–1744 von einheimischen Künstlern geschaffen, als Meisterwerk der damaligen Bildhauerkunst zu werten ist. Die indianischen Steinmetze ließen neben klassischen christlichen Motiven auch einige Symbole ihres früheren Glaubens, wie die Sonne oder den Mond, einfließen, und auch an den naiv-kindlichen Engelsgesichtern kann man die Herkunft des Werkes ablesen. Im Innenraum des 1990 restaurierten Kirchengebäudes finden sich ein wertvoller Silberaltar und zahlreiche Kolonialgemälde. Vom Turm bietet sich ein großartiger Ausblick über die Stadt.

Wer genügend Zeit hat und sich auch an weniger spektakulären Kolonialkirchen erfreut, kann einen kurzen Abstecher zur Plaza del Estudiante unternehmen. Während die **Iglesia de Jerusalén** 5 derzeit noch renoviert wird, erstrahlt die schräg gegenüber gelegene Iglesia de **San Bernardo** 6 bereits in frischem Glanz. Die hübsche Kirche aus dem Jahre 1590 betritt man durch ein Portal aus der Kolonialzeit, das die zahlreichen Restaurierungsarbeiten einigermaßen unbeschadet überdauert hat.

Über die Avenida Camacho, vorbei an der Plaza Arce mit dem Telefonamt (ENTEL), kommt man zum **Convento**

Detail der Iglesia de San Lorenzo

de Sta. Teresa 7. Eine Inschrift am Torbogen besagt, daß dieses bis heute von Karmeliterinnen geleitete Kloster 1685 gegründet wurde und die Bauarbeiten bereits am 13. März 1691 beendet waren. Hinter den dicken, abweisenden Mauern verbergen sich freundliche Innenhöfe mit gepflegten Gärten, und unvermittelt fühlt man sich in das 18. Jh. zurückversetzt. Die einschiffige Kirche aus Stein und Ziegeln hat eine eher ungewöhnliche Fassade mit drei von Heiligenfiguren besetzten Nischen über dem Portal und einem großen Kreuz darüber, gekrönt von einem zweistöckigen Glockenturm. Der Innenraum weist eine hölzerne Deckenkonstruktion auf, ein mit goldenen Blütenblättern verzierter Bogen trennt die Hauptkapelle vom Rest der Kirche. Das dazugehörige Museum beherbergt eine bedeutende Sammlung kolonialer Möbel, Goldaltäre und Gemälde, darunter Werke des Künstlers Melchor Pérez de Holguín. Außerdem erhält man Einblick in das karge Leben der Nonnen, auch Instrumente zur Selbstkasteiung sind ausgestellt.

Schöne Fotomotive liegen sozusagen vor der Haustür des Klosters, denn sowohl die Calle Ayacucho, eine hübsche

Glockenturm der Iglesia La Compañía in Potosí

Straße mit bunten Häuserfassaden und kolonialen Balkonen, als auch der nahegelegene Torbogen **Arco de Cobija** 🎱 mit dem Cerro Rico im Hintergrund lassen das Herz eines jeden Fotografen höher schlagen. Vorbei an der Iglesia de **Sto. Domingo** 🎱 mit ihrem freistehenden Glockenturm gelangt man zum ältesten Kloster der Stadt, dem **Convento de San Francisco** 🎱. Bereits 1547 von Fray Gaspar de Valverde gegründet, wurde es 1707–1726 auf seine heutige Größe erweitert. Angeschlossen ist ein Museum religiöser Kunst, von dessen Dach sich ein herrlicher Blick über die Stadt bietet.

Über die belebte Fußgängerzone in der Calle Padilla kommt man zurück ins Stadtzentrum, wo an der Plaza 6 de Agosto in den Räumen der 1735 als Barockkirche erbauten und später als Hospital genutzten Iglesia Belén heute das **Teatro Omiste** 🎱 untergebracht ist. Rechter Hand befindet sich in der Calle Hoyos die leider etwas baufällige Iglesia **La Merced** 🎱 mit einem ebenfalls sehenswerten Portal im Mestizo-Stil aus der Mitte des 16. Jh. Über dem schön geschnitzten Altar wurde im 18. Jh. ein Silberbogen mit der *Virgen de la Merced,* der Schutzheiligen des Silberberges, angebracht. Eines der schönsten Kolonialhäuser der Stadt, die **Casa de las Tres Portadas** 🎱, liegt nicht weit entfernt an der Ecke der Calle La Paz und Calle Bolívar. Dieser reich ausgestattete Privatpalast mit seinen drei verschiedenen Portalen und schön geschnitzten Holzbalkonen ist auch unter dem Namen Casa del Corregidor bekannt, denn er diente während der Kolonialzeit dem obersten Gerichtsbeamten als Wohnhaus.

Reichlich ungeordnet und planlos erscheint die Sammlung von Gemälden, Keramik, Antiquitäten und Musikinstrumenten im **Museo Universitario** 🎱, das aber dennoch einen kurzen Besuch lohnt. Einen Häuserblock weiter, ebenfalls in der Calle Bolívar, wartet die baufällige und meist verschlossene Iglesia de **San Agustín** 🎱, die nur nach vorheriger Anmeldung besucht werden kann, mit einer kleinen Überraschung auf: Unter dem eher schmucklosen Innenraum liegt die Krypta mit Katakomben und Gängen, denn während der Kolonialzeit war die ganze Stadt mit einem unterirdischen Tunnelsystem versehen. Nördlich der Kirche führt die **Calle Quijarro** in ein Stadtviertel mit zahlreichen sehenswerten Kolonialhäusern, die vielfach mit steinernen Familienwappen geschmückt sind.

Nach einem Rundgang durch die Innenstadt von Potosí sollte man sich den Besuch einer **Silbermine** im Cerro Rico nicht entgehen lassen. Zahlreiche Veranstalter bieten Touren zu diesen heute von Kooperativen betriebenen Minen an. Ausgerüstet mit Gummistiefeln, Helm und Lampe, wird man ins Innere des Silberberges geführt und kann sich vor Ort über die extremen Arbeitsbedingungen der *mineros* informieren, die sich ihre gefährliche und ungesunde Arbeit mit dem Kauen von Kokablättern erträglicher machen. Auch die Temperaturunterschiede sind extrem: Während es in dieser Gegend außen oft empfindlich kühl ist, kann es in den Stollen bis zu 35 °C warm werden.

Ausflüge in die Umgebung

Wem es nach einem Bad in heißen Thermalquellen gelüstet, der hat in der Umgebung von Potosí die Qual der Wahl. Am schnellsten und leichtesten zu erreichen sind die nur etwa 23 km nordöstlich gelegenen Thermalquellen von Tarapaya. Die Anfahrt führt über die Straße nach Oruro, die sich schon bald durch eine enge Sandsteinschlucht bergab windet. Nach 15 km zweigt links die 10 km lange Zufahrtsstraße ins Dorf Cayara (3550 m) ab. Hier liegt die urige **Hacienda Cayara,** ein alter Gutshof mit einer kolonialzeitlichen Kirche, der zu einem einfachen Hotel umgestaltet wurde – der ideale Ort für alle, die Ruhe und Entspannung suchen.

Am Kilometer 22 biegt die Straße nach Oruro links ab (der Asphalt endet nach weiteren 3 km), geradeaus erreicht man das **Balneario de Tarapaya,** ein öffentliches Thermalbad mit Privatbädern und einem großen, überdachten Schwimmbecken mit Sprungturm. Obwohl nur wenige Jahre alt, macht die auf 3350 m Höhe gelegene Anlage bereits einen verwahrlosten Eindruck. Die Einheimischen bevorzugen ohnehin das Balneario Paraíso auf der anderen Seite der Brücke rechts – vielleicht auch, weil dort das Wasser wärmer ist. Zweifelsohne am schönsten gelegen ist die **Laguna de Tarapaya** auf 3400 m Höhe, ebenfalls auf der anderen Seite des Flusses. Man erreicht sie, wenn man hinter der Brücke links den Berg hinauffährt. Doch bei einem Bad in dem etwa 30 °C heißen Wasser ist Vorsicht geboten: Im Zentrum des kleinen, auch als *Ojo del Inca* bekannten Sees, gibt es gefährliche Strömungen!

Über die neue, durchgehend geteerte Straße nach Sucre erreicht man zwei weitere Bäder: Zunächst kommt man zu den heißen Quellen von Don Diego, und 26 km hinter Potosí führt eine etwa 20 km lange Piste zu den schönen **Thermalquellen von Chaqui,** die wegen ihres angenehmen Klimas und der schönen Lage zu empfehlen sind. Nach 42 km führt die Straße Richtung Sucre vorbei am Städtchen **Betanzos,** dessen Sonntagsmarkt zwar nicht vergleichbar ist mit dem in Tarabuco (s. S. 262 f.), aber dafür um so authentischer ist, denn hier ist der Tauschhandel noch verbreitet, und Touristen verirren sich nur selten in den Ort.

Sucre – Das koloniale Juwel Boliviens

(S. 336) Eingebettet zwischen sanften Hügeln liegt Sucre, die hübscheste Kolonialstadt Boliviens, vielleicht sogar ganz Südamerikas. Obwohl seit 1828 nominell Hauptstadt des Landes, hat heute nur noch der Oberste Gerichtshof hier seinen Sitz, Regierung und Ministerien sind längst nach La Paz abgewandert. ›Die weiße Stadt‹ wird Sucre wegen seiner einheitlich weiß getünchten Fassaden gerne genannt, und bei einem Bummel durch die hübschen Gassen, die nicht ohne Grund 1991 von der UNESCO in die Liste des Weltkultur-

Sucre

erbes aufgenommen wurden, wird die Zeit der spanischen Herrschaft wieder lebendig.

Die Konquistadoren hatten am 29. September 1538 unter dem Befehl von Pedro de Anzures zu Füßen der Berge Sica Sica und Churuquella die Ortschaft Villa de la Plata an der Stelle gegründet, wo sich zuvor Charcas, die indianische Hauptstadt des Choquechaca-Tals befand. Wenige Jahre später erhielt La Plata (›das Silber‹) den Rang einer Stadt, die seit 1559 als Sitz der *Audiencia de Charcas* fungierte. Damit besaß sie die Verwaltungshoheit über ein riesiges Gebiet, das sich über den größten Teil Boliviens, den Südosten Perus, den Norden Chiles und Argentiniens und ganz Paraguay erstreckte, und avancierte so mit einem Schlag zur zweitwichtigsten Stadt des spanischen Überseereichs nach Lima. Die Reaktion des Vatikans ließ noch einige Zeit auf sich warten, bis man schließlich 1609 die Stadt zum Sitz eines Erzbistums erhob. Nur wenige Jahre später wurde mit der Universidad Mayor Real y Pontificia de San Francisco Xavier de Chuquisaca die erste Universität der Stadt gegründet – ein gutes Vierteljahrhundert vor Harvard. Als 1776 Buenos Aires zur Kapitale des neuen Vizekönigreichs La Plata aufstieg, verlor die alte Hauptstadt schlagartig an Bedeutung. Um Verwechslungen mit dem neuen Vizekönigreich zu vermeiden, wurde sie – fast möchte man sagen: zur Strafe – kurzerhand umbenannt in Chuquisaca, eine Verballhornung des alten indianischen Namens.

Doch der Stadt stand noch eine große Zukunft bevor. Als ›Wiege der Freiheit‹ ging sie in die Geschichte ein, denn sowohl der erste Aufruf zur Unabhängigkeit von Spanien am 25. Mai 1809 als auch die Erklärung der Unabhängigkeit durch General Sucre am 9. Februar 1825

und die Gründung der Republik Bolivien am 6. August desselben Jahres fanden hier – und nicht im rund 580 km entfernten La Paz – statt. Wenige Tage später, am 11. August 1825, wurde der Name der Stadt zu Ehren des Generals Sucre und als Symbol der Selbständigkeit abermals geändert – Sucre, die ›Stadt der vier Namen‹. Heute ist Sucre Hauptstadt des *Departamento* Chuquisaca und eine wichtige Universitätsstadt. Seine rund 150 000 Einwohner führen ein friedliches, wenn auch nicht immer sorgenfreies Leben. Damit dies immer so bleiben möge, hatten bereits 1585 die Franziskaner an den vier Hauptzufahrtstraßen Kreuze errichtet, die dem Teufel den Zugang verwehren und alles Unheil von der Stadt fernhalten sollen.

Das milde Klima mit einer mittleren Tagestemperatur um 18–20 °C, die angenehme Höhe von 2790 m und das einheitlich koloniale Stadtbild mit seinen Kirchen und Palästen macht einen Besuch dieser sympathischen und ruhigen Stadt zu einem erholsamen Erlebnis. Außerhalb der Regenzeit, die etwa von November bis Februar dauert, kann man zudem meist mit Sonnenschein und einem strahlend blauen Himmel rechnen.

Stadtrundgang

Da die Innenstadt von Sucre relativ klein und übersichtlich ist und die wichtigsten Sehenswürdigkeiten relativ nahe beieinander liegen, bietet sich ein Rundgang zu Fuß an. Die außergewöhnliche Vielzahl reich ausgestatteter Barockkirchen und sehenswerter Museen macht eine Auswahl nötig, wenn man nicht unbegrenzt Zeit zur Verfügung hat. Aber auch wer nur planlos durch die Gassen der Stadt streift wird überall auf gut erhal-

Die Kathedrale von Sucre

tene Kirchen und Kolonialhäuser mit schönen Patios und steinernen Wappen in den Mauern stoßen.

Um das Jahr 1550 wurde das Zentrum der zwölf Jahre zuvor gegründeten Stadt von der Plaza de la Recoleta verlegt und die Plaza Mayor, der zentrale Hauptplatz aller spanischen Städte, angelegt. Heute heißt der mit Palmen bestandene Platz zur Erinnerung an das Datum der ersten Unabhängigkeitserklärung **Plaza 25 de Mayo.** Das von zwei bronzenen Löwen flankierte Standbild des Generals Antonio José de Sucre in seinem Zentrum wird überragt von Ceiba-Bäumen, die im August und September in der Pracht ihrer roten Blüten erstrahlen. Um den Platz gruppieren sich die wichtigsten Gebäude Sucres:

Wie in vielen anderen Städten Südamerikas zog sich die Bauzeit der **Kathedrale** 1 im Südwesten der Plaza über einen längeren Zeitraum hin. Mehr als 150 Jahre, von 1559 bis 1712, wurde an der Hauptkirche der Stadt gebaut,

und so vermischt sich der tonangebende Renaissancestil mit zahlreichen Barockelementen, vor allem im reich geschmückten Innenraum. Sehenswert sind besonders das Chorgestühl im barocken Stil des späten 16. Jh. und die vielen wertvollen Kolonialgemälde, darunter auch die Porträts aller Bischöfe und Erzbischöfe der Stadt im Kapitelsaal. Wie Wächter stehen auf dem 1772 errichteten Turm 16 lebensgroße Figuren: Der Platz ganz oben, am nächsten zum Himmel, noch über den zwölf Aposteln, gebührt nach dem Selbstverständnis der stolzen *Sucrenses* den vier Stadtheiligen. Um die Ecke, in der Calle Ortiz, liegt der Eingang zur 1625 fertiggestellten **Capilla de la Virgen de Guadalupe.** Zentrum der Anbetung ist ein Gemälde des spanischen Mönches Diego de Ocaña aus dem Jahre 1602, das während der Kolonialzeit mittels Spenden wohlhabender Einwohner mit Gold und Silber, Diamanten, Smaragden und Perlen geschmückt wurde und

Die Casa de la Libertad in Sucre

so zu einem millionenschweren Kunstwerk wurde. Nebenan befindet sich das **Museo de la Catedral,** das vielleicht bedeutendste religiöse Museum des Landes mit Kolonialgemälden, Pergamentbänden, Tischen mit Perlmutteinlegearbeiten und zahlreichen wertvollen sakralen Gegenständen aus Gold und Silber.

Das wuchtige ehemalige Regierungsgebäude, rechts neben der Kathedrale, ist bis heute als **Palacio de Gobierno** ☑ bekannt, obwohl es längst nur noch als Präfektur dient. Die Inschrift über dem Eingang, *La unión es la fuerza* (›die Einheit ist die Stärke‹), könnte auch über dem Portal der gegenüberliegenden **Casa de la Libertad** ☑ stehen, denn hier wurde am 25. Mai 1809 die erste Unabhängigkeitserklärung Südamerikas unterzeichnet und 16 Jahre später die Republik Bolivien ausgerufen. Das 1621 als Kolleg errichtete Gebäude diente ab 1624 der Universität und später dem Kongreß als Sitz. Seit der Unterzeich-

nung der Unabhängigkeitsurkunde am 6. August 1825, genau ein Jahr nach der Entscheidungsschlacht in Junín (s. S. 40), gilt es als wichtigstes historisches Monument des Landes. Eine Kopie des bedeutenden Dokuments hängt in der ›Halle der Unabhängigkeit‹ (Salón de la Independencia) aus, einem mit Porträts und Flaggen geschmückten Saal, der von den Jesuiten als Kapelle mit einem vergoldeten Chor versehen wurde. Auch die rechts neben der Casa de la Libertad liegende **Alcaldía** ☑ (Bürgermeisteramt) hat eine lange Geschichte, denn schon während der Kolonialzeit versammelten sich hier die Mitglieder des Stadtrates.

Hinter der Casa de la Libertad führt die Calle Estudiantes zur 1624 gegründeten **Universidad de San Francisco Xavier** ☑ mit einem riesigen Patio. Während der Unabhängigkeitsbewegung Anfang des 19. Jh. galt diese Lehranstalt als Keimzelle liberalen Gedankenguts. Die heute staatliche Universität mit einer bedeutenden medizinischen und juristischen Fakultät zählt rund 18 000 Studenten. Hinter dem Universitätsgebäude liegt in der Calle Junín die Iglesia de **San Miguel** 6. Ursprünglich war die 1612–1621 erbaute Jesuitenkirche Johannes dem Täufer gewidmet, wurde aber nach der Ausweisung der Jesuiten aus Südamerika (s. S. 278 f.) umbenannt. Das in den 80er Jahren restaurierte Renaissancegebäude gilt als eine der schönsten Kirchen des Landes. Der Innenraum beeindruckt mit seiner Kassettendecke im Mudéjar-Stil, einer geschnitzten Kanzel mit Darstellungen der vier Evangelisten und einem wertvollen Silberaltar. Rechts vom Hauptschiff lohnt die Capilla de Loreto mit einem herrlich geschnitzten Altaraufsatz aus Zedernholz eine genauere Betrachtung. Unmittelbar gegenüber wartet die bereits 1574 begonnene Iglesia de **Sta. Mónica** 7, ein weiteres Meisterwerk des barocken Mestizo-Stils, ebenfalls mit schönen Holzarbeiten an der Decke auf.

Von hier führt ein Abstecher durch die Calle Arenales zur **Plaza del Obelisco** mit der Iglesia de Sta. Bárbara und dem Stadttheater. Der namengebende Obelisk wurde 1807 zur Erinnerung an den Widerstand der Argentinier gegen die englische Invasion errichtet und gilt seither als Symbol für die Freiheit. Weiter nördlich befindet sich direkt vor dem Bolívar-Park das Gebäude des Obersten Gerichtshofs Boliviens. Auf dem Rückweg ins Stadtzentrum kommt man, vorbei an der Iglesia de Sta. Rita und dem Markt, zur Iglesia de **San Francisco** 8. Das 1538 gegründete Kloster der Franziskaner nahm einst den ganzen Häuserblock ein, wurde aber nach der Unabhängigkeit 1809 aufgelöst und in eine Kaserne, eine Markthalle und das Zollamt umgewandelt. Die dazugehörige Kirche mit einem reich dekorierten In-

nenraum und einer Decke im Mudéjar-Stil wurde 1580 fertiggestellt. Im rechten der beiden unterschiedlichen Türme hängt die Glocke, die am 25. Mai 1809 die Freiheit Südamerikas einläutete. Bevor man wieder zur Plaza zurückkehrt, lohnt sich noch ein kleiner Schlenker zum wuchtigen Gebäude der **Banco Nacional de Bolivia** 9 aus dem späten 19. Jh., in dem heute die Nationalbibliothek und das Nationalarchiv untergebracht sind.

Nach einer Siesta auf der Plaza oder einer Stärkung in einem der umliegenden Cafés lernt man auf dem zweiten Teil des Stadtbummels den südöstlichen Teil der Innenstadt kennen: Links neben der Kathedrale gelangt man über die Calle Nicolás Ortiz zum **Convento de San Felipe Neri** 10. Die Kirche entstand im neoklassischen Stil und wurde 1800 fertiggestellt. Interessant ist der fließende Übergang von der Fassade zu den beiden Zwillingstürmen. Vom Dach des Klosters, das über einen sehenswerten Kreuzgang verfügt, bietet sich ein schöner Blick über die Stadt. Nicht weit entfernt steht die sehr viel ältere Iglesia **La Merced** 11, die 1558, etwa zeitgleich mit der Kathedrale, begonnen wurde. Von außen eher unscheinbar, entpuppt sie sich in ihrem dreischiffigen Innenraum mit einer filigran geschnitzten Kanzel und einem üppig vergoldeten Hauptaltar aus dem 18. Jh. als eine der schönsten Kirchen der Stadt. Sehenswert sind auch die Gemälde des Meisters Melchor Pérez de Holguín mit Szenen aus dem Leben von San Pedro Nolasco, dem Ordensgründer der Mercedarier, die sich 1826 aus Sucre zurückzogen.

Drei der wichtigsten Museen der Stadt, die **Museos Universitarios** 12, sind in der Calle Bolívar unter einem Dach zusammengefaßt: Das 1939 gegründete **Museo Colonial de Charcas** gehört seit 1957 zur Universität San Francisco Xavier und umfaßt eine große Sammlung von Gemälden und anderen Objekten aus der Kolonialzeit, der Republik und der Moderne, darunter kunstvolle Möbel aus den Jesuitenmissionen in der Chiquitania (s. S. 275 ff.). Das **Museo Antropológico** ist wohl das wichtigste der drei Museen. In der archäologischen Abteilung sind Mumien, Keramiken und andere Kunstgegenstände aus Tiahuanaco und den lokalen Kulturen Yampara und Presto-Puno ausgestellt. Weitere Ausstellungen zu Ethnologie und Folklore mit traditioneller Kleidung, Schmuck und Kultgegenständen ergänzen das Angebot. Im **Museo de Arte Moderno** finden sich Gemälde des 19. und 20. Jh. aus Bolivien und anderen südamerikanischen Ländern, dar-

unter eine Sammlung von Porträts der Präsidenten Boliviens. Das erst seit 1990 bestehende **Museo de la Historia Natural** mit seiner Sammlung zu Flora und Fauna der Region und des Landes befindet sich in der Calle San Alberto, drei Häuserblocks weiter nordöstlich.

Folgt man von den Museen aus der Calle Bolívar bis zur Calle Calvo, trifft man rechter Hand auf die Ende des 16. Jh. erbaute Iglesia de **Sto. Domingo** 13. Nach der Unabhängigkeit diente das Gotteshaus als Residenz des Gouverneurs und zeitweise sogar als Postamt. Der Hauptaltar der heutigen Kirche ist eher schlicht, dafür erstrahlen die Seitenaltäre im goldenen Prunk der Barockzeit. Das wichtigste Kunstwerk ist eine geschnitzte Jesusfigur, der *Cristo del Gran Poder,* der die höchste Verehrung der Einheimischen genießt. Ein

Indianisches Textilmuster im Textilmuseum von Sucre

Stück weiter bergauf trifft man auf den **Convento de Sta. Clara** . Neben der Kirche mit üppigen vergoldeten Altären wurde im 1639 gegründeten Kloster ein Museum mit religiösen Gemälden, Schmuck, Möbeln und Silberarbeiten eingerichtet. Besonders auffällig ist eine Sammlung von Musikinstrumenten aus dem 17. und 18. Jh., darunter eine wertvolle Orgel, die bis heute nichts von ihrem Klangvolumen eingebüßt hat.

Der nahegelegene **Convento de Sta. Teresa** wird bis heute von Nonnen bewohnt, die kandierte Früchte aus eigener Herstellung verkaufen. In einem Kolonialhaus aus dem 17. Jh., dem Caserón de la Capellanía, ist das sehenswerte **Museo Textil Etnográfico**  untergebracht. Neben einer interessanten Sammlung von Textilien, gewebt im traditionellen Stil von Tarabuco und Po-

tolo, erhält man hier Informationen über die verschiedenen ethnischen Gruppen Boliviens, deren Bräuche und Traditionen. Um die Ecke, in der Calle Padilla, liegt die Iglesia de **San Lázaro** 17, die älteste Kirche der Stadt. Nur zwei Monate nach der Stadtgründung anno 1538 wurde mit dem Bau begonnen, der sechs Jahre später fertiggestellt wurde. Das Gotteshaus, im 17. Jh. erweitert und umgebaut, diente nach der Gründung des Bistums Charcas 1553 als erste Kathedrale der Stadt. Der Hauptaltar ist mit filigranen Silberarbeiten verziert.

Zum Abschluß des Rundgangs sollte man unbedingt noch hinaufgehen zur Plaza Anzúres und dem **Convento La Recoleta** 18 einen Besuch abstatten. Das im Jahre 1600 vom Franziskanermönch Francisco de Morales gegründete Kloster wurde 1965 zum Nationalmonument erklärt. In den nachrevolutionären Jahren diente es als Gefängnis, bevor es der Franziskanerorden von General Sucre persönlich zurückerhielt. 1828 wurde hier der dritte Präsident Boliviens, Pedro Blanco, ermordet. Vom zweiten der drei Innenhöfe gelangt man zur Kirche, deren wunderbar geschnitztes Chorgestühl aus Zedernholz, das, 1679 aus Spanien zunächst für die San-Francisco-Kirche geliefert, 1875 hierher verlagert wurde. Hinter dem dritten Hof steht im Patio de los Naranjos der *Cedro Milenario,* eine uralte Zeder aus der Kolonialzeit. Im Museum sind Gemälde und Skulpturen aus mehreren Jahrhunderten zu sehen, außerdem eine wertvolle Münzsammlung. Auf der gegenüberliegenden Seite der Plaza bietet sich vom *mirador* ein herrlicher Blick über die Stadt – besonders abends ein unvergeßliches Erlebnis.

Innenhof des Convento La Recoleta

Der Wochenmarkt von Tarabuco

Frau auf dem Markt von Tarabuco mit regionaltypischer Kopfbedeckung (montera)

Eines der touristischen ›Highlights‹ der Umgebung von Sucre ist der Sonntagsmarkt von Tarabuco. Eine ungeteerte, 65 km lange Straße führt in dieses einfache koloniale Dorf auf rund 3250 m Höhe, dessen Bewohner traditionell von Landwirtschaft und Weberei leben. Jeden Sonntag (außer Karneval und Ostern) strömen die Menschen aus der weiteren Umgebung herbei, um auf dem *mercado campesino* ihre Waren anzubieten oder sich mit dem Nötigsten einzudecken. Darunter sind auch viele Nachfahren der Yampara- und Presto-Puno-Kulturen in ihrer typischen Kleidung, die sich in der Inka-Sprache *Quechua* unterhalten – was ansonsten in dieser Gegend eher ungewöhnlich ist. Die Männer und auch einige Frauen tragen schwarze *monteras,* eine den Helmen der spanischen Konquistadoren nachempfundene Kopfbedeckung.

Um den Hauptplatz bieten zahlreiche Händler neben Plastikeimern, Kochtöpfen und anderen Produkten des täglichen Bedarfs auch Waren an, die speziell auf den Geschmack der immer zahlreicher erscheinenden Touristen zugeschnitten sind: Farbenfrohe Ponchos, Pullover, Decken, Leder- und Stofftaschen und andere Textilien werden zu Preisen offeriert, die oft jenseits aller realistischen Kalkulationen liegen und ein Verhandlungsgespräch nötig machen – nur Mut: Handeln ist erlaubt! Leider werden auch immer noch ›echte‹ *charangos* angeboten, deren Klangkörper aus dem Panzer eines Gürteltiers bestehen. Nicht nur, um größeren Problemen am Zoll vorzubeugen, sollte man auf ein derartiges Souvenir ver-

Charango aus einem Gürteltierpanzer

zichten, denn der Bestand dieser Tiere wurde durch Jagd drastisch reduziert, und längst werden auch *charangos* aus Holz hergestellt, dessen Klangqualität sicherlich nicht schlechter ist. Etwas abseits befindet sich in einem Innenhof der Obst- und Gemüsemarkt mit einem umfangreichen Angebot von Produkten aus der Umgebung und dem Tiefland.

Eines der wichtigsten indianischen Feste in Lateinamerika ist der *pujllay,* der Karneval von Tarabuco, der am zweiten Sonntag im März stattfindet. Zahlreiche Folkloregruppen aus der Gegend kommen dann hierher, und das ganze Wochenende wird mit Tanz, Musik und (natürlich) Alkohol ausgiebig gefeiert.

Ausflüge in die Umgebung

Wer sich für prähistorische Funde interessiert und sonntags in Sucre ist, sollte einen Abstecher zur etwa 10 km nördlich der Stadt gelegenen Zementfabrik FANCESA (Fábrica Nacional de Cemento) unternehmen. Auf deren Gelände fand man bei Bauarbeiten zahlreiche rund 60 Mio. Jahre alte **Dinosaurierspuren** – darunter auch Fußabdrücke des mächtigen Tyrannosaurus rex –, deren Durchmesser bis zu 80 cm beträgt.

Nicht ganz so alt sind die Felsmalereien von **Patatoloyo,** rund 46 km nordwestlich von Sucre, die man über die Straße nach Oruro erreicht. Nach einem etwa 8 km langen Fußmarsch kommt man zu den auf 3550 m Höhe gelegenen Höhlen, an deren Wänden zoomorphe Figuren und geometrische Muster in roter und weißer Farbe zu sehen sind. In der Gegend wurden noch zahlreiche ähnliche Stätten gefunden.

An der Straße nach Potosí fällt nach 7 km links ein ungewöhnliches, schloßähnliches Gebäude ins Auge: **La Glorieta** ist ein um die Wende zum 20. Jh. im Stil des europäischen Eklektizismus erbauter Privatpalast der Familie Argadoña, der besichtigt werden kann. Er befindet sich allerdings derzeit in einem sehr schlechten Zustand. Über die gleiche Straße kommt man nach 16 km nach **Yotala:** Das auf 2750 m Höhe gelegene Hauptdorf der Provinz Oropeza ist am Wochenende ein beliebtes Ausflugsziel der Einheimischen, die die Küche der Region zu schätzen wissen. Von Yotala führt eine landschaftlich eindrucksvolle, aber schlecht ausgebaute und selten befahrene Straße zu den **Termas de Talula** auf 2500 m Höhe. Den drei Thermalquellen mit unterschiedlichen Temperaturen werden Heilkräfte zugeschrieben.

Cochabamba – Die Stadt des ewigen Frühlings

(Karte S. 265)

Cochabamba

1 (S. 300) Inmitten eines etwa 25 km langen und 10 km breiten, äußerst fruchtbaren Tales liegt auf 2550 m Höhe die mit etwa 450 000 Einwohnern drittgrößte Stadt Boliviens. Die Hauptstadt des gleichnamigen *Departamento* im Herzen des Landes ist ein wichtiger Umschlagplatz für Getreide, Gemüse, Obst und andere landwirtschaftliche Produkte des Umlandes. Als der Spanier Sebastián Barba de Padilla am 1. Januar 1574 die Stadt im Auftrag des Vizekönigs Francisco de Toledo gründete, nannte er sie zu Ehren der Grafen von Oropesa, der Eltern des Vizekönigs, Villa de Oropesa del Valle de Cochabamba. Doch geblieben ist nur der alte Name Cochabamba, der zurückgeht auf vorspanische Zeit und ›See *(cocha)* in der Ebene *(pampa)*‹ bedeutet.

Aus touristischer Sicht ist die Stadt nicht vergleichbar mit Sucre oder Potosí, aber dank des milden Klimas und der für bolivianische Verhältnisse niedrigen Höhe lohnt sich eine Rast auf alle Fälle, zumal die Dörfer der Umgebung allemal besuchenswert sind. Außerdem gibt es in der Nähe mehrere interessante Ruinenstätten und Nationalparks. Beliebt sind auch die Sprachschulen der Stadt, denn man sagt, daß hier das beste und reinste Spanisch Südamerikas gesprochen wird.

Cochabamba ist durch und durch eine Marktstadt, was vor allem im Süden des Zentrums unübersehbar ist. Auch wenn herausragende Sehenswürdigkeiten fehlen, ist ein Bummel durch die Stadt mit ihren gepflegten Parks und den hübschen Patios lohnend. An der Südseite der zentralen, mit Palmen bestandenen Plaza 14 de Septiembre liegt die innen eher schmucklose **Kathedrale** mit einem schönen Portal im Mestizo-Stil. Wie so oft, hielten sich auch hier die Jesuiten beim Bau ihrer Kirche nicht an das ungeschriebene Gesetz der katholischen Kirche, mindestens einen Häuserblock Abstand zur Kathedrale zu halten: die Iglesia **La Compañía** grenzt, wie auch in Cusco und in anderen Städten, direkt an die Plaza. Etwas respektvoller verhielten sich die anderen Ordensleute, und so befinden sich die spätbarocke Iglesia de **Sto. Domingo** einen Häuserblock westlich der Plaza und die Franziskanerkirche einen Häuserblock östlich davon. Die Iglesia de **San Francisco** wurde 1581 als zweitälteste Kirche der Stadt erbaut und das dazugehörige Kloster im 17. Jh. hinzugefügt. Nach umfangreichen Renovierungsarbeiten im Jahre 1925 blieb jedoch nur wenig originale Bausubstanz erhalten.

Eine Straße weiter nördlich liegt an der Ecke Calle 25 de Mayo/Avenida de las Heroínas die **Casa de la Cultura** mit Kunstausstellungen, einer Bibliothek und den Stadtarchiven. Dahinter befindet sich eine der besten archäologischen Sammlungen des Landes: Das **Museo Arqueológico** bietet einen guten Überblick über die Kulturen Alt-Boliviens. Drei *cuadras* nördlich der Plaza erreicht man über die Calle Bautista die Iglesia de **Sta. Teresa** mit einem schönen Innenraum. Die Kirche geht zurück auf ein Gebäude, das 1753 im Auftrag der Jesuiten errichtet wurde. Eines der jüngsten Gotteshäuser der Stadt liegt an der Plaza Colón, nördlich des Zentrums: Die 1875 begonnene Kirche **El Hospicio** vereint ein undefinierbares Stilgemisch. Nördlich des Río Rocha befindet sich eine weitere interessante Barockkirche, die 1654 begonnene Iglesia **La Recoleta.** Besondere Beachtung verdient die hölzerne Christusfigur des Schnitzkünstlers Diego Ortiz de Guzmán im Inneren.

Die wohl bedeutendste Sehenswürdigkeit der Stadt, der **Palacio de los Portales,** befindet sich ebenfalls im Norden der Stadt im Stadtviertel Queru

Queru. Das Stadthaus des Zinnbarons Simón Patiño, der aus Cochabamba stammte, aber nie in diesem Palast gelebt hat, wurde 1915–1927 erbaut und verbindet mehrere Stilformen. Beinahe alle Materialien, Gemälde und Möbel wurden aus Europa importiert, die schöne Parkanlage entstand nach dem Vorbild von Versailles. Heute sind hier ein Museum und ein Kulturzentrum untergebracht. Das Landhaus von Patiño liegt übrigens etwa 20 km außerhalb und kann ebenfalls besichtigt werden (s. S. 267).

Die Umgebung von Cochabamba

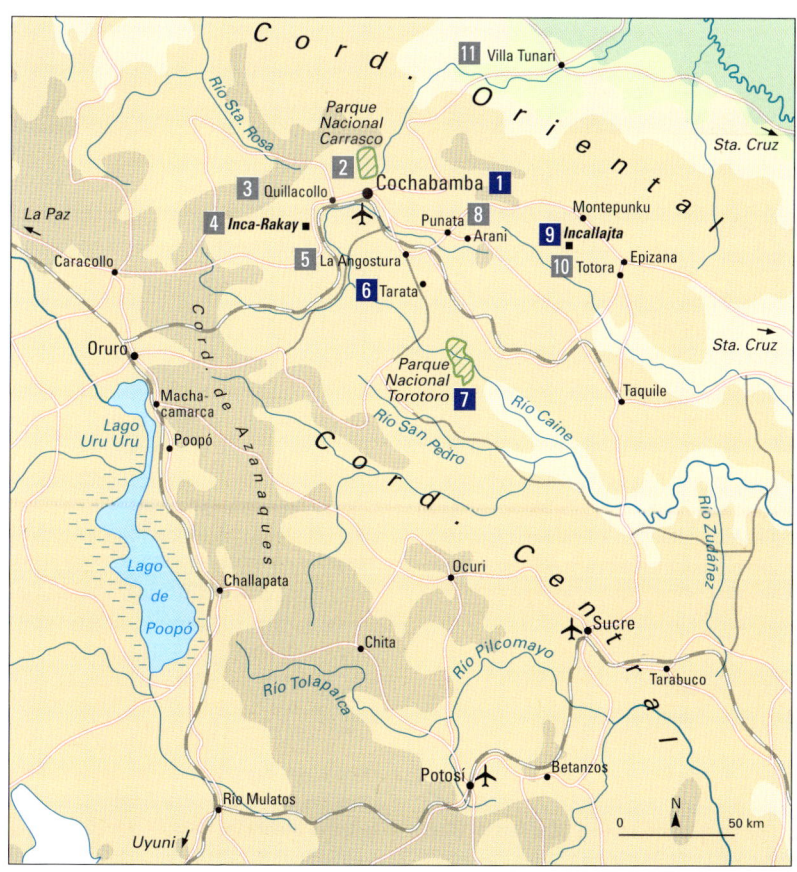

Ein schöner Blick über die Stadt bietet sich von der **Colina San Sebastián,** einem Hügel unmittelbar südlich des Zentrums. Etwas weiter entfernt erhebt sich eine monumentale Christusstatue, der **Cristo de la Concordia:** Mit einer Höhe von etwas mehr als 33 m überragt sie sogar das berühmte Monument in Rio de Janeiro, das mit genau 33 m Höhe auf das Alter von Jesus Christus Bezug nimmt. Aber schließlich hat Jesus etwas länger als 33 Jahre gelebt, und so hat man in Cochabamba einfach noch ein paar (symbolische) Zentimeter hinzugefügt ...

Ausflüge
in die Umgebung

Unmittelbar nördlich von Cochabamba windet sich eine Straße hinauf zum 1962 eingerichteten **Parque Nacional Carrasco** 2 mit herrlichen Ausblicken ins Tal von Cochabamba. Auf einer Höhe von rund 4000 m liegen die hübschen Lagunas de Huarahuara, zwei Bergseen zu Füßen des Cerro Pirámide, Ausgangspunkt für herrliche Wanderungen.

Folgt man in westlicher Richtung der Straße nach La Paz, so erreicht man nach 13 km **Quillacollo** 3, neben Cochabamba die wichtigste und größte Gemeinde der Region. In der Kirche des Ortes wird die *Virgen de Urkupiña* inbrünstig verehrt; auf einer Fiesta im August zu Ehren der Jungfrau kommen Tänzer und Musiker aus dem ganzen Land angereist. Auf dem Sonntagsmarkt wird ein Getränk namens *garapiña* angeboten, eine gehaltvolle Mischung aus *chicha,* Zimt, Kokosnuß und anderen Beigaben.

7 km nordwestlich von Quillacollo kann man im heißen Wasser der **Termas de Liriuni** baden. Dahinter erhebt sich der mächtige Cerro Tunari, mit etwa 5180 m der höchste Berg in Zentralboli-

Gasse im Kolonialstädtchen Tarata

mauern. Man erkennt Reste von Gebäuden, die um einen großen zentralen Platz angeordnet sind. Ein schöner Blick über das Tal von Cochabamba belohnt für die Mühen der Anreise, und ein Bad in den nahegelegenen Thermalquellen von La Cabaña bietet willkommene Erholung.

In südöstlicher Richtung führt die alte Straße nach Sta. Cruz zunächst nach **La Angostura** 5 am gleichnamigen Stausee. In den einfachen Fischlokalen des Ortes bekommt man große Portionen zu günstigen Preisen serviert. Um den See herum gelangt man auf einer Nebenstraße in das hübsche Kolonialstädtchen **Tarata** 6, etwa 33 km von Cochabamba entfernt. Der Hauptplatz wird beherrscht von der Iglesia de San Pedro, die eine Orgel aus dem 18. Jh. beherbergt. Etwas außerhalb liegt ein bereits 1792 gegründetes Franziskanerkloster. Auf dem Donnerstagsmarkt findet man schöne Keramikarbeiten aus dem benachbarten Töpferdorf Huayculi.

Das nur wenige Kilometer entfernte Dorf **Cliza** wartet mit einem typischen Sonntagsmarkt auf, auf den sich nur selten ein Tourist verirrt. Von hier bietet sich ein mehrtägiger Abstecher in den eindrucksvollen **Parque Nacional Torotoro** 7 an, der allerdings sehr schlecht zu erreichen ist. Die schwierige Anfahrt sollte man nur mit einem allradgetriebenen Fahrzeug wagen und dabei die Regenzeit von Ende November bis Mai unbedingt meiden. Ausgangspunkt für einen Besuch des 1988 gegründeten Nationalparks ist das Dorf Torotoro auf 2600 m Höhe, das allerdings nur über einfache Unterkünfte verfügt. In der Umgebung findet man zahlreiche fossile Dinosaurierspuren. Ebenfalls nicht weit entfernt vom Dorf liegen Felsmalereien namens *Batea Cocha*. Der Park selbst

vien. Die Straße führt bergauf bis 300 m unterhalb des Gipfels, wo sie oft verschneit ist. Kurz hinter Quillacollo führt eine Abzweigung nach **Payrumani,** wo das auch als *Villa Albina* bekannte Landhaus von Simón Patiño einen Besuch lohnt. Das später von seiner Frau Albina bewohnte Haus wurde 1925–1932 erbaut und mit elegantem französischem Dekor ausgestaltet. Der Zinnbaron Patiño wählte diesen Ort als seine letzte Ruhestätte: Sein Mausoleum wurde stilecht aus Carrara-Marmor angefertigt.

Die Hauptstraße von Quillacollo in Richtung La Paz führt vorbei am Dorf Vinto nach Sipe Sipe, 27 km südwestlich von Cochabamba. Hier beginnt eine etwa 12 km lange Zufahrtsstraße oder ein anstrengender Fußweg (4 km) zu den **Ruinen von Inca-Rakay** 4. Früher wohl wegen ihrer strategisch günstigen Lage ein wichtiger Außenposten des Inka-Imperiums, besteht die Anlage heute vorwiegend aus zerfallenen Stein-

bietet eine herrliche Natur mit grandiosen Wasserfällen und noch weitgehend unerforschten Höhlen.

Zu den Ruinen von Incallajta

Jeder kennt Machu Picchu und Tiahuanaco, aber wer hat schon einmal etwas von Incallajta gehört? Dieser östlichste Vorposten des Inka-Reichs gilt nach Tiahuanaco als die bedeutendste Ruinenstätte Boliviens. Ein anstrengender Tagesausflug von Cochabamba führt auf der alten Straße nach Sta. Cruz dorthin. Einen ersten Stopp lohnt nach etwa 50 km die Ortschaft **Punata** 8, in der es angeblich die beste *chicha* Boliviens gibt. Während hier am Dienstag der Markt stattfindet, werden im 6 km östlich gelegenen **Arani** donnerstags im Dorf hergestellte Wollprodukte und Teppiche aus der Nachbargemeinde Villa Romero zu günstigen Preisen angeboten.

Nach weiteren 65 km verläßt man in Montepunku die Hauptstraße und erreicht nach nochmals 26 km über die Ortschaft Collpa die Inka-Ruinen von **Incallajta** 9. Erstmals wissenschaftlich untersucht wurde die Anlage 1913. Wie die meisten Inka-Posten liegt auch sie in strategisch günstiger Lage, am Fuß einer 3000 m hohen Bergkette. Aller Wahrscheinlichkeit nach handelte es sich hierbei um eine Militärstation zur Absicherung der Ostgrenze des riesigen Reiches. Neben zahlreichen weiteren fällt ein großes Gebäude ins Auge, das etwa 78 m lang und 25 m breit ist und dessen Zweck bislang noch ungeklärt blieb. Vielleicht handelte es sich um einen Tempel, wahrscheinlich um das größte überdachte Gebäude dieser Kultur. Am höchsten Punkt der Esplanade hatten die Inka einen einzelnstehenden Turm

errichtet, der der Einfachheit halber *El Torreón* genannt wird und von dem sich ein schöner Rundblick bietet.

Nur 13 km hinter Montepunku in Richtung Sta. Cruz zweigt in Epizana die Zufahrtsstraße nach Sucre ab, die nach wenigen Kilometern durch das hübsche Kolonialstädtchen **Totora** 10 und später nach **Taiquile** führt, einem guten Ort, um handgefertigte Holz-*charangos* zu erwerben.

Von Cochabamba nach Sta. Cruz

Von Cochabamba aus führen zwei Zufahrtswege in das Tiefland um Sta. Cruz. Die alte Strecke über Epizana, die auch nach Sucre führt, verläuft fast auf der ganzen Länge durch das Bergland der Cordillera Oriental. Sie ist zudem heute teilweise in schlechtem Zustand und wird daher von Bussen so gut wie nicht mehr befahren.

Eine neue Teerstraße über Villa Tunari verbindet jetzt Cochabamba mit Sta. Cruz, allerdings wurden im *Niño*-Jahr 1998 Teile dieser Straße durch schwere Niederschläge zerstört. Sie führt durch eine faszinierende Gegend, vorbei an einem langgestreckten Stausee, der die Wasserversorgung von Cochabamba sichert, in die *Chapare*-Region, ein den *Yungas* (s. S. 235 f.) ähnliches Gebiet mit tropischem Bergregenwald und ausgedehnten Kokapflanzungen, in dem es aber 1998 zu politischen Unruhen kam. Die zahlreichen Hotelanlagen in **Villa Tunari** 11 (S. 342) und das attraktive Umland der Stadt laden zum Verweilen ein. Auf den verbleibenden 310 km nach Sta. Cruz passiert man den Ort Buena Vista, der als Ausgangspunkt für Exkursionen in den Parque Nacional Amboró dient (s. S. 271).

Sta. Cruz – Die Hauptstadt des *Oriente*

(Karte S. 270/271)

Mit seinem tropischen Klima und der niedrigen Höhe von nur 420 m ist ein Aufenthalt im Raum Sta. Cruz eine echte Erholung für Reisende aus dem kalten Hochland. Denn obwohl es tagsüber meist sehr heiß wird und häufig starke Winde blasen, gibt es hier weniger Regen und eine niedrigere Luftfeuchtigkeit als weiter nördlich in der Region Beni. Lediglich in der Zeit von Dezember bis Februar ist mit häufigeren Niederschlägen zu rechnen.

Mit ihrer ausgezeichneten Verkehrsanbindung und der großen Auswahl an Hotels bietet sich die Stadt zudem als Ausgangspunkt für Ausflüge an, z. B. zu der Kultstätte Samaipata, zu den jesuitischen Missionsstationen, ins bolivianische *Pantanal*-Gebiet und in den Urwald.

Sta. Cruz

1 (S. 334) In der Übergangszone zwischen dem tropisch-feuchten Norden und den trockenen Ebenen des *Chaco,* 50 km östlich der Cordillera Oriental, liegt Sta. Cruz de la Sierra, eine der am schnellsten wachsenden Städte des Landes: Zählte man 1974 gerade 130 000 Einwohner, so leben hier heute bereits rund 800 000 Menschen, im Großraum sogar fast eine Million. Und so finden sich in Sta. Cruz hochmoderne Gebäude Seite an Seite mit einfachen Adobehäusern, vermischt sich Armut mit sagenhaftem Reichtum, was sich leicht an der Vielzahl ausländischer Nobelkarossen ablesen läßt.

Die Geburtsstunde der Stadt schlug am 26. Februar 1561, als der aus Paraguay kommende Spanier Ñuflo de Chávez rund 220 km östlich San Lorenzo el Real gründete. Doch dieser erste Standort erwies sich als strategisch ungünstig, und so wurde die Stadt noch zweimal verlegt, bis sie schließlich 1575 an den Ufern des Río Piraí ihren endgültigen Platz fand. Damals wie heute war Sta. Cruz ein wichtiger Umschlagplatz für Agrarprodukte der Umgebung: Tropische Früchte, Reis, Sojabohnen, Baumwolle und Zucker sorgten für Wohlstand. Doch mit der Öffnung von Handelswegen zur peruanischen Küste gegen Ende des 19. Jh. wurden Importe billiger, und dies bedeutete für die Region einen spürbaren Niedergang. Erst Mitte der 50er Jahre konnte mit der Fertigstellung der Straße nach La Paz und der Eisenbahnlinien nach Brasilien und Argentinien wieder ein Aufschwung herbeigeführt werden, der bis heute unvermindert anhält. Neben der traditionellen Landwirtschaft wurden immer größere Flächen für die Rinderzucht gerodet, und mit der Entdeckung bedeutender Erdöl- und Erdgasvorkommen entwickelte sich Sta. Cruz zur Wirtschaftshauptstadt des Landes. Mit seinen Öl- und Zuckerraffinerien, den Konserven- und Getränkefabriken und der Verarbeitung von Leder und Milchprodukten ist die Stadt heute auch ein wichtiger Industriestandort – und leider auch Zentrum des Drogenhandels.

Die *Cruceños* gelten als freundlich, leidenschaftlich und lebenslustig, und man sagt, es gäbe hier die hübschesten *señoritas* des Landes. Neben traditionell gekleideten *indígenas* aus dem Hoch-

land und Bolivianern europäischer Herkunft sieht man in den Straßen der Stadt auch viele Gastarbeiter aus dem benachbarten Brasilien, ausländische Ölarbeiter und andere Menschen unterschiedlichster Herkunft. Vielleicht ist es das bunte Völkergemisch aus Japanern, Palästinensern, Italienern, indischen Sikhs und Mennoniten aus Nord- und Mittelamerika, das den besonderen Charakter dieser Stadt ausmacht. Auch die große Auswahl an internationalen Spezialitätenrestaurants verleiht ihr ein kosmopolitisches Flair. Doch sollte man ebenfalls die typischen Gerichte der Region probieren, wie z. B. den *surubí,* einen wohlschmeckenden Süßwasserfisch, der in einer Knoblauchsoße zubereitet wird. Auch die Märkte mit ihrer schier unglaublichen Auswahl an exotischen Früchten lohnen einen Besuch. Und wer zufällig während der Karnevalszeit in der Stadt weilt, wird Zeuge lebendiger Traditionen, denn wie kaum ir-

gendwo sonst in Bolivien wird dieses Fest hier mit endlosen Umzügen und aufwendigen Kostümen ausgelassen gefeiert.

Deutlich erkennt man auf dem Stadtplan die vier ovalen Ringstraßen *(anillos),* die das Stadtzentrum umgeben. Den Mittelpunkt bildet die Plaza 24 de Septiembre, wo man im Geäst der tropischen Bäume mit etwas Geduld neben Vögeln auch Faultiere entdecken kann. An der Südseite erhebt sich links vom Gebäude der Departementverwaltung *(Prefectura)* die eher schmucklose Kathedrale **Basílica Menor de San Lorenzo,** die zwischen 1845 und 1915 erbaut wurde. Im dazugehörigen **Museo Histórico** werden zahlreiche Gold- und Silberrelikte aus den Jesuitenmissionen nordwestlich der Stadt (s. S. 275 ff.) aufbewahrt. Eine Kuriosität ist ein daumennagelgroßes Druckwerk mit dem Vaterunser in mehreren Sprachen, denn es dürfte sich hierbei um eines der klein-

Ausflüge in die Umgebung

Wen es nach Wüste gelüstet, der kann einen Ausflug zu den etwa 16 km südlich von Sta. Cruz gelegenen **Dunas de Palmar** unternehmen. Besonders am Wochenende ist der inmitten von Sanddünen gelegene See mit einfachen Restaurants am Ufer ein beliebtes Naherholungsziel der Einheimischen.

Deutlich zeitaufwendiger, aber auch ungleich eindrucksvoller ist eine Fahrt in den **Parque Nacional Amboró** , der sich westlich der Stadt über eine Fläche von 4300 km^2 erstreckt. 1973 als Naturreservat gegründet, erhielt das biologisch äußerst vielfältige Gebiet an den Ostabhängen der Anden 1984 Nationalpark-Status und wurde 1990 erweitert, aber wenige Jahre später auf Drängen der *campesinos* wieder um 2000 km^2 auf seine heutige Größe reduziert. In der Übergangszone zwischen Berg- und Tieflandregenwald findet sich hier – ähnlich dem Manú-Nationalpark in Peru – eine große Artenvielfalt an Pflanzen und Tieren, darunter so bedrohte Spezies wie der Jaguar und der seltene Kragenbär. Auch Ornithologen kommen voll auf ihre Kosten: Über 700 Vogelarten konnten innerhalb der Parkgrenzen bereits identifiziert werden. Neben den Zugangsmöglichkeiten von Süden her (s. u.) bietet sich die Kleinstadt **Buena Vista** (S. 294) als Standort für Exkursionen in den Park an. Die Fahrt dorthin führt auf der neuen Straße nach Cochabamba, vorbei am schnell wachsenden Landwirtschaftszentrum Montero. Von Buena Vista aus geht es per Boot weiter ins Innere des Parks, der ansonsten nahezu unzugänglich ist.

sten Bücher der Welt handeln. Das 1968 gegründete Kulturzentrum, die **Casa de la Cultura Raúl Otero Reiche** an der Westseite der Plaza, beherbergt wechselnde Ausstellungen, z. B. über indianische Kultur und Archäologie.

Auf einer Insel im Parque El Arenal, fünf Häuserblocks nördlich der Plaza, lohnen interessante Wandmalereien des Künstlers Lorgio Vaca und das **Museo Etno-Folklórico,** eine kleine Sammlung von Artefakten der Tiefland-Kulturen, einen Besuch. Etwas außerhalb, auf dem Campus der Universität, befindet sich ferner das **Naturgeschichtliche Museum.**

Einer der größten und bestgeführten zoologischen Gärten Südamerikas liegt an der Straße zum internationalen Flughafen Viru Viru: Im **Jardín Zoológico** kann man Tapire, Pumas, Kragenbären, Kondore und andere Vertreter der reichen Fauna des Landes aus nächster Nähe bestaunen.

Der legendäre Kampf des Che Guevara

Ernesto Guevara de la Serna, genannt ›Che‹, der in aller Welt bekannte bärtige Revolutionär mit der schwarzen Baskenmütze, starb im Oktober 1967 in Sta. Cruz, Bolivien. Manche seiner Anhänger reihen ihn ein in die Liste der Befreier Lateinamerikas – Padre Miguel Hidalgo, San Martín, Sucre und Bolívar –, für andere war er eine der wichtigsten Kultfiguren während der 68er Studentenunruhen in Europa und den USA, wieder andere halten ihn für einen rücksichtslosen Terroristen.

Guevara kam am 14. Juni 1928 in der nordargentinischen Großstadt Rosario auf die Welt und wuchs in einer politisch linksorientierten Familie mit spanischem und irischem Hintergrund auf. Sein Medizinstudium beendete er 1953 erfolgreich. Auf seinen zahlreichen Reisen durch lateinamerikanische Länder

während der Semesterferien gewann Guevara den Eindruck, daß die große Armut weiter Teile der Bevölkerung und ihre politische Bedeutungslosigkeit nur mit einer den ganzen Subkontinent umfassenden Strategie bekämpft werden könne. Er sah Lateinamerika nicht als zufällige Anhäufung mehrerer Staaten an, sondern als soziales, kulturelles und wirtschaftliches Ganzes. Direkt nach Abschluß seines Studiums reiste er nach Guatemala, um die Bemühungen des dortigen Präsidenten Jacobo Arbenz Guzmán um eine soziale Revolution zu unterstützen. Als ein Jahr später dessen Regierung mit Unterstützung der CIA gestürzt wurde, gewann er die Überzeugung, daß die in seinen Augen imperialistischen USA jederzeit Ansätze sozialer Gerechtigkeit und Gleichheit torpedieren würden. Für Guevara konnte nur eine weltweite Revolution diese Situation beenden.

In Guatemala erhielt Guevara dann auch seinen Spitznamen ›Che‹, denn wie in Argentinien üblich, setzte er in seinen Reden an vielen Stellen das kurze *che* zwischen Sätze und Satzteilen. Nach dem Sturz der Regierung Arbenz zog er nach Mexiko, wo er die beiden Brüder Raúl und Fidel Castro traf. Die beiden Exil-Kubaner schmiedeten seit Jahren Pläne, den Diktator Fulgencio Batista in ihrem Heimatland zu stürzen. Ende November 1956 landeten Guevara und die Brüder Castro mit ihren Soldaten auf Kuba, wurden jedoch sogleich von Batistas Armee entdeckt und fast vollständig aufgerieben. Monate später gelang es den Guerilleros, sich zahlenmäßig so zu verstärken, daß sie bald einen zweiten Anlauf zum Sturz des Batista-Regimes wagten. Diesmal waren sie erfolgreicher. Nach der Eroberung Havannas am 2. Januar 1959 ließ sich Guevara als kubanischer Bürger einschreiben und begann, aktiv am Wiederaufbau Kubas mitzuarbeiten. Innerhalb der neuen Regierung entwickelte er ökonomische Konzepte und vertrat das Land im Rahmen zahlreicher Handelsmissionen im Ausland. Nacheinander war er Leiter der Agrarreform, der Nationalbank von Kuba und Industrieminister.

Anfang der 60er Jahre griff Guevara zur Feder und verfaßte ein Buch über den spezifisch kubanischen Kommunismus (›Der Sozialismus und der Mensch‹) sowie eine theoretische Abhandlung zum Guerillakrieg: ›La guerra de guerrillas‹. Anschließend verbrachte er zwei Jahre im Kongo, um das Patrice-Lumumba-Bataillon im dortigen Bürgerkrieg zu unterstützen. Der Herbst 1966 brachte für Guevara den Anfang vom Ende. Er reiste inkognito nach Bolivien, um dort eine lokale Guerilla aufzubauen. Ein Jahr später, am 8. Oktober 1967, entdeckte ein Spezialkommando der bolivianischen Streitkräfte Guevaras Gruppe. Der mittlerweile 39jährige Wahl-Kubaner wurde in dem nun folgenden Gemetzel verletzt, gefangengenommen und wenig später standrechtlich erschossen. In den linken Kreisen Boliviens, aber auch in Kuba und anderen lateinamerikanischen Ländern wird auch heute noch feierlich an seinen Todestag erinnert. Um einem Heldenkult vorzubeugen, ließ man den Leichnam verschwinden; erst im Juli 1997 sollen seine Überreste im bolivianischen Vallegrande wiederentdeckt worden sein.

Zur Kultstätte von Samaipata

Ein großartiges Erlebnis, nicht nur für Kulturinteressierte, ist eine Fahrt zur archäologischen Stätte von Samaipata. Schon unterwegs warten aufregende Landschaften und fotogene Wasserfälle darauf, entdeckt zu werden. Bereits nach etwa 25 km erreicht man den Ort San José, in dessen Nähe sich in den Felsbädern von **Los Espejillos** 5 (S. 320) herrliche Bademöglichkeiten zu Füßen mehrerer Wasserfälle bieten.

Etwa 80 km hinter Sta. Cruz erreicht man den Ort **Bermejo** 6 (S. 294), der mit einer bescheidenen Auswahl einfacher Unterkünfte als Ausgangspunkt für Exkursionen in das **Refugio Volcanes** 7 fungiert. Steil aufragende Felswände und eindrucksvolle Wasserfälle inmitten von tropischem Bergregenwald charakterisieren diese aufregende Landschaft. Obwohl die Vegetation um die Laguna Volcán, einen Kratersee 6 km nördlich von Bermejo, inzwischen leider gerodet wurde, lohnt sich der Abstecher wegen des großartigen Bergpanoramas.

Bereits auf einer Höhe von 1650 m liegt im Bergland der Cordillera Oriental, gut 120 km von Sta. Cruz entfernt, die Stadt **Samaipata** 8 (S. 332). Am 6. Juli 1967 feierte hier der legendäre Revolutionär Che Guevara einen seiner großen Erfolge: Zusammen mit einigen Anhängern überfiel er die Stadt, versorgte sich mit Waffen und nahm zehn Polizisten gefangen, die er dann außerhalb der Stadt nackt wieder freiließ. Nur drei Monate später ereilte ihn in der Nähe der gut 120 km entfernten Ortschaft Vallegrande der gewaltsame Tod (s. S. 272 f.). Der Hauptgrund für den Besuch dieser Stadt liegt etwa 10 km entfernt in fast 2000 m Höhe: **El Fuerte de Samaipata** ist die wohl bedeutendste archäologische Stätte im Osten des Landes und gibt bis heute zahlreiche Rätsel auf. Zentrum der rund 1200 m² großen Anlage ist ein 100 m langer Felsblock, in den geometrische und tierähnliche Figuren eingraviert sind. Deutlich zu erkennen sind Pumas und zahlreiche Schlangenmotive, möglicherweise Fruchtbarkeitssymbole. Auch wenn der Name *El Fuerte* ›das Fort‹ auf eine Nutzung für Verteidigungszwecke hinweist, diente dieser riesige skulptierte Felsen mit ziemlicher Sicherheit religiösen Kulten.

Der deutsche Anthropologe Leo Pucher beschrieb die Anlage nach seinem Besuch 1936 als Tempel zur Verehrung von Schlange und Jaguar, der erfolgreiche Buchautor Erich von Däniken vermutete hier gar einen Start- und Landeplatz für außerirdische Raumfahrzeuge. Neuere Untersuchungen von Archäologen der Universität Bonn legen jedoch nahe, daß Stämme aus dem Amazonasgebiet bereits um 1500 v. Chr. hierher pilgerten und den Felsen als Ort der Anbetung nutzten. Rund 3000 Jahre später nahmen die Inka die Anlage ein, und da man auch Ruinen einer Inka-Festung fand, liegt die Vermutung nahe, daß sie sich gegen Angriffe vom Tieflandvolk der Chiriguanos verteidigen mußten, die vielleicht sogar den Ort stürmen konnten. Noch viele Fragezeichen liegen über diesem mysteriösen Ort, von dem sich ein herrliches Panorama über das östliche Tiefland bietet.

Rätselhaft ist auch ein etwa 300 m tiefer gelegenes Loch, genannt *El Hueco*, das jedoch wahrscheinlich auf natürliche Weise entstanden ist. Diente es als Zisterne oder vielleicht als Gefängnis? In der Stadt Samaipata befindet sich ein kleines archäologisches Museum mit einigen interessanten Artefakten, doch wer hier aufschlußreiche Informationen zu *El Fuerte* erwartet, wird enttäuscht sein.

Faultier

Die Missionsstationen der Jesuiten

Sta. Cruz – San Ignacio de Velasco – San José de Chiquitos (710 km) (Karte S. 270/271)

Als 1587 die ersten Jesuiten nach Sta. Cruz kamen, lebten dort gerade einmal 170 Spanier und rund 11 000 *indígenas* als deren Diener und Knechte. Erste Versuche, die in der Gegend lebenden Chiquitanos von Sta. Cruz aus zu missionieren, blieben erfolglos – die Indianer hatten zu viele schlechte Erfahrungen mit den Spaniern gemacht, und es waren einfach zu wenige jesuitische Missionare. Erst 1692 begann man dann mit der Gründung von insgesamt zehn Reduktionen im Süden der Region Chiquitania, und 1751 lebten bereits über 16 000 Indianer in den Dörfern. Doch das Wirken der Jesuiten wurde bereits nach nur 75 Jahren gewaltsam beendet, als spanische Truppen unter Coronel Diego Antonio Martínez 1767 nach Sta. Cruz einmarschierten, um die 24 jesuitischen Missionare der Region in die Hafenstadt Arica zu bringen, von wo aus sie Südamerika verlassen mußten (s. S. 278 f.). Die Indianer verließen daraufhin die Dörfer, die danach über 200 Jahre dem Verfall preisgegeben waren. Umfangreiche Restaurierungsarbeiten in den 80er und 90er Jahren sollten den Fortbestand der Kirchen als wichtige Zeugen der Geschichte sichern, auch wenn die Ausführung dieser Arbeiten nicht immer unumstritten ist.

Eine Rundfahrt zu den wichtigsten Missionsstationen, die allesamt von der UNESCO zum Weltkulturerbe erklärt wurden, wird von zahlreichen Veranstaltern in Sta. Cruz angeboten. Eine ›schnelle‹ Besichtigungstour mit einem Besuch der sechs nachfolgend erstgenannten Missionsstationen kann man in drei, besser vier Tagen abwickeln, wer sich etwas mehr Zeit nehmen kann, sollte für eine Rundreise über San José de Chiquitos etwa sechs Tage veranschlagen.

Von Sta. Cruz in die Chiquitania

Die Anfahrt von Sta. Cruz führt zunächst vorbei am nur 18 km östlich gelegenen Städtchen **Cotoca** 9, das seinen kolonialen Charakter bis heute bewahren konnte. Die 1799 errichtete Kirche, in der eine wundertätige Jungfrau verehrt wird, macht Cotoca zu einem wichtigen Wallfahrtsort, zu dem besonders während der großen Fiesta am 8. Dezember Tausende von Gläubigen pilgern. In den zahlreichen Töpferwerkstätten wird für die Region typische Keramik gefertigt. Die Fahrt nach Westen führt durch weitflächig gerodetes Gebiet, das in erster Linie zur Viehzucht genutzt wird. Gut 50 km hinter Sta. Cruz überquert man nach der wenig attraktiven Ortschaft **Puerto Pailas,** der Heimat ausgewanderter indischer Sikhs, auf einer 2 km langen Stahlbrücke den Río Grande. Auch auf den weiteren 74 km bis Los Troncos ist die Landschaft wenig abwechslungsreich. Im Hinterland leben zahlreiche Mennoniten, die in den 70er Jahren aus den USA und Mexiko hierher auswanderten und die Errungenschaften der modernen Technik weitgehend ablehnen. Vorbei an San Julián erreicht man schließlich nach insgesamt 200 km den Ort **San Ramón,** wo die Straße nach

Trinidad (s. S. 282) abzweigt – eine an-strengende Fahrt, denn von den insge-samt 370 km sind gerade einmal die er-sten 150 km asphaltiert.

Danach verändert sich das Land-schaftsbild, es wird zunehmend hügeli-ger, und je nach Jahreszeit zeigt sich der

Wald in einem saftig-grünen oder trok-ken-braunen Kleid. Während der Regen-zeit von Anfang November bis Ende Fe-bruar ist die Straße oft nur schwer pas-sierbar, denn nach 22 km endet der Asphalt – eine neue Teerstraße ist je-doch im Bau. Immer seltener werden

und die Lage inmitten eines sanften Hügellandes auf rund 500 m Höhe verleihen dem Ort eine ruhige, gemütliche Atmosphäre. Die rund 3200 Einwohner leben vom Fleisch und der Milch ihrer Rinder, es gibt sogar eine Käsefabrik. In der Neujahrsnacht des Jahres 1692 wurde hier die erste Missionsstation als Zentrum der *reducciones* (s. S. 278 f.) und Sitz des Superioren gegründet. Die heutige Kirche wurde 1749–1752 nach Plänen des schweizerischen Padre Martin Schmidt erbaut, der nicht nur ein herausragender und kreativer Architekt war, sondern auch ein ausgezeichneter Künstler, der die Indianer in Musik und Gesang unterrichtete. Die Restaurierungsarbeiten an der ältesten Missionsstation wurden 1992 abgeschlossen. (Das beste Fotolicht für die schön bemalte Kirchenfassade bietet sich morgens.)

Ebenfalls von Landwirtschaft und Viehzucht leben die Bewohner von **Concepción** 11 (S. 301), einem netten Kolonialstädtchen, knapp 80 km östlich. Hier scheint die Zeit stehengeblieben zu sein: Pferde gehören ganz selbstverständlich zum Straßenbild, und die Vordächer bieten wie ehedem Schutz vor Sonne und Regen. Die Missionsstation wurde 1708 von Padre Lucas Caballero gegründet, der 1711 von einem Pfeil tödlich verwundet wurde und somit als erster Missionar in der Region Chiquitos durch die Hand eines Indianers starb. Zunächst befand sich die fünfte Missionsgründung an einer anderen Stelle, wurde dann jedoch hierher verlegt. Die Kirche, die ursprünglich ebenfalls die Handschrift von Padre Schmidt trug, stand Anfang der 70er Jahre kurz vor dem Zusammenbruch und mußte daher 1975–1982 komplett restauriert werden.

die gerodeten Flächen, nur vereinzelt stören Palmenplantagen oder Viehweiden das tropische Idyll. Etwa 30 km hinter San Ramón erreicht man in **San Javier** 10 (S. 333) die erste Missionsstation. Die alten Kolonialhäuser, die großzügige Plaza mit ihren Korallenbäumen

Die Jesuiten in Südamerika

Der katholische Orden *Societas Jesu* (Gesellschaft Jesu; span.: *Compañía de Jesús*) wurde 1534 von dem später als *San Ignacio* verehrten Ignatius von Loyola gegründet und 1540 von Papst Paul III. bestätigt. Schon früh kamen die Jesuiten als Missionare nach Südamerika, erstmals 1549 nach Brasilien. Peru erreichten sie aber 1568 erst nach den Dominikanern, Franziskanern, Mercedariern und Augustinern. Sie gründeten Schulen in Lima, La Paz, Potosí und anderen Städten, evangelisierten die Einheimischen in deren Umgebung, gaben ihnen medizinische Hilfe und unterrichteten sie im Umgang mit Musikinstrumenten.

Nach dem Vorbild des Dominikanerpaters Bartolomé de Las Casas, der in der Zeit von 1515 bis 1522 in Venezuela die ersten Dörfer nur für Indianer errichtet hatte, entstand 1610 die erste Reduktion der Jesuiten in der drei Jahre zuvor gegründeten Provinz Paraguay. Der ersten *reducción* in Trinidad im Jahre 1668 folgten weitere 24 Jesuitendörfer in dieser Region. Während 1690 die Jesuiten eine Schule in Tarija gründeten, wurden in Sta. Cruz 300 Chiquitano-Indianer als Sklaven nach Peru verkauft, was Padre José de Arce in seiner Überzeugung bestätigte, daß umgehend mit der Evangelisierung dieser Menschen begonnen werden müsse, um sie vor einem solchen Schicksal zu bewahren. Bereits am Silvestertag 1691 wurde mit San Javier die erste Missionsstation in der Chiquitania-Region gegründet, und bis zur Mitte des folgenden Jahrhunderts folgten neun weitere Gründungen.

Bis zu 4000 Indianer lebten in diesen Missionsdörfern unter Aufsicht von normalerweise nur zwei Jesuiten, die sie in Fragen der Landwirtschaft und Viehzucht berieten und ihnen in Werkstätten handwerkliche Fähigkeiten vermittelten. Die Verwaltung der Dörfer besorgte ein Rat aus zwölf Mitgliedern der Indianer-Gemeinde. Natürlich gab es anfangs eine Menge Probleme. So hatten die Indianer keine Erfahrung in der Landwirtschaft, denn sie waren Nomaden und lebten bislang von Jagd und Fischfang, und auch ihre Bräuche waren den Missionaren fremd. Die weitverbreitete Polygamie war den Jesuiten ein Dorn im Auge. Sie zwangen ihre ›Schützlinge‹ zwar nicht zur Monogamie, tauften dafür aber nur diejenigen Indianer, die sich an die christlichen Regeln hielten. Auch die große Zahl unterschiedlicher Sprachen führte zu Verständigungsschwierigkeiten, und so schufen die Jesuiten eine vereinheitlichte Sprache, die sie *gorgotoqui* tauften.

Zunächst kamen nur Missionare aus Spanien in Südamerika zum Einsatz, später jedoch auch Padres aus Italien, Österreich, Deutschland und der Schweiz. Ihre Tätigkeit endete mit der Vertreibung aus Südamerika im Jahre 1767 auf Weisung des spanischen Königs Karl III., dem der Orden zu einflußreich geworden war. Ein Dekret von Papst Klemens XIV. vom 21. Juli 1773 führte zur Auflösung des Ordens, der aber 1814 von Papst Pius VII. wiedereingeführt wurde.

Dabei wurden auch viele Bereiche völlig neu gestaltet, wie beispielsweise die Gemälde am Hauptaltar und einige an der Seitenwand des Kircheninneren, die Bezug nehmen auf das Leben des modernen Südamerika. Diese weitreichenden Restaurierungsarbeiten stießen vielfach auf Kritik und wurden sogar als ›Kitsch‹ verhöhnt. Die Fassadenmalereien im Eingangsbereich, für die sich nachmittags das beste Fotolicht bietet, wurden ebenfalls neu gestaltet.

Die einstmals größte Missionsstation befand sich in **San Ignacio de Velasco** 12 (S. 333), 175 km östlich von Concepción. Heute wie früher fungiert die Stadt als Zentrum der Region. Die Kirche aus dem Jahre 1748 wurde leider in den 70er Jahren abgerissen und durch ein modernes Gebäude ersetzt. Von hier bieten sich zwei Möglichkeiten zur Weiterfahrt: entweder über das 39 km südlich gelegene San Miguel nach San Rafael und zurück über Sta. Ana oder umgekehrt. Die weniger gut ausgebaute Straße nach Süden führt zunächst nach **Sta. Ana de Velasco** 13 mit dem einfachsten Kirchenbau der Region. Der Boden der 1755 gegründeten Missionskirche ist aus Lehm, das Dach strohgedeckt. Im Innenraum finden sich schöne religiöse Wandmalereien und Schnitzereien. 25 km weiter südlich trifft man in **San Rafael de Velasco** 14 auf die zweitälteste Missionsstation, die zurückgeht auf eine Gründung im Jahre 1696. Erste Planungsarbeiten für die 1740–1748 erbaute Kirche stammten von Padre Schmidt. Der Innenraum der in den 70er und 80er Jahren restaurierten Missionskirche ist besonders schön ausgestaltet und enthält viele originale Holzarbeiten und Gemälde. Die vielleicht schönste der Missionsstationen in Bolivien befindet sich im nahegelegenen **San Miguel de Velasco** 15: Die

Der bolivianische *Pantanal*

Der *Pantanal*, das größte zusammenhängende Überschwemmungsgebiet der Welt, wird unter Brasilien-Fans längst nicht mehr als Geheimtip gehandelt. Doch daß sich ein kleiner Teil dieses überaus tierreichen Feuchtgebietes auf bolivianischem Territorium befindet, hat sich offenbar noch nicht herumgesprochen. Riesige Gras- und Buschgebiete werden jedes Jahr ab Oktober unter Wasser gesetzt und bieten so ideale Lebensbedingungen, besonders für Wasservögel. Auf Bootstouren kann man über die Flüsse tiefer in die östlichen Ausläufer des *Pantanal*-Gebietes eindringen und auf Tierbeobachtung gehen.

Die auffallendsten und häufigsten Vertreter der reichen Fauna sind Vögel, von denen hier rund 600 verschiedene Arten gezählt wurden, darunter Aras und Sittiche, Störche (u. a. der mächtige Jabiru), Ibisse, Reiher, bunte Eisvögel und Kolibris. Eher selten bekommt man Säugetiere zu Gesicht, aber mit etwas Glück erspäht man Kapuziner- oder Brüllaffen, Waschbären, Riesenotter oder vielleicht ein *capibara* genann-

tes Wasserschwein, die größte Nagetierart der Welt. Ferner leben hier mehrere Arten Opossums und Gürteltiere, Ameisenbären, Stachelschweine, Marder, Pekaris (südamerikanische Wildschweine), verschiedene Hirscharten und Raubkatzen wie der Ozelot, die Wieselkatze (Jaguarundi), der Baumozelot und vereinzelt auch Pumas und Jaguare. Spektakuläre Reptilien wie die gelbe Anaconda oder die wegen ihrer Haut bei illegalen Jägern begehrten Brillenkaimane sowie etwa 230 Fischarten, darunter die berüchtigten Piranhas, ergänzen das Bild vom ungestörten Paradies. Doch leider wird der Lebensraum dieser Tiere durch menschliche Eingriffe wie Viehzucht und Straßenbau immer weiter eingeschränkt, und nur ein kleiner Teil des riesigen Gebietes ist bislang unter Naturschutz gestellt.

Ausgangspunkte für Touren in den bolivianischen *Pantanal* sind Hotelanlagen im Umfeld der wenig attraktiven Nachbarstädte Puerto Suárez und Quijarro, in denen ein lebhafter – meist illegaler – Grenzhandel betrieben wird. Regelmäßige Flugverbindungen und eine Bahnlinie von Sta. Cruz erleichtern die Anreise. Auch Abstecher nach Brasilien sind möglich, als Basis dient dann die Stadt Corumbá. Während der Regenzeit (Dezember–März) sind weite Flächen überschwemmt, und viele Tiere wandern nach Norden. Die Brutzeit liegt in der Trockenperiode (Juli–Oktober), wenn die Vögel zu Hunderten und Tausenden ihre Nester in den Bäumen bauen.

Kirchenschiff der Missionsstation Concepción

1721 gegründete Kirche wurde 1978–1984 sachgerecht restauriert und bietet mit ihrem Glockenturm und der kunstvoll bemalten Fassade besonders morgens ein hübsches Fotomotiv.

Ein lohnenswerter, aber zeitintensiver Abstecher führt vorbei an der sehr konservativen Mennoniten-Kolonie ›Colonia 42‹ nach **San José de Chiquitos** , etwa 150 km südlich von San Rafael. Der Ort selbst, im Jahre 1667 als dritte Missionsstation gegründet, ist heute ein Zentrum für Viehzucht und Ölsuche und profitiert durch seine Lage an der Bahnlinie auch vom Handel mit Brasilien. Da San José meist nicht im Standardprogramm der Veranstalter enthalten ist, finden nur wenig Besucher den Weg zu dieser in Südamerika wohl einmaligen Missionskirche. Zusammen mit dem 1748 errichteten Glockenturm, der Pfarrei und der Totenkapelle nimmt sie die gesamte Ostseite der Plaza ein. Der Kirchenbau, dessen Innenraum an andere Missionsstationen erinnert, wurde um

1750 begonnen, doch hatten die Jesuiten wahrscheinlich nur die Fassade fertiggestellt. Durchgeführt wurden die Bauarbeiten von Chiquitano-Indianern, denen ein Monument am Ortseingang gewidmet ist. An der kunstvollen Verarbeitung des Altars, der Türen und anderer Holzarbeiten läßt sich ablesen, daß sie auch erstklassige Schnitzkünstler waren.

Ein Besuch der drei Missionsstationen San Juan, Santiago und Sto. Corazón, die östlich von San José liegen, sei nur für echte Liebhaber empfohlen. Die Straße von San José nach Sta. Cruz befindet sich in einem sehr schlechten Zustand und sollte nur außerhalb der Regenzeit mit einem geländegängigen Fahrzeug befahren werden. Eine gute Alternative bietet die Bahnlinie, und es gibt auch Zugverbindungen nach **Puerto Suárez** 17 (S. 329) an der Grenze zu Brasilien, von wo aus sich Möglichkeiten für Ausflüge in das *Pantanal*-Gebiet anbieten (s. S. 280).

Das bolivianische Amazonas-Tiefland

(Karte S. 283)

Der *Oriente,* der wilde Norden Boliviens – das sind die weiten Schwemmland-ebenen der *Departamentos* Beni und Pando, in denen sich die beiden Quell-flüsse des Amazonas Río Beni und Río Mamoré zum Río Madeira vereinigen, der östlich von Manaus in den Amazonas mündet. Hier, in der Heimat von Tieflandindianern, gründeten die Jesuiten im 17. und 18. Jh. Reduktionen – aus ihrer Sicht zum Schutz und der Bildung der Ureinwohner und natürlich zur Rettung von deren Seelenheil (s. S. 278 f.). Doch erst der Kautschukboom um die Wende zum 20. Jh. bescherte der nahezu menschenleeren Region einen kurzen Aufschwung. Später wurde dann die Viehzucht zum wichtigsten Wirtschaftssektor, und Funde von Erdöl und Erdgas lassen ein weiteres Vordringen des Menschen in diesen einzigartigen Naturraum befürchten.

Doch trotz großräumiger Rodungen sind noch immer weite Bereiche in ihrem ursprünglichen Naturzustand erhalten, und die Gründung mehrerer großer Schutzgebiete gibt Anlaß zu Hoffnungen. Das Erlebnis dieser unberührten Naturgebiete ist auch der wichtigste Grund für eine Reise in diese dünn besiedelte Region, die v. a. im äußersten Norden und an den Ostabhängen der Anden von tropischem Regenwald geprägt ist. Und so fungieren die meist reizlosen Städte denn auch nur als Sprungbretter für Exkursionen ins Hinterland. Im Vergleich zum Nachbarn Peru ist die touristische Infrastruktur jedoch bislang nur sehr einfach, luxuriöse Urwald-Lodges sucht man vergeblich.

Beste Reisezeit ist die Trockenperiode von Mai bis November, während der Regenzeit von Dezember bis April sind weite Bereiche überschwemmt und viele Orte auf dem Landweg nicht mehr zugänglich. Ein guter Insektenschutz ist zu jeder Jahreszeit unbedingt erforderlich.

Die größte und wichtigste Stadt dieser Region ist **Trinidad** [1] (S. 339), einige Kilometer östlich des Río Mamoré in den Llanos de Mojos. Gegründet im Jahre 1686 als zweite Missionsstation der Jesuiten im Flachland des südlichen Beni (nach dem 55 km weiter südlich gelegenen Loreto), zählt die Hauptstadt des *Departamento* Beni heute über 60 000 Einwohner. Es herrscht ein feucht-tropisches, ganzjährig heißes Klima. Besondere Sehenswürdigkeiten hat die Stadt nicht zu bieten – von der obligatorischen Kathedrale an der Plaza vielleicht einmal abgesehen. Interessant ist das **Museo Arqueológico del Beni** im 14 km nordöstlich gelegenen Ort Chuchini mit Funden der wahrscheinlich über 5000 Jahre alten Paititi- oder Beni-Kultur. Von dort bietet sich eine Bootstour in das **Santuario Chuchini** an, denn im Schwemmland des Río Ibare und Río Moncovi findet sich eine reiche Tierwelt mit Affen, Wasserschweinen, Alligatoren und Aras. Örtliche Agenturen haben Ausflüge zu nahegelegenen Rinder-Estanzien und Bootsexkursionen in den Regenwald im Programm, manche sogar zum **Parque Nacional Isiboro-Securé** [2], der sich im Südwesten der Stadt erstreckt. Bootstouren beginnen meist im 8 km entfernten Puerto Almacén am Río Ibare oder 5 km weiter westlich in Puerto Barador am Río Mamoré, wo gelegentlich auch Boote nach Puerto Villaroel oder Guayaramerín ablegen.

Zwei besondere ökologische Juwele liegen nordwestlich von Trinidad, doch sollte man schon jeweils 5–7 Tage Zeit mitbringen, um diese einmalig schönen Naturparks zu erleben. Die Anfahrt über Land ist sehr anstrengend und zeitaufwendig; einfacher, aber auch kostspieliger ist es, per Kleinflugzeug anzureisen: Ausflüge in das 14 000 km^2 große Naturreservat **Reserva de Vida Silvestre Ríos Blanco y Negro** werden ab Sta. Cruz nur während der Trockenzeit von März bis Oktober angeboten. Weiter östlich, an der Grenze zu Brasilien, liegt der **Parque Nacional Noel**

Kempff Mercado , eines der eindrucksvollsten und außergewöhnlichsten Schutzgebiete in Südamerika. Nur selten verirrt sich ein Mensch in dieses Naturparadies, so daß hier viele Tierarten überleben konnten, deren Bestand ansonsten gefährdet ist. Gegründet wurde der 7000 km^2 große Park 1979 als Huanchaca-Nationalpark, erst später wurde er zu Ehren des Biologen Kempff Mercado umbenannt, der 1986 hier ermordet wurde. Das unzugängliche Gebiet erreicht man entweder per Flugzeug oder auf einer längeren Bootsfahrt. Ein nahezu unberührter tropischer Regenwald, herrliche Wasserfälle und gute Möglichkeiten zur Tierbeobachtung belohnen für die anstrengende Anfahrt.

Das bolivianische Amazonas-Tiefland

San Ignacio de Moxos , die 1689 gegründete ›Folklore-Hauptstadt des Beni‹, liegt etwa 90 km westlich von Trinidad an der Straße nach La Paz. Zahlreiche von den Jesuiten eingeführte Traditionen haben sich bis heute erhalten, was besonders in der Karwoche und am 31. Juli, dem Namenstag des Stadtpatrons, deutlich wird. Östlich von San Borja, der nächsten Stadt auf dem Weg nach La Paz, erstreckt sich das Naturschutzgebiet **Reserva Biosférica del Beni** 6, das 1986 von der UNESCO wegen seiner vogelreichen Feuchtgebiete zum Biosphärenreservat erklärt wurde. Von der Parkverwaltung in El Porvenir erreicht man nach etwa zwei Stunden Wanderung die Laguna Normandia, einen See, in dem Hunderte von Schwarzen Kaimanen leben, allesamt Nachfahren einer aufgegebenen Zuchtfarm. Für weitere, mehrtägige Exkursionen in den Regenwald ist ein Führer notwendig.

Etwa 50 km südwestlich von San Borja erreicht man die wenig attraktive Ortschaft Yucumo, in der die einzige halbwegs befahrbare Zufahrtsstraße in den Norden Boliviens abzweigt. Geradeaus sind es noch gut 320 Straßenkilometer über Caranavi durch das Gebiet der *Yungas* (s. S. 235 f.) nach La Paz. Die Straße nach Norden führt nach etwa 100 km zunächst in das sympathische Urwaldstädtchen **Rurrenabaque** 7 (S. 332) am Río Beni und dessen Schwestersiedlung San Buenaventura am gegenüberliegenden Flußufer. Von hier werden Bootsexkursionen auf dem Río Tuichi angeboten, die meist 3–6 Tage dauern. (Da die Anreise in das Regenwaldgebiet bereits mindestens drei Stunden in Anspruch nimmt, sind Tagesausflüge nicht sinnvoll.) Ein noch weitgehend unberührtes Naturschutzgebiet ist der neu gegründete **Parque Nacional**

Alto Madidi 8, der sich vom Tieflandregenwald bis hinauf zu Andengipfeln um 5500 m Höhe erstreckt und daher eine große Vielfalt an Pflanzen- und Tierarten aufweist. Der Río Tuichi bildet seine Südgrenze, das Innere des Parks ist praktisch unzugänglich. Auch die Feuchtsavannen nördlich der Stadt eignen sich gut zur Tierbeobachtung, besonders zahl- und artenreich sind Vögel vertreten. Zwei- bis dreitägige Touren führen über Sta. Rosa unter anderem zur schön gelegenen Laguna Rogagua.

Wer von Rurrenabaque nach Norden weiterreisen möchte, kann auf der über 500 km langen Straße über Sta. Rosa nach Riberalta fahren – ein anstrengender Ganztagestrip. Während der Regenzeit von Oktober bis Mai, wenn die Straße meist unpassierbar ist, verkehren dorthin unregelmäßig Boote auf

dem Río Beni, die Fahrtzeit schwankt zwischen fünf und acht Tagen. Das schnell wachsende **Riberalta** 9 (S. 332) am Río Beni, in der Nähe von dessen Zusammenfluß mit dem Río Madre de Dios, zählt heute bereits über 50 000 Einwohner. Nachdem der Kautschukboom Ende des 19. Jh. längst Vergangenheit ist, bilden heutzutage die Viehzucht und die Verarbeitung von Paranüssen die wirtschaftliche Grundlage der Stadt. Die langgestreckte **Reserva Natural Manuripi Heath** 10 zwischen den Flüssen Río Madre de Dios und Río Manuripi/Río Orthon, ist mit knapp 20 000 km² das größte Naturschutzgebiet Boliviens. Leider – oder Gott sei Dank? – ist es für Menschen nahezu unzugänglich, und Bootsausflüge von Riberalta sind nur schwer zu organisieren. Die neue Straße nach Cobija durchquert

das Reservat, und wer die beschwerliche Anfahrt in die abgelegenste Stadt Boliviens auf sich nimmt, wird mit Fähren aus Balsaholz drei Flüsse überqueren und bekommt dabei einen Eindruck von der Weite des Nordens. **Cobija** 11 selbst ist eine kleine Stadt mit rund 15 000 Einwohnern am Río Arce, dem Grenzfluß zu Brasilien. Der erst Anfang des 20. Jh. während des Kautschukbooms gegründete Ort in der Nähe zum Dreiländereck mit Peru ist heute Freihandelszone. Bislang gibt es noch so gut wie keine touristische Infrastruktur, und die wenig verkehrsgünstige Lage und das drückend heiße Klima mit reichlich Niederschlägen machen den Ort auch eher zu einem Ziel für hartgesottene Globetrotter.

Frau auf dem Markt von Tarabuco ▷

Information

Unterkunft

Restaurant

Sehenswert

Museum

Einkauf

Nachtleben

Feste

Aktivitäten

Verkehr

Tips & Adressen

Tips & Adressen

▼ Das erste Kapitel, **Tips & Adressen von Ort zu Ort**, listet die im Reiseteil beschriebenen Orte in alphabetischer Reihenfolge auf. Zu jedem Ort finden Sie hier Empfehlungen für Unterkünfte und Restaurants sowie Hinweise zu den Öffnungszeiten von Museen und anderen Sehenswürdigkeiten, zu Unterhaltungsangeboten Aktivitäten, Verkehrsverbindungen etc. Piktogramme helfen Ihnen bei der raschen Orientierung.

▼ Die **Reiseinformationen von A bis Z** bieten ein Nachschlagewerk – von A wie Anreise über N wie Notfälle bis Z wie Zeitungen – mit vielen nützlichen Hinweisen, Tips und Antworten auf Fragen, die sich vor und während der Reise stellen.

Inhalt

Adressen und Tips von Ort zu Ort

■ **Abkürzungen der Ländernamen:**

PE	=	Peru
BOL	=	Bolivien
BR	=	Brasilien
EC	=	Ecuador
RCH	=	Chile

■ **Preiskategorien der Hotels:**

sehr preiswert	=	DZ bis 25 US-$
günstig	=	DZ 25–50 US-$
moderat	=	DZ 50–80 US-$

teuer	=	DZ 80–120 US-$
sehr teuer	=	DZ 120–160 US-$
Luxus	=	DZ über 160 US-$

■ **Preisniveau der Restaurants:**
Für ein Hauptgericht muß man in etwa rechnen:

günstig	=	bis 4 US-$
moderat	=	ca. 4–8 US-$
teuer	=	ca. ab 8 US-$

Aguas Calientes/ Machu Picchu (PE)

Lage: F 7 (2080 m ü.M.)
Vorwahl: 084
Einwohner: ca. 1500

 Hostal Quilla,
Av. Pachacútec, Tel. 21 10 09,
www.machupicchuperu.com;
sehr preiswert–günstig.
Einfache, saubere Zimmer, freundlich.

Hostal Machu Picchu,
an der Bahnlinie, Tel. 24 45 98,
invermac@mixmail.com; moderat.
Einfache Zimmer mit Bad.

Gringo Bill´s Hotel,
C. Collaraymi 104, Tel. 21 10 46,
gringobills@yahoo.com; günstig.
Zimmer mit Bad.

Hostal La Cabaña,
Av. Pachacútec, Tel./Fax 21 10 48,
betomartha@hotmail.com; günstig.
Einfache, saubere Zimmer mit Bad
(Warmwasser), Tagestouren (nicht nur
Machu Picchu!).

Hostal Presidente,
an Bahnlinie, Tel. 24 45 98, Fax 21 10 65,
invermac@mixmail.com; moderat.
Ordentliche Zimmer mit Bad, neue Zimmer mit Blick zum Fluß.

Machu Picchu Inn,
Av Pachacútec,
Tel. 21 10 56 oder 01/421 90 18,
Fax 21 10 11 oder 01/221 08 26,
mapiinn@peruhotel.com.pe; teuer.
Große Hotelanlage, komplett renoviert,
viele Reisegruppen.

Hatuchay Tower Hotel,
Carretera Puente Ruinas (Bahnlinie),
Tel. 21 12 00, 01/447 81 70, Fax 01/241 96 70,
hotel@hatuchaytower.com.pe; sehr teuer.
Neues Hotel mit Blick zum Río Urubamba,
guter Zimmerstandard.

Machu Picchu Pueblo Hotel,
kurz vor Aguas Calientes (km 110),
Tel. 21 10 32, 01/221 08 26,
Fax 22 11 24, 01/440 61 97,
reservas@inkaterra.com.pe; Luxus.
Schöne Hotelanlage in tropischem Garten,
Restaurant, Reservierung empfohlen.

Machu Picchu Sanctuary Lodge
(ehem. Hotel Machu Picchu Ruinas),
Tel. 21 10 38, Fax 21 10 53, Reservierung
Tel. 24 64 19, Fax 23 71 11, ventas@
peruorientexpress.com; Luxus (ab 350 $).
Einziges Hotel direkt an den Ruinen,
Zimmer renoviert, überteuert, dennoch oft
ausgebucht.

 Intipunku, am Bahngleis. Landestypische Küche, vernünftige Preise.

Pizzería Inka's, Plaza Manco Capac. Einfaches Lokal, gute Holzofenpizza. **Indio Feliz,** Av. Pachacútec 105. Nettes Lokal, gute Küche, nicht ganz billig. Zahlreiche weitere Lokale entlang der Bahnlinie Santuario (z.B. **Santuario, Toto's Restaurant**) und in der Av. Pachacútec (in Richtung Thermalquellen).

 Ruinen von Machu Picchu, tägl. 7.30–17 Uhr (Hochsaison 6–18 Uhr); Eintritt 20 US-$ (2. Tag 10 US-$); Zugang nach Huayna Picchu nur bis 13 Uhr möglich.

 Thermalbad, oberhalb des Ortes (Verlängerung Av. Pachacútec), tägl. 5–21 Uhr, Eintritt.

 Busse zu den Ruinen tägl. 6.30–17.30 Uhr (= letzte Talfahrt). **Zugverbindungen** nach Cusco: 15 Uhr »Autovagón«, 15.20 Uhr »Inka«, 16.35 Uhr »Backpacker«. Zusätzlich »Ferrostal« nach Ollantaytambo um 8, 11.05, 14.05, 17.20 und 20.25 Uhr (letzterer nur Mai–Okt.), sowie »Backpacker« nach Ollantaytambo um 12.40 und 17.45 Uhr. Der Lokalzug (»tren local«) darf von Touristen nicht mehr benutzt werden!

Arequipa (PE)

Lage: F 6 (2350 m ü.M.)
Vorwahl: 054
Einwohner: ca. 650 000 (Stadt)

Oficina Turística, Südseite Plaza de Armas, Portal Municipal 112, Tel. 21 10 21, Mo–Fr 8–15 Uhr
Policía de Turismo, C. Jerusalén 315, Tel. 23 98 88, tägl. 24 Std.

Hostal Regis, Ugarte 202 (1. Stock), Tel. 22 61 11, regis@qnet.com.pe; günstig. Einfaches *hostal*, aber Zimmer sehr gepflegt und sauber, wahlweise Privat- oder Gemeinschaftsbad.
Hostal Posada de Sancho, C. Sta. Catalina 223A, Tel. 21 84 40,

Fax 29 77 97; sehr preiswert. Einfache Zimmer, mit und ohne Privatbad, Inhaber deutschsprachig.
Hostal La Casa de Melgar, C. Melgar 108-A, Tel./Fax 22 24 59, lacasademelgar@terra.com.pe; günstig. Nettes *hostal* in Kolonialhaus, individuelle Zimmer, teilweise museale Einrichtung.
Hostal La Casa de mi Abuela, C. Jerusalén 606, Tel. 24 12 06, Fax 24 27 61, lperezwi@ucsm.edu.pe; günstig. Ordentliche Zimmer mit Bad, ruhige Lage mit Garten, oft ausgebucht.
Hotel La Posada del Monasterio, C. Sta. Catalina 300, Tel./Fax 28 30 76; moderat. Nettes Hotel in zentraler Lage, angenehme, freundliche Zimmer, ruhig.
Hostal Casagrande, C. Luna Pizarro 202, Vallecito, Tel./Fax 22 20 31, casagrande@planet.com.pe; moderat. Ruhige Lage südlich vom Zentrum, ordentliche Zimmer.
La Posada del Puente, Av. Bolognesi 101, Tel. 25 31 32, Fax 25 35 76, hotel@posadadelpuente.com; moderat. Schöne Gartenanlage am Fluß, kleine Zimmer mit Terrasse, gutes Restaurant.
La Maison D´Elise, Av. Bolognesi 104, Tel. 25 61 85, Fax 27 19 35, mdelisehotel@terra.com.pe; moderat. Nette Anlage im »Pueblo-Stil«, komfortable Zimmer, ruhig, Pool, gutes Restaurant.
Hotel Libertador, Plaza Bolívar, Selva Alegre, Tel. 21 51 10, Fax 24 19 33, arequipa@libertador.com.pe; teuer. Das frühere Hotel de Turístas wurde umfassend renoviert, 70 luxuriöse Zimmer, Swimmingpool, Restaurant.

Mirador de Chilina, Av. Arequipa C-4, Cayma, Tel. 45 77 66. Herrlicher Blick zum Vulkan Misti, ruhige Lage, gute landestypische Gerichte.
El Sol de Mayo, C. Jerusalén 207, Yanahuara, Tel. 25 41 48. Schönes Gartenlokal mit typischen Gerichten und Folkloremusik.

Zig Zag, Calle Zela 210, Tel. 20 60 20, tägl. ab 18 Uhr. Schmackhafte Fleischgerichte (auch Alpaka- und Straußen-Steaks), auf dem heißen Stein gegrillt.
Boveda San Agustin 129, Portal San Agustín 129, Tel./Fax 24 35 96. Nettes kleines Lokal an der Plaza de Armas.
Rest. La Italiana/El Camaroncito, San Francisco 303, Tel. 20 20 80, 20 43 42, tägl. ab 11 Uhr. Neue Restaurants mit ital. Küche bzw. Meeresspezialitäten.
El Pibe Asados Bar, Ugarte 210, Tel. 20 62 60. Nettes Lokal mit Bar in historischem Gebäude, Spezialität: Gerichte vom offenen Grill, nicht teuer.
Hotel Maison D´Elise (s. o.) und **La Posada del Puente** (gegenüber): Gute internationale Küche, etwas teurer.

 Las Queñas, C. Sta. Catalina 302, Tel. 21 54 68, ab 20.30 Uhr, So geschl. Gute *penã* mit Live-Musik (Folklore).
La Casa de Klaus, C. Zela 207, So geschl. Deutsche Bierkneipe.
Café-Bar Ad Libitum, C. San Francisco 233/Ecke Ugarte. Nette Kneipe, am Wochenende Live-Musik.
Forum Rock Café, C. San Francisco 317, Tel. 20 26 97. Beliebter Treffpunkt mit Disco, gelegentlich Live-Bands.
Café-Restaurant Déjà vu, C. San Francisco 319. Pub mit schönem Dachgarten, abends Kinofilm (19 Uhr), anschl. Disco.

La Compañía (Sakristei), Mo–Sa 9–12.30 und 15–17.45 Uhr, Eintritt.
Casa Ugarteche, Mo–Fr 9.15–12.45 und 16–18.30 Uhr, Sa 9.30–12.30 Uhr.
Casa Moral, Mo–Sa 9–17, So 9–13 Uhr.
Museo Histórico Municipal, Mo–Fr 8.30–17 Uhr.
Kloster Sta. Catalina, tägl. 9–17 Uhr (Einlaß bis 16 Uhr).
Museo Santuarios Andinos, Mo–Sa 9–18, So 9–15 Uhr.
La Recoleta, Mo–Sa 9–12 und 15–17 Uhr.
Molino de Sabandia, tägl. 9–19 Uhr.

Ausflüge zum Cañón de Colca sowie in die nähere Umgebung und Schlauchboottouren auf dem Río Colca werden von zahlreichen Reisebüros der Stadt angeboten, u.a. Vita Tours, C. Jerusalen 302, Tel./Fax 22 45 26, vitatour@terra.com.pe und Santa Catalina Tours, C. Sta. Catalina 219, Tel./Fax 21 69 94, santacatalina@rh.com.pe.
Bergtouren zum Misti, Chachani und anderen Gipfeln veranstaltet: Carlos Zarate Aventuras, C. Sta. Catalina 204, Tel.20 24 61, Fax 26 31 07, czarate@rh.com.pe.
Rundflüge über den Cañón de Colca veranstaltet Servicios Aereos AQP, Tel. 224 34 66, Fax 224 20 30.
Balneario de Jesús, tägl. 5–12.30 Uhr.
Thermalbäder von Yura, Di–Sa vormittags geöffnet.

 Fest der Virgen de la Candelaria (2. Februar) im Ortsteil Cayma; Prozessionen während der **Karwoche; Fest des Stadtpatrons** von Yanahuara (24. Juni); Festwoche zum **Jahrestag der Stadtgründung** (15. August) mit Feuerwerk, Umzügen, Tanzdarbietungen und Stierkämpfen.

Arequipa ist bekannt für **Strickwaren** aus Alpakawolle und **Steinmetzarbeiten** aus *sillar* (Tuffstein), außerdem Lederarbeiten und Silberschmuck.

Flughafen (Aeropuerto Rodríguez Ballón), 7 km nordwestlich des Zentrums: tägl. Flüge nach Lima, Cusco, Juliaca und Tacna, mehrmals wöchentlich nach La Paz (über Cusco) und Arica/Santiago de Chile. **Fluglinien:** Aero Continente (Tel. 21 29 89), LAN Peru (Tel. 20 11 00), TANS (Tel. 20 36 37).

Bahnhof (*Estación de Ferrocarril*), südlich des Zentrums (Verlängerung der C. Alvarez Thomas): Mi (7 Uhr), Sa (8 Uhr) und So (21 Uhr) Züge über Juliaca nach Puno, Fahrzeit ca. 9 Std. bis Juliaca/ca. 10 Std. bis Puno; Fahrpreis: Klasse »Inka«: 30 US-$, Klasse »Tourist« ca. 7 US-$. Weitere Infos zu Zugverbindungen unter www.perurail.com.

Busbahnhof (*Terminal Terrestre*), ca. 3 km südlich in der Av. Avelino Caceres:

mehrmals tägl. Busse nach Nazca und Lima, regelmäßige Verbindungen nach Juliaca, Tacna und Chivay (Cañón de Colca), gelegentlich nach Cusco.
Wichtige Busgesellschaften: CIVA (Tel. 42 65 63), Cruz del Sur (Tel. 42 39 05), Oltursa /Transsolano (Tel. 42 65 66), Ormeño (Tel. 21 88 85).

Ayacucho (PE)

Lage: E 7 (südl. Cordillera Central, 2750 m ü.M.)
Vorwahl: 064
Einwohner: ca. 80 000

 Dirección de Turismo, Jr. Asamblea 481, Tel./Fax 81 25 48, Mo–Fr 7.30–13 und 14.30–20 Uhr
Infostelle im Rathaus,
Mo–Fr 7.30–15 Uhr.
Während der Karwoche wird bei den genannten Infostellen und einzelnen Reisebüros ein *boleto turístico* verkauft, das den Eintritt zu den wichtigsten Kirchen einschließt.
Policía de Turismo, Jr. 2 de Mayo/ Ecke Arequipa, tägl. 6–23 Uhr.

 Hostal Samary, Jr. Callao 329, Tel. 81 24 42; sehr preiswert. Sehr einfach, aber sauber.
Hostal Florida,
Jr. Cuzco 310, Tel. 81 25 65; sehr preiswert.
Einfach, gepflegt, ruhig.
Hotel Plaza,
Jr. 9 de Diciembre 184, Tel. 81 22 02, Fax 81 23 14, otorres@derramajae.org.pe; moderat. Nette Atmosphäre, Restaurant und Bar, Zimmer aber hellhörig und renovierungsbedürftig.

 Urpicha, Jr. Londres 272, Tel. 81 39 05. Nettes Lokal mit typischen Gerichten der Region.
Palacio de los Mariscos,
Av. Mariscal Cáceres 1067. Gute Fischgerichte und Meeresfrüchte.

 Museo Andrés Avelino Cáceres, Jr. 28 de Julio 508, Mo–Sa 8–12 und 15–18 Uhr.
Archäologisches Museum (Museo Hipolito Unánue), Av. Independencia s/n, Mo–Sa 8–15 Uhr.
Museo de Huari, tägl. 8–17 Uhr.

 Die **Kirchen** sind meist am frühen Morgen (ca. 6–7 Uhr) und am späten Nachmittag (ca. 18–19 Uhr) geöffnet.

 Ausflüge in die Umgebung bietet u. a. Morochucos Travel Service, Plaza Sucre, Tel. 81 22 61 oder 81 14 41.

 Karwoche (v. a. Palmsonntag, Karfreitag, Ostersonntag).

Flughafen, ca. 4 km außerhalb; tägl. Flüge nach Lima, unregelmäßig nach Cusco.
Regelmäßige **Busverbindungen** nach Lima (ca. 10–12 Std., über Pisco), Huancayo (ca. 8–9 Std.) und Andahuaylas (ca. 10 Std.). In der Regenzeit kann sich die Fahrt deutlich verlängern.

Bermejo (BOL)

Lage: L 5 (nicht verzeichnet, 80 km von Sta. Cruz in Richtung Samaipata)
Vorwahl: 03

Refugio Volcanes,
Reservierung Tel. 33 27 25, Fax 36 04 71 oder c/o Rosario Tours, Sta. Cruz (siehe dort); sehr teuer (inkl. Transport/VP). Nette kleine Lodge am Südrand des Amboró-Nationalparks in herrlicher Lage, unter österreichischer Leitung, schwierige Anfahrt, daher Vorbuchung erforderlich.

Buena Vista (BOL)

Lage: L 5 (nordwestl. von Sta. Cruz)
Vorwahl: 0932

Amboró Eco Resort,
Tel./Fax 20 48 oder 03/23 72,

bloch@bibosi.scz.entelnet.bo; günstig.
Ältere Lodge am Rande des Parque Nacional Amboró, schöne Lage, Garten, einfache Zimmer mit Bad, Holzhaus.

Cabo Blanco (PE)

Lage: A 12 (nicht verzeichnet, Nordküste, 35 km nördl. von Talara)
Vorwahl: 074

 Hotel El Merlin,
Tel. 85 61 88, 01/240 00 26; günstig–moderat.
Einfache, geräumige Zimmer mit Meerblick, Bad (nur Kaltwasser), Balkon.

Cajamarca (PE)

Lage: B 11 (135 km von der Panamaricana landeinwärts, 2750 m ü.M.)
Vorwahl: 044
Einwohner: ca. 100 000

 Dirección de Turismo, Jr. Belén, im Gebäude des Instituto de Cultura neben der Belén-Kirche, Tel. 82 29 03, Mo–Fr 7.30–13 und 14–18 Uhr.

 **Hostal Turismo,**
Jr. 2 de Mayo 817,
Tel. 82 31 01; sehr preiswert.
Hotel Cajamarca,
Jr. 2 de Mayo 311, Tel. 82 25 32; günstig.
Zimmer um einen kolonialen Innenhof, Restaurant.
El Mesón Colonial,
Jr. del Comercio (ex-Lima) 644,
Tel./Fax 82 84 64,
portalmarq@telematic.com.pe; günstig.
Neues Hotel in Kolonialgebäude, angenehmes Ambiente.
Hotel San Vicente,
2,5 km oberhalb der Stadt,
Tel./Fax 82 26 44,
haciendasanvicente@yahoo.com; günstig–moderat.
Uriges Hacienda-Hotel in ruhiger Lage mit Garten, gemütliches Restaurant, individuelle Zimmer, kostenloser Transfer.

Hotel Laguna Seca,
Baños del Inca, Manco Capac 1096,
Tel. 82 31 49, Fax 82 39 15,
hotel@lagunaseca.com.pe; teuer.
Eines der besten Hotels im Norden Perus, schöne Anlage mit mehreren Thermal-Pools. Sehr gute Zimmer, alle mit Thermalbecken.

 El Cajamarqués, Jr. Amazonas 770, Tel. 82 21 28. Gemütliches Kolonialhaus, große Auswahl.
El Fogón, Baños del Inca, im Hotel Laguna Seca. Hervorragende Küche.

 Los Frailones, Jr. Perú 701/ Ecke Cruz de Piedra, Tel. 82 43 18. Große Anlage mit Bar und Disco.
La Caverna, Baños del Inca, im Hotel Laguna Seca. Beliebte Disco-Bar.

 Capilla de la Dolorosa, Iglesia San Francisco, tägl. 9–18 Uhr.
Museum für religiöse Kunst, Iglesia San Francisco, Mo–Sa 8–12 und 16–18 Uhr.
Cuarto del Rescate, Jr. Amalia Puga 750, Mo–Sa 8–12 und 16–18 Uhr (Ticket gilt auch für Belén-Kirche und Archäologisches Museum).
Archäologisches Museum, Jr. Belén/ Ecke Junín, Mo–Sa 8–12 und 16–18 Uhr
Archäologisches Museum der Universität (UNC), Jr. Batán 289, Mo–Fr 7–15 Uhr.
Ventanillas de Otuzco, tägl. 9–18 Uhr.

 Baños del Inca, tägl. 5–19 Uhr.
Ausflüge in die Umgebung vermittelt u. a. **Clarín Tours,** Jr. del Comercio 761, Tel. 82 68 29, clarintours@yahoo.com.

 Karneval; Fronleichnam (Corpus Cristi; Mai oder Juni), **Semana Turística** (1. Augustwoche).

 Flughafen, ca. 3 km außerhalb (Tel. 82 25 23); tägl. Verbindungen nach Lima, evtl. über Trujillo.
Regelmäßige **Busverbindungen** nach Lima (17 Std.), Trujillo (6 Std.) und Chiclayo (5 Std.). Die meisten Busgesellschaften liegen an der Av. Atahualpa.

Camaná (PE)

Lage: F 6 (170 km vor Arequipa am Meer)
Vorwahl: 054

 Hotel de Turistas,
C. Lima 138, Tel. 57 11 13,
Fax 57 16 08; sehr preiswert.
Älteres Hotel mit Garten.
Hotel San Diego,
Alfonso Ugarte/Ecke 28 de Julio,
Tel./Fax 57 28 54, sandiego@terra.com.pe;
sehr preiswert.
Neues Hotel an der Plaza de Armas
mit guten Zimmern.

Canta (PE)

*Lage: D 8 (nicht verzeichnet, ca. 100 km
landeinwärts von Lima, 2900 m ü.M.)*
Vorwahl: 034

 Hostal Santa Catalina,
Jr. Grau 305; sehr preiswert.
Einfache Zimmer.
Hostal Kalapacho's,
günstig.
Kleiner Garten, deutschsprachig,
ordentliches *hostal,* 8 einfache Zimmer mit
Gemeinschaftsbad.

Caraz (PE)

*Lage: C 9 (nicht verzeichnet,
ca. 65 km von Huaraz, 2260 m ü.M.)*
Vorwahl: 044
Einwohner: ca. 15000

 Oficina de Turismo, Plaza de
Armas (Nordseite), tägl. 8–18 Uhr.

 Hostal Regina,
C. Los Olivos/Ecke Gálvez,
Tel. 79 15 20 oder 01/337 52 26;
sehr preiswert.
Neueres *hostal,* einfache Zimmer mit Bad
(Warmwasser), sauber.
Hostal Los Pinos,
Parque San Martín 103, Tel. 70 11 30,
lospinos@terra.com.pe; sehr preiswert.

Angemehmes *hostal* mit Veranda,
Camping möglich.
Hostal Chamanna,
Av. Nueva Victoria 185 (etwa 2 km nördl.
vom Ortszentrum), Tel. 68 28 02,
chamanna@usa.net; sehr preiswert.
Nette Anlage mit Garten, sympathische
Zimmer, gutes Restaurant, deutsche Lei-
tung.
O'Pal Inn,
1 km vor Caraz, Tel. 79 10 15; günstig.
Gepflegte Anlage, schön und ruhig gele-
gen, 12 nette Bungalows mit Küche und
Kamin.

 La Punta, Jr. Daniel Villar. Gartenlokal, gute einheimische Gerichte.
La Punta Grande, Tel. 79 13 20. Gartenlokal mit guter lokaler Küche.

 Touristenwoche
(24.–27. Juli).

 Regelmäßige **Busverbindung** nach
Huaraz und Chimbote, Direktbusse
nach Lima (ca. 9 Std.).

Casma (PE)

*Lage: B 9 (ca. 375 km nördl. von Lima in
Meernähe)*
Vorwahl: 044

 Hostal Gregori,
Av. Luis Ormeño 529,
Tel. 71 10 73; sehr preiswert.
Einfach und günstig.
Hostal Gabriela,
Balneario Tortugas; sehr preiswert.
Einfache Zimmer mit Bad.
Hostal El Farol,
Av. Túpac Amarú 450,
Tel./Fax 71 10 64 oder (01) 424 05 17,
hostalfarol@yahoo.com; sehr preiswert.
Ruhige Lage mit Garten, Restaurant, Pool.
Hostal El Farol,
Balneario Tortugas, Tel./Fax 71 10 64 oder
01/424 05 17, hostalfarol@yahoo.com;
sehr preiswert–günstig.
Schöner Blick über die Bucht, etwas
komfortabler.

Hostal Las Terrazas,
Balneario Tortugas,
Tel. 61 90 42, 01/964 95 73,
informacion@lasterazzas.com günstig.
Zimmer mit Bad und Terrasse.

 Ruinen von Sechín,
tägl. 8–18 Uhr.

Chaclacayo (PE)

Lage: C 8 (nicht verzeichnet, 35 km land-einwärts von Lima, 650 m ü.M.)
Vorwahl: 01

 Hostal Suche,
N. Ayllon 940, Carretera Central
km 24,5, Tel. 497 16 43; günstig.
Preiswerte Unterkunft, auch Zimmer mit
Privatbad.
La Casona de Los Cóndores,
Las Begonias 243,
Tel. 497 25 57, Fax 497 25 38; günstig.
Nettes Hotel mit Restaurant und Pool.
Las Laderas de California,
Av. El Bosque, 4ta cuadra, Urb. California,
Tel. 264 10 82, Fax 491 06 02;
günstig–moderat.
Kleine Apartments oder Bungalows in
ruhiger Lage, Pool.
Tambo Inn,
Urb. Las Cóndores,
Tel. 497 17 83 oder 358 23 44; moderat.
Älteres, aber gutes Hotel am Hang, gutes
Restaurant, Pool.

 In den genannten Hotels.
Zahlreiche *restaurantes campest-res* entlang der Hauptstraße.

Chala (PE)

Lage: E 6 (170 km südl. von Nazca/390 km vor Arequipa am Meer)
Vorwahl: 054

 Hotel Puerto Inca,
10 km nördlich am Strand; günstig.
Angenehmes Hotel mit renovierten Zim-mern, gutes Restaurant; Camping möglich.

Hotel de Turistas,
C. Comercio 601; günstig.
Einfaches, älteres Hotel am Meer.

Chavín de Huántar (PE)

Lage: C 9 (nicht verzeichnet, 110 km von Huaraz, 3150 m ü.M.)

 Drei sehr einfache *hostals* an der
Plaza; am besten ist das **Hostal
El Inca** (Privatbad, Warmwasser).

 Ramada und **Chavín Turístico.**
Einfache Gerichte.

 Ruinen von Chavín de Huántar,
tägl. 8–17 Uhr.

Chiclayo (PE)

Lage: B 11 (im nördl. Küstenbereich, 11 km vom Meer entfernt)
Vorwahl: 074
Einwohner: ca. 420 000

 **Direccion Regional de Turismo,**
Av. Sáenz Peña 838, Tel. 23 31 32,
wasichot@llampallec.rcp.net.pe.

 **Hostal Sol Radiante,**
C. M. Izaga 392, Tel. 23 78 58;
sehr preiswert.
Einfach und gut, keine Zweibettzimmer.
Hostal Sicán,
C. M. Izaga 356, Tel. 23 76 18;
sehr preiswert.
Einfach, sauber.
Hotel America,
Av. Luis Gonzales 943,
Tel. 22 93 05, Fax 24 16 27;
sehr preiswert–günstig.
Gute Zimmer mit TV und Minibar.
Hotel Sipán,
C. Virgilio d'Allorso 150,
Tel. 23 13 80, Fax 24 24 08; moderat.
Nettes Hotel mit Pool, Restaurant und
Disco, Zimmer auf Wunsch mit AC.
Gran Hotel Chiclayo,
Av. Federico Villareal 115, Tel. 23 49 11, Fax

22 40 31, granhotel@lima.business.com.pe; moderat–teuer.
Das ehemalige Hotel de Turistas erstrahlt nach umfassender Renovierung in neuem Glanz, moderner Hotelbau mit Pool, Restaurant und Disco.

 Las Tinajas, C. Elías Aguirre 134, Parque Central. Regionale Küche.
Le Paris, C. M. Izaga 716. Große Auswahl.
Fiesta, Av. Salaverry 1820. Gutes Restaurant am Stadtrand, typische und internationale Gerichte, gehobene Preisklasse.

 Peña El Embrujo, C. Vicente de la Vega 1238. Live-Musik am Wochenende.
Centro Turístico El Oasis, C. Virgilio d'Allorso 152. Restaurant mit Live-Bands am Fr/Sa.
La Casona und **Excess,** beliebte Discos in der C. Virgilio d'Allorso.

 Ruinen von Sipán, tägl. 8.30–18 Uhr.

 Cruz de Chalpón/Motupe (1.–15. Feb.); **Zaña-Woche** (29. Nov.); **Touristenwoche** (30. Nov.–9. Dez.).

 Flughafen José Quiñónez González, 2 km vom Zentrum: mehrmals tägl. Flüge nach Lima, tägl. nach Piura und Tumbes, 4x pro Woche nach Iquitos, 2x pro Woche über Rioja nach Tarapoto. Regelmäßige **Busverbindungen** nach Trujillo und Lima, Cajamarca, Piura und Tumbes.

Chimbote (PE)

Lage: B 9 (nördl. Küstenbereich am Meer, 130 km südl. von Trujillo)
Vorwahl: 044
Einwohner: ca. 280 000

 Hostal San Antonio, Jr. Espinar 549, Tel. 32 57 83; sehr preiswert.
Sehr einfach, saubere Zimmer mit Bad, freundlich.

Hostal Karol Inn,
Jr. M. Ruiz 277, Tel./Fax 32 12 69; sehr preiswert.
Neu, ordentliche Zimmer.
Hotel D'Carlo,
Jr. Villavicencio 384 (Plaza de Armas), Tel. 34 40 44; günstig.
Neueres Hotel, gute Zimmer mit Klimaanlage.

 In der Jr. Bolognesi liegen nebeneinander zwei recht gute Fischrestaurants: **Cebichería El Paisa** und **El Veradero Veridico.** Dort finden sich auch das neue **Chifa Canton,** das **Venecia** und, in einer Seitenstraße, das **Vicmar.**

 Tägl. **Flüge** nach Lima mit Aérocondor.
Regelmäßige **Busverbindungen** nach Lima (5–6 Std.) und Trujillo (2,5 Std.), tägl. nach Cajamarca (ca. 8 Std.) und Huaraz (ca. 10 Std.).

Chincha Alta (PE)

Lage: D 7 (200 km südl. von Lima)
Vorwahl: 034
Einwohner: ca. 50 000

Hotel Seville,
Jr. Callao 159–171,
Tel./Fax 26 11 06; sehr preiswert.
Einfach, aber ordentlich, im Zentrum.
Hostal El Valle,
Panamericana km 195 (Ortsteil Condoray), Tel. 26 25 56; sehr preiswert–günstig.
Neues *hostal* mit Pool, ordentliche Zimmer mit Bad.
Hotel Sausal,
Panamericana km 197,
Tel. 26 24 51, Fax 27 12 62,
sausal@wayna.rcp.net.pe; günstig.
Restaurant, Pool, Zimmer mit TV, Minibar.
Casa Hacienda San José,
Panamericana km 204 (+ 9 km landeinw.), Tel. 01/444 55 24, hsanjose@terra.com.pe; sehr preiswert–günstig (Wochenende 50 % Aufschlag).
Hacienda-Hotel in altem Gebäude mit Restaurant, Pool und Tennisplätzen.

El Palacio de los Mariscos, Panamericana km 195. Spezialisiert auf Fisch und Meeresfrüchte.

 Musik- und Tanzfestival (letzte Augustwoche).

Chiquián (PE)

Lage: C 9 (nicht verzeichnet, am Rande der Cord. Huayhuash, 3400 m ü.M.)

 Hostal San Miguel, Jr. Comercio 233; sehr preiswert. Kolonialhaus mit hübschem Innenhof, einfache Zimmer mit Gemeinschaftsbad (Kaltwasser).

 Busverbindungen nach Huaraz (3x tägl.) und Lima (morgens).

Chivay/Colca (PE)

Lage: F 6 (nicht verzeichnet, am Río Colca, ca. 3600 m ü.M.)
Vorwahl: 054

 Policía de Turismo, Plaza de Armas (Westseite), tägl. 7–22 Uhr.

 Hostal Posada del Inca, Av. Salaverry 325, Tel. 52 10 32; sehr preiswert.
Einfache Zimmer mit Bad, Restaurant.
Hostal La Casa de Lucila,
Tel./Fax 22 45 26, vitatour@terra.com.pe; sehr preiswert.
Neue günstige Unterkunft.
Hotel Rumillaqta,
C. Huayna Capac, Tel. 52 10 20, Fax 52 10 98; günstig–moderat.
Neues Hotel in Naturbauweise, ordentliche Zimmer mit Bad, gutes Restaurant.
Estancia Pozo del Cielo,
tani@pozodelcielo.com.pe; moderat
Pozo del Cielo,
auf der nördlichen Flußseite,
Tel. 20 58 38, Fax 20 26 06, reservas@pozodelcielo-com.pe; moderat.
Neue Lodge, rustikal-gemütliche Zimmer.

außerhalb:
Colca-Lodge,
Ichupampa, Tel. 21 28 13, Fax 22 01 47, colcalodge@grupoinca.com; moderat.
Neue Lodge in traditionellem Stil, schöne Lage am Fluß, Thermalbad.
El Parador de Colca,
Yanque, Tel. 28 84 40, Fax 21 86 08, paradorcolca@chasqui.lared.net.pe; moderat.
Neue Lodge, gemütlicher Speisesaal, nette Zimmer.

 Rafting Colca, Pte. Inca/Ecke Bolognesi. Gute Pizza, nette Atmosphäre.

 Rafting auf dem Río Colca, Infos bei Rafting Colca, Tel. 21 02 31.
Thermalbäder, tägl. 5–18 Uhr.

 Karnevalsumzüge mit folkloristischen Tänzen.

Chulumani (BOL)

Lage: J 6 (nicht verzeichnet, Yungas-Süd, 1700 m ü.M.)
Vorwahl: 02
Einwohner: ca. 3500

 Hotel San Bartolomé, Av. Arce 2177, Tel. 31 61 61, Fax 31 63 02; moderat.
Hotelanlage mit großem Poolbereich, Tennisplatz, Restaurant und Bar, am Wochenende meist ausgebucht.

... außerhalb:
Hotel Tamampaya,
Puente Villas, Tel. 79 60 99; günstig.
Ruhige Lage am Fluß, tropischer Garten, Pool, Zimmer einfach, aber ordentlich, Camping möglich.

Cochabamba (BOL)

Lage: J 5 (Zentral-Bolivien, 2550 m ü.M.)
Vorwahl: 04
Einwohner: ca. 450 000

 Oficina Regional de Turismo,
C. Colombia, zw. Espana und 25 de Mayo, Tel. 22 17 93, Mo–Fr 8.30–16.30 Uhr. **Infokiosk** in der Pasaje Artesanal Zenteni Anaya, C. Gral. Achá (neben ENTEL), Tel. 50 23 66, Mo–Fr 8.30–12.30 und 14.30–16 Uhr, Sa 9–12.30 Uhr.

 City Hotel,
C. Jordán E-341, Tel./Fax 25 46 14; sehr preiswert.
Zentral, aber etwas unruhig.
Hotel Regina,
C. José de la Reza, zw. Espana u. El Prado, Tel. 25 73 82, Fax. 11 72 31; günstig.
Ordentliches Hotel, freundlich.
Cesar's Plaza Hotel,
C. 25 de Mayo S-210,
Tel. 25 00 45, Fax 25 03 24,
cph@pino.cbb.entelnet.bo; moderat.
4-Sterne-Hotel in zentraler Lage mit Restaurant, Sauna; gute Zimmer mit Heizung und Klimaanlage.
Hotel Aranjuez,
C. Buenos Aires E-0653, Recoleta, Tel. 28 00 76, Fax 24 01 58,
reservas@aranjuezhotel.com; moderat.
Stilvolles Hotel in ruhiger Lage gegenüber Palacio Simón Patiño, netter Garten mit Swimmingpool.
Gran Hotel Cochabamba,
Plaza Ubaldo Anze Recoleta,
Tel. 28 25 51, Fax 28 25 58; teuer.
Schöne Anlage mit Garten, Pool, Tennisplatz und Restaurant.
Hotel Portales,
Av. Pando 1271, Tel. 854 44, Fax 24 20 71, hotelportales@bo.net,
www.hotelportales.com; teuer.
Modernes Hotel mit Restaurant, Sauna und Pool, gute Zimmer.

... außerhalb:
Casa Campestre,
Piñami (10 km Richtung Quillacollo), Tel./Fax 26 08 33 und 35 01 71,

casacamp@supernet.com.bo;
günstig–moderat.
Ehemalige Finca mit großem Garten und Pool, Pferdeverleih, gutes Essen, unter deutscher Leitung.

 Casa de Campo, Av. Aniceto Padilla. *Comida Criolla.*
El Palacio del Silpancho, C. Bautista 409. Landestypische Küche.
Doña Pola, Av. América E-0275. Einfaches Lokal, *comida criolla,* Spezialität: *chicharrón de cerdo,* günstig.
La Estancia, Av. Aniceto Padilla, Recoleta. Gute Steaks u.a. Fleischgerichte.
Jhatata, Av. Humboldt 651, Tel. 24 13 14. Nette Atmosphäre, landestypische Gerichte, günstig.
Fratellos, Av. Pando, Tel. 40 20 50. Gute internationale Küche, Pasta.
La Suiza, Balliván 820/Ecke Arevalo. Gutes Restaurant, etwas teurer.

 Museo de la Casa de la Cultura,
C. 25 de Mayo/Ecke Heroínas, Mo–Fr 8.30–12, 14.30–18 Uhr; Eintritt frei.
Museo Arqueológico, C. 25 de Mayo (zwischen Heroínas und Colombia), Di–So 9–18 Uhr.

 Palacio de los Portales, C. Potosí 1450, Führungen Mo–Fr 17–18 Uhr, Sa 11–12 Uhr.
Landhaus von Patiño, in Payrumani, Mo–Fr 15–16 Uhr.

 Instituto Cultural Alemán-Boliviano, C. Sucre, Ecke Antezana. Deutsch-bolivianisches Kulturinstitut: empfehlenswerte Sprachkurse (auch Quechua).

 Fiesta de la Virgen del Carmen im Dorf Vinto (16. Juli; mit Folkloregruppen und Paraden); das wichtigste religiöse Fest der Region ist die **Fiesta de la Virgen de Urcupiña** in der Nachbargemeinde Quillacollo (Mitte Aug.).

 Regelmäßige **Flugverbindungen** nach La Paz, Sucre, Sta. Cruz ab Aeropuerto J. Wilstermann.

Bequeme **Reisebusse** nach Oruro (4–5 Std.), La Paz (5–6 Std.) und Sta. Cruz (über Villa Tunari, ca. 10–12 Std.); nächtliche Fahrten nach Sucre (ca. 10–12 Std.).

Concepción (BOL)

Lage: M 6 (nicht verzeichnet, nordöstlich von Sta. Cruz/»Missiones«)
Vorwahl: 0964

 Residencial Westfalia,
C. Stte. Capoblanco,
Tel. 30 40; sehr preiswert.
Einfaches *hostal,* deutsche Leitung.
Aparthotel Las Misiones,
C. Sargento Bustillo 9, Tel. 30 21 oder 03/33 51 33, Fax 03/32 48 76; günstig.
Nettes Hotel mit Restaurant und Pool, ordentliche Zimmer mit Minibar.
Gran Hotel Concepción,
C. Teniente Aurelio Roca 3031 (Plaza Ostseite), Tel. 30 31, Fax 30 32; günstig.
Nettes Hotel im Kolonialstil, schöne Anlage mit Garten, Restaurant, Pool, angenehme Zimmer.

 Busverkehr nach Sta. Cruz und San Ignacio (Tel. 30 34).

Copacabana (BOL)

Lage: H 6 (auf einer Halbinsel am Titicaca-see, 3820 m ü.M.)
Vorwahl: 0862
Einwohner: ca. 20 000

 Tourist-Info, Plaza 2 de Febrero (neben Post), Mo, Mi–So 9–12 und 14–18 Uhr, Di geschlossen.

 Zahlreiche **Billigunterkünfte**.
Hotel Brisas del Titicaca,
Av. 6 de Agosto, Tel. 21 78; sehr preiswert.
Einfache Zimmer mit oder ohne Privatbad, z.T. mit Seeblick.
Hotel Colonial,
Av. 16 de Julio 100/Ecke Av. 6 de Agosto, Tel. 22 70; sehr preiswert.

Neues *hostal*, einfache Zimmer mit Bad und Seeblick, Gartenrestaurant.
Hotel Playa Azul,
C. 6 de Agosto, Tel. 22 83 oder 02/41 33 74; sehr preiswert.
Einfache Zimmer mit Bad, Restaurant.
Hostal La Cúpula,
C. Michel Perez 1–3, Tel. 20 29,
lancupul@yahoo.com; sehr preiswert.
Schön gelegenes *hostal* am Ortsrand, ruhige, freundliche Zimmer mit und ohne Privatbad, nett dekoriert, z.T. mit Seeblick, gutes Restaurant, deutsche Leitung.
Residencial Rosario del Lago,
Av. Costanera, Tel. 21 41, Fax 21 40 oder Tel. 02/45 13 41, Fax 02/45 19 91, turisbus@caoba.entelnet.bo; günstig–moderat.
Gutes Hotel in ruhiger Lage mit Restaurant, schöne Zimmer mit Seeblick.

 Zahlreiche **einfache Restaurants** entlang der Av. 6 de Agosto und La Paz/Jáuregui, die vom Hauptplatz zum See führen. Die Spezialität des Ortes ist Seeforelle (*trucha criolla*), die 1939 im Titicacasee eingesetzt wurde.
Pensión Aransaya, C. 6 de Agosto.
Gutes Essen, große Portionen.
La Merced, C. Grl. Gonzalo Jáuregui.
Netter Innenhof, freundlich.
Puerta del Sol, Av. 6 de Agosto.
Gartenrestaurant, preiswerte Forelle.

 Fiesta de la Virgen de Copacabana (4. Aug.) mit Prozessionen.

 Busverbindungen nach La Paz etwa alle Std. (Fahrzeit 4 Std.) mit Transportes Manco Capac, Tel. 02/35 00 33 und Transtur 2 de Febrero, Tel. 02/37 71 81, Abfahrt von der Plaza 2 de Febrero; mittags Touristenbusse nach Puno. **Sammeltaxis** zur Grenze nach Yunguyo ab Plaza Sucre.
Bootsausflüge zur Isla del Sol (u.a. Titicaca Tours, Tel. 20 60), schnelle Tragflügelboote zur Isla del Sol und weiter nach Huatajata (Infos im Hotel Playa Azul oder bei Crillon Tours, La Paz, Tel. 02/37 45 66); Ausflüge mit Katamaran: Transturin, Av. 6 de Agosto, Tel. 22 84.

Coroico (BOL)

Lage: J 6 (Yungas-Nord, 1750 m ü.M.)
Vorwahl: 0813
Einwohner: ca. 3200

 Residencial La Casa,
C. Kennedy, Tel. 60 24;
sehr preiswert.
Kleines *hostal* unter deutsch-bolivani-
scher Leitung, einfach, aber ordentlich.
Hostal Esmeralda,
Julio Z. Cuenca (Ri. Cerro Uchumachi),
Tel. 60 17; sehr preiswert.
Schöne Lage mit herrlichem Ausblick,
ordentliche Zimmer mit oder ohne Privat-
bad, deutschsprachig.
El Viejo Molino,
1,5 km Richtung Sta. Bárbara,
Tel./Fax 60 04 oder c/o Valmar Tours,
La Paz, Tel. 01/20 14 99, Fax 01/20 15 19,
penaloza@ceibo.entelnet.bo;
sehr preiswert–günstig.
Angenehmes Hotel am Stadtrand mit
Swimmingpool, Restaurant mit schönem
Ausblick, gepflegte Zimmer.
Hotel Gloria (Ex-Prefectural),
unterhalb des Ortszentrums,
Tel. 60 20, 01/40 70 70, Fax 01/40 66 22,
gloriatr@ceibo.entelnet.bo;
sehr preiswert–günstig.
Schönes älteres Gebäude mit Restaurant
und Swimmingpool.
Hotel San Carlo,
am Ortseingang rechts,
Tel. 3266, Tel. 02/37 23 80, Fax 02/35 79 59,
meavecop@ceibo.entelnet.bo; günstig.
Restaurant, Pool, herrlicher Blick von allen
Zimmern.

... außerhalb:
Casa de Hacienda,
El Chorro, Trinidad Pampa (ca. 20 km
südöstl. von Coroico in Richtung Coripata),
Reservierung über Crillon Tours,
La Paz, Tel. 02/33 75 33, Fax 02/811 64 81,
titicaca@caoba.entelnet.bo;
moderat (incl. VP, Getränke etc.).
Privat geführtes *hostal* in ruhiger Lage
mit Swimmingpool, Pferdeverleih, famili-
enfreundlich, deutschsprachiger Besitzer.

 Restaurants in o.g. Hotels; sehr
gute Küche (Fondue, Raclette, Gu-
lasch etc.) im **Residencial La Casa** (s. o.).

Cusco (PE)

Lage: F 7 (südl. Bergland, 3350 m ü.M.)
Vorwahl: 084
Einwohner: ca. 260 000

 Touristeninformation, C. Mantas
117, neben der Kirche La Merced,
Tel. 26 31 76, tourismo@tourcusco.com,
www.tourcusco.com, Mo–Fr 8–18 Uhr,
Sa 8–13 Uhr.
Policía de Turismo, C. Saphi 510,
Tel. 22 19 61, tägl. 24 Std.
Flughafen-Info, Tel. 22 26 11.

 Das **Preisniveau** liegt in Cusco weit
über dem Landesdurchschnitt, den-
noch sind die Hotels in der Hochsaison
(Juli/Aug.) oft ausgebucht; während der
Inti-Raymi-Woche (24. Juni) unbedingt
rechtzeitig reservieren!
Hostal Posada del Sol B & B,
Atoqsaykuchi 296, Tel./Fax 24 63 94,
posada_sol@yahoo.com; sehr preiswert.
Einfache Unterkunft in schöner Lage über
der Stadt, ordentliche Zimmer mit Bad.
Hostal Amaru,
Cuesta San Blas 541, Tel./Fax 22 59 33,
amaru@telser.com.pe; sehr preiswert.
Nettes Kolonialhaus mit Innenhof im
Stadtviertel San Blas, einfache, aber
ordentliche Zimmer mit/ohne Privatbad.
Hostal Pascana,
Calle Awaqpinta 539, Tel. 22 57 71,
in D: 0861/16 59 06, Fax 22 92 67,
hpascana@terra.com.pe,
www.cuscoonline.com.pe./pascana;
günstig.
Kleines *hostal* in der Gasse neben Sto.
Domingo, nette Zimmer mit Bad, ruhig,
persönlich geführt.
Hostal Casa de Campo,
C. Tandapata 296, San Blas,
Tel. 24 44 04, Fax 24 14 22,
info@casadecampo.com; günstig.
Gutes *hostal* mit Restaurant, nette Zimmer
mit herrlichem Blick über die Stadt.

Hostal Eureka,
Chihuampata 591, Tel. 23 35 05, Fax
23 32 53, etorres@terra.com.pe; günstig.
Neues *hostal* in San Blas, abseits vom
Rummel, nett dekorierte Zimmer.

Pension Alemana,
Tandapata 260, Tel./Fax 22 68 61,
in D: Tel. 0861/16 59 06,
pensioalemana@terra.com.pe; günstig.
Freundliche Privatpension im Stadtviertel
San Blas, kleiner Garten, deutschsprachig.

Andenes de Saphy,
C. Saphi 848, Tel. 22 75 61, Fax 23 55 88,
andenes-saphi@terra.com.pe;
günstig–moderat.
Hostal mit schön dekorierten Zimmern,
etwas abseits.

Hostal Cusco Plaza,
Plazoleta de las Nazarenas 181,
Tel. 24 61 61, Fax 26 38 42; moderat.
Nettes *hostal* in zentraler, aber ruhiger
Lage, ordentliche Zimmer.

Hostal Los Apus,
Atocsaycuchi 515/Ecke Choquechaca,
Tel. 26 42 43, Fax 26 42 11,
in D: Tel. 0861/16 59 06,
info@losapushostal.com; moderat–teuer.
Neues Hotel, unweit des Zentrums, am
Eingang zum Stadtviertel San Blas, ange-
nehme Zimmer, Dachterasse.

Hotel Posada del Inca,
Portal Espinar 142,
Tel. 22 70 61, 01/222 47 77, Fax 24 84 84,
posada@el.olivar.com.pe,
www.sonesta.com; teuer.
Zentral gelegenes Hotel, nette Zimmer in
freundlichen Farben.

Hotel Ruinas,
Calle Ruinas 472, Tel. 26 06 44,
Fax 23 63 91, ruinas@terra.com.pe,
www.hotelruinas.com; teuer.
Gutes 3-Sterne-Hotel, große Zimmer (nach
hinten mit Balkon und ruhig).

Novotel Cusco,
San Agustin 239,
Tel. 22 82 82, Fax 22 88 55,
corphotelera@terra.com.pe; sehr teuer.
Neues Luxushotel in historischem
Gebäude, sehr guter Zimmerstandard.

Hotel Libertador,
Plazoleta Sto. Domingo,
Tel. 23 19 61, Fax 23 31 52,
hotel@libertador.com.pe;
Luxus (DZ 203 US-$..
Großes Hotel in historischem Gebäude,
luxuriöse Zimmer im neuen Teil.

Monasterio del Cuzco,
C. Palacio 136, Plazoleta de las Nazarenas,
Tel. 24 17 77 oder 01/221 08 26,
Fax 23 71 11 oder 01/221 82 83,
ventas@peruorientexpress.com.pe;
Luxus (DZ 248 US-$).
Edelhotel in früherem Kloster.

Apartments mit Küche für eine Woche
oder länger vermittelt Milla Turismo,
Av. Pardo 675, Tel. 23 17 10, Fax 23 13 88.

... außerhalb:
Incatambo Hacienda-Hotel,
Carretera Sacsaywaman km 2,
Tel. 22 19 18, 01/224 02 63, Fax 22 20 45,
dcarloscusco@terra.com.pe; teuer.
Ehemalige Hacienda mit Restaurant und
Indoor-Pool, Pferdeverleih, ruhige Zimmer
mit Bad und Heizung, gute Alternative zum
hektischen Stadtleben.

Zahlreiche Restaurants befinden
sich rings um den **Hauptplatz,** teilweise mit Balkon, aber meist nicht gerade
billig: **Inka Grill, La Retama, Mesón Los
Portales** (alle Portal de Panes).
Günstige Menüs unterschiedlicher Qualität
bekommt man in den kleinen Restaurants
in der **C. Procuradores** und **C. Plateros,**
empfehlenswert u.a.:
Kusikuy (C. Plateros 348, landestypische
Gerichte wie Alpaka und *cuy*) und
Pucara (C. Plateros 309, einfaches Lokal
mit gutem Essen, meist voll, So geschl.).
Nettes italienisches Restaurant:
Trattoría Adriano (C. Mantos 105).
Auf Grillgerichte spezialisiert sind:
Mesón de Espaderos (C. Espaderos 105)
und **Parria Andina** (C. Maruri 355,
Tel. 24 95 51).
Gute asiatische Küche bietet **Al Grano**
(Sta. Catalina 398, Tel. 22 80 32, So geschl.)

Weitaus ruhiger geht es im Stadtviertel
San Blas zu, wo es auch einige nette und
empfehlenswerte Restaurants gibt:

Witches Garden, Carmen Bajo 169, Tel. 24 21 75. Kleines, modern-geschmackvoll eingerichtetes Lokal, leckere Gerichte (*nouvelle cuisine*) zu überraschend günstigen Preisen.

Macondo, Cuesta San Blas 571, Tel. 22 94 15. Nettes Ambiente, Spezialitäten aus den Anden und dem Amazonasgebiet.

La Bodega, Carmen Alto 146. Gemütliches Lokal, Fleisch und vegetarische Gerichte, Salatbar.

Pacha Papa, Plaza San Blas 120, Tel. 24 13 18. Netter Innenhof, gute landestypische Küche, z. B. Quinoa-Suppe, *cuy* und Alpaka-Gulasch.

Quinta Zárate, C. Tothora Pakcha 763, Tel. 25 29 74. Einheimische Küche, schöner Blick über die Stadt.

Trotamundos, Portal Comercio 177 (2. Stock). Nettes Café/Bar mit Blick über die Plaza.

Cross Keys, Portal Comercio 233 (2. Stock). Beliebtes Pub mit Billard.

Ukukus, C. Plateros 316. Musik-Pub mit Video-Leinwand.

Eko Club, Plateros 334 (1. Stock). Beliebte Disco im Zentrum

Kamikaze, Plaza Regocijo 274 (1. Stock). Disco, gelegentlich Live-Musik.

Uptown, Portal de Carnes. *Die* In-Disco.

Greens, Tandapata 700, San Blas. Gemütliche Kneipe zum Entspannen.

Das **Touristenticket** (*boleto turístico*), gültig für die meisten Kirchen und Museen der Stadt sowie für die Inka-Ruinen der Umgebung, erhält man bei der Touristeninformation oder im Oficina Boleto Turístico (Plaza Regocijo, Mo–Fr 8–17 Uhr, Sa 8–16.30 Uhr) sowie bei den meisten eingeschlossenen Sehenswürdigkeiten; Preis: 10 US-$, gültig 10 Tage. Für 6 US-$ gibt ein Spezialticket (»*parcial*«) nur für die Museen und Kirchen in Cusco, gültig nur am Tag der Ausstellung.

Das *boleto turístico* umfaßt folgende Sehenswürdigkeiten:

Kathedrale, Mo–Mi, Fr, Sa 10–11.30 Uhr, Mo–Sa 14–17.30 Uhr.

Museo Municipal de Arte Contemporáneo, Mo–Fr 9–17 Uhr.

Museo Histórico Regional/Casa Garcilaso, Mo–Sa 8–17.30 Uhr.

Museo de Arte/Monasterio Sta. Catalina, Mo–Do 9–17.30 Uhr, Fr/Sa 9–16 Uhr.

Museo de Arte Religioso, Mo–Sa 8–11.30 und 15–17.30 Uhr.

Iglesia de San Blas, Mo–Mi, Fr, Sa 10–11.30 Uhr, Mo–Sa 14–17.30 Uhr.

Museo Coricancha, tägl. 9–17 Uhr.

Inka-Ruinen von Sacsayhuaman, Kenko, Puca Pucara, Tambo Machay, Pisac (s. S. 324), Chinchero, Ollantaytambo (s. S. 322), Tipón und Picillacta, tägl. 7–17.30 Uhr.

Nicht im *boleto turístico* enthalten:

Iglesia La Compañía, tägl. 6.30–7 Uhr sowie Mo–Sa 11–13 und 17–19 Uhr, So 7.30–8, 10–13 und 17–20 Uhr.

Museo de Historia Natural, Mo–Sa 9–12 und 15–18 Uhr.

Museo La Merced, Mo–Sa 8.30–12 und 14–17 Uhr.

Iglesia de San Francisco, Mo–Sa 9–17 Uhr.

Sto. Domingo/Coricancha, Mo–Sa 8–17 Uhr, So 14–16 Uhr.

Casa Cabrera, Mo–Fr 8–17.30 Uhr, Sa 10–12 und 15–17 Uhr.

Museo Inka, Mo–Fr 8–17 Uhr, Sa 9–16 Uhr.

Museo de Arte Popular, (Av. Sol 103), Mo–Fr 9–13 und 15–18 Uhr, Sa 9–12 Uhr.

Rafting auf dem Río Urubamba bieten u.a.: Eric Adventures, C. Plateros 324, Tel. 22 84 75, cusco@ericadventures.com; Loreto Tours, Calle del Medio 111, Tel. 22 82 64, loretotours@planet.com; Instinct, C. Procuradores 50, Tel. 23 34 51; Southern Cross Adventures, Portal de Panes 123, Tel. 23 76 49.

Wandertouren auf dem **»Inka Trail«** werden praktisch an jeder Ecke angeboten (Preise um 150 US-$), und trotzdem ist es nicht einfach, einen qualitativ guten Anbieter zu finden. Achtung: Unter dem Begriff »Inka Trail, 2 days/1 night« verbirgt sich die Wanderung auf dem »Camino Sagrado« ab Bahn-km 104. Eine Übernachtung im Zelt-Camp in Winay Waina ist Unsinn, da man bequem am gleichen Tag nach

Machu Picchu weitergehen und in Aguas Calientes übernachten kann. Empfehlenswerte Veranstalter für den Inka Trail sind u.a.: Quente, Plateros 365, Tel. 23 82 45, quente@telser.com.pe und SAS Travel, Portal de Panes 143 (Plaza de Armas), Tel. 23 72 92, sastravel@chsaki.unsaac.edu.pe. Ebenfalls Spezialist für den Inka Trail sowie für andere Wandertouren (Ausangate-Trek, Salkantay-Trek etc.) sowie Stadtführungen Cusco und Ausflüge in die Umgebung ist: Cusco Tours, Hr. Nico Montesinos, Av. Libertad C1-3, Urb.Tttio (Nähe Flughafen), Tel. 22 20 49 oder 62 34 86 (mobil), cuscotours@usa.net.

Ausflüge in den Manú-Nationalpark organisieren: Manú Nature Tours, Av. Pardo 1046, Tel. 25 27 21, Fax 23 47 93; Übernachtung in der Manú-Lodge (max. 25 Pers.); Anreise per Bus, Rückreise per Flugzeug, 8 Tage/7 Nächte ca. 2000 US-$ p. P. im DZ; An- und Rückreise per Flugzeug, 4 Tage/3 Nächte ca. 1400 US-$ p. P. im DZ. Expediciones Manú, Av. Pardo 895, Tel. 23 99 74, Fax 23 67 06, adventure@ manuexpeditions.com; Anreise per Bus, Rückreise per Flugzeug, 9 Tage/8 Nächte ca. 1600 US-$ p. P.; An- und Rückreise per Flugzeug 4 Tage/3 Nächte 1200 US-$ p. P. **Günstigere Touren mit Zeltübernachtung:** Manú Ecological Adventures, C. Plateros 356, Tel. 26 16 40, in D: 0861/16 59 06, Fax 22 55 62, manuadventures@terra.com.pe (8 Tage/7 Nächte mit Bus: 550 US-$, 5 Tage/4 Nächte: 724 US-$ inkl. Flüge); Fxpediciones Vilca, Plateros 363, Tel. 24 47 51, manuvilca@terra.com.pe und Pantiacolla Tours, C. Plateros 360, Tel. 23 83 23, Fax 23 37 27.

Prozession zu Ehren des **Señor de Temblores** (›Herr der Erdbeben‹) am Ostermontag, weitere Umzüge in der Osterwoche (nächtliche Prozession am Karfreitag; **Fiesta de la Cruz Velacuy** (3. Mai); **Fiesta de Qoyllority** (Ende Mai/Anf. Juni; Wallfahrt auf über 4000 m Höhe zu Füßen eines Gletscherberges); **Corpus Cristi** (Fronleichnam, Anf./Mitte Juni), **Inti Raymi** (24. Juni; Inka-Sonn-

wendfeier, Höhe- und Schlußpunkt der Festwoche in Cusco); **Fiesta de la Virgen Asunta** (Mariä Himmelfahrt, 15. Aug.); **Fiesta de los Muertos** (Allerseelen, 2. Nov.); **Feria de Santurantikuy** (23./24. Dez.; großer Kunsthandwerksmarkt auf der Plaza de Armas).

Landestypische **Textilien** und kleinere Mitbringsel werden überall in der Stadt angeboten, u. a. unter den Arkaden an der Plaza Regocijo (Portal Espinar). **Gold- und Silberschmuck** findet man u. a. bei Oropesa, Portal Carrizos 252 (links neben La Compañía) und bei Chaquiras, C. Triunfo. Zahlreiche **Galerien** und Werkstätten *(talleres)* mit Volkskunst finden sich in San Blas.

Flughafen Quispiquilla, ca. 5,5 km südlich des Stadtzentrums; tägl. Verbindungen nach Lima, Arequipa und Puerto Maldonado, tägl. außer So nach La Paz/BOL, 3x pro Woche nach Juliaca. **Helikopterflüge** nach Aguas Calientes (Machu Picchu), Preis: 90 US-$ (einfach hin), 170 US-$ (hin und zurück), Infos c/o HeliCusco, C.Triunfo 379, 2. Stock, Tel. 24 35 55, Fax 22 72 83, helicus@amauta.rcp.net.pe. Tägl. mehrere **Züge** nach Machu Picchu ab Estación San Pedro (C. Sta. Clara, westlich des Zentrums, Tel. 23 87 22; Tickets am **Bahnhof Huánchac,** Av. Pachacutec, über Av. del Sol im Süden, Tel. 23 35 92, Schalter Mo–Fr 9–12, 13–16.30 Uhr, Sa/So 9–12 Uhr, Tickets am Vortag besorgen): komfortable Züge: »autovagón« (Abf. 6 Uhr) und »Inka« (Abf. 6.10 Uhr), 70 US-$ (hin & zurück), Fahrzeit: ca. 3,5–4 Std.; einfache Klasse »backpacker« (Abf. 7.30 Uhr): 30 US-$ (hin & zurück), ab 2002: 35 US-$; Fahrtunterbrechung möglich; weitere Züge nach Machu Picchu ab Ollantaytambo (siehe dort); der Lokalzug (»tren local«) darf von Touristen nicht mehr benutzt werden! Mo, Mi, Fr, Sa (ab 2002 auch Do) um 8 Uhr über Juliaca nach Puno ab Estación de Huánchac (s. o.), Fahrzeit: ca. 8 Std. bis Juliaca/ca. 9 Std. bis Puno, Klasse »Inka«: 30 US-$ (einf.), Klasse »Turismo«: 19 US-$

(einf.). Weitere Infos zu Zugverbindungen unter www.perurail.com.

Regelmäßige **Busverbindungen** nach Pisac und Urubamba (C. Tullumayo/Ecke Inti Kahuarina; nach Urubamba auch Av. Huascar), Juliaca/Puno (Cruz del Sur, Pachacútec 510; ca. 8–9 Std., Straße inzwischen geteert), über Abancay nach Nazca oder Ayacucho (schlechte Straße), nach Arequipa (ca. 12 Std.) und Lima (30–35 Std.) besser per Flugzeug.

Einen besonderen Service auf der Strecke Cusco–Puno mit Reiseleitung, Mittagessen und Besichtigung der wichtigsten Sehenswürdigkeiten bietet First Class, C. Garcilaso 210, Of. 106, Tel. 24 47 66, Fax 24 04 08, firstclass@terra.com.pe (Abf. tägl. um 7.30 Uhr, Ank. Puno ca. 17.30 Uhr, Fahrpreis inkl. ME: 30 US-$ + Eintritte). Kleinbusse und Sammeltaxis zum Flughafen ab Av. Sol.

Guadalupe (PE)

Lage: B 10 (nördl. Küstenbereich zw. Trujillo und Chiclayo in Meernähe)
Vorwahl: 044

Hotel El Bosque, Panamericana km 692, Tel. 56 64 90; sehr preiswert. Neueres, empfehlenswertes Hotel.
Hostal Puente Azul, Panamericana km 696; günstig. Relativ neu, ordentlich.

Marienfest (8. Dez.).

Huacho (PE)

Lage: C 8 (150 km nördl. von Lima)
Vorwahl: 034

Hostal Skorpio's, Pasaje R. Palma, Tel./Fax 32 71 30; sehr preiswert. Einfache Unterkunft.
Hostal 28 de Julio, Av. 28 de Julio 871; sehr preiswert. Ordentliche Zimmer mit TV.

Garden Hostal, Av. 28 de Julio 573, Fax 32 31 19; sehr preiswert. Recht ordentlich, vielleicht bestes Hotel der Stadt.

Huancavelica (PE)

Lage: D 8 (145 km südl. von Huancayo, 3676 m ü.M.)
Vorwahl: 064
Einwohner: ca. 38 000

Hotel Tahuantinsuyo, C. Carabaya 399, Tel. 95 29 68; sehr preiswert. Einfache Unterkunft, morgens Warmwasser, Zimmer z. T. mit Bad.
Hostal Camacho, C. Carabaya 481, Tel. 75 32 98; sehr preiswert. Einfache Zimmer mit Gemeinschaftsbad.
Hotel Ascensión, Plaza de Armas, Tel. 75 31 03; sehr preiswert. Einfache Zimmer, z. T. mit Bad.
Hotel Presidente, Plaza de Armas, Tel./Fax 75 27 60; günstig. Ehemaliges *Hotel de Turistas,* schönes Kolonialgebäude, einfache Zimmer.

Joy, C. V. Toledo 230. Gute Küche. **Mesón de Alfredo,** Plaza de Armas. Gute Forelle, Meerschweinchen.

Die **Kirchen** der Stadt sind oft geschlossen, Frühaufsteher können sich zur Morgenmesse Einlaß verschaffen. **Termas de San Cristóbal,** tägl. 7–16 Uhr.

Fiesta de San Sebastián (16. Jan.); **Karwoche** mit Prozessionen; **Fiestas de las Cruzes** (Ende Mai).

Auf dem **Sonntagsmarkt** nördlich der Plaza de Armas am Río Ichu gibt es neben landwirtschaftlichen Produkten auch Textilien aus der Umgebung.

Schmalspurbahn nach Huancayo: *Expreso* 6.30 Uhr, *Extra* 12.30 Uhr

(So nur um 7 Uhr).
Busverbindungen nach Huancayo (4–5 Std.), gelegentlich über Pisco nach Lima (ca. 10 Std.), keine Direktverbindungen nach Ayacucho.

Huancayo (PE)

Lage: D 8 (310 km landeinwärts von Lima, 3250 m ü.M.)
Vorwahl: 064
Einwohner: ca. 280 000

 Informationsbüros an der Plaza Constitución (C. Real 481/Ecke P. de la Breña), Tel. 23 32 51 sowie an der Plaza Huamanmarca, gegenüber der Municipalidad (tägl. 8–13.30 und 16.30–20 Uhr).

 Hostal El Sol,
C. Mantaro 888/Ecke Tarapacá; sehr preiswert.
Einfache Zimmer, sauber.
La Casa de la Abuela,
Av. Giraldez 691,
Tel. 22 33 03, Fax 22 23 95,
casa_abuela@yahoo.com; sehr preiswert.
Nettes *hostal* in Kolonialgebäude, Garten.
Hotel Retama Inn,
C. Ancash 1079, Tel. 23 45 72 oder 01/372 12 79; sehr preiswert–günstig.
Gute Zimmer, relativ neu.
Hostal América,
C. Trujillo 358, Tel./Fax 24 20 05; günstig.
Sehr gute Zimmer, nicht zentral.

... außerhalb:
Hotel Centro Vacacional Huaychulo,
1 km hinter Concepción Richtung Sta. Rosa de Ocopa, Tel./Fax 58 10 01 oder Tel. 01/261 02 40, Fax 01/261 87 37, huayculo@derramajae.org.pe; sehr preiswert–günstig.
Ältere Anlage mit großem Garten, ruhig.
Hostal Balsas,
La Huaycha, 2 km hinter Concepción Richtung Huancayo; günstig.
Ruhige Lage am Fluß.

 Pizzería Los Maderos, C. Puno 597. Holzofenpizza und Pasta.

La Carreta, C. Ayacucho 165.
Gute Fleischgerichte.
In zahlreichen einfachen ländlichen Gaststätten am Straßenrand wird *pachamanca* angeboten, ein typisches Gericht aus Mais, Fleisch, Kartoffeln und Käse, das in einem unterirdischen Steinofen im Dampf gegart wird.

 Schmalspurbahn nach Huancavelica tägl. 6.30 Uhr und Mo–Sa 12.30 Uhr, So 18.30 Uhr (*expreso*). Zugverbindung nach Lima derzeit eingestellt.
Regelmäßige **Busverbindungen** nach Lima (ca. 5–6 Std.) und Tarma (3 Std.), tägl. nach Huancavelica (ca. 6 Std.) und Ayacucho (ca. 11 Std., in der Regenzeit auch länger).

Huanchaco (PE)

Lage: B 10 (nicht verzeichnet, 13 km von Trujillo am Meer)
Vorwahl: 044

 Hostal El Ancla,
Av. La Rivera (Ortseingang rechts) Tel. 46 12 72; sehr preiswert.
Gute Zimmer mit Bad.
Huanchaco Hostal,
Jr. Victor Larco 287 (Plaza), Tel. 46 12 72, Fax 24 94 21, huanchacohostal@ terra.com.pe; sehr preiswert.
Einfaches, aber ordentliches *hostal* an der Plaza, Pool.
Hostal Caballito de Totora,
Av. La Rivera 219, Tel. 46 11 54, Fax 46 10 04, totora@terra.com.pe; sehr preiswert–günstig.
Gutes *hostal* an der Uferstraße mit Garten und Swimmingpool, ordentliche Zimmer.

 Die meisten Restaurants liegen an der Küstenstraße und sind auf Meeresfrüchte spezialisiert. Empfehlenswert:
El Boquerón (günstig und gut), **Lucho del Mar** und **Casa Marina** (teuer) am Ortseingang.

Regelmäßige **Busverbindungen** (Kleinbusse) nach Trujillo.

Huánuco (PE)

Lage: D 9 (ca. 420 km landeinwärts von Lima, 1900 m ü.M.)
Vorwahl: 064
Einwohner: ca. 120 000

 Oficina de Turismo,
Jr. Grl. Prado 718 (Plaza de Armas, neben der Municipalidad), Tel. 51 32 23, Mo–Fr 8–13 und 14.30–18.30 Uhr.

 Hostal Huánuco,
Jr. Huánuco 777, Tel. 51 20 50; sehr preiswert.
Einfach, mit Garten.

Hotel Cuzco,
Jr. Huánuco 614, Tel. 51 35 78, Fax 51 22 44; sehr preiswert.
Älteres Hotel, einfache Zimmer mit Bad und TV.

Real Hotel,
Jr. 2 de Mayo 1125 (Plaza de Armas), Tel./Fax 51 27 65; sehr preiswert–günstig.
Etwas heruntergekommenes Hotel mit Restaurant und Pool, einfache Zimmer mit Bad und TV.

Grand Hotel Huánuco,
Jr. Dámasco Beraún 775 (Plaza de Armas), Tel./Fax 51 24 10, hotelhuanuco@terra.com.pe; günstig.
Das ehemalige Hotel de Turistas hält nicht, was die hübsche Fassade verspricht: überteuertes Restaurant, renovierungsbedürftige Zimmer, Swimmingpool.

 Pizzería Don Sancho,
Jr. Grl. Prado 645; nur abends.
Leckere Pizza und Pasta.

 Baile de los Negritos
(1., 6. und 18. Jan.).

Tägl. **Flüge** nach Lima (Aero Continente).
Busverbindungen nach Cerro de Pasco, Lima (9 Std.), Huancayo (8 Std.), La Unión (7 Std.), Pucallpa (15 Std.); **Sammeltaxis** und Minibusse nach Tingo María (3 Std.).

Huaraz (PE)

Lage: C 9 (410 km nördl. von Lima, 3060 m ü.M.)
Vorwahl: 044
Einwohner: ca. 80 000

 OPTUR, Av. Luzuriaga 459 (Plaza de Armas), Mo–Fr 8.30–12.30 und 14.30–15.30 Uhr.
Für Bergsteiger: **Casa de Guías** am Parque Ginebra, Tel. 72.1811, Mo–Fr 9–13 und 16–20 Uhr.

 Hostal Schatzi,
Jr. Simón Bolívar 419, Tel. 72 30 74, schatzihs@yahoo.com; sehr preiswert.
Neu und ordentlich.

Edward's Inn,
Jr. Bolognesi 121, Tel./Fax 72 26 92; sehr preiswert.
Gut und sauber.

Hostal Samuel's,
Jr. Simón Bolívar 504, Tel. 72 63 70; sehr preiswert.
Ordentliches *hostal* in zentraler Lage.

Hostal Colomba,
Jr. Francisco de Zela 210, Tel./Fax 72 15 01, colomba@terra.com.pe; günstig.
Ruhige Lage, Garten, nette Bungalows, deutschsprachig.

Andino Club Hotel,
Jr. Pedro Cochachin 357,
Tel. 72 16 62, 01/445 92 30, Fax 72 28 30, andino1@wayna.rcp.net.pe, www.hotelandino.com; moderat–teuer.
Oberhalb der Stadt, schöner Blick auf den Huascarán, gute Zimmer, gutes Restaurant, unter Schweizer Leitung.

… in Monterrey (ca. 7 km außerhalb):
Hostal El Nogal,
Tel. 72 59 29; sehr preiswert.
Neuere Zimmer mit Bad.

Hostal El Patio,
Tel. 72 49 65, 01/448 02 58, Fax 72 69 67, patio@terra.com.pe; günstig–moderat.
Sehr schöne Anlage im Kolonialstil, ruhige Lage, Garten, gute Zimmer.

 Creperie Patrick, Av. Luzuriaga 422. Vielseitig und gut.

Pizzería Monte Rosa, Jr. José de la Mar 661, Tel. 72 14 47. Pizza, Pasta, Fondue, Raclette, nicht billig.
Restaurant Andino, im Hotel Andino (s.o.). Hervorragende Küche, gehobene Preisklasse.

 Peña El Tambo, Jr. José de la Mar; **Peña Imantata,** Jr. Luzuriaga 424. Beide mit Live-Musik.

 Archäologisches Regional-museum, Plaza de Armas, Di–So 8–13 und 16–18 Uhr.

 Ruinen von Wilcahuain, tägl. 8–16 Uhr.

 Wildwasserfahrten *(canotaje)* auf dem Río Santa werden in verschiedenen Büros in Huaraz angeboten.

 Fiesta del Señor de la Soledad (Mai); **Semana de Andinismo** (Bergwoche, Ende Mai/Anf. Juni).

 Ab **Flughafen** Anta (24 km entfernt) 1x pro Woche (Mi) Flugverbindung nach Lima; Änderungen möglich, **Auskunft**: Tel. 01/242 17 90. Regelmäßige **Busverbindungen** über Pativilca nach Lima, über Caraz nach Chimbote und Trujillo sowie nach Chavín

Huatajata (BOL)

Lage: H 6 (nicht verzeichnet, am Südufer des Titicacasees)
Vorwahl: 0813

 Hotel Titicaca, Carretera Huarina–Huatajata km 65, Tel. 02/81 32 19; günstig. Hotel am See mit Restaurant, Indoor-Pool und Sauna.
Hotel Inca Utama,
Tel./Fax 50 50 oder Crillon Tours (Tel. 02/33 75 33, Fax 02/811 64 81) titicaca@caoba.entelnet.bo; teuer–sehr teuer.
Luxuriöses Hotel direkt am See, 60 Zim-

mer und Suiten mit Heizdecken, Restaurant, Bar, mehrere Museen und Ausstellungen für Hotelgäste.

 Die Restaurants **Inti Karka** und **Wiñay Marka** bieten u. a. leckere Forellen *(trucha)* und *chairo,* eine typische Suppe der Region.
Weitere Restaurants in o.g. Hotels.

 Die Hotels bieten Transfers**,** die meisten öffentlichen Busse von La Paz nach Copacabana halten in Huatajata.

Ica (PE)

Lage: D 7 (300 km südl. von Lima, 406 m ü.M.)
Vorwahl: 034
Einwohner: 161 000

▯ **Oficina de Turismo,** Av. Grau 150, Mo–Fr 8–13 Uhr

▯ **Hostal Silmar,** C. Castrovirreyna 110, Tel. 23 50 89; sehr preiswert. Einfache, ordentliche Unterkunft im Zentrum, Restaurant.
Hostal Sol de Ica,
C. Lima 265, Tel. 23 61 65, Fax 23 61 68; sehr preiswert–günstig. Ordentliche Zimmer mit Bad, Pool.
Hotel El Carmelo,
Panamericana km 301, Tel./Fax 23 21 91, 01/448 38 28, elcarmelo@hotmail.com; günstig. Nettes Hotel im Kolonialstil mit Swimmingpool, ordentliche Zimmer.
Hotel Austria,
Panamericana km 300 (Av. La Angostura 367), Tel. 25 61 06 oder Tel./Fax 01/271 31 54; günstig. Ordentliches kleines Hotel unter österreichischer Leitung, Pool, Garten, ruhige Lage, gutes Restaurant.
Hotel Mossone,
Huacachina, Tel. 21 36 30, Fax 23 61 37 oder 01/221 70 20, hmossone@derramajae.org.pe; moderat. Renoviert, ruhige Lage, Restaurant, Pool,

nette Zimmer um kolonialen Innenhof, teilweise mit Klimaanlage.

Hotel Las Dunas,
Av. La Angostura 400 (Abzw. Panamericana km 300), Tel./Fax 25 62 24 oder
01/221 70 20, reservas@invertur.com.pe;
teuer (am Wochenende 25 % Aufschlag).
Gepflegte Anlage mit Garten, schöner
Poolbereich, Tennisplätze etc., Zimmer z.T.
mit Klimaanlage.

... außerhalb:
Hotel Ocucaje,
Panamericana km 336 (35 km südlich
von Ica), Tel. 22 02 15 oder 01/444 11 58,
Fax 01/445 21 33, rubitours@terra.com.pe;
moderat.
Im Weinort Ocucaje, Restaurant, Pool,
Tennisplatz.

 El Peñoncito, C. Bolívar 255. Gute
lokale und internationale Küche.
Cevichería Sabor y Sazon, Urb. Las
Mercedes, Lote D-1, Tel. 22 16 47. Gute
Küche, Spezialität: Fisch und Meeres-
früchte.
Pizzería Venezia, C. Lima 230.
Gute Pizza und Pasta, günstig.
El Catador, Panamericana km 296.
Einfache Landgaststätte mit typischer
Küche und Bodega (Weinprobe).
Viña Sunampe, Los Aquijes (5 km südl.).
Landestypische Küche und regionale
Gerichte wie *chicharrones* und *chupe de
camarones.*

 Museo Regional de Ica,
Tel. 23 43 83, tägl. 8.30–18.30 Uhr.

 Zahlreiche **Weingüter** können be-
sichtigt werden, u.a. Bodega El Car-
mel und Vista Alegre.
Rundflüge über die Nazca-Linien (ca. 130
US-$ p. P.) bietet u. a. Aero Condor an
(Tel. 25 68 20 und 25 76 41).

 Weinfest (Festival Internacional
de la Vendimia; 1. und 2. Märzwo-
che); **Fiesta des Señor de Luren** (März);
Ica-Woche (Juni); **Semana Turística**
(Ende Sept.).

 Flugplatz für kleinmotorige
Maschinen nach Nazca; Infos
vor Ort oder im Hotel Las Dunas.
Regelmäßig **Busse** nach Lima und
Nazca/Arequipa; **Colectivos** nach Nazca.

Iquitos (PE)

*Lage: E 13 (am Río Amazonas, 100 m ü.M.)
Vorwahl: 094
Einwohner: 280 000*

 Oficina de Turismo, C. Napo 176
(Plaza de Armas), Mo–Fr 8–14 Uhr.

 Hostal La Pascana,
C. Pevas 133, Tel. 23 14 18,
Fax 23 29 74; sehr preiswert.
Einfach, aber sauber und ruhig, Zimmer
mit Ventilator und Bad.

Hostal Crystal,
Jr. Bermúdez 567 (Plaza 28 de Julio),
Tel. 23 30 03, Fax 23 84 17,
hcrystal@mnet.com.pe; günstig.
Zimmer mit Klimaanlage, TV und Minibar.

Hotel Acosta I,
Jr. Huallaga/Ecke Calvo de Araujo,
Tel. 23 12 86, Fax 23 24 99,
chasa@meganet.com.pe; günstig.
Ordentlich, Pool, Zimmer mit Klimaanlage.

Hostal María Antonia,
Jr. Próspero 616, Tel./Fax 23 47 61;
günstig.
Zimmer mit Klimaanlage, TV und Telefon.

Hotel El Dorado,
Jr. Napo 362, Tel. 23 17 42, Fax 22 19 85,
dorado@tvs.com.pe; moderat.
Gutes Hotel in zentraler Lage, dennoch
ruhig, nettes Restaurant, Swimmingpool,
Zimmer mit Klimaanlage.

Hotel Victoria Regia (ehem. ›Acosta II‹),
C. Ricardo Palma 252, Tel. 23 19 83,
Fax 23 24 99, chasa@meganet.com.pe;
moderat.
Renoviertes Hotel, Restaurant, Pool, gute
Zimmer mit Klimaanlage.

 Urwald-Lodges
(Alle angegebenen Preise verstehen sich pro Person im DZ inkl. Boots-
anreise, Exkursionen und Vollpension):

Amazon Camp,
am Río Momón, ca. 1 Std. Bootsfahrt;
c/o Amazon Tours & Cruises,
Requena 336, Tel. 23 39 31, Fax 23 12 65,
amazon@amazoncruises.com.pe;
1 Tag/1 Nacht 95 US-$, 3 T/2 N 160 US-$.
24 einfache Zimmer mit WC, Duschen
separat, Kerosinlampen, beliebt bei
US-Amerikanern.

Amazon Rainforest Lodge,
am Río Momón, ca. 1 Std. Bootsfahrt;
Büro: Jr. Putumayo 159, Tel. 23 31 00,
Fax 24 22 31, in Lima: Tel. 01/445 56 20,
schneide@amauta.rcp.net.pe,
www.amazon-lodge.com. Übernachtung
inkl. Transport und VP: 60 US-$ p. P.

Amazonas Sinchicuy Lodge,
25 km nordöstlich an kleinem Nebenfluß,
ca. 1,5 Std. Bootsfahrt; c/o Paseos Amazó-
nicos, Pevas 246, Tel./Fax 23 31 10 oder
Tel. 01/446 38 38, Fax 23 16 18, 01/446 79 46,
p-amazonicos@amauta.rcp.net.com;
2 Tage/1 Nacht 80 US-$, 3 T/2 N 120 US-$.
Preisgünstige Lodge in tropischem Garten,
Zimmer mit Bad.

Amazon Lodge,
36 km stromabwärts am Río Yanayacu,
ca. 2,5 Std. Bootsfahrt; c/o Amazon Safaris, Av. La Marina 592, Tel. 25 10 78
oder 01/421 96 67, Fax 01/442 84 07,
reserve@amazon-peru.com;
3 Tage/2 Nächte 150 US-$.
20 palmengedeckte, offene Hütten.

Tambo Yanayacu Lodge,
60 km stromabwärts am Río Yanayacu,
ca. 4 Std. Bootsfahrt; c/o Paseos Amazóni-
cos (s.o.); 3 Tage/2 Nächte ab ca. 120 US-$.
Kleine Lodge, einfache Unterkunft in
Schlafraum.

Explorama Inn,
40 km stromabwärts am Amazonas,
ca. 1,5 Std. Bootsfahrt; c/o Explorama
Tours, Av. La Marina 340, Tel. 25 25 26,
Fax 25 25 33, amazon@explorama.com;
2 T/1 N 175 US-$, 3 T/2 N 250 US-$.
Kleine Häuschen mit Bad und Strom,
relativ komfortabel, wenig Tiere.

Explorama Lodge,
80 km stromabwärts am Amazonas bei
Yanamono, ca. 3 Std. Bootsfahrt; c/o
Explorama Tours (s. o.) 3 Tage/2 Nächte
250 US-$.

Ältere Lodge, einfache Zimmer, Gemeinschaftsbad.

Explornapo Camp,
160 km flußabwärts am Río Napo,
ca. 6,5 Std. Bootsfahrt; c/o Explorama
Tours (s. o.); 3 T/2 N 295 US-$.
Auf Pfählen gebautes Camp, sehr einfach,
Schlafräume, gute Möglichkeiten zur Tierbeobachtung und Zwischenstation auf
dem Weg zum ›Canopy Walkway‹.

 La Pascana, C. Hurtado 735. Einfaches Lokal mit Amazonas-Blick,
gute *ceviches*.

Gran Maloca, C. Sargento Lores 170,
Tel. 23 31 26. Vornehm, gut und teuer.

El Mesón, Malecón Maldonado 153,
Tel. 23 11 97. Guter Fisch und Salate,
regionale Küche.

La Olla de Oro, C. Calvo de Araujo, Cuadra 2. Angenehm und günstig, landestypische Gerichte.

 Museo Amazónico, Edif.
Prefectural, Malecón Tarapacá/
Ecke C. Morona, Mo–Sa 8–18 Uhr.

 Karneval;
Fiesta de San Juan (24. Juni).

 Internationaler **Flughafen** nördlich
des Zentrums; mehrmals tägl. Flüge
nach Lima, 1x tägl. nach Tarapotó, 3x pro
Woche nach Pucallpa.

Schiffsverkehr über den Río Ucayali
nach Pucallpa (7–8 Tage), Amazonas-
abwärts nach Leticia (CO; 2–3 Tage, Infos
c/o Amazon Tours & Cruises, s. o.; Schnell-
boot ca. 8 Std., Infos c/o Amazon Lodge,
s. o.) und nach Manaus (BR; ca. 15 Tage).

Isla del Sol (BOL)

*Lage: H 6 (nicht verzeichnet, im Titicaca-
see, ca. 3900 m ü.M.)*
Einwohner: 4000

La Posada del Inca,
Tel. 0152/80 62 (mobil)
oder c/o Crillon Tours, La Paz,
Tel. 02/33 75 33, Fax 02/811 64 81,

titicaca@caoba.entelnet.bo; moderat.
Ehemalige Hacienda in herrlicher Lage am
Rande des Dorfes Yumani, nette Zimmer
mit Bad (Warmwasser) und Heizung,
landestypische Küche, nur mit vorheriger
Reservierung und in Verbindung mit Trag-
flügelboot.
Außerdem zahlreiche **einfache Unter-
künfte** in den Dörfern Yumani, Cha'lla
und Cha'llapampa, u.a.:
Hostal Inti Wayra, Yumani.
Tel. 02/45 90 27; sehr preiswert.
Sehr einfach in erhöhter Lage, schöner
Blick über den See, Gemeinschaftsbad.
Residencial El Imperio del Sol,
Yumani; sehr preiswert.
Neues *hostal*, einfache, ordentliche Zim-
mer, Gemeinschaftsbad.
Hostal San Francisco,
Cha'llapampa; sehr preiswert.
Einfache Zimmer, Gemeinschaftsbad, klei-
ner Garten.

Jauja (PE)

*Lage: D 8 (nicht verzeichnet, 45 km nördl.
von Huancayo, 3410 m ü.M.)*

 Albergue Turístico,
Laguna de Paca,
Tel. 01/437 14 34; günstig.
Vier Zimmer mit Seeblick.

 Zahlreiche einfache **Forellen-
restaurants** an der Laguna de Paca.

Laguna Colorada (BOL)

Lage: J 2 (im Südwesten Boliviens)

 Hospedería Hidalgo,
Reservierung: Potosí, c/o Hidalgo
Tours, C. Bolívar/Ecke Junín,
Tel./Fax 062/251 86,
uyusalht@ceibo.entelnet.bo;
sehr preiswert.
Einfache Unterkunft, Gemeinschaftsbad,
Reservierung erforderlich.
Campamento ENDE,
Auskunft c/o Crillon Tours, La Paz,

Tel. 02/37 45 66, Fax 39 10 39;
sehr preiswert.
Einfache Schlafsäle, Gemeinschaftsbad.

Lambayeque (PE)

Lage: B 11 (12 km nördl. von Chiclayo)
Vorwahl: 074

 Museo Arqueológico Brüning,
Mo–Fr 8.30–18.30, Sa/So 9–18 Uhr.

 Karwoche mit Umzügen und
Prozessionen.

La Oroya (PE)

*Lage: D 8 (nicht verzeichnet, ca. 180 km
landeinwärts von Lima, 3726 m ü.M.)*
Vorwahl: 064
Einwohner: ca. 50 000

 Kurz vor dem Hospital des IPSS liegen linker Hand zwei sehr preiswerte, aber ordentliche Unterkünfte:
Hostal San Juan, Tel. 39 21 86 und
Hostal San Martín, Tel. 39 12 78.

 Regelmäßige **Busverbindungen**
nach Lima, Huánuco, Tarma und
Huancayo.

La Paz (BOL)

*Lage: H 6 (südöstlich des Titicacasees,
ca. 3200–4000 m ü.M.)*
Vorwahl: 02
Einwohner: ca. 1 Mio. (ohne El Alto)

 Tourist Info, Plaza del Estudiante,
Tel. 36 74 42, Fax 37 46 30, Mo–Fr
8.30–12 und 14.30–18.30 Uhr und am
Busbahnhof (Terminal Terrestre), Mo–Fr
9.30–12.30, 14–18 Uhr, Sa 9.30–12.30 Uhr.
Goethe-Institut, Av. 6 de Agosto 2118,
Tel. 37 44 33, goethe@utama.bolnet.bo.

 Billighotels finden sich v. a. im
Indioviertel und in der Altstadt, die

teureren Hotels liegen meist am Prado.
Eine Alternative sind die Hotels im Süden:
Dort herrschen dank der niedrigeren Höhe
(um 3200 m ü.M.) durchwegs angeneh-
mere Temperaturen.

... in der Nähe des Busbahnhofs:
Hotel Rossel,
Av. Perú 277 esp. Larecaja,
Tel. 28 04 32; sehr preiswert.
Neues Gebäude mit auffälliger Glasfas-
sade, recht ordentliche Zimmer mit Bad.
Hostal Tambo de Oro,
Av. Armentia 367, Tel. 28 15 65,
Fax 28 21 81; sehr preiswert.
Nettes älteres Haus im Kolonialstil,
einfache Zimmer mit oder ohne Privatbad.

... im Indioviertel:
Hostal Maya,
Sagarnaga St. 399, Tel. 31 19 70,
mayahostal@hotmail.com; sehr preiswert.
Neues *hostal*, recht gute Zimmer mit oder
ohne Privatbad.
Hostal Copacabana,
C. Illampu 734, Tel. 45 16 26, Fax 45 16 84,
combicop@ceibo.entelnet.bo;
sehr preiswert.
Einfache Zimmer mit oder ohne Privatbad.
Hostal Naira,
C. Sagarnaga 161, Tel. 35 56 45,
Fax 31 12 14, hnaira@ceibo.entelnet.bo;
günstig.
Neues *hostal* in zentraler Lage, ordentliche
Zimmer mit Bad zum Innenhof.
Hostal Estrella Andina,
C. Illampu 716, Tel. 45 64 21, Fax 45 14 01,
estrcllaandina@latinmail.com; günstig.
Neueres *hostal*, einfache, aber ordentliche
Zimmer mit Bad.
Residencial Rosario,
C. Illampu 704, Tel. 45 13 41, Fax 45 19 91,
hrosario@ceibo.entelnet.bo; günstig.
Beliebtes *hostal,* gutes Restaurant, Zim-
mer mit Bad, z.T. um kolonialen Innenhof.

... in der Altstadt:
Alojamiento Illimani,
Av. Illimani 1817, Tel. 20 23 46;
sehr preiswert.
Sehr einfach, Gemeinschaftsbad, relativ
ruhig, nur für anspruchslose Reisende.

Hostal República,
C. Comercio 1455,
Tel. 20 27 42, Fax 20 27 82,
marynela@ceibo.entelnet.bo;
sehr preiswert.
Älteres *hostal* in historischem Gebäude,
einfache Zimmer um drei koloniale Innen-
höfe, teilweise mit Privatbad, sowie Apart-
ment mit Küche.
Columbus Palace Hotel,
Av. Illimani 1990,
Tel. 22 74 60, Fax 24 53 67,
reservaciones@hotel-columbus.com,
www.hotel-columbus.com; günstig.
Etwas abseits (Nähe Stadion), neues 3-
Sterne-Hotel mit Restaurant, ordentliche
Zimmer, gutes Preis-Leistungs-Verhältnis.
Gran Hotel Paris,
Plaza Murillo, Tel. 20 30 30, Fax 20 38 80,
hparís@caoba.entelnet.bo,
www.leisureplanet.com; teuer.
Renoviertes Traditionshotel in zentraler
Lage, guter Zimmerstandard, empfehlens-
wertes Restaurant.
Hotel Presidente,
C. Potosí 920, Tel. 40 66 66, Fax 40 72 40,
hpresi@caoba.entelnet.bo,
www.htlpresidente-bolivia.com;
sehr teuer.
5-Sterne-Hotel mit Pool, Restaurant und
Bar im obersten Stockwerk.

... Prado und Umgebung:
Hotel España,
Av. 6 de Agosto 2074, Tel. 44 26 43,
Fax 44 13 29, hespana@ceibo.entelnet.bo,
www.hotel-espana.8m.com; günstig.
Einfaches *hostal*, ordentliche Zimmer mit
oder ohne Pribatbad, teilweise neu.
Hotel Max Inn,
Plaza Mariscal Sucre 1494 (San Pedro),
Tel. 49 22 47, Fax 49 12 01,
portaleslp@kolla.net; günstig–moderat.
Ordentliches Mittelklassehotel mit Restau-
rant, Zimmer mit TV und Minibar.
Hotel Europa,
C. Tiahuanaco 64 (hinter Hotel Plaza),
Tel./Fax 31 56 56,
unico@hotel-europa-bolivia.com; Luxus.
Neu und mit allem Komfort.

... im Süden:
Hotel Calacoto,
Calle 13/Ecke Sánchez Bustamante 8009, Calacoto, Tel.79 25 24, Fax 79 93 34, hotelcal@ceibo.entelnet.bo; günstig. Älteres, renoviertes Hotel, geräumige Zimmer mit alten Möbeln und neuem Bad.

Hotel Oberland,
Calle 2–3, Mallasa, Tel. 74 50 40, Fax 74 53 89, oberland@usa.net, www.h-oberland.com; günstig. Ländliche Hotelanlage unter schweizer Leitung in der Nähe des »Mondtals«, Indoor-Pool, Restaurant, ordentliche Zimmer.

Apart Hotel Casa Grande,
Av. Ballivián, Esq. C. 17 N° 1000, Calacoto, Tel. 79 55 11, Fax 77 10 44, casa_grande@ceubi,entclnet.bo, www.casa-grande.com.bo; teuer–sehr teuer. Modernes Hotel mit Restaurant, Fitneß-Bereich, Sauna etc; sehr komfortable Apartments mit voll eingerichteter Küche und Wohnzimmer.

Hacienda Villa del Sol,
Parque de Aranjuez N° 10, Tel. 74 00 08, Fax 74 00 32, hacienda@pobox.com; sehr teuer. Kleine Luxus-Hotelanlage am Fluß, ansprechendes Restaurant, geschmackvolle Zimmer mit Balkon.

... im Zentrum & Indioviertel:
Restaurant Naira, C. Sagárnaga 161 (Nähe Iglesia de San Francisco), Tel. 32 57 36. Nette Atmosphäre, landestypische Gerichte, Fondue (u.a. mit Lamafleisch), Pizza, günstiges Mittagsmenü.

Tambo Colonial, im Residencial Rosario, C. Illampu 704, Tel. 32 53 48. Angenehme Atmosphäre, gutes Essen, manchmal mit Live-Musik.

La Tranquera, C. Potosí 1008, Edificio Cristal, 3. Stock, Tel. 37 20 25, Sa abends und So geschl. Einfaches Lokal mit breitem Angebot: Salatbuffet, Grillgerichte, Pizza & Pasta.

Le Paris, Plaza Murillo (im Hotel Paris), Tel. 20 30 30. Gutes Restaurant in gediegener Atmosphäre, mittlere Preisklasse.

Rest. Utama, Av. 16 de Julio 1789 (Prado), Tel. 37 83 11. Aussichtsrestaurant

im 11. Stock des Hotel Plaza, gehobene Preisklasse.

Rest. Vienna, C. Federico Zuazo 1905, So nur mittags. Gute europäische und bolivianische Küche

... im Stadtviertel Sopocachi:
La Quebecoise, Av. 20 de Octubre 2355, Tel. 31 06 48, So Ruhetag. Kleines, stilvolles Restaurant; nicht billig, aber ausgezeichnete Küche.

El Vagón, C. Pedro Salazar 382, Tel. 43 24 77; Sa und So abends geschl. Einfaches, aber nettes Lokal mit regionaltypischen Gerichten, günstig.

El Arriero, Av. 6 de Agosto 2523. Empfehlenswerte *churrasquería* (Grillgerichte).

Reineke Fuchs Bierkneipe, Pasaje Jáuregui 2241, Tel. 32 69 79. Gemütliche Kneipe mit deutschen und einheimischen Biersorten und Gerichten.

Ristorante Pronto, Pasaje Jáuregui 2248, Tel. 35 58 69. Gutes italienisches Lokal mit hervorragender hausgemachter Pasta.

... im Süden:
La Suisse, Av. Muñoz Reyes 1710, Calacoto, Tel. 79 31 60. Eines der besten und vornehmsten Restaurants der Stadt, ausgezeichnete Küche, Reservierung erbeten.

Die meisten Kneipen befinden sich im Stadtviertel **Sopocachi**, unterhalb des Zentrums.

Café La Terraza, Av. 16 de Julio 1615 (Prado). Nettes Café, auch abends geöffnet.

Thelonius Jazz Bar, Av. 20 de Octubre 2172, Tel. 33 78 06. Mo–Sa ab 19 Uhr, So Ruhetag, Mi–Sa ab ca. 22 Uhr Live-Bands.

Café Montmartre, C. Guachalla 399, So Ruhetag. Zeitgemäße Café-Bar.

Diesel Nacional, Av. 20 de Octubre 2271, Tel. 31 04 34, Mo–Sa ab 20 Uhr, So Ruhetag. Modern gestylte Szenekneipe, gelegentlich Live-Musik.

Pig & Whistle, C. 6 de Agosto/Ecke Lismaco Gutiérrez 319. Gemütliches britisches Pub.

Britannia, C. Balliván 15–17 # 927, Calacoto. Neues Pub im Süden.

Folkloremusik und **Tanz** bieten:
Peña Los Escudos, Av. Mariscal Sta.
Cruz, Tel. 32 20 28, So geschl.;
Peña El Parnaso, C. Sagárnaga 189,
Tel. 31 68 27 – nur Do/Fr/Sa;
Peña Huari, C. Sagárnaga 339,
Tel. 31 62 25;
Peña Marka Tambo, C. Jaén 710,
Tel. 34 04 16;
Rest./Peña Casa del Corregidor,
C. Murillo 1040, Tel. 36 36 33.

 Museo Tambo Quirquincho,
Plaza Alonso de Mendoza,
Di–Fr 9.30–12.30 und 15–19 Uhr.
Museo de Arte Sacro (Kathedrale),
C. Socabaya 432, Di–Fr 9.30–12.30 und
15–19 Uhr, Sa 9.30–13 Uhr.
Museo Nacional de Arte, Plaza Murillo,
Tel. 37 11 77, Di–Fr 9–12.30 und 15–19 Uhr,
Sa/So 10–13 Uhr.
Museo de Etnografía y Folklore,
C. Ingavi 916, Tel. 35 85 59, Di–Fr 9–12.30
und 15–19, Sa/So 9–13 Uhr; Eintritt frei.
Museos Municipales (Museo Casa de
Murillo; Museo de Metales Preciosos Pre-
colombinos; Museo del Litoral; Museo
Costumbrista Juan de Vargas),
C. Jaén, Tel. 37 14 79, Di–Fr 9.30–12.30 und
15–19, Sa/So 10–12.30 Uhr; Sammelticket.
Museo Nacional de Arqueología
(früher Museo Tiahuanaco),
C. Tiwanaku 93, Tel. 31 16 21,
Mo–Sa 9–12 und 15–19 Uhr, So 10–13 Uhr.
Museo Marina Núñez del Prado,
Av. Ecuador 2034, Sopocachi, Tel. 32 49 06,
Mo–Fr 9.30–13 und 15–19 Uhr.
Musco de la Historia Natural,
Calle 16, Cotacota (Zona Sur),
Tel. 79 53 64, Mo–Fr 8.30–12,14.30–18 Uhr.
Museo de Textiles Andinos
Bolivianos, Plaza Benito Juárez 448,
Miraflores, Tel. 24 36 01, Mo–Sa 9.30–
12 und 15–18.30 Uhr, So 10–12.30 Uhr.

 Jardín Botánico, Cotacota
(Zona Sur), tägl. 8–17 Uhr.

Ausflüge in alle Landesteile mit
deutschsprachigen Reiseleitern,
Ausflugspakete zum Titicacasee mit
Tragflügelbooten, Hotel- und Flugservie-
rungen u.a.: Crillon Tours, Av. Camacho
1223, Tel. 33 75 33, Fax 811 64 81, titicaca@
caoba.entelnet.bo, www.titicaca.com.
Geführte **Studienrundreisen** in deutscher Sprache in kleinen Gruppen sowie
Jeeptouren für Individualreisende veranstaltet: La Paz Tours, Tel. 37 07 43, Fax
81 27 38, lapaztours@mail.zuper.net, Infos
in D: Tel. 0861/16 59 06, dkirst@t-online.de.
Abenteuerreisen (Trekking, Bergsteigen
etc.) mit geprüften Bergführern sind die
Spezialität von: Andean Summits, C.
Sagárnaga 189, Of. 101, Tel./Fax 31 74 97,
andean@latinwide.com, www.andean-
summits.com und Andes Expediciones,
Av. Camacho 1377, Tel. 31 96 55, Fax
39 23 44, andesexp@ceibo.entelnet.bo.
Trekking- und Mountainbike-Touren:
Bolivian Journeys, C. Sagárnaga 363,
Tel. 35 78 48, boljour@ceibo.entelnet.bo.
Zahlreiche weitere Anbieter in der Calle
Sagárnaga.

 Alasitas (Ende Jan.; das Fest des
Gottes des Überflusses Ekeko);
Fiesta del Señor Jesús del Gran Poder
(Ende Mai/Anf. Juni; mit Umzügen, mas-
kierten Tänzern und Folkloregruppen).

Große Auswahl an **Kunsthand-**
werk (Textilien, Lederwaren, Silberarbeiten etc.) in der C. Sagárnaga und C.
Linares, hinter der Iglesia de San Francisco.

Internationaler **Flughafen** in El Alto
(14 km); regelmäßige Flugverbin-
dungen in alle Landesteile Boliviens sowie
nach Cusco, Lima, Buenos Aires, Asun-
ción, Sao Paulo und Río de Janeiro.
Auskunft: LAB, Av. Camacho 1460,
Tel. 37 10 20 und 37 10 27.
Aero Sur, Av. 16 de Julio 616,
Tel. 81 72 81, Fax 31 39 57.
TAM, Plaza del Estudiante 1931,
Tel. 44 34 42, Fax 44 34 87.
Grupo TACA, Paseo El Prado 1479,
Edif. San Pablo, of. 401,
Tel. 31 31 32, Fax 35 06 62.
Lan Chile, Av. 16 de Julio, Edif. Mariscal
de Ayacucho, Suite 104,
Tel. 35 83 77, Fax 39 20 51.

VARIG, Av. Mariscal Sucre 1392,
Edif. Cámara de Comercio,
Tel. 31 40 40, Fax 39 11 31.

Zentraler **Busbahnhof** *(Terminal Terre-stre)* an der Plaza Antofagasta,
Tel. 28 05 51: regelmäßige Verbindungen
in alle Landesteile; mehrmals tägl. nach
Copacabana mit Transportes Manco Capac
(C. José María Aliaga 670, Tel. 35 00 33)
und Transtur 2 de Febrero (C. José María
Aliaga 287, Tel. 37 71 81), Fahrzeit 4–5 Std.,
Abfahrt vom jeweiligen Büro; nach Des-aguadero (Grenze zu Peru) 4x tägl. mit
Autolíneas Ingavi (C. José Mería Asín,
Tel. 32 89 81), Fahrzeit ca. 3 Std.; nach
Huatajata (Ostufer des Titicacasees) etwa
alle 30 Min. ab C. Manuel Bustillos/Ecke C.
Kollasuyo, Fahrzeit ca. 2 Std.; nach Sorata
2x tägl. ab C. Angel Babia im Friedhofsbe-zirk; Busse in die Yungas fahren ab Barrio
Villa Fátima, nördlich des Stadions.

Bahnhof *(Estación de Ferrocarril),*
Av. Manco Capac. Der Zugverkehr ab
La Paz wurde eingestellt, es gibt aber Bus-verbindungen nach Oruro mit Anschluß zu
den Zügen (siehe dort). Ein neuer Bahnhof
in El Alto ist in Planung. **Auskunft:**
BRACHA, Tel. 46 77 95, Züge nach Arica:
Tel. 77 18 81.

Zahlreiche **Autovermieter**, u.a.:
Imbex Rent a Car, Av. Montes 522/Ecke
Pucarani, Tel. 45 54 32, Fax 45 54 33,
info@imbex.com; **Localiza Rent a Car,**
Plaza España 7, Tel. 44 10 11, Fax 41 51 88,
www.localiza.com.br; **National Car Ren-tal,** Av. Sánchez Lima/Ecke Kantutani,
Tel. 43 01 39, Fax 39 11 89; **Oscar Crespo
Maurice Rent a Car,** Av. Simón Bolívar
1865, Miraflores, Tel. 22 09 89, Fax
24 26 08, ocmrent@caoba.entelnet.bo;
Petita Rent a Car, Cañada Strongest
1837, Tel. 37 91 82, Fax 48 38 48, petita@
latinwide.com (Jeeps, deutschsprachig).

Lima (PE)

Lage: C 8 (am Meer, ca. 150 m ü.M.)
Vorwahl: 01
Einwohner: ca. 8,5 Mio. (Großraum inkl.
Callao)

 INFOPERU, Jr. Belén 1066 (südl.
Plaza San Martín), Tel. 425 56 40,
Fax 431 01 17, infoperu@latinamil.com,
Mo–Fr 9–18 Uhr, Sa 10–14 Uhr.
PROMPERU, Calle 1 Oeste No. 50,
14. Stock, Urb. Corpac (San Isidro),
Tel./Fax 224 93 55,
infoperu@promperu.gob.pe,
www.peruonline.net, Mo–Fr 9–13 und
14–17 Uhr (ungünstige Lage).
Infobüro der Stadtverwaltung neben
dem Rathaus, Pasaje Sta. Rosa 134,
Tel. 427 60 80, Mo–Fr 9–17 Uhr.
Infokiosk, Miraflores, Parque Central,
tägl. 9–18 Uhr.
Goethe-Institut, Jr. Nazca 722,
Jesús María, Tel. 432 82 05.
Polizei, Comisaría para Turistas,
C. Belén 1098.

... in der Altstadt:
Hostal del Sol,
Jr. Rufino Torrico 773,
Tel. 428 13 53; sehr preiswert.
Einfaches *hostal* unter spanischer Leitung,
zentral und ruhig.
Hostal Bonbini,
Jr. Cailloma 209,
Tel. 427 64 92, Fax 427 30 27,
in D: 0861/16 59 06; günstig.
Neues *hostal* in zentraler Lage, freundliche
Zimmer mit schönem Bad.
Hotel Kamana,
Jr. Camaná 547,
Tel. 426 72 04, Fax 426 07 90,
kamana@amauta.rcp.net.pe,
www.kamanahotel.com; günstig.
Neueres Stadthotel mit recht guten Zim-mern, Restaurant.
Gran Hotel Bolívar,
Plaza San Martín,
Tel. 428 76 72, Fax 428 76 75,
bolivar@terra.com.pe; teuer.
Altehrwürdiges Luxushotel von 1924 mit
270 Zimmern.

Hotel Sheraton Lima,
Paseo de la República 170,
Tel. 315 50 16, Fax 315 50 30,
sheraton@correo.dnet.com.pe; Luxus.
Anonymer Luxus-Betonklotz mit Casino,
Restaurants, Swimmingpool, Nachtclub.

... in Miraflores:
Hostal El Patio,
Jr. Diez Canseco 341,
Tel. 444 21 07, Fax 444 16 63,
hostalelpatio@qnet.com.pe; günstig.
Nette Zimmer um einen kolonialen Innen-
hof, gute Lage.
Hostal The Place,
Av. La Paz 1090, Tel./Fax 444 45 89,
theplace@amauta.rcp.net.pe; günstig.
Neues *hostal* in Kolonialhaus.
Airport Inn,
Miguel Grau 191,
Tel. 447 49 43, Fax 446 02 67,
airport_inn@terra.com.pe; günstig.
Preisgünstiges neues Hotel, recht ordentli-
che Zimmer.
Hostal Huaychulo,
Av. 2 de Mayo 494,
Tel./Fax 241 31 30; moderat.
Älteres *hostal* unter deutscher Leitung.
Hotel Antigua Miraflores,
Av. Grau 350, Tel. 241 61 16, Fax 241 61 15,
hantigua@amauta.rcp.net.pe; teuer.
Angenehmes kleines Hotel in ehemaligem
Privathaus, ruhige Lage.
Faraona Grand Hotel,
Jr. Manuel Bonilla 185, Tel. 446 82 18,
in D: 0861/16 59 06, Fax 446 94 03,
faraona@goalsnet.com.pe,
www.faraonagrandhotel.com; teuer.
Neues, angenehmes 3-Sterne Hotel in
guter Lage Dachterrasse mit Pool.
Hotel Boulevard,
Av. José Pardo 771,
Tel. 444 65 62, Fax 444 66 02,
boulevard@amauta.rcp.net.pe; sehr teuer.
Angenehmes Hotel mit Pool, Restaurant,
große Zimmer.
Hotel Miraflores Park Plaza,
Av. Malecón de la Reserva 1035,
Tel. 242 30 00, Fax 242 33 93,
ventas@peruorientexpress.com.pe; Luxus.
Neues Top-Luxushotel mit allem Komfort,
Zimmer mit Meerblick.

... in San Isidro:
Basadre Suites,
Av. Jorge Basadre 1310,
Tel. 442 23 07, Fax 222 55 81,
reservas@hotelbasadre.com; teuer.
Kleines Hotel in ehemaligem Privathaus,
Swimmingpool, Zimmer mit Klimaanlage.
Meliá Lima,
Av. Salaverry 2599, Ecke Av. Faustino Sán-
chez Carrión, Tel. 411 90 00, Fax 411 90 29,
melialima@somelia.com; sehr teuer.
Modernes 5-Sterne-Hotel am Rand des
Stadtteils San Isidro mit allem Komfort.
Hotel El Olivar,
Jr. Pancho Fierro 194,
Tel. 221 21 21, Fax 221 21 41,
ventas@el-olivar.com.pe; Luxus.
Gutes Hotel in ruhiger Lage.
Country Club Lima,
Los Eucaliptos 590,
Tel. 211 90 00, Fax 211 90 02,
country@hotelcountry.com,
www.accesoperu.com/countryclub; Luxus.
Historisches Luxushotel mit viel Ambiente,
1998 renoviert, Zugang zu 18-Loch-Golf-
platz, sehr komfortable Zimmer u. Suiten.

... außerhalb:
La Punta B & B,
Jr. Saenz Peña 486–490, La Punta (Callao),
Tel./Fax 429 15 53, info@bed-and-
breakfast-la-punta.com; günstig.
Neue Privatpension in renoviertem, histo-
rischen Gebäude auf der Landzunge La
Punta, deutschsprachige Besitzer.
Hotel El Pueblo,
Sta. Clara, Carretera Central km 11,
Tel. 356 00 42, Fax 356 00 20,
ameripue@chavin.rcp.net.pe,
www.hoteleslasamericas.com;
teuer–Luxus.
Luxuriöser Hotelkomplex im Stil eines
andalusischen Dorfes, großzügige Anlage
mit Pool, Tennisplatz, Restaurant etc.
**Weitere Unterkünfte in Chaclacayo (s.
S. 295).**

Jugendherbergen:
Albergue Juvenil,
Av. Casimiro Ulloa 328, Miraflores (Süd),
Tel. 446 54 88, Fax 444 81 87,
hostell@mail.cosapidata.com.pe;

sehr preiswert–günstig.
Sauber, Privatzimmer oder Schlafraum.
Mochilero's Backpacker Hostel,
Av. Pedro de Osma 13, Barranco, Tel.
477 45 06, backpacker@amauta.rcp.net.pe.
Neue Herberge in historischem Gebäude,
direkt im Zentrum von Barranco.

... in der Altstadt:
Bohemia, Nicolas de Rivera El Viejo
142, Tel. 427 55 37, Sa geschlossen.
Nettes Straßencafé hinter dem Rathaus,
kleine Gerichte, Pasta und Pizza.
L'Eau Vive, Jr. Ucayali, gegenüber Palacio
Torre Tagle, Tel. 427 56 12. Von französischen Nonnen geleitet, gute Gerichte,
preiswerter Mittagstisch.

... in Miraflores:
Gatopardo, Av. Pardo 635, Tel. 447 78 62.
Nettes Lokal, günstiges Mittagsmenü,
abends beliebter Treffpunkt.
Punta Sal, Malecón Cisneros Cdra. 3,
Tel. 242 45 24. Fischrestaurant mit Meer-
blick, günstiges Buffet, täglich 10–17 Uhr.
La Enoteca, Pasaje Tello 269, Tel.
444 33 76, So geschl. Kleines Restaurant
mit Vinothek, span. Küche, moderat.
La Posada del Marqués, Av. Grau 498,
Tel. 447 48 38. Nettes Restaurant, spani-
sche Küche, gute Paella.
Carlin, Av. La Paz 646, Tel. 444 41 34.
Gemütliches Restaurant, landestypische
und internationale Gerichte, nicht billig.
Zeño Manué, Jr. Dos de Mayo, Miraflo-
res, Tel. 444 90 49. So. abends geschlos-
sen. Restaurant (*comida criolla* und Fisch)
mit Tanzshow,
Sachún, Av. del Ejercito 657, Tel. 441
01 23. Täglich Tanzdarbietungen aus allen
Landesteilen, typische Küche, relativ teuer.
Brujas de Cachiche, Av. Bolognesi 460,
Tel. 447 18 83, So. abends geschl.
Ansprechendes Restaurant, peruanische
Küche, gehobene Preisklasse.
Astrid & Gastón, Jr. Cantuarias 175,
Tel. 444 14 96. Vornehm und teuer, interna-
tionale Küche.
La Rosa Nautica, Jr. Costa Verde. Tel.
447 00 57. Gutes Fischrestaurant in spekta-
kulärer Lage am Meer, gehobene Preise.
Costa Verde, Playa Barranquito, Tel.

477 24 24. Exklusives Fischlokal am Meer.

... in anderen Stadtvierteln
Pizzeria Antica, Av. 2 de Mayo 728, San
Isidro, Tel. 222 84 37. Beliebtes rustikal-
gemütliches Lokal, gute Holzofenpizza,
mittlere Preisklasse.
Canta Rana, Genova 101, Barranco, Tel.
477 89 34. Einfaches Lokal, gute und gün-
stige Fischgerichte und Meeresfrüchte.
El Eslabon, Av. Aviación 3390, San Borja,
Tel. 476 24 19. Peña mit Folklore (Fr/Sa)
und Restaurant.
Peña Poggi, Jr. Luna Pizarro 587, Bar-
ranco, Tel. 477 08 78. Beliebte peña mit
Restaurant (comida criolla), Do/Fr/Sa
Tanzshow.

 Lima hat zahllose Bars, Pubs, Knei-
pen und Nachtclubs, v. a. in den
Stadtvierteln San Isidro, Miraflores und
Barranco.
Hard Rock Café, im Einkaufszentrum
Larcomar, Miraflores, Tel. 446 84 00. Mi.
und Do. Live-Musik.
Treff Pub Aleman, Av. Benavides 571-10,
Miraflores. Nette Kneipe mit Billardtisch.
Jazz Zone, Av. La Paz 646, Miraflores.
Nette Kneipe mit Live-Musik (Jazz).
Murphy's Irish Pub, Schell 627, Miraflo-
res. Gemütliches Pub mit Restaurant.
Las Brisas del Titicaca, Jr. Walkuski 168,
Tel. 332 19 01. Derzeit beste *peña* der Stadt
mit folkloristischen Tanzdarbietungen.
Hatuchay, Jr. Trujillo 28, Rímac, Tel.
427 28 27. Peruanische Musik und Tanz
(nur Fr/Sa ab 21.30 Uhr).

Kolonialhäuser:
Palacio de Torre Tagle, Jr. Ucayali
358, Besichtigung nur nach Voranmel-
dung, Tel. 311 24 00, 31 68 00.
Casa de Aliaga, Jr. de la Unión 224,
Besichtigung nur nach Anmeldung bei
Lima Tours, Tel. 424 51 10 oder 241 77 51.
Casa de Goyoneche, Jr. Ucayali 359,
Besichtigung nur nach Anmeldung.
Casa Oquendo de Osambela,
Jr. Conde de Superunda 298,
Mo–Fr 9.30–17 Uhr, Eintritt frei.
Quinta de Presa, C. Presas, Rímac,
Di–So ca. 10–18 Uhr.

Kirchen und Klöster:
Kirche und Kloster La Merced,
tägl. 8–12.30 und 16–21 Uhr.
San Agustín, Di–So 8–11, 16.30–19 Uhr.
San Pedro, tägl. 6.30–13, 17–20 Uhr.
Kloster San Francisco,
tägl. 7–12 und 16.30–20 Uhr, Eintritt.
Kathedrale, Mo–Fr 10–13, 14–17,
Sa 10–16 Uhr, Eintritt.
Kirche und Kloster Sto. Domingo, Mo–
Sa 9–12, 15–17.30, So 9–12 Uhr, Eintritt.
Santuario de Sta. Rosa de Lima,
tägl. 8–13 und 15–18 Uhr, Eintritt frei.
Las Nazarenas, Mo–Sa 6–12 und
17–20.30 Uhr, So 6–12 und 16–20.30 Uhr.
Jesús, María y José, Mo–Sa 6.30–12
und 15–20 Uhr.

Archäologische Stätten:
Puruchuco, Carretera Central km 7,5
(Ate-Vitarte), tägl. 9–17 Uhr.
Cajamarquilla, Carretera Central km 15,
tägl. 9–17 Uhr.
Pachacamac, Carretera Panamericana
Sur km 33, tägl. 9–16 Uhr, Tel. 430 01 68,
www.wpro.com/pachacamac.

 **Museo del Banco Central de la
Reserva,** Jr. Ucayali 291/Ecke Jr.
Lampa, Di–Fr 10–16.30 Uhr, Sa/So 10–13
Uhr, Eintritt frei.
Museo de la Inquisición, Jr. Junín 548
(Plaza Bolívar), Tel. 427 03 65, Mo–Fr 9–17
Uhr, Sa 9–12 Uhr, Eintritt frei.
Museo de Correo (Postmuseum),
Jr. Conde de Superunda 170 (Hauptpost),
Mo–Fr 8.30–13, 14–18, Sa 8.30–13.30 Uhr,
So 8.30–12 Uhr, Eintritt frei.
Museo de Arte de Lima,
Paseo Colón 125, Tel. 423 63 32,
Di–So 10–13.30 und 14–17 Uhr.
Museo de Arte Italiano,
Paseo de la República 250,
Tel. 423 99 32, Mo–Fr 9–16 Uhr.
**Museo Nacional de la Cultura
Peruana,** Av. Alfonso Ugarte 650,
Tel. 423 58 92, Mo–Fr 10–17, Sa 9–17 Uhr.
Convento de los Descalzos (Museum
religiöser Kunst), Jr. Alameda de los Des-
calzos, Rímac, Tel. 481 04 41,
tägl. 9.30–13 und 15–18 Uhr.
Museo Taurino de Acho, Puente Piedra,

Rímac, Mo–Sa (Okt.–Dez. auch So) 9–16
Uhr.
Museo Amano, Jr. Retiro 160, Miraflores,
Tel. 441 29 09, Führungen Mo–Fr 15, 16
und 17 Uhr, tel. Anmeldung erforderlich,
Eintritt frei.
Colección Enrico Poli, Jr. Lord
Cochrane 466, Miraflores, Tel. 422 24 37,
Privatsammlung, Besichtigung nur nach
Voranmeldung, Eintritt 10 US-$.
Museo de la Nación, Av. Javier Prado
Este 2465, San Borja, Tel. 476 98 79, Di–So
9–18 Uhr (Einlaß bis 17 Uhr).
**Museo de Oro/Museo de Armas del
Mundo,** Av. Alonso de Molina 1100,
Monterrico, Tel. 345 12 92, 345 12 71,
tägl. 11.30–19 Uhr.
**Museo Nacional de Arqueología,
Antropología y Historia,** Plaza Bolívar,
Pueblo Libre, Tel. 463 50 70,
Di–So 9–17 Uhr.
Museo Rafael Larco Herrera, Av.
Bolívar 1515, Pueblo Libre, Tel. 461 18 35
und 461 13 12, www.tsi.com.pe/museol-
arco, Mo–Sa 9–18 Uhr, So 9–13 Uhr.
**Museo de Arte Colonial Pedro de
Osma,** Pedro de Osma 421, Barranco,
Tel. 467 00 63 und 463 01 41,
Di–So 10–13.30 und 14.30–18 Uhr.
Museo Histórico Militar, Fuerte Real
Felipe, Callao, Di–Sa 9.30–15 Uhr.

 Bootsausflüge zur Isla Palomino
ab La Punta (Callao) bieten u.a. Ex-
pediciones Viento Sur, Av. Arequipa 4064,
Tel. 242 66 55 an.
Deutschsprachige **Stadtführungen** und
Exkursionen in die Umgebung:
Receptour, Av. Alvarez Calderón 155,
Of. 304, San Isidro, Tel. 221 33 41, Fax
221 09 74, receptour@receptour.com und
Inkaland, C. Libertadores 451, San Isidro,
Tel. 448 21 86, Fax 448 44 27,
sinkaland@terra.com.pe.

Woche der **Stadtgründung** (15.–20.
Jan.); **Sta. Rosa de Lima** (30.
Aug.); **Señor de los Milagros** (18., 19.
und 28. Okt.); **Stierkampfsaison** (Nov.).

Viele **Indiomärkte** an der Av. de la
Marina (cuadra 9), Pueblo Libre,

sowie in Miraflores, Av. Petit Thouars 5242.

La Casa de la Alpaca, La Paz 679, Miraflores, Tel. 444 26 56. Alpaka-Produkte.
Mari Solari, Cajamarca 212, Barranco, Tel. 477 46 29. Diverses Kunsthandwerk.
Urpi Rumi, Buenos Aires 231, Miraflores, Tel. 446 02 01. Repliken des Goldschatzes von Sipán aus Silber und Gold.

 Flughafen (Aeropuerto Jorge Chávez), 16 km nordwestlich vom Stadtzentrum am Meer (Taxi ca. 10 US-$); tägl. Flüge in alle Landesteile (Auskunft: Tel. 433 37 11; Aero Continente, Tel. 242 42 60; LAN Peru, Tel. 221 37 64; TANS, Tel. 241 85 10. Zahlreiche internationale Verbindungen (Auskunft: Tel. 452 31 35).

Bahnhof Desamparados: Jr. Carabaya, 100 m nördlich der Plaza de Armas: Zugverkehr nach Huancayo derzeit eingestellt.

Busse (Fernverkehr): beste Verbindungen in alle Landesteile; die meisten Firmen in der Nähe der Plaza Grau.
Komfortable Fernreisebusse bieten Ormeño (»Royal Class«, Tel. 472 17 10, www.ascinsa.com.pe/ormeno) und Cruz del Sur (»Servicio Cruzero«, Tel. 225 90 90, www.cruzdelsur. com.pe).

Stadtverkehr: Colectivos, Micros und Busse, sehr günstig.
Taxi: Privat-PKWs mit ›Taxi‹-Schild in der Windschutzscheibe können überall angehalten werden, keine Taxameter, daher Preis vorher aushandeln, günstig (Stadtfahrt ab 2 US-$). Gut und teuer: Funktaxis, Tel. 438 50 59, 444 97 63, 446 39 53.

Mietwagen: zahlreiche Anbieter am Flughafen und in der Innenstadt (meist in Miraflores). Empfehlenswert und günstig:
Dollar Rent a Car, Av. Cantuarias 341, Miraflores, Tel. 444 30 50 (Flughafenbüro, tägl. 24 Std. geöffnet, Tel. 575 17 19), dollar-soto@terra.com.pe; **Inka's Rent a Car** (Hertz), Cantuarias 160, Miraflores, Tel. 445 57 16, Fax 447 25 83, inkasrc@ terra.com.pe und **Buget Car Rental,** Av. la Paz 522, Miraflores, Tel. 444 45 46,

budgetperu@tci.net.pe.
(Preisbeispiel: Mittelklassewagen inkl. Versicherung, 200 Frei-Km: 45 US-$/Tag.)

Los Espejillos (BOL)

Lage: L 5 (nicht verzeichnet, 26 km südwestl. von Sta. Cruz)

 Hotel Balneario Espejillos, Reservierung Tel. 03/33 00 91, Fax 33 49 64; günstig (Wochenende + 10 US-$). Beliebtes Wochenend-Badehotel in schöner Umgebung, Anfahrt über 18 km Schitterpiste, Zimmer einfach, aber ordentlich, Camping möglich.

Máncora (PE)

Lage: A 12 (nicht verzeichnet, Nordküste, zwischen Talara und Tumbes am Meer)
Vorwahl: 074

An Feiertagen – Weihnachten, Ostern etc. – und von Jan. bis März steigen die Zimmerpreise um bis zu 50 % an.
Hospedaje Casablanca,
südliches Ortsende, an der Hauptstraße, Tel. 85 80 72; sehr preiswert.
Freundlich, einfache Zimmer.
Hostal Sol y Mar,
im südlichen Ortsteil, Tel. 85 81 06, hsolymar@hotmail.com; sehr preiswert.
Am Meer.
Hostal Sausalito,
an der Hauptstraße, Tel. 85 80 58 oder 01/479 07 79, jcvigo@terra.com.pe; sehr preiswert.
Ordentliches *hostal*, aber nicht am Meer, Zimmer mit Bad.
Bungalows Las Brisas,
ca. 2,5 km südlich (neben Las Pocitas), Tel. 85 80 47; günstig–moderat.
Einfache Anlage am Meer, Restaurant, Zimmer mit Bad, Bungalows (bis 6 Pers.)
Punta Ballenas Inn,
südliches Ortsende am Meer; günstig–moderat.

Restaurant mit Meerblick, einfache Zimmer mit Bad, Terrasse, Camping möglich.
Las Pocitas Beach Club,
ca. 2,5 km südlich, Tel. 01/470 80 99, Fax 01/472 20 56; moderat–teuer.
Angenehmes Strandhotel mit Pool unter Palmen, Restaurant, schöner Sandstrand mit felsigen Abschnitten, 18 nette Zimmer mit Bad, Hängematte mit Meerblick.
Las Arenas de Máncora,
ca. 4 km südlich, Tel. 85 82 40 oder 01/441 15 42, krysia@terra.com.pe; moderat.
Großzügige Anlage mit Pool, Restaurant und Bar, schöner Sandstrand, 8 Bungalows mit Deckenventilator, Bad.

Mollendo (PE)

Lage: F 5 (Südküste, ca. 120 km südl. von Arequipa am Meer)
Vorwahl: 054
Einwohner: ca. 15 000

 Hostal La Cabaña,
C. Comercio 240/Ecke Plaza de Bolognesi; sehr preiswert.
Einfaches Hotel im Ortszentrum.
Hostal Paraiso,
C. Arequipa 553; sehr preiswert.
Ordentliche Zimmer mit Bad.
Mollendo Hotel,
C. Arequipa 212 (Plaza Grau); sehr preiswert
Älteres Hotel, zentrale Lage.
Hostal El Hostalito,
C. Mayor Blondell 169, Tel. 53 36 74, Fax 53 43 65; sehr preiswert.
Ordenliches *hostal* im Zentrum.

 Marco Antonio, C. Comercio 254 (Plaza Bolognesi) Tel. 53 42 58.
Gutes Fischlokal.
Pizzería Toldo, Plaza Bolognesi. Italienisches Lokal im Zentrum.

Moquegua (PE)

Lage: G 5 (südl. Küstenbereich, ca. 210 km südl. von Arequipa, 1440 m ü.M.)
Vorwahl: 054
Einwohner: ca. 30 000

 Hotel Los Limoneros,
C. Lima 441, Tel. 76 16 49; sehr preiswert.
Einfach und sauber, kleiner Garten, zentral.
Hotel El Mirador,
Tel. 76 17 65, 01/440 17 44, Fax 76 18 95, hmirador@derramaje.org.pe; günstig–moderat.
Schöne Lage am Hang, etwa 3 km außerh., Restaurant, Pool, Zimmer und Bungalows

Nazca (PE)

Lage: E 6 (440 km südl. von Lima, 588 m ü.M.)
Vorwahl: 034
Einwohner: ca. 40 000

 Touristeninformation, Jr. Arica 285 (Pl. de Armas), Tel./Fax 52 24 81.

 Hostal Lima,
Av. Los Incas 17, Tel. 52 24 97; sehr preiswert.
Neues *hostal* am Ortseingang, einfache, aber ordentliche Zimmer mit/ohne Bad.
Hostal Las Lineas,
Jr. Arica 299 (Plaza de Armas), Tel. 52 24 88; sehr preiswert.
Einfache Zimmer mit Bad, zentral.
Hostal El Nido del Condor,
Panamericana Sur km 447 (gegenüber Flughafen), Tel./Fax 52.2424, contanas@net.telematic.com.pe; sehr preiswert.
Ordentliche, z.T. neue Zimmer mit Bad.
Hostal Don Agucho,
Av. Paredones / Av. San Carlos 100, Tel./Fax 52 20 48, delcyr@hotmail.com; günstig.
Nette Anlage mit Kakteen, Pool im Bau, ordentliche Zimmer.
Hotel Alegría,
Jr. Lima 168, Tel. 52 24 44, Fax 52 34 31,

alegriatours@hotmail.com; günstig.
Modernes Gebäude, verkehrsgünstig.
Hotel de la Borda,
Panamericana Sur km 447, Tel. 52 27 50,
Fax 52 30 55 oder Tel. 01/440 84 30;
moderat.
Ehemalige Hacienda mit Garten, Swim-
mingpool und großen Zimmern, etwas
außerhalb in der Nähe des Flughafens
gelegen, Umbau geplant.
Hotel Nazca Lines,
Jr. Bolognesi, Tel. 52 22 93 oder
01/460 65 27, Fax 52 21 12,
otorres@derramajae.org.pe; teuer.
Älteres Hotel mit Restaurant, schöner
Innenhof mit Swimmingpool.

La Cañada, Jr. Lima 160 (gcgcn
über Ormeño-Busbahnhof),
Tel. 52 31 18. Nettes Lokal, *comida criolla*
und internationale Küche.
La Taberna, Jr. Lima 326. Angenehmes
Lokal, gute Fischgerichte, abends Bar mit
Musik.
Pizzería El Puqio, Jr. Bolognesi/Ecke
Grau. Kleine Pizzeria im Zentrum.
Rest. La Choza, Jr. Bolognesi/Ecke Fer-
min del Castillo. Nettes Ambiente, günstig.
Rest. La Encantada, Jr. Fermin del
Castillo/Ecke Jr. Callao. Große Auswahl,
gute Küche, etwas teurer.

Rundflug über die Nazca-Linien
mit Aero Cóndor (Tel. 52 11 68,
contanas@terra.com.pe), Aero Ica (Tel.
52 24 34), aeroica@terra.com.pe), Aero
Nazca (Tel./Fax 52 22 97), Aeroparacas (Tel.
52 26 88, aeroparacas@wayna.rcp.net.pe),
und Alas Peruanas (c/o Alegría Tours);
Preis: ca. 40 US-$ p. P. (30 Min.);
Auskunft am Flughafen: Tel. 52 33 80.
Ausflüge in die Umgebung organisiert
Alegría Tours im gleichnamigen Hotel,
Tel. 52 24 44, alegriatours@hotmail.com.

Semana Turística (Mai);
Fest des **Schutzheiligen** von Nazca
(1. Sept.-Woche).

Busse nach Lima (6 Std.) und
Arequipa (8 Std., nur Nachtbusse):
Ormeño, Av. Los Incas 112, Tel. 52 20 58;

CIVA, neben Guardia Civil (Abzw. zum
Flughafen), Tel. 52 30 19. Regelmäßig
Colectivos nach Ica ab Panamericana.

Ollantaytambo (PE)

*Lage: F 7 (nicht verzeichnet, 78 km ab
Cusco am Río Urubamba, 2750 m ü.M.)
Vorwahl: 084*

 Hostal Ollanta,
Plaza de Armas (Südseite),
Tel. 20 41 16; sehr preiswert.
Einfache Unterkunft im Ortszentrum.
Albergue Kapuly,
am Bahnhof, Tel./Fax 20 40 17;
sehr preiswert.
Einfach, sauber, Gemeinschaftsbad,
freundlich.
El Albergue,
am Bahnhof, Tel./Fax 20 40 14; günstig.
Einfache Zimmer, schöner Garten, unter
amerikanischer Leitung.
Hostal Sauce,
Ventidero 248 (Plaza Richtung Ruinas),
Tel. 20 40 44, Fax 20 40 48,
hostalsauce@tsi.com.pe; moderat.
Neues *hostal* mit ordentlichen Zimmern,
teilweise mit Blick zu den Ruinen.
Hotel Pakaritampu,
C. Ferrocarril, Tel./Fax 20 40 20,
hotel@pakaritampu.com; teuer.
Neue Hotelanlage in der Nähe des Bahn-
hofs, Restaurant/Bar, geschmackvoll deko-
rierte Zimmer.

außerhalb:
Nustayoc Mountain Lodge,
Chillca, Tel. 20 40 98, 01/275 07 06,
raggia@ec-red.com,
www.nustayoclodge.com; moderat.
Neue Lodge in der Nähe der Bahnstaion
Chillca, guter Ausgangspunkt für den Inka-
Trail und andere Wanderungen, schöne
Zimmer mit Bad, deutschsprachig.

 Ruinen von Ollantaytambo,
tägl. 7–17.30 Uhr *(boleto turístico,
s. Cusco).*
Museo Centro Andino, Tel. 20 40 24,
tägl. 10–13 und 14–16 Uhr.

Regelmäßiger **Busverkehr** nach Urubamba und Cusco.

Die **Züge** nach Machu Picchu treffen etwa 2 Std. nach ihrer Abfahrt in Cusco am Bahnhof von Ollantaytambo ein; umgekehrt fahren sie von dort etwa 1,5–2 Std. nach ihrer Abfahrt in Machu Picchu weiter nach Cusco. Zusätzlich verkehren Züge der Klasse »ferrostal« nach Machu Picchu um 6.30, 9.30, 12.35 (nur Mai–Oktober), 15.35 und 19 Uhr, Fahrpreis: 55 US-$ (hin & zurück), sowie einfachere Züge der Klasse »Backpacker« um 9.40 und 15 Uhr, Fahrpreis: 25 US-$ (hin & zurück, ab 2002: 30 US-$). Der Lokalzug (»tren local«) darf von Touristen nicht mehr benutzt werden!

Oruro (BOL)

Lage: J 5 (235 km südwestl. von La Paz, 3700 m ü.M.)
Vorwahl: 052
Einwohner: ca. 200 000

 Oficina Regional de Turismo, Plaza 10 de Febrero (Edif. Prefectura), Tel. 517 64 und 501 44, Mo–Fr 8.30–12 und 14–18 Uhr.

 Hotel Monarca, Av. 6 de Agosto 1145 (Ecke Ejército Nacional), Tel. 543 00, Fax 500 06; sehr preiswert.
Neues Hotel, einfache, aber ordentliche Zimmer mit Bad.
Hotel Sucre,
C. Sucre 510, Tel. 538 38, Fax 541 10; sehr preiswert–günstig.
Einfaches Hotel, kühle Zimmer mit und ohne Bad.
International Park Hotel,
Terminal de Buses, Tel. 531 27, Fax 531 87; günstig.
Ex-›Hotel Terminal‹, Restaurant, Disco, 108 meist kleine Zimmer mit Heizung und Bad.

 Die meisten Lokale schließen abends schon gegen 21 Uhr.
Nayjama, C. Pagador/Ecke Aldana, Tel. 520 53. Einfach, mit regionaltypischen Gerichten, Spezialität: Lamm *(cordero).*

Unicornio, C. La Plata/Ecke Plaza 10 de Febrero. Einfache Gerichte, günstig.

 Casa de la Cultura (Museo Patiño), C. Galvarro 5755 (Ecke Ayacucho): Mo–Fr 9–12 und 14.30–18 Uhr.

 Der **Karneval** von Oruro ist über die Landesgrenzen hinaus bekannt.

 Regelmäßige **Busverbindungen** nach La Paz, Cochabamba und Potosí, tägl. 9 und 19 Uhr nach Uyuni (ca. 9 Std.).
Zugverbindungen: nach Uyuni und Villazón (Grenze nach Argentinien): Mo 11 Uhr (nur bis Tupiza) und Fr 15 Uhr (*Expreso del Sur,* ca. 6,5 bzw. 15 Std.) sowie Mi und So, jeweils 19 Uhr (*tren local* »*Wara Wara*«); dieser Zug hat Anschluß in Uyuni nach Ollagüe (Grenze nach Chile, ca. 20–25 Std.); Auskunft: FCA, Velasco Galvarro, Tel. 746 05.

Paracas (PE)

Lage: D 7 (nicht verzeichnet, 15 km südl. von Pisco am Meer)
Vorwahl: 034
Einwohner: 1200

 Die besseren Hotels verlangen am Wochenende (Fr/Sa) bis zu 30% mehr.
Hostal El Amigo,
El Chaco, Tel. 54 50 42; sehr preiswert.
Einfache Zimmer mit Bad.
Hostal Ballestas Islands,
El Chaco, Tel. 54 50 89, hballesta@mixmail.com; sehr preiswert.
Einfache, aber recht ordentl. Zimmer.
Hospedaje El Chorito,
Plaza de Armas, Chaco, Tel. 54 50 45; sehr preiswert.
Neues *hostal*, Restaurant, ansprechende Zimmer, z.T. mit kl. Balkon und Meerblick.
Hostería Paracas,
vor Hotel Paracas, Tel. 26 19 28; günstig.
Ältere Anlage in Meernähe mit Pool und Restaurant.

Hostal El Condor,
Urb. Sto. Domingo (1 km nach Hotel Paracas), Tel. 54 50 80, Fax 54 50 79; günstig.
Nettes kleines Hotel in ruhiger Lage am Meer mit Garten, Swimmingpool, Restaurant, guter Zimmerstandard.

Hostal El Santuario,
vor Hotel Paracas,
Tel./Fax 66 50 48; moderat.
Ordentliches *hostal* mit Restaurant.

Hotel Paracas,
Tel./Fax 54 51 00 oder 01/242 85 41,
hparacas@terra.com.pe,
www.hotelparacas.com; teuer.
Schöne Lage am Meer, Restaurant, zwei große Swimmingpools, ältere Zimmer.

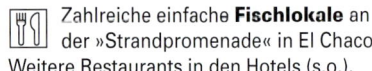 Zahlreiche einfache **Fischlokale** an der »Strandpromenade« in El Chaco. Weitere Restaurants in den Hotels (s.o.).

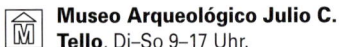 **Museo Arqueológico Julio C. Tello**, Di–So 9–17 Uhr.

 Bootstouren zu den Islas Ballestas/Reserva Nacional: Abfahrt nur vormittags, ca. 10–20 US-$ p. P. inkl. Transfer ab Pisco; zahlreiche Veranstalter, u. a. Ballestas Travel (Tel. 53 30 95), Reservas Tours (Tel. 53 25 13), Paracas Tours (Tel. 53 36 30) sowie über die Hotels.

Paramonga (PE)

Lage: C 9 (nicht verzeichnet, 205 km nördl. von Lima am Meer)

 Ruinen von Paramonga,
tägl. 8–18 Uhr.

Pimentel (PE)

Lage: B 11 (nicht verzeichnet, ca. 8 km außerhalb von Chiclayo am Meer)

Einfache Unterkunft mit Privatbad in Meernähe bieten die *hostals* **Naylamap** und **Garuda** in der C. Quiñones; sehr preiswert.

Pisac (PE)

Lage: F 7 (nicht verzeichnet, am Río Urubamba, 2970 m ü.M.)
Vorwahl: 084

 Hotel Pisaq,
Plaza Pisac, Tel./Fax 20 30 62; sehr preiswert.
Einfache, aber nette Zimmer, Gemeinschaftsbad, freundlich.

Hotel Royal Inka Pisac,
Carretera Pisac Ruinas, Tel./Fax 20 30 64, royalinka@mail.cosapidata.com.pe; moderat.
Ehemalige Hacienda am Stadtrand mit Restaurant, überdachtem Pool, Tennisplatz, Sauna etc.

 Ruinen von Pisac, tägl. 7–17.30 Uhr *(Boleto Turístico).*

 Thermalbäder in Lamay und Machacancha.

Textilien und Keramiken auf dem **Wochenmarkt** (tägl.).

Pisco (PE)

Lage: D 7 (ca. 240 km südl. von Lima)
Vorwahl: 034
Einwohner: ca. 90 000

Hostal Posada Hispana,
Bolognesi 236, Tel./Fax 53 63 63, posadahispana@terra.com.pe, www.posadahispana.com, sehr preiswert.
Nettes *hostal* in zentraler Lage, einfache, aber ordentliche Zimmer.

Hostal El Candelabro,
Jr. Callao/Ecke Pedemonte,
Tel. 53 26 20 oder 01/435 51 35; sehr preiswert–günstig.
Zimmer mit Bad, TV und Kühlschrank.

Hotel Regidor,
Calle Arequipa 201, Tel./Fax 53 52 20, regidor@terra.com.pe; günstig.
Modernes Hotel, recht gute Zimmer.

 **As de Oros,** Av. San Martín 472, Tel. 53 20 10. Gute Küche, Spezialität: Fisch und Meeresfrüchte.
Don Manuel, Jr. Comercio 187. Einfaches Lokal, internationale Küche, günstig.
Mehrere **Fischlokale** in San Andrés, ca. 5 km Richtung Paracas.

Busverbindungen nach Lima, Ica, Nazca und Arequipa ab Jr. Callao, Kleinbusse nach Paracas ab Mercado.

Piura (PE)

Lage: A 11–12 (nördl. Küstenbereich, 60 km vom Meer)
Vorwahl: 074
Einwohner: 278 000

 Tourist-Info, Av. Ayacucho 377 (Plaza de Armas), Tel. 33 43 28, Mo–Fr 8–14 Uhr.

Hostal California, C. Junín 837; sehr preiswert. Kleines, nettes *hostal,* Gemeinschaftsbad.
Hotel Tambo, Jr. Callao 546, Tel. 32 23 12; sehr preiswert. Ordentliche Zimmer mit Bad.
Hostal San Jorge, Av. Loreto 960, Tel. 32 75 14; sehr preiswert. Recht ordentlich, Zimmer mit Teppich, TV und Bad.
Hostal Diplomatic, Jr. Tacna 342, Tel. 32 52 43, Fax 33 24 85; sehr preiswert. Neues *hostal,* sauber, mit Bad, TV, Minibar.
Vicús, Av. Guardia Civil B-3, Urb. Miraflores, Tel. 34 32 01, Fax 34 32 49, hotelvicus@mail.ude.edu.pe; sehr preiswert. Älteres, aber gepflegtes Hotel, Bad, TV.
Hotel Río Verde, Av. Ramón Mujica, Urb. San Eduardo, El Chipe, Tel. 32.8486, Fax 32 65 63, hotel@rioverde.com.pe; moderat. Bestes Hotel der Stadt, etwas außerh. im Norden, schöne Anlage, Pool, Restaurant, großzügige Zimmer mit allem Komfort.

 VIP Salón (Centro Recreativo Miraflores), Av. Guardia Civil/Ecke Cayetano Heredia. Angenehmes Restaurant, Pizza, Pasta, Sandwiches, Fisch- und Fleischgerichte.
La Granja, Panamericana Sur km 1. Große Auswahl, Spezialität: Fleischgerichte, Sa Live-Musik.
La Santitos/Carburmer Restaurant, Jr. Libertad 1014, Tel. 33 .23 80. Tagsüber landestypische Küche, abends gemütliches Pizzalokal: Pasta, Fleischgerichte.
Pizzería La Cabaña, Jr. Ayacucho 598/ Ecke Cuzco. Einfaches Pizzalokal.
El Chalán, Jr. Tacna 520 (Plaza de Armas). Frühstück, Torten.

 Disco Studio 1 (Centro Recreativo Miraflores), Av. Guardia Civil/ Ecke Cayetano Heredia. Fr/Sa beliebter Treffpunkt der Jugend.
Restaurant/Bar Bloom Moon, Jr. Ayacucho 552, Tel. 33 50 13, tägl. ab 22 Uhr Live-Musik, So Ruhetag.
Weitere Discos: **Flamingo, Bohemio´s** (beide Jr. Ayacucho), **El Tiburon** (neben Rest. La Granja).

 Museo Municipal, Av. Sullana/ Ecke Huánuco: Mo–Fr 9–13 und 16–19 Uhr, Sa/So 9–13 Uhr.
Casa Museo Almirante Grau, Jr. Tacna 662: Mo–Fr 8–13 und 16–18 Uhr, Sa/ So 8–12 Uhr, Eintritt frei.
Museo de Arte Religioso, Plaza Ignacio Merino (Eingang rechts neben der Iglesia Virgen del Carmen): Mo, Mi–Sa 9.30–12.30 und 16–19 Uhr, So 9–12 Uhr (Di geschl.), Eintritt frei.

Karwoche (Semana Santa) in Catacaos; **Tondero-Festival** (Okt.).

Flüge nach Lima, Chiclayo, Tumbes. **Busse** in alle Richtungen fahren ab Av. Sanchez Cerro (z. B. EPPO nach Talara und Máncora).

Playa Colán (PE)

Lage: A 12 (nicht verzeichnet,
ca. 70 km westl. von Piura am Meer)
Vorwahl: 074

 Hospedaje de Alfredo Leigh,
im nördlichen Ortsteil am Meer;
sehr preiswert.
Einfach, mit Gemeinschaftsbad.
El Sol de Colán Beach Hotel,
am nördlichen Ortsende, Tel. 32 17 84,
Fax 33 48 83, deltareps@terra.com.pe;
günstig–moderat.
Gepflegte Anlage am Meer, kleiner Strand,
Restaurant, Pool, 8 schöne Bungalows (bis
6 Pers.), 4 günstigere Zimmer mit Bad.
Playa Colán Lodge,
am südlichen Ortsende,
Tel. 32 88 73, Fax 33 43 79; günstig.
Etwas rustikaler als o. g. Hotel, aber
großzügiger, weiter Sandstrand, Restaurant, Pool, 2 Bungalows mit je 2 Zimmern,
sowie größere Bungalows (bis 6 Pers.).

Potosí (BOL)

Lage: K 4 (südl. Bergland, 4070 m ü.M.)
Vorwahl: 062
Einwohner: ca. 120 000

 Secretaría de Turismo,
C. La Paz/ Ecke Omnisti,
Tel. 274 77, Mo–Fr 9–12 und 15–18 Uhr.
Infokiosk an der Plaza 6 de Agosto (Ecke
Hoyos/Padilla), Mo–Fr 9–12 und 14–18 Uhr.

 Hostal María Victoria,
C. Chuquisaca 148, Tel. 221 32;
sehr preiswert.
Einfache Unterkunft mit Gemeinschafts-
bad, netter Innenhof, ruhige Lage.
Hostal Felimar,
C. Junín 14/Ecke Bolívar,
Tel./Fax 243 57; sehr preiswert.
Einfache, aber ordentliche Zimmer, zentral.
Hostal El Solar,
C. W. Alba 41/Ecke Av. Antofagasta,
Tel./Fax 279 51; sehr preiswert.

Kleine Privatpension, Nähe Plaza Estudi-
ante, ordentliche Zimmer mit Bad (24 Std.
Warmwasser).
Hotel Claudia,
Av. El Maestro 322,
Tel. 222 42, Fax 256 77; günstig.
Hochhaus mit Restaurant, gute Zimmer
mit Heizung und 24 Std. Warmwasser.
Hostal Colonial,
C. Hoyos 8,
Tel. 242 65, Fax 271 46; günstig.
Nettes Kolonialhaus in zentraler Lage,
Zimmer mit Heizung, 24 Std. Warmwasser.

... außerhalb:
Hotel El Tambo,
Carretera Oruro km 5,
Tel. 251 87, Fax 229 85; günstig.
Angenehmes Landhotel im Kolonialstil,
ruhige Zimmer mit Heizung und Kamin.
Hacienda Cayara,
Cayara (ca. 25 km von Potosí),
Tel. 260 83; günstig–moderat.
Alte Hacienda mit schönem Garten und
Kolonialkirche, einfache Zimmer mit Bad.

 Picantería El Dulce, C. La Paz/Ecke
Matos. Gemütliches Restaurant mit
ausgezeichneter landestypischer Küche zu
günstigen Preisen.
El Mesón, C. Tarija/Ecke Linares. Ordentliches Lokal an der Plaza, gute internationale Küche.
Rest. Museo San Marcos, C. La Paz/Ecke
Periodista. Nettes Lokal, landestypische
und internationale Gerichte.

Café Bohemia, C. Padilla (zwischen
Nogales und Chuquisaca). Nettes
Lokal, am Wochenende mit Live-Musik.
Restaurant Pogocchi, C. Millares 13/
Ecke Hoyos. Mi und Fr Folklore-Musik.
Pub La Herradura, C. Padilla/Ecke Che-
quisla. Gemütliche Kneipe mit Kamin.

Casa Real de La Moneda, C. Aya-
cucho, Di–Fr 9–12 und 14–18.30 Uhr,
Sa/So 9–13 Uhr.
Convento Sta. Teresa, C. Chichas/
Ecke Ayacucho, Mo–Sa 8.30–12 und
14.30–18 Uhr, So 9–12 und 15–18 Uhr.

Convento de San Francisco,
C. Tarija/ Ecke Nogales,
Mo–Sa 10–12 und 14.30–16.30 Uhr.
Museo Universitario, C. Bolívar,
Mo–Fr 8–12 und 14–18 Uhr.
Iglesia de San Agustín, C. Bolívar/
Ecke Quijarro, Anmeldung über Secretaria
de Turismo.

 Touren zu den Minen und Aus-
flüge in die nähere Umgebung
sowie nach Sucre, Uyuni und zur Laguna
Colorada bieten u.a.: Hidalgo Tours,
C. Bolívar/Ecke Junín, Tel./Fax 251 86,
uyusalht@ceibo. entelnet.bo; Trans-
Amazonas, C. Quijarro 12, Tel. 253 04;
Koala Tours, C. Oruro 136, Tel. 247 08.

Fiesta del Espíritu (Juni/Anf. Juli;
Ritual der Minenarbeiter zu Ehren
der Erdgöttin Pachamama mit einem
Lama-Opfer); **Fiesta de San Bartolomé**
(Ende Aug./Anf. Sept.; mit Prozessionen
und Tanzgruppen); **Exaltación de la Sta.
Vera Cruz** (14. Sept.; Musik und Tanz im
Bereich der Kirche San Lorenzo).

Nördlich des Stadtzentrums liegt
etwas abseits an der Calle Modesto
Omiste der **Mercado Artesanal,** ein
kleiner kunsthandwerklicher Markt, der
Mo–Sa tagsüber geöffnet ist.

Regelmäßige **Busverbindungen**
nach Uyuni (tägl. 12 Uhr, ca. 6–7
Std.), Sucre (3 Std.), Oruro/La Paz (7 bzw.
10–14 Std.) und Cochabamba (10–12 Std.,
nur nachts); bequeme **Sammeltaxis** nach
Sucre (Abfahrt sobald der Wagen mit 4
Personen besetzt ist; Auskunft Tel. 269 76).
Personenzugverkehr wurde eingestellt!
Unregelmäßige **Flugverbindung** nach La
Paz (besser ab Sucre), neuer Flughafen im
Bau.

Pucallpa (PE)

*Lage: D–E 10 (im Amazonas-Tiefland am
Río Ucayali, 200 m ü.M.)*
Vorwahl: 064
Einwohner: ca. 180 000

Dirección Regional de Turismo,
Jr. Raimondi, Tel. 57 15 06,
Mo–Fr 8–14,16–19 Uhr.
Infostelle am Flughafen.

Hostal Amazonas,
Coronel Portillo 729, Tel. 57 10 80;
sehr preiswert.
Einfache Zimmer, z. T. mit Privatbad.
Hostal Perú,
Raimondi 639, Tel. 57 51 28; sehr preiswert.
Sehr einfache, saubere Zimmer mit Bad
(Kaltwasser) und Ventilator.
Ruíz Hotel,
San Martín 475, Tel. 57 12 80, Fax 57 10 28,
hotelruiz@terra.com.pe; günstig.
Zentral, ordentliche Zimmer mit AC, TV,
Telefon, gutes Restaurant (typische Küche).
Hotel Mercedes,
Raimondi 610, Tel. 57 51 20,
Fax 57 11 91; günstig–moderat.
Älteres, renoviertes Hotel mit Pool,
Restaurant, hübscher Garten, ordentliche
Zimmer mit Klimaanlage.
Hotel Sol del Oriente,
San Martín 552, Tel. 57 51 54, Fax 57 55 10,
hsoloriente@qnet.com.pe; moderat–teuer.
Privatisiertes Staatshotel mit Pool, Garten,
Restaurant, Zimmer mit Klimaanlage etc.

... außerhalb:
Hostal Los Delfines,
Ruperto Pérez 101, Pto. Callao (Laguna
Yarinacocha); sehr preiswert.
Einfach, aber sauber, große Zimmer mit
Ventilator und TV.
Albergue Pandisho,
Laguna Yarinacocha, Tel. 57 50 41,
www.pandisho-lodge.terra.com.pe;
sehr preiswert.
Einfache Unterkunft inmitten tropischer
Natur mit Pool, Restaurant, freundlich.
Casa La Perla,
Laguna Yarinacocha, Tel./Fax 61 60 04;
günstig–moderat (inkl. VP).

Nette Familienpension, deutschsprachig, gepflegter Garten, Bootsausflüge.
Albergue Divina Montaña,
Carretera Frederico Basadre (12 km in Richtung Tingo María), Tel. 57 13 02, divinamontana@terra.co.pe; günstig. Pool, Restaurant, nette Bungalows.
Bungalows La Cabaña,
Laguna Yarinacocha, Tel. 61 66 79, Fax 57 24 72; moderat (inkl. VP).
Schöne Lage, unter US-amerikanischer Leitung, ältere Bungalows mit Bad, Restaurant, Bootsausflüge.

 El Establo, Carretera Frederico Basadre (4 km in Richtung Tingo María), Tel. 57 27 26. Gute Grillgerichte.
El Escorpion, Independencia 430, Tel. 57 45 16. Ausgezeichnete Fischgerichte und Meeresfrüchte.
Don José, Ucayali 661. Große Auswahl, gute Fruchtsäfte.
Panificadora Renzo, Coronel Portillo 339. Gutes Frühstück mit frischem Brot, leckere Kuchen und Torten.

 Bootsausflüge in den Urwald und zu Indianerdörfern werden von Reiseagenturen in Pucallpa und den Lodges an der Laguna Yarinacocha angeboten; wer's auf eigene Faust versuchen möchte, kann direkt am Hafen Pto. Callao fragen.

 Fiesta de San Juan
(18.–24. Juni).

Tägl. **Flugverbindungen** nach Lima, Tarapotó und Iquitos.
Anstrengende **Busfahrt** über Tingo María (6 Std.) nach Lima (790 km, mind. 20 Std.).
Schiffsverbindung nach Iquitos (800 km, 4–5 Tage).

Puerto Maldonado (PE)

Lage: G–H 8 (im Amazonas-Tiefland am Río Madre de Dios, 115 m ü.M.)
Vorwahl: 084
Einwohner: ca. 35 000

 Infoposten am Flughafen, Tel. 57 14 13.

U **Hotel Wilson,** Jr. G. Prada 355, Tel. 57 26 71, 57 20 38; sehr preiswert. Saubere Zimmer mit Ventilator, Bad.
Hotel Cabaña Quinta,
Jr. Cuzco 535, Tel. 57 18 64, Fax 57 10 45; sehr preiswert.
Gutes Restaurant, freundlich, ordentliche Zimmer.
Hotel Don Carlos Puerto Maldonado,
Jr. León Velarde 1271, Tel. 57 10 29, 01/224 02 63, Fax 57 13 23 dcarlospto@tci.net.pe; günstig.
Schöne Lage am Río Tambopata, ca. 1 km außerh., Pool, Zimmer mit Klimaanlage.
Wasaí Lodge,
Jr. Billinghurst (Plaza Grau), Büro in Cusco: C. Plateros 320, Tel. (084) 22 18 26, Fax 25 30 18, cusco@wasai.com, in Lima: Tel. 01/963 76 65, Fax 01/436 87 92; günstig–moderat.
Neues Hotel am Río Madre de Dios, Restaurant, 10 angenehme Holzzimmer mit Bad, Klimaanlage, TV, Minibar.

 Urwald-Lodges: Alle angegebenen Preise verstehen sich pro Person im DZ, inkl. Anfahrt, Ausflügen und Vollpension.

... am Río Madre de Dios (flußabwärts Richtung Bolivien):
Tambo Lodge,
ca. 30 Min. Bootsfahrt;
in Cusco: Plateros 351, Tel. 084/23 61 59.
3 Tage/2 Nächte 150 US-$ (Hochsaison)
Ältere Lodge, palmgedeckte Hütten, Bad.
Sandoval Lake Lodge,
ca. 30 Min. Bootsfahrt + 1 Std. Wanderung; Tel. 25 11 73 oder 01/440 20 22, Fax 01/422 92 25, postmaster@inkanatura.com.pe; 3 Tage/2 Nächte 180 US-$.

Neue Lodge am See, einfache Zimmer mit Gemeinschaftsbad.

Cuzco Amazónico Lodge,
ca. 45 Min. Bootsfahrt; Tel. 24 53 14, Fax 24 46 69; in Cusco: Garcilaso 265, Tel. 084/21 10 32, Fax 084/21 11 24, amazonico@inkaterra.com.pe; 3 Tage/2 Nächte 150 US-$.
Freistehende, einfache Holzhäuser mit Bad (Kaltwasser), Moskitonetz, Hängematte. Privatreservat mit 18 km Wanderwegen.

Eco Amazonia Lodge,
ca. 1 Std. Bootsfahrt; in Cusco: C. Garcilaso 210, Tel. 084/23 61 59, Fax 22 50 68, Tel./Fax 01/242 27 08, ecoamazonia@terra.com.pe, www.ecoamazonia.com.pe; 3 Tage/2 Nächte 150 US-$.
Relativ neue Lodge, einfache Bungalows mit Bad, Wanderwege.

... am Río Tambopata (flußaufwärts):
Bahuata Lodge,
Tel. 57 26 35; 20 US-$ p. P. (inkl. VP).
Neu; einfache Unterkunft in traditionellen Bungalows, Camping möglich.

Posada Corto Maltés,
Tel. 57 38 31, cortomaltes@terra.com.pe; 3 Tage/2 Nächte 130 US-$ p.P.
Neue Lodge, nette Bungalows.

Explorer's Inn Lodge,
ca. 3 Std. Bootsfahrt; Tel./Fax 57 20 78 oder c/o Peruvian Safaris, C. Plateros 365, Cusco, Tel. 23 53 42 oder Lima, Tel. 01/477 88 88, safaris@amauta.rcp.net.pe; 3 Tage/2 Nächte 170 US-$.
Gute Lodge mit 36 Zimmern, zahlreiche Wanderwege, Vogelparadies.

Sachavacayoc Centre
(= Newton College), ca. 3,5 Std. Bootsfahrt; c/o CEDCON (Centre for Education and Conservation), Lima, Tel. 01/479 04 30, Fax 01/479 05 40; ÜF ca. 30 US-$ p. P.
Einfach, aber relativ günstig, ca. 15 km Wanderwege, gute Tierbeobachtung.
2 Gemeinschaftshäuser à 20 Betten.

Tambopata Jungle Lodge,
ca. 4 Std. Bootsfahrt; c/o Tambopata Tours, C. Suecia 343, Cusco, Tel./Fax 084/24 56 95, tplcus@terra.com.pe, www.tambopatalodge.com; 3 Tage/2 Nächte 195 US-$.
Etwas einfacher als Explorer's Inn, oft ausgebucht, Bungalows mit 2 Zimmern.

Casa de Hospedaje Baltimore,
ca. 5 Std. Bootsfahrt; sehr preiswert.
Sehr einfach, im Dorf Baltimore.

Collpa Rain Forest Lodge
(= Tambopata Research Center),
ca. 9 Std. Bootsfahrt; c/o Rain Forest Expeditions, Lima, Tel. 01/421 83 47.
Einzige Lodge an der Ara-Salzlecke, neu, sehr einfach, dennoch nicht billig.

 Califa, Jr. Piura/Cusco. Typische regionale Küche, nur mittags geöffnet.
Außerdem Restaurants im **Hotel Cabaña Quinta** und in der **Wasaí Lodge.**

 Flughafen 7 km außerhalb; tägl. Flüge über Cusco nach Lima.
Die **Anreise über Land** ist zwar in der Trockenzeit möglich, aber sehr anstrengend und zeitaufwendig (533 km ab Cusco, mit LKW 2–7 Tage).
Unregelmäßiger **Schiffsverkehr** nach Bolivien.

Puerto Pérez (BOL)

Lage: H 6 (nicht verzeichnet, am Südufer des Titicacasees)

 Hotel Las Balsas,
Tel. 0811/4152 oder 02/44 06 20, Fax 02/39 13 10, hotel@turismobalsa.com; moderat.
Am See. Modern, Restaurant, Sauna.

Puerto Suárez/Quijarro (BOL)

Lage: O 4 (an der Grenze zu Brasilien)
Vorwahl: 0978
Einwohner: ca. 12 000

 Hotel Oasis,
Quijarro, C. Argentina 4, Tel. 21 59; sehr preiswert.
Ordentliche Zimmer.

Hotel Sta. Cruz,
Quijarro, Tel. 21 13; günstig.
Swimmingpool, Zimmer auf Wunsch mit Klimaanlage, Bootstouren in den *Pantanal.*

Hotel Bibosi,
Quijarro, Av. Brasil s/n,
Tel. 21 13, Fax 20 44; günstig.
Ordentliches Hotel mit Swimmingpool,
Zimmer mit Ventilator oder Klimaalage.

Hotel Resort El Pantanal,
Arroyo Concepción, Tel. 20 20, 03/52 92 70,
Fax 20 92 oder 03/55 68 69, informacio-
nes@alpantanalhotel.com; moderat.
5 Sterne-Luxushotel mit Pool, Tennisplatz
etc., Zimmer mit Klimaanlage, beliebtes
Wochenendziel für betuchte Städter.

 Zugverbindungen nach
Sta. Cruz (4x pro Woche).

Puno (PE)

Lage: G 6 (am Titicacasee, 3830 m ü.M.)
Vorwahl: 054
Einwohner: ca. 110 000

 Touristeninformation,
Pasaje Lima, Tel. 35 12 61,
Mo–Sa 8–18.30 Uhr (Zimmervermittlung).
Policía de Turismo, Jr. Deustua 536
(Plaza de Armas), Tel. 35 71 00,
tägl. 24 Std.

 Hostal Los Uros,
Jr. Valcárcel 135,
Tel. 35 21 41; sehr preiswert.
Einfache Zimmer mit Bad.

Hotel Tumi,
Jr. Cajamarca 253,
Tel. 35 32 70; sehr preiswert.
Einfache Zimmer mit Bad.

La Casa del Abuelo,
Jr. Tarapaca/Ecke Libertad,
Tel. 36 24 65, Fax 35 20 61,
reytours@punonet.com; sehr preiswert.
Kleines *hostal*, fünf nette Zimmer mit Bad.

Hostal Cofre Andino,
Jr. Bolognesi 154, Tel. 35 19 73; günstig.
Nette Privatpension in ruhiger Seitenstraße, gepflegte Zimmer, deutschsprachig, empfehlenswert.

Hostal Hacienda,
Jr. Deustua 297, Tel./Fax 35 61 09,
hacienda@latinmail.com; moderat.
Zentral, aber etwas laut, ordentliche

Zimmer mit Bad, TV und Heizung.

Hotel Colon Inn,
Jr. Tacna 290, Tel. 35 14 32, Fax 35 70 90,
colon@titicaca-peru.com;
günstig–moderat
Angenehmes Hotel im Stadtzentrum mit
Restaurant und Bar im Dachgeschoß,
gute renovierte Zimmer.

Hotel Posada del Inca Puno,
ca. 1 km vom Zentrum in Richtung Halbinsel Esteves, Tel. 36 36 72, 01/222 47 77,
Fax 35 41 11, posada_puno@el-olivar.
com.pe, www.sonesta.com; teuer.
Neue Hotelanlage am See, guter Zimmerstandard, vorwiegend Reisegruppen.

Hotel Libertador Isla Esteves,
5 km vom Zentrum auf einer Halbinsel,
Tel. 36 77 80, Fax 36 78 79,
hpuno@libertador.com.pe; sehr teuer.
Schön gelegenes Hotel, komfortable Zimmer mit herrlichem Seeblick.

... außerhalb:
Hostal Chucuito,
Chucuito (17 km Richtung Juli),
Tel./Fax 35 21 08; sehr preiswert.
Einfaches *hostal*.

Hotel Taypikala,
Chucuito, (18 km Richtung Juli),
Tel./Fax 35 43 52,
taypikala@punonet.com; moderat.
Neues Hotel in ungewöhnlichem Baustil,
nette Zimmer mit Heizung, Restaurant.

Eine Vielzahl von Lokalen (v.a. Pizze-
rien) reihen sich in der **Pasaje Lima**
und deren Nebenstraßen.
Keros, C. Lambayeque 131. Nettes
Restaurant mit guter Küche, u.a. Alpaka,
cuy und Fischgericht, nicht teuer.
La Casona, Jr. Lima 517, Tel. 35 11 08.
Einfaches Lokal, regionaltypische Gerichte.
Huanchaco, Jr. Lima 345. Breites Ange-
bot, gute Küche.
Don Piero, Jr. Lima 364, Tel. 35 17 66.
Beliebtes Lokal in der Fußgängerzone.
Plaza, Jr. Puno 425 (Plaza de Armas),
Tel. 35 14 24. Ordentliches Lokal, abends
Folklore.
Internacional, Jr. Libertad 161. Inter-
nationale und chinesesische Küche,
gelegentlich Live-Musik.

Pizzería Europa, Jr. Tacna 290/Ecke Melgar (im Hotel Colon Inn). Gepflegtes Lokal, gute Holzofen-Pizza.
El Trabuco, Jr. Libertad 172. Tel. 36 50 76. Pena-Restaurant, landestypische Küche, am Wochenende gute Folklore-Gruppen.
La Hostería, Jr. Lima 501. Gutes Restaurant mit Café.
Cevichería El Rey, Jr. Los Incas 271. Einfaches *ceviche*-Lokal.

 Apu Salkantay, Jr. Lima 341. Nettes Pub, abends Live-Musik.
Casa del Corregidor, Jr. Deusta 576, Plaza de Armas (neben Kathedrale). Bar/ Cafetería in schönem Kolonialgebäude mit Innenhof, Mo geschlossen.
Pub Kusillos, Jr. Libertad/Ecke Arequipa. Pub/Disco, junges Publikum.
Tokoro's Disco Bar, Jr. Melgar 134. Beliebte Disco.

 Museo Carlos Dreyer, Mo–Fr 8–14 Uhr.

Zahlreiche Veranstalter und Agenturen bieten **Ausflüge** nach Sillustani und auf den Titicacasee an, u. a. Always Travel, Jr. Tacna 234, Tel./Fax 35 55 52 (deutschsprachig); Käfer Turismo, Jr. Arequipa 179, Tel. 35 47 42, Fax 35 27 01, kafer@inkanet.com.pe (deutschsprachig), Kolla Tours, Jr. Moquegua 679, Tel./Fax 35 29 61, titikakakolla@computextos. com.pe, Kontiki Tours, Jr. Melgar 188, Tel. 35 34 73, Fax 35 58 87, kontiki@ ventanavirtual.com.pe und Piramide Tours, Jr. Deza 129, Tel. 36 61 07, Fax 36 73 02.

Fiesta de la Virgen de la Candelaria (1. Feb.-Hälfte; mit Musikgruppen und maskierten Tänzern); Prozessionen in der **Karwoche; Fiesta de San Pedro** (29. Juni; Prozession in Zepita); **Fiesta de Nuestra Señora de la Merced** (24. Sept.); Fest der **Stadtgründung** (ca. 4./5. Nov.; **Puno-Woche** mit Prozession und Tänzern).

In Puno gibt es gute Gelegenheiten, um günstig **Pullover** einzukaufen, am billigsten auf dem Markt in der Nähe

des Bahnhofs (Handeln erlaubt; Vorsicht Taschendiebe!).

 Flughafen in Juliaca (44 km); von dort tägl. Flüge über Arequipa nach Lima.

Züge verkehren Mo, Mi, Do und Sa (ab 2002 auch Do) nach Cusco, Abf. 8 Uhr, Ank. ca. 17 Uhr, Fahrpreis: Klasse »Inka« 30 US-$ (einfach; ab 2002: »First Class«, Fahrpreis: 50 US-$), Klasse »Turismo« 20 US-$; sowie Mo (9.30 Uhr), Do und So (jeweils 7 Uhr) nach Arequipa, Fahrzeit: ca. 10 Std., Fahrpreis: Klasse »Inka« 30 US-$, Klasse »Tourist« ca. 7 US-$.
Weitere Infos zu Zugverbindungen unter www.perurail.com.

Colectivos nach Juliaca und zur Grenze nach Bolivien (Yunguyo und Desaguadero); **Busse** nach La Paz, Copacabana (u.a. Trans Tour Panamericano, Jr. Tacna 245, Tel. 35 40 01), Arequipa und Cusco (direkt: Imexso, Jr. Melgar 354, Tel. 36 39 09).

Täglich **Ausflugsbusse** nach Cusco mit Reiseleitung und Besichtigung der wichtigsten Sehenswürdigkeiten: First Class, Jr. Puno 675, Tel. 36 51 92, firstclass@terra.com.pe (Abf. tägl. um 7.30 Uhr, Ank. Cusco ca. 17.30 Uhr, Fahrpreis inkl. ME: 30 US-$ + Eintritte).

Boote nach Taquile/Amantani: morgens ca. 8 Uhr ab Embarcadero.

Punta Sal (PE)

Lage: A 12 (nicht verzeichnet, Nordküste, zwischen Talara und Tumbes am Meer) Vorwahl: 074

 Blue Marlin Beach Club, Panamericana km 1190 (+ ca. 3 km), Tel. 60 80 05, 01/445 80 68; günstig–moderat.
Neue Hotelanlage unter deutscher Leitung, großer Pool, Restaurant, weiter Sandstrand, ordentliche Zimmer mit Bad.

Punta Sal Club Hotel,
Panamericana km 1192,
Tel. 60 83 73 oder Tel./Fax 01/442 59 61,
puntasalclub@terra.com.pe,
www.puntasal.com.pe;
moderat (inkl. VP), Feiertage + 20 %.
Hotelanlage an schönem Sandstrand,
Restaurant, Bar, Pool, 12 Zimmer mit Bad
sowie 21 einfache, aber gemütliche Bungalows (bis 10 Pers.).

Putre (RCH)

*Lage: G–H 5 (ca. 115 km von Arica land-
einwärts, 3500 m ü.M.)*

 Hostería Las Vicuñas,
B. O'Higgins s/n,
Tel. 57/22 44 66; moderat.
Ruhig am Ortsrand, Bad, mit Restaurant.

Riberalta (BOL)

Lage: J–K 9 (östl. Tiefland am Río Beni)
Vorwahl: 0852
Einwohner: ca. 50 000

 Hotel Colonial,
Plácido Méndez 1,
Tel. 82 12; sehr preiswert.
Nettes Kolonialgebäude mit Garten und
Innenhof, ordentliche Zimmer mit Bad.
Hostal Tahuamanu,
Hanicke 75, Tel. 80 06;
sehr preiswert–günstig.
Moderne Zimmer teils mit Bad und
Klimaanlage.

 Tägliche **Busverbindungen** über
Rurrenabaque nach La Paz (ca. 35
Std.) und nach Trinidad (ca. 20 Std.),
2x pro Woche nach Cobija (ca. 12 Std.).
Regelmäßige **Flüge** nach La Paz, Trinidad
und Sta. Cruz, gelegentlich auch nach
Cochabamba.
Sporadische **Schiffsverbindungen** nach
Rurrenabaque (Fahrzeit ca. 1 Woche).

Rurrenabaque (BOL)

*Lage: J 7 (nicht verzeichnet, östl. Tiefland
am Río Beni)*
Vorwahl: 0832
Einwohner: ca. 7000

 Hotel El Porteño,
Vaca Diez/Ecke Comercio;
sehr preiswert
Einfache, aber ordentliche Zimmer,
z. T. mit Privatbad.
Hotel Taquara,
Plaza 2 de Febrero; günstig.
Zweckmäßige Zimmer mit Privatbad.
Hotel Safari,
C. Comercio, Tel. 24 10, Fax 22 10; günstig.
Ordentliches Hotel mit Pool, Klimaanlage.

 Mehrtägige **Ausflüge** in die Umge-
bung organisieren: Agencia
Fluvial, Tel. 22 05; Eco-Tours, Tel. 22 05;
TAWA, Tel. 02/32 57 96; Transamazonas,
Tel. 02/35 04 11, Fax 36 09 23.

 Täglich **Busverbindungen** nach La
Paz (ca. 14 Std.), mehrmals
wöchentlich nach Riberalta (ca. 12 Std.)
und Trinidad (ca. 8 Std.).
Unregelmäßig **Flüge** nach La Paz.
Sporadische **Schiffsverbindungen** nach
Riberalta (Fahrzeit ca. 1 Woche).

Samaipata (BOL)

Lage: L 5 (120 km südwestl. von Sta. Cruz)
Vorwahl: 0944

 Oficina de Turismo, gegenüber
Museo Arqueológico, Tel. 61 29.

 (Obwohl die Preise am Wochenende
deutlich ansteigen, ist ein Zimmer in
Samaipata ohne Reservierung nur schwer
zu bekommen.)
Hospedaje La Vispera,
Tel./Fax 60 82; sehr preiswert.
1 km südlich des Zentrums, schöner Blick.
Cabañas Campeche,
Barrio Campeche, Tel./Fax 60 46;
sehr preiswert–günstig.

Bungalows am Ortsrand im Schweizer Landhausstil, deutsche Leitung.
Hotel Landhaus,
Tel./Fax 60 33; günstig.
Kleines Hotel am Ortsrand, ordentliche Zimmer und *Cabañas*, deutschsprachig.

... außerhalb:
Achira Resort,
8 km außerhalb Richtung Sta. Cruz, Tel./Fax 0386/21 01,
Reservierung Tel. 03/52 22 88,
Fax 52 22 55, bolivia@resort@
scbbs-bo.com; sehr preiswert–günstig.
Große Anlage mit Pool, Minigolf, Tennis-platz etc., *Cabañas* unterschiedlicher Qualität und Ausstattung, Camping möglich.

 Restaurants in den genannten Hotels, ausgezeichnete Küche im **Landhaus** (s. o.; nur abends, Mo geschlossen).

 Museo Arqueológico, C. Bolívar,: tägl. 9–12 und 14.30–18.30 Uhr.

 El Fuerte de Samaipata, 10 km östl. von Samaipata, tägl. 8–17 Uhr.

 Regelmäßig **Sammeltaxis** und **Minibusse** nach Sta. Cruz (2,5 Std.).

San Ignacio de Velasco (BOL)

Lage: M–N 6 (nordöstl. von Sta. Cruz/ »Missiones«, 410 m ü.M.)
Vorwahl: 0962

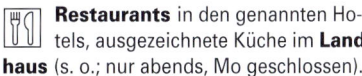 **Hotel Plaza,**
Plaza Principal,
Tel. 20 35; sehr preiswert.
Einfache Unterkunft direkt an der Plaza, Zimmer mit Bad und Ventilator.
Aparthotel San Ignacio,
C. Cochabamba/Ecke 24 de Septiembre, Tel. 21 57 oder Tel./Fax 03/42 19 73, moralesangus@infonet.com.bo; günstig.
Neu, ordentliche Zimmer mit Terrasse und Hängematte, kleiner Pool.
Hotel La Mision,
Plaza 31 de Julio s/n, Tel. 23 33, hotel-lamision@unete.com; moderat.

Neues 5-Sterne-Hotel im Kolonialstil.

 El Barquito, C. 24 de Septiembre 60, Tel. 2039. Einfaches Lokal, regionaltypische Küche, günstig.
El Riabe, C. 24 de Septiembre/Ecke Sucre. Brasilianische *parillada,* nicht teuer.

 Tägl. **Busse** über Concepción nach Sta. Cruz (ca. 10 Std.; Tel. 23 00). 1x pro Woche (Fr morgens) **Flugverbindung** mit TAM nach Sta. Cruz.

San Javier (BOL)

Lage: M 6 (nicht verzeichnet, nordöstl. von Sta. Cruz/»Missiones«, 800 m ü.M.)
Vorwahl: 0963

 El Reposo del Guerrero, Tel. 50 22 oder 03/32 78 30; günstig.
Neues *hostal* im Zentrum, ordentliche Zimmer mit Klimaanlage.
Complejo Turístico Totaitu,
4 km vor San Javier, Tel. 50 63, Reservierung Tel./Fax 03/33 36 72, totaitu@em.daitec-be.com; günstig–moderat (Wochenende + 50%).
Großzügige Anlage in parkähnlicher Umgebung mit Restaurant und Pool, Pferde- und Mountainbike-Verleih. Bungalows für 4–8 Personen, am Wochenende oft ausgebucht.

 Busverkehr nach Sta. Cruz und Concepción/San Ignacio (Tel. 50 50).

San José de Chiquitos (BOL)

Lage: N 5 (nordöstl. von Sta. Cruz/»Missiones«)

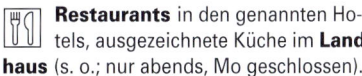 **Hotel Raquelita,**
Plaza 26 de Febrero,
Tel. 0972/20 37; günstig.
Einfache Unterkunft im Zentrum, Zimmer mit Bad und Ventilator.
Hotel Denisse,
Av. Mons. Carlos Gerike Suárez, Tel. 22 30; sehr preiswert.

Angenehmes Hotel in Bahnhofsnähe, Zimmer mit Bad und Klimaanlage.

 Busse nach San Ignacio (4x pro Woche).
Zugverbindungen nach Sta. Cruz und Puert Suárez (4x pro Woche).

San Ramón/La Merced (PE)

Lage: D 8 (nicht verzeichnet, ca. 320 km landeinwärts von Lima, 850 m ü.M.)
Einwohner: ca. 7000

 Hotel Golden Gate,
7 km hinter San Ramón,
3 km vor La Merced,
Tel. 064/53 14 83; günstig–moderat.
Schöne Anlage mit Garten und Pool, Restaurant, deutschsprachig, Zimmer mit Bad und Bungalows (bis 4 Pers.).

Sta. Cruz (BOL)

Lage: L 5 (westl. Tiefland, 420 m ü.M.)
Vorwahl: 03
Einwohner: ca. 800 000

 Oficina Regional de Turismo,
Av. Chávez Ortiz (Edif. Cordecruz), Tel. 36 80 00 und 33 99 73,
Mo–Fr 8–12 und 14.30–18.30 Uhr.

 Hotel 7 Calles,
C. Suárez de Figueroa/Ecke Cordillera, Tel. 36 44 88, Fax 36 26 61; sehr preiswert.
Einfaches Hotel, ordentliche Zimmer mit Klimaanlage und Bad.
Hotel Alaska,
C. Florida 569, Tel. 34 02 88, Fax 32 13 85; günstig.
Ordentliches Hotel in modernem Gebäude, zentral, Zimmer mit Klimaanlage.
Hotel Libertador Simón Bolivar,
C. Buenos Aires 119/Ecke Libertad, Tel. 35 12 35, Fax 34 26 96; günstig.
Gut und zentral, Zimmer mit AC und TV.
Petite Hostal,
C. Armonía 96, Tel. 47 22 52,

Fax 47 22 51; moderat.
Neu und gut, in Privathaus, ca. 2 km außerhalb des Zentrums, kl. Garten, Pool.
Hotel Canciller,
C. Ayacucho 220, Tel.37 25 25, Fax 36 17 10, canciller@mail.zuper.net; moderat.
Neues Luxushotel im Zentrum, stilvoll.
Hotel Los Tajibos,
Av. San Martín 455, Tel. 42 10 00, Fax 42 69 94, lostajib@bibosi.scz.entelnet.bo, www.bolivianet.com/lostajibos; Luxus.
Große Hotelanlage mit Restaurant, Garten, Poolbereich, zahlreichen Sporteinrichtungen; luxuriöse Zimmer mit Klimaanlage.

... außerhalb:
Hostal Tucunaré,
Urubichá,
Reservierung Tel./Fax 03/53 97 43; günstig.
Kleine Lodge am Río Agua Caliente, etwa 6–7 Std. Fahrt nordöstlich von Sta. Cruz, ordentliche Zimmer mit Bad, guter Ausgangspunkt für Dschungeltrips.

Die Auswahl an Restaurants ist schier unerschöpflich. Wie in Südeuropa wird spät gegessen, viele Lokale öffnen erst gegen 20 Uhr.
Michelangelo's, C. Chuquisaca 502, Tel. 34 84 03. Ausgezeichnete italienische Küche in angenehmem Ambiente.
La Casa del Camba, Av. Cristóbal de Mendoza 539, Tel. 42 78 64. *Parillada* (Grillteller) und andere landestypische Gerichte, gelegentlich Live-Musik.
Bassargent, 2do Anillo, El Trompillo, Tel. 52 53 54. Gutes Grillrestaurant, Spezialität: *rodizio* (brasilianische *parillada*), Mo geschlossen.
El Pez Gordo, Av. Uruguay 783, Tel. 36 19 21. Gutes Fischrestaurant.
Yorimichi, Av. Busch 548, Tel. 34 77 17. Vornehmes japanisches Restaurant, Reservierung empfohlen.

Bar El Tapekúa, C. Ballivián/Ecke La Paz, Tel. 34 33 90. Nette Bar mit Restaurant im Zentrum, am Wochenende Live-Musik.
Ronería Habanna Club, Av. San Martín/Ecke Equipetrol, Paseo Comercial El Chuubi. Gemütliche Bar.

Rincón Salteño, Av. 26 de Febrero, Tel. 53 63 35. Nette *peña,* Fr/Sa Folklore-Show.

 Museo de la Catedral, Plaza 24 de Septiembre, Mo, Di, Do, So 10–12 und 16–18 Uhr.

Museo de la Historia Natural, Av. Irala, tägl. 9–12 und 15–19 Uhr.

 Jardín Zoológico, Straße Richtung Flughafen Viru Viru, tägl. 9–19 Uhr.

 Ausflüge u.a. zu den Jesuitenmissionen, nach Samaipata, in den Amboró Nationalpark, ins Pantanal-Gebiet sowie Hotelbuchungen bietet Rosario Tours, C. Arenales 193, Tel. 36 99 77, Fax 36 96 56, aventura@tucan.cnb.net. Ausflüge in die Reserva de Vida Silvestre Ríos Blanco y Negro veranstaltet Amazonas Adventure Tours (Tel. 33 83 50); Informationen zum Nationalpark Noel Kempff Mercado bei Fundación de Amigos de la Naturaleza (FAN), Tel./Fax 53 33 89.

 Berühmt sind die ausgelassenen Feiern an **Karneval** (Ende Feb.) mit Tanz, Umzügen und der Krönung einer Karnevalsprinzessin.

 Keramik und andere **Volkskunst** bietet die Künstlerkooperative Artecampo, Mons. Salvatierra 4925, Tel. 34 18 43.

 Regelmäßiger **Busverkehr** nach Samaipata, Cochabamba/La Paz, Concepción/San Ignacio etc. (Tel. 46 78 78).
Züge nach Puerto Quijarro (Grenze zu Brasilien) Mi und So 13.50 Uhr *(braca),* Ankunft ca. 10 Uhr am nächsten Tag; schneller mit *ferrobus* am Di und Fr um 18 Uhr, Ankunft ca. 8 Uhr am nächsten Tag. Züge nach Yacuiba (Grenze zu Argentinien) Mo und Fr 15.40 Uhr *(tren rápido),* Ankunft ca. 8 Uhr am nächsten Tag.
Internationaler Flughafen Viru Viru ca. 15 km nördlich; regelmäßige Flugverbindungen nach Cochabamba, Sucre, La Paz, Trinidad, Puerto Suárez und anderen Inlandszielen mit LAB (Tel. 34 41 59 u. 0800 30 01) und Aero Sur (Tel. 36 74 00);

internationale Verbindungen nach Brasilien, Argentinien, in die USA u.a. Zahlreiche **Autovermieter,** u.a.: Localiza Rent A Car, C. Independencia 365, Tel. 372 23; am Flughafen Tel. 85 21 90, Fax 85 21 89.

Sta. Rosa de Ocopa (PE)

Lage: D 8 (nicht verzeichnet, 30 km nördl. von Huancayo)

 Kloster Sta. Rosa de Ocopa, tägl. außer Di; Besuch des Museums nur mit Führung, stündl. 9.15–11.15 Uhr und 15.15–17.15 Uhr.

Sta. Rosa de Quives (PE)

*Lage: C 8 (nicht verzeichnet, 60 km landeinwärts von Lima, 1400 m ü.M.)
Vorwahl: 034*

 Hostal Mango Marea, Tel. 61 40 36; sehr preiswert. Neues *hostal,* Zimmer mit Bad, einfach aber sauber.

Hotel Sta. Rosa de Quives, Tel. 61 40 00, Fax 61 40 31; günstig. Ehemaliges Hotel de Turistas, kleines Hotel mit Restaurant, Pool, ruhige Lage, nüchterne Zimmer mit Balkon.

Sorata (BOL)

*Lage: H 6 (nordwestl. von La Paz in der Cordillera Real, 2695 m ü.M.)
Vorwahl: 0811*

 Hostal El Mirador, C. Muñecas final, Tel. 02/36 54 94; sehr preiswert. Neues *hostal* mit schönem Blick, einfache Zimmer, Gemeinschaftsbad.

Paraiso Hotel, C. Villavicencio, Tel. 50 43; sehr preiswert. Ordentliche Zimmer mit Bad.

Hotel Copacabana, C. Samuel Tejerina, Tel./Fax 50 42,

agsorata@bo.net; sehr preiswert.
Neues Hotel am Ortsrand unter dt. Leitung, ordentliche Zimmer mit Ausblick, Mai–Sept. meist ausgebucht, reservieren!
Gran Hotel Sorata (Ex-Prefectural), Av. Samuel Tejerina (am Ortseingang rechts), Tel. 52 01 oder 02/72 28 46; sehr preiswert–günstig.
Attraktives älteres Gebäude mit Swimmingpool; nette, aber renovierungsbedürftige Zimmer mit oder ohne Bad.

 Günstige Menüs und verschiedene Gerichte à la carte im **Hotel Copacabana;** einfache Lokale an der **Plaza**.
Pizzería Italiana, Av. Villamil de Rada. Schöne Lage oberhalb des Ortes, gute hausgemachte Pizza und Pasta, moderat.

Ein- und mehrtägige **Wandertouren** in die umliegende Bergwelt vermittelt das Hotel Copacabana.

Mehrmals tägl. **Busse** nach La Paz (4 Std.).

Sucre (BOL)

Lage: K 4 (südl. Bergland, 2790 m ü.M.)
Vorwahl: 064
Einwohner: ca. 150 000

Informationsbüro, Plaza 25 de Mayo, Tel. 510 83, Fax 510 74, Mo–Fr 8–12 und 14–18 Uhr.
Auskunftsbüro der Universität, C. Nicolás Ortiz 182, Mo–Fr 9–12 und 14.30–18 Uhr.

Grand Hotel, C. Aniceto Arce 61, Tel. 524 61, Fax 517 04, grandhot@mara.scr.entelnet.bo; sehr preiswert.
Nettes *hostal* in zentraler Lage, aber ruhig, ordentliche Zimmer mit Bad um Innenhof.
Hostal Sucre, C. Bustillos 113, Tel. 514 11, Fax 619 28, tursucre@mara.scr.entelnet.bo; sehr preiswert–günstig.
Zimmer um hübschen kolonialen Innenhof.
El Hostal de Su Merced,

C. Azurduy 16, Tel./Fax 427 06, sumerced@mara.scr.entelnet.bo; günstig.
Nettes *hostal* in schönem Kolonialhaus, sehr gepflegt, empfehlenswert!
Capital Plaza Hotel, Plaza 25 de Mayo 28, Tel. 229 99, Fax 535 88, cphotel@mara.scr.entelnet.bo; günstig–moderat.
Neues Hotel an der Plaza in restauriertem Gebäude, schöner Innenhof, stilvolle Zimmer, Restaurant, Swimmingpool.
Hotel Real Audiencia, C. Potosí 142, Tel. 308 23, Fax 608 23, realaudiencia2000@hotmail.com; moderat.
Angenehmes Hotel mit Restaurant, Pool etc., gute Zimmer, von der Dachterrasse herrlicher Blick über die Stadt.

El Solar, C. Bolívar 800/Ecke Azurduy, Tel. 543 41. Gute lokale und internationale Küche, So geschlossen.
Arco Iris, C. Nicolás Ortiz 42, Tel. 529 02. Schweizer Lokal mit Rösti, Fondue und anderen Gerichten zu erschwinglichen Preisen, Freitag abend *Peña*.
Piccolíssimo, C. San Alberto 237, Tel. 532 47. Ital. Restaurant, So geschl.
La Taverne, C. Aniceto Arce. Kleines Lokal im 1. Stock, geleitet von der Alliance Française; französische Küche zu günstigen Preisen: *Ratatouille, Coq au vin* etc.
El Huerto, C. L. Cabrera 86, Tel. 515 38. Nettes Gartenlokal mit regionaltypischer Küche, etwas abseits vom Zentrum, nicht ganz billig.
La Repizza, C. Nicolas Ortiz. Gute und günstige Gerichte.
Café Al Tronco, C. Topater 57. Kleines Lokal hinter der Recoleta-Kirche, familiäre Atmosphäre, Salate, wechselnde Tagesgerichte, deutschsprachig.

Kultur-Café Berlin, C. Avaroa 326, Tel. 220 91. Beliebte Kneipe mit deutschen Zeitungen, So geschlossen.

Museo de la Catedral, C. Nicolás Ortiz 61, Tel. 222 57, Mo–Fr 10–12 und 15–17 Uhr, Sa 10–12 Uhr.
Casa de la Libertad, Plaza 25 de Mayo, Tel. 242 00, Mo–Fr 8.30–12 und 14.30–18

Uhr, Sa 9–12 Uhr.
Iglesia La Merced, C. Nicolás Ortiz/
Ecke Colón, Mo–Fr 10–12 und 15–17 Uhr,
Sa 10–12 Uhr.
Museos Universitarios, C. Bolívar 698,
Tel. 232 85, Mo–Fr 8–20 Uhr, Sa 9–12 und
15–18 Uhr, So 9–12 Uhr.
Museo de Historia Natural, Plaza 25 de
Mayo, Tel. 232 85, Mo–Fr 9–12 und 15–18
Uhr, Sa 9–12 Uhr.
Convento de Sta. Clara, C. Calvo 212,
Mo–Fr 9–12 und 15–18 Uhr.
Museo Textil Etnográfico (ASUR)**,** C.
San Alberto 413 (gegenüber Iglesia Sta.
Teresa), Mo–Fr 8.30–12 und 14.30–18 Uhr,
Sa 9.30–12 Uhr.
Convento de la Recoleta, C. Polanco
162, Tel. 218 60, Mo–Fr 9–11 und 15–16.30
Uhr, Sa 9–11 Uhr.
Castillo La Glorieta, 7 km in Richtung
Potosí, Tel. 241 83, Mo–Fr 8.30–12 und
14–18 Uhr, Reisepaß notwendig!

 Fiesta de Reyes (6. Jan.; Umzüge,
Tanz und Musik); **Karnevalsum-**
züge (in Tarabuco am 2. Märzsonntag);
Feierlichkeiten zum **Jahrestag der Unab-**
hängigkeitserklärung (25. Mai); *ferias* zu
Ehren der **Virgen de Carmen** (16. Juli),
der **Sta. Ana** (26. Juli) und des **San**
Roque (16. Aug.) mit *alasitas* (Miniatur-
glücksbringer); Feiern zum **Unabhängig-**
keitstag (6. Aug.); **Fiesta de la Virgen**
de Guadalupe (8. Sept.; mit Prozessionen
und Feierlichkeiten); **Totengedenkfeiern**
auf den Friedhöfen (1./2. Nov.); Umzüge
zum **Weihnachtsfest** (25. Dez.).

Ausflüge in die Umgebung
organisiert u.a. Candelaria Tours,
C. Audiencia 1, Tel. 616 61, Fax 602 89,
catur@mara.scr.entelnet.bo.

Regelmäßige **Busverbindungen**
in alle Landesteile vom Terminal de
Buses, Av. Ostría Gutiérrez, Tel. 520 28;
Sammeltaxis nach Potosí.
Personenzugverkehr wurde eingestellt.
Flughafen nur wenige Kilometer außer-
halb der Stadt; regelmäßige Flugverbin-
dungen nach Cochabamba, La Paz und
Sta. Cruz; Auskunft Tel. 537 21.

Sullana (PE)

Lage: A 12 (nördl. Küstenbereich,
42 km nördl. von Piura)
Vorwahl: 074

 Hotel Turismo,
Av. José de Lama,
Tel./Fax 50 25 50; sehr preiswert.
Einfache, ordentliche Zimmer.
Hotel La Siesta,
Panamericana 400–404, Tel./Fax 50 22 64;
sehr preiswert–günstig.
Neu, mit Pool, Restaurant, Klimaanlage.

Tacna (PE)

Lage: G 5 (südl. Küstenbereich,
Nähe Grenze zu Chile, 560 m ü.M.)
Vorwahl: 054
Einwohner: ca. 180 000

 Tourist-Info, C. San Martín 405,
Tel. 71 53 52.

 Pensión H&C,
C. Zela 734, Tel. 74 20 42;
sehr preiswert.
Einfache Zimmer mit Bad.
Hostal Lider,
C. Zela 724, Tel. 71 54 41; sehr preiswert.
Zimmer mit Bad und TV.
Hostal Zapata,
C. Bolognesi 701, Tel. 72 19 21,
Fax 72 41 01; sehr preiswert.
Einfache Zimmer mit Bad.
Plaza Hotel,
C. San Martín 421, Tel. 72 21 01,
Fax 72 29 92; sehr preiswert.
Älteres Hotel im Zentrum, Zimmer mit TV.
Gran Hotel Central,
C. San Martín 561, Tel. 71 22 81,
Fax 72 60 31; sehr preiswert–günstig.
Ordentliche Zimmer mit Bad, freundlich.
Holiday Suites Hotel,
C. Alto de Lima 1476,
Tel. 74 12 01, Fax 74 11 59,
holidaysuites@terra.com.pe; günstig.
Pool, große Zimmer.
Hotel Camino Real,
C. San Martín 855,

Tel. 74 20 10, Fax 72 64 33, creal-hotel@terra.com.pe; günstig. Restaurant, Disco, nette Zimmer mit TV, Minibar.
Gran Hotel Tacna,
C. Bolognesi 300,
Tel. 72 41 93 oder 01/442 30 90,
Fax 72 20 15 oder 01/442 41 80,
htacna@derramajae.org.pe; moderat. Bestes Hotel der Stadt (ehem. Hotel de Turistas) mit Restaurant, Gartenanlage, Pools und Tennisplatz.

 El Viejo Almacén, C. San Martín 577. Gute Steaks und Pasta.
El Gaucho, C. Pinto 100, Tel. 72 65 22. Argentinische *parrillada.*
Cevichería El Corsario, Av. Arica/ Ecke San José (Nähe Cd. Universitaria), Tel. 72 45 06. Gute *ceviche,* Fisch und Meeresfrüchte.
Silvia, Miraflores 702, Tel. 72 43 45. Ruhiges Fischlokal.
Rancho San Antonio, C. Coronel Bustios 298, Tel. 72 44 71. Gartenlokal mit guter peruanischer und internationaler Küche.
El Remanso, C. Alto de Lima 2069, Tel. 71 20 34, 72 17 22. Internationale Küche. Zahlreiche **ländliche Restaurants** im Ort Pocollay, 5 km nordöstlich von Tacna.

 Rancho San Antonio (s.o.), Fr/Sa Live-Musik ab ca. 22 Uhr.
El Remanso (s.o.), Video-Pub, Sa Live-Musik ab 22 Uhr.

 Museo del Instituto Nacional de Cultura, Casa de la Cultura, Mo–Fr 8–12 Uhr.
Museo Ferroviario, am Bahnhof, Mo–Fr 9–15 Uhr.

 Eine regionale Spezialität sind *damascos macerados,* in Pisco marinierte Pfirsiche.

Regelmäßige **Flugverbindungen** nach Arequipa und Lima. Regelmäßige **Busverbindungen** vom Terminal Terrestre (im Nordosten der Stadt) nach Arequipa (7 Std.) und Lima (ca. 25 Std.), abends Direktbus nach Cusco mit

Cruz del Sur; Kleinbusse und *colectivos* nach Arica/RCH; Busse nach Puno (12 Std.) ab Av. Circumvalación.
2x tägl. **Züge** nach Arica/RCH (langsam!). An den Bahnhöfen ist Vorsicht vor Taschendieben angeraten!

Tarma (PE)

Lage: D 8 (ca. 240 km landeinwärts von Lima, 3080 m ü.M.)
Vorwahl: 064
Einwohner: ca. 45 000

 Oficina de Turismo, Jr. 2 de Mayo 775 (Plaza de Armas), Tel. 32 10 10, Mo–Fr 8–13 und 15–18 Uhr, Sa 8–12 Uhr.

 Hostal Galaxia, Jr. Lima 262 (Plaza de Armas), Tel. 32 14 49; sehr preiswert. Einfach und sauber.
Hotel Los Portales,
Jr. Ramón Castilla 512 (am Ortseingang links), Tel. 32 14 10, Fax 32 14 11, losportales@terra.com.pe; moderat. Ehemaliges Hotel de Turistas, komplett renoviert, Restaurant, ordentliche Zimmer mit TV, Bad.

Karwoche (Blumenteppiche).

Tingo María (PE)

Lage: D 9 (120 km nördl. von Huánuco, 650 m ü.M.)
Vorwahl: 064
Einwohner: ca. 25 000

 Hospedaje Nueva York, Alameda Perú 553, Tel. 56 24 06; sehr preiswert. Älteres *hostal* im Zentrum, wenig einladend, einfache Zimmer mit Bad, Neonlicht.
Hotel Madera Verde,
Av. Universitaria s/n (am Ortseingang links), Tel./Fax 56 18 00 oder Tel. 01/445 40 24, Fax 01/445 90 05, maverde@terra.com.pe; moderat.

Ältere, hübsche Anlage mit Garten, Pool, gutes Restaurant, einfache Zimmer mit Bad in Holzhaus sowie größere ›Bungalows‹ mit Kühlschrank.

 Palmerita Amazónica, Av. Tito Jaime 816. Einfaches Lokal mit typischen Gerichten aus dem Urwald, günstig. **El Fogón,** Av. José Prado/Ecke Av. Raimondi (am Río Huallaga). Nur Fr/Sa geöffnet, wechselnde Gerichte.

 Museo Zoológico, Universidad Nacional Agraria de la Selva (am Ortseingang rechts), tägl. 7.30–14.45 Uhr, Eintritt frei; nebenan kleiner **Zoo**.

 Jardín Botánico, Av. Universitaria: tägl. 7.30–14.45 Uhr, Eintritt frei.

Trinidad (BOL)

Lage: K 7 (östl. Tiefland, 230 m ü.M.)
Vorwahl: 046
Einwohner: ca. 65000

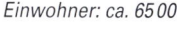 **Oficina Regional de Turismo Beni,** Cipriano 47, Tel. 217 22.

Residencial Paulista,
Av. 6 de Agosto 38,
Tel. 200 13 und 200 18; sehr preiswert. Einfache, saubere Zimmer, z. T. mit Privatbad, Restaurant.
Hotel Monte Verde,
Av. 6 de Agosto 65, Tel. 227 50,
Fax 220 44; günstig.
Ordentl. Zimmer mit Bad (Warmwasser).
Hotel El Bajio,
Nicolás Suárez 632, Tel. 224 00,
Fax 224 64; günstig.
Neues Hotel mit Restaurant und Pool, einfache Zimmer, z. T. mit Klimaanlage.
Hotel Gran Moxos,
Av. 6 de Agosto 146, Tel. 222 40,
Fax 200 02; moderat.
Besseres Hotel mit Restaurant, Bar, Sauna, Zimmer mit Klimaanlage.

 Churrasquería Carlitos,
Plaza Ballivián. Gute Grillgerichte.

 Mehrtägige **Bootsausflüge** in die Umgebung organisieren: Viajes Fremen, Tel. 222 76, Fax 214 00; Turismo Moxos, Tel. 211 41.

 Tägliche **Busverbindungen** nach La Paz (ca. 20–22 Std.) und Sta. Cruz (ca. 12 Std.).
Regelmäßige **Flüge** nach La Paz, Cochabamba und Sta. Cruz.

Trujillo (PE)

Lage: B 10 (nördl. Küstenbereich, 560 km nördl. von Lima)
Vorwahl: 044
Einwohner: ca. 550000

 Daretur, Jr. Independencia 628, Mo–Fr 9.30–17 Uhr, Sa 9.30–13 Uhr.
Oficina Regional de Turismo,
Av. España 1800, Tel. 24 53 45.
Policía de Turismo, Jr. Independencia 630, tägl. 8–22 Uhr, am Rathaus an der Plaza (Jr. Pizarro/Ecke Almagro), Mo–Sa 8.30–13 und 14–19 Uhr.

 Hostería El Sol,
Jr. Los Rubies 560, Urb. Sta. Inés, Tel./Fax 23 19 33; sehr preiswert.
Günstige Alternative, ca. 10 Min. vom Zentrum, einfache Zimmer, netter Garten.
Hostal Solari,
Jr. Diego de Almagro 715,
Tel./Fax 24 39 09,
hsolari@hostalsolari.com; günstig.
Nettes *hostal*, einfach, aber ordentlich.
Hostal Los Escudos,
Jr. Orbegoso 676,
Tel./Fax 25 56 91; günstig.
Kolonialhaus, Zimmer mit Bad, TV und Minibar.
Regents Hostal,
Jr. Paganini 1019, Urb. Primavera,
Tel. 23 14 47, Fax 25 82 71; günstig.
Ordentliches Mittelklassehotel in ruhigem Wohnviertel.
Hotel El Peregrino,
Jr. Independencia 978,
Tel. 20 39 88, Fax 20 39 89,
peregrino@travelshop.com.pe; günstig.

Neues Hotel mit guten Zimmern, z. T. etwas dunkel.

Hotel Los Conquistadores,
Jr. Diego de Almagro 586,
Tel. 24 45 05, Fax 23 59 17, conquistadores@computextos.com.pe; moderat.
Sehr gute Zimmer, neu, zentrale Lage.

Hotel Libertador,
Jr. Independencia 485,
Tel. 23 27 41, Fax 23 56 41,
trujillo@libertador.com.pe; teuer.
Das frühere Hotel de Turistas an der Plaza de Armas gilt als bestes Hotel der Stadt, mit Restaurant und Pool.

 Chelsea Pub, Jr. Estete 677,
Tel. 25 70 32. *Anticucho* und andere.
leckere Grillgerichte, gemütlich,
So geschlossen.

El Mochica, Jr. Bolívar 426. Einfaches Restaurant mit *comida criolla.*

Demarco, Jr. Pizarro 725, Tel. 23 42 51.
Günstige und schmackhafte Gerichte.

Big Ben, Av. España 1319/Ecke Independencia. Einfaches *ceviche*-Lokal.

Il Valentino, Jr. Orbegoso 224,
Tel. 24 66 43. Gutes italienisches Restaurant.

 Pub Canana, Jr. San Martín. Großes Pub, Wochenende Live-Musik.

Pub & Disco Tinajas, Jr. Pizarro 389.
Video-Pub in schönem Kolonialhaus/Plaza.

Disco Flamingo im Hotel Cassino Real,
Jr. Pizarro 651. Moderne Discothek.

Disco Luna Rota, Av. America Sur 2119,
Tel. 22 88 77. Beliebte Disco, tägl. geöffnet.

 Casa Urquiaga, Jr. Pizarro 446,
Mo–Sa 10–16 Uhr.

Casa del Mayorazgo, Jr. Pizarro 314,
während der Schalterstunden der Bank.

Casa Bracamonte, Jr. Independencia 453, derzeit nicht zugänglich.

Museo de Arte Religioso, Plaza de Armas (neben der Kathedrale),
Mo–Sa 8–14 Uhr.

Palacio Iturregui, Jr. Pizarro 688,
Mo–Sa 9–11 Uhr, Eintritt 5 US-$!

Museo Arqueológico, Jr. Junín 682/ Ecke Ayacucho, Tel. 24 93 22,
Mo–Sa 9–12 und 14–17 Uhr.

Casa de la Emancipación, Jr. Pizarro 610, tägl. 9.30–13 und 15–20 Uhr.

Casa del Mariscal de Orbegoso,
Jr. Orbegoso 553, Mo–Sa 9–12.30 und 16–19 Uhr, Eintritt frei.

Museo José Cassinelli, Av. Nicolás de Piérola 601, Tel. 24 61 10, Mo–Sa 9–12.30 und 15–19, So 10–13 und 15.30–18 Uhr.

Huaca de la Luna, tägl. 9–16 Uhr (Sammelticket mit Chan Chan nicht gültig).

Huaca La Esmeralda, tägl. 9–17 Uhr (Gemeinschaftsticket mit Chan Chan).

Chan Chan, Museo del Sitio tägl. 9–17 Uhr, Palacio Tschudi tägl. 9–17 Uhr (letzter Einlaß 16 Uhr); Ticket gilt auch für Huaca La Esmeralda und Huaca del Dragón.

Huaca del Dragón, tägl. 9–17 Uhr (Gemeinschaftsticket mit Chan Chan).

 Concurso Nacional de la Marinera (Ende Jan.); **Festival del Mar** in Huanchaco (14.–17. Mai); **Festival de Danzas Folclóricas** (26. Aug.); **Frühlingsfest** (Ende Sept.).

Flughafen bei Huanchaco, ca. 8 km westlich der Stadt; mehrmals tägl.
Flüge nach Lima, außerdem tägl. nach Piura, 3x pro Woche nach Iquitos, 2x pro Woche nach Chiclayo und Tarapotó.
Regelmäßige **Busverbindungen** nach Chimbote (2 Std.), Lima (8 Std.), Chiclayo (3 Std.), Piura (6 Std.), Cajamarca (5–6 Std.) und Huaraz (11 Std.).

Túcume (PE)

Lage: B 11 (nicht verzeichnet, 35 km nördl. von Chiclayo)

 Valle de los Pirámides,
Mo–Sa 8–16.30, So 9–14 Uhr.

Tumbes (PE)

Lage: A 12 (nördl. Küstenbereich, an der Grenze zu Ecuador)
Vorwahl: 074
Einwohner: 75 000

 Hotel Roma,
Jr. Grau 425 (Plaza de Armas),
Tel. 52 41 37, Fax 52 58 79; sehr preiswert.
Geräumige, saubere Zimmer.

Hotel Lourdes,
C. Mayor Bodero 118, Tel. 52 21 26,
Fax 52 27 58; sehr preiswert.
Kleine, ordentliche Zimmer mit Bad, TV.

Hotel Costa del Sol,
Jr. San Martín 275 (Plaza Bolognesi),
Tel. 52 39 91, Fax 52 32 98,
costadelsol@mail.udep.edu.pe; moderat.
Angenehmes Stadthotel mit Restaurant,
Pool, große Zimmer mit Bad, Minibar, TV,
Klimaanlage.

...in Pto. Pizarro:
Motel Pizarro,
Panamericana km 1278; sehr preiswert.
Großes Hotel mit Pool, etwas herunterge-
kommen, einfache Zimmer.

Peña Latino, C. Bolívar 121 (Plaza
de Armas), Tel. 52 31 98. Nettes
Lokal, lokale und internationale Küche,
Meeresfrüchte.

Curich, C. Bolívar 121 (Plaza de Armas),
Tel. 52 30 07. Ordentliches Lokal, internationale Küche.

La Librada, Puente Viejo, Malecón.
Landestypische Gerichte, Fisch, Meeresfrüchte.

Bootstouren in die Mangro-
vensümpfe *(manglares)* und zur
Isla del Amor; 8 US-$ (5–10 Pers.) ab Pto.
Pizarro; Auskunft: Sr. Humberto Rangel,
Tel. 54 30 45.

Flüge nach Piura und Lima.
Busverbindungen nach Piura
(4 Std.), Lima (19 Std.) und Machala/EC;
Colectivos und Busse zur Grenze (Aguas
Verdes) und zu den Stränden (Zorritos,
Máncora).

Urmiri (BOL)

Lage: H 5 (nicht verzeichnet, südl. La Paz)

 Hotel Gloria Urmiri,
Tel. 01/40 70 70, Fax 40 66 22,
gloriatr@ceibo.entelnet.bo;
sehr preiswert–günstig.
Schöne Lage in einer Schlucht, mehrere
Thermalbecken, Zimmer mit Badewanne
(Thermalwasser)

Urubamba (PE)

*Lage: F 7 (60 km von Cusco am Río Urub-
amba, 2870 m ü.M.)*
Vorwahl: 084

 Hostal El Maizal
(ehem. Hostal Hammer), Vía Urubamba–Ollantaytambo km 71,4, Tel./Fax
20 11 94, maizal@planet.com.pe; günstig.
Nettes *hostal* am Ortsrand, gute Zimmer,
deutschsprachig.

**Hotel Monasterio de la Recoleta
San Agustín**
Jr. La Recoleta (am Ortsende
Richtung Pisac), Tel./Fax 20 10 04,
riviera@terra.com.pe; moderat.
Ehem. Klosteranlage, einfache Zimmer
ohne Heizung, nettes Ambiente, ruhig.

Hotel Incaland,
Ferrocarril Av. (Straße Richtung Ollantaytambo), Tel. 20 10 71, Fax 20 11 17,
incaland@terra.com.pe; moderat–teuer
Großzügige Hotelanlage am Río Urubamba mit schönem Garten, großer Pool,
ältere Zimmer (Renovierung geplant).

Hotel San Agustín Urubamba
(ehem. Turquesa), km 69 (am Ortsende
Richtung Pisac), Tel. 20 10 25,
riviera@terra.com.pe; teuer.
Ländliche Hotelanlage mit Restaurant,
Swimmingpool, Zimmer mit Heizung.

Hotel Sol & Luna,
Ortsende Richtung Ollantaytambo rechts,
Tel./Fax 20 16 20, sol-luna@terra.com.pe;
teuer.
Gepflegte Anlage mit Restaurant und Pool,
sehr geschmackvolle Rund-Bungalows,
gute »Paso«-Pferde, deutschsprachig.

Camping Los Cedros,
Zufahrt über Av. Torrechayoc, Tel. 20 14 16
Campingplatz unter deutsch-peruanischer
Leitung, Zeltverleih, Warmwasserduschen,
Restaurant.

Sol del Valle, Straße Richtung
Ollantaytambo links, Tel./Fax
20 10 91. Neues Lokal mit Gartenbereich,
nett dekoriert, nicht teuer, an Markttagen
(Di/Do/So) Buffet.
Zahlreiche einfache **Gartenrestaurants**
in der Nachbarschaft, u.a. **Quinta Los Ge-
ranios.**

Keramik-Kunst aus eigener Werk-
statt bietet Ceramicas Seminario,
Jr. Zavala 318.

Regelmäßige Verbindungen mit
Kleinbussen nach Cusco, Ollantaytambo und Pisac.

Uyuni (BOL)

*Lage: J 3 (Südwest-Bolivien, am Rande
des Salar de Uyuni, 3668 m ü.M.)
Vorwahl: 0693
Einwohner: ca. 12 000*

Informationsbüro in der Casa de
la Cultura, Av. Potosí (Nähe Pl. Arce),
Tel./Fax 20 98, tägl. 9–12 und 14–18.30 Uhr.

Hotel Avenida,
Av. Ferroviaria 11,
Tel. 20 78; sehr preiswert.
Einfache Zimmer mit oder ohne Bad.
Hostal La Magia de Uyuni,
C. Colón 432, Tel. 25 41; sehr preiswert.
Angenehme, einfache Zimmer mit Bad,
beste Unterkunft am Ort, oft ausgebucht.

... außerhalb:
Mitten im Salar de Uyuni, einige km westl.
von Colchani, liegen zwei einfache, aber
stimmungsvolle Unterkünfte, die komplett
aus Salz (!) erbaut wurden, jeweils mit
Restaurant, Zimmer mit Gemeinschaftsbad (Kaltwasser), keine Heizung:
Hotel Playa Blanca, Tel. 20 21; günstig

(inkl. HP). und **Hotel Palacio del Sal,**
Tel./Fax 062/251 86, uyusalht@ceibo.entel-
net.bo; moderat (inkl. HP).

Restaurant 16 de Julio,
Plaza Arce. Einfaches Lokal, sauber.

Museo Arqueológico, Av. Arce,
Mo–Fr 9–12 und 14–18 Uhr,
Sa 9–12 Uhr.

Ausflüge mit Jeeps auf den Salar
de Uyuni und in den Südwesten (Laguna Colorada etc.) bietet: Andes Travel
Office, C. Ayacucho 222, Tel./Fax 22 27
(Preisbeispiel Hochsaison = Juni–Nov.:
4 Tage/3 Nächte ca. 110 US-$ p. P.);
weitere Anbieter: Colque Tours (Av. Potosí,
Tel. 21 99), Toñito Tours (Av. Ferroviaria
152, Tel. 20 94, Fax 28 19, tonitotours@
yahoo.com), Trans-Andino Tours (Av. Arce
2, Tel. 21 32). Hinweis: mache Anbieter
fahren mit altersschwachen Jeeps, die
alles andere als verkehrssicher sind. Daher
vorher das Fahrzeug inspizieren! In den
Monaten Dezember bis Februar ist der
Salar de Uyuni meist mit Wasser gefüllt
und daher zeitweise nicht befahrbar.

Regelmäßige **Busverbindungen**
nach Oruro (ca. 9 Std.), La Paz (ca.
13 Std.) und Potosí (ca. 6–7 Std.) ab Av.
Arce und Cabrera.
Züge verkehren überwiegend nachts.
Nach Oruro: Di 12 Uhr und Sa 23.30 Uhr
(Expreso del Sur, Fahrzeit ca. 6,5 Std.),
sowie Di und Fr 1 Uhr *(tren local »Wara
Wara«,* Fahrzeit ca. 7,5 Std.); nach Villazón
(Grenze zu Argentinien): Mo 17.20 Uhr
(nur bis Tupiza) und Fr 21.30 Uhr (ca. 8
Std.); nach Avaroa/Ollagüe (Grenze zu
Chile): Mo und Do ca. 3 Uhr (ca. 12 Std.).

Villa Tunari (BOL)

*Vorwahl: 0411
Lage: K 5 (nicht verzeichnet, 160 km
südöstlich von Cochabamba, 350 m ü.M.)*

Hotel Las Pozas,
km 162 (an der Straße Richtung Sta.

Cruz), Tel. 41 58 oder 014/988 28;
sehr preiswert–günstig.
Am Río Chapare, renoviert, mit Pool.

Hotel Las Palmas,
Av. Integración 777,
Tel. 41 03, 41 63; günstig.
In zentraler Lage, mit Pool und Restaurant.

Hotel Araras,
km 161, Tel./Fax 41 16; günstig.
Am Río Chapare, mit Restaurant und Pool.

Hotel El Puente,
Entrada a Agrigento,
Tel. 04/25 93 92, Fax 77 90,
fremencb@pino.cbb.entelnet.bo; günstig.
5 km außerhalb in 40 ha großem Privatreservat.

Hotel Los Tucanes,
km 162 (an der Straße Richtung Sta. Cruz),
Tel. 41 08; moderat.
Bestes Hotel am Ort mit Restaurant, Pool.

 Villa Tunari liegt an der Hauptroute
zwischen Cochabamba und Sta.
Cruz, daher regelmäßiger **Busverkehr** in
beide Richtungen.

Yucay (PE)

*Lage: F 7 (nicht verzeichnet, 70 km von
Cusco am Río Urubamba, ca. 2900 m ü.M.)
Vorwahl: 084*

 Hostal Y'llary,
Plaza Manco Capac II 107,
Tel. 20 11 12; sehr preiswert.
Kleines *hostal*, einfache Zimmer mit Bad.

Posada del Inca/»Casona«,
Plaza Manco Capac II No. 104,
Tel. 20 14 69 oder 01/222 47 77,
Fax 20 16 08, posada@el-olivar.com.pe,
www.sonesta.com; moderat–teuer.
Nette Anlage in einem Kolonialhaus mit
Anbau, ordentliche Zimmer.

Posada del Inca,
Plaza Manco II No. 123,
Tel. 20 11 07 oder 01/222 47 77,
Fax 20 13 45, posada@el-olivar.com.pe,
www.sonesta.com; teuer.
Ehemalige Klosteranlage mit Kirche und
Museum, Restaurant, schöne Atmosphäre.

Yungay (PE)

*Lage: C 9 (nicht verzeichnet, 100 km nördl.
von Huaraz, ca. 2350 m ü.M.)*

 Albergue Las Rosas,
am Ortseingang; sehr preiswert.
Einfache, aber ordentliche Zimmer.

Hostal Comtury,
600 m Richtung Huaraz; sehr preiswert.
Einfache Zimmer.

Zorritos (PE)

*Lage: A 12 (nicht verzeichnet, Nordküste,
30 km südl. von Tumbes am Meer)
Vorwahl: 074*

 Hostal Costa Blanca,
Panamericana km 1252,5;
sehr preiswert.
Sehr einfach.

Hostal Casa Grillo,
Panamericana km 1236; sehr preiswert.
Sehr einfache Strandunterkunft mit
Restaurant.

Hostal Punta Camaron,
Panamericana km 1236; sehr preiswert.
Einfaches *hostal* am Meer, Restaurant.

Hostal Turístico,
Panamericana km 1243,
Tel. 54 40 45, Fax 54 41 15; günstig.
Ehemaliges *Hotel de Turistas,* Restaurant,
überteuert.

Hostal Playa Punta Cocos,
Panamericana km 1243,5; günstig.
Neues Hotel am Meer, Pool und Restau-
rant, sauber und nett.

Playa Florida Beach Resort,
Panamericana km 1222,
Tel. 60 84 35, Fax 54 41 25 oder
Tel./Fax 01/446 03 13; günstig–moderat.
Nettes Strandhotel mit Pool, Restaurant.

 Mero Merique, im Ort. Nettes Lokal
am Meer, spezialisiert auf Meeresfrüchte, nicht ganz billig.

Kedis, Panamericana km 1246: Restaurant
mit Meerblick, regionaltypische Gerichte.

Reiseinformationen von A bis Z

Ein Nachschlagewerk – von A wie Anreise über N wie Notfälle bis Z wie Zeitungen – mit vielen nützlichen Hinweisen, Tips und Antworten auf Fragen, die sich vor oder während der Reise stellen. Ein Ratgeber für die verschiedensten Reisesituationen.

Anreise

Die meisten Touristen, die Peru und Bolivien besuchen, reisen per Flugzeug nach Lima. Zahlreiche europäische, nord- und südamerikanische Fluglinien bieten Verbindungen von Europa nach Lima an (mit Umsteigen). Die **Deutsche Lufthansa** bedient die Strecke Frankfurt–Bogotá 3x pro Woche nonstop mit Anschluß nach Lima.

Die Anreise nach La Paz erfolgt entweder über Lima (Anschluß mit LAB) oder über Brasilien mit dem Lufthansa-Partner Varig.

Über Land gibt es mehrere Möglichkeiten zur Einreise nach Peru: aus Ecuador bei Tumbes, aus Chile bei Tacna und aus Bolivien am Titicacasee (Desaguadero oder Copacabana). Ebenfalls möglich ist die Einreise per Boot auf dem Amazonas von Tabatinga (BRA) oder Leticia (CO) nach Iquitos.

Aktivurlaub

■ ... Baden/Schwimmen:

Peru verfügt über einen 2300 km langen Küstenstreifen mit zahlreichen Badestränden, jedoch sind die Wassertemperaturen meistens sehr niedrig; sie erreichen im peruanischen Sommer (November–März) ihr Maximum (um 18° C). An der Nordküste zwischen Piura und Tumbes ist das Wasser wärmer, so daß ganzjährig Badefreuden garantiert sind. Das Baden im Titicacasee ist wegen der sehr niedrigen Temperaturen nicht möglich.

■ ... Bergsteigen:

Peru und Bolivien sind phantastische Destinationen für engagierte Bergwanderer und Bergsteiger. Vor allem die Gletscherwelt der Cordillera Blanca und der nicht minder reizvollen Cordillera Huayhuash sowie die Vulkangipfel im Umfeld der Stadt Arequipa und in der bolivianischen Cordillera Real sind beliebte Ziele.

Die besten klimatischen Verhältnisse herrschen von Mai bis September, außerhalb dieser Zeit sind Bergexkursionen nicht zu empfehlen.

■ ... Rafting:

Schlauchboot-Touren (neudeutsch: *rafting*) werden u.a. auf folgenden Flüssen durchgeführt: Río Cañete (bei Chincha Alta, südlich von Lima), Río Colca (bei Arequipa) und Río Urubamba (bei Cusco).

■ ... Reiten:

Eine sehr reizvolle Möglichkeit, die vielseitigen Landschaften zu erkunden, ist eine Tour mit Pferden, die in vielen Regionen von Peru und Bolivien angeboten werden, vornehmlich in gebirgigem Gelände.

■ ... Surfen:

Vor allem an der nördlichen Küste Perus (Trujillo und weiter nördlich) gibt es eine ganze Reihe von Stränden mit guter Brandung zum Wellenreiten.

■ ... Tennis:

Einige der teureren Hotels in Peru und Bolivien verfügen über Tennisplätze (siehe »Tips von Orte zu Ort«)

■ ... Wandern:

Auch wenn für viele Wanderfreunde der »Inka Trail« das Non Plus Ultra zu sein scheint, gibt es noch viele andere Möglichkeiten zu reizvollen Tages- wie auch Mehrtageswanderungen.

■ ... Wintersport:

Es klingt unglaublich, aber man kann in Bolivien Skifahren, und zwar auf der mit über 5000 m ü.M. höchstgelegenen Skipiste der Welt; wer sich dieses Vergnügen nicht entgehen lassen will, sollte sich aber darüber im Klaren sein, daß einem in dieser extremen Höhe schnell die Luft ausgeht...

Ärztliche Versorgung

Die medizinische Versorgung ist in den größeren Städten gut, in ländlichen Gebieten teilweise lückenhaft. Große Kliniken finden sich v. a. in Lima und La Paz. Deutschsprachige Ärzte sind nicht überall ansässig, aber in den touristisch entwikkelten Regionen sollte ein Übersetzer leicht zu finden sein. Wichtige Medikamente sollten auf alle Fälle von zu Hause mitgebracht werden (s. S. 349). Apotheken (*farmacias*) gibt es in allen Städten und größeren Ortschaften. Die meisten Medikamente sind auch ohne ärztliches Rezept erhältlich.

Auskunft

■ ... in Europa:

Peru und Bolivien unterhalten keine Touristen-Informationsbüros im deutschsprachigen Raum. Touristische Anfragen zu Peru bearbeitet die Botschaft in Bonn/ Berlin sowie die Generalkonsulate in Berlin, Frankfurt und Hamburg (s. unter »Diplomatische Vertretungen«), sowie die Peruanischen Botschaften in Wien (embperu.austria@peru.jet2web.at) und Bern (consulado.peru@bluewin.ch). Die Botschaft von Bolivien in Berlin verschickt gegen einen frankierten Din A4-Rückum-

schlag die Broschüre »Bolivien – vom Amazonas bis zu den Anden«, die Bolivianische Botschaft in Wien und das Honorarkosulat in Zürich verschicken ebenfalls Informationsmaterial (Adressen s. »Diplomatische Vertretungen«).

Touristische Beratung für Individualreisende sowie Buchung von Hotels und anderen Leistungen bietet der Autor dieses Reiseführers: Peru & Bolivien Reisedienst, Chiemseestr. 9, 83278 Traunstein, Tel. 0861/166 68 66, Fax 0861/166 68 72, dkirst@t-online.de, www.peru-reisedienst.de.

■ ... in Peru:

PROMPERÚ (Peruanischer Tourismus-Verband),
Edificio Mitinci, 14. Stock,
Calle Uno Oeste No. 50, Urb. Corpac,
Lima-San Isidro,
Tel./Fax 01/224 93 55,
infoperu@promperu.gob.pe,
Mo–Fr 9–17 Uhr.

■ ... in Bolivien:

Vice-Ministerio de Turismo,
Edif. de Communicaciones, 16. Stock,
Av. Mcal. Santa Cruz, La Paz,
Tel. 02/36 74 63, Fax 37 46 30,
t-mercadeo@mcei.gov.bo,
Mo–Fr 9–12 und 14.30–18.30 Uhr.

■ ... im Internet:

Informationen zu Peru und Bolivien bieten die folgenden Websites:

www.peruonline.net:
Allgemeine Infos zu Peru (die Seite von PromPerú).
www.perutravelnet.com:
Touristische Infos zu Peru in Englisch und Spanisch.
www.traficoperu.com:
Verkehrsverbindungen und weitere touristische Infos zu Peru in Englisch.
www.peru-explorer.com:
Touristische Infos zu Peru in Englisch und Spanisch.
www.peru-info.com:
Allgemeine Infos zu Peru in Englisch und Spanisch.

www.bolivia.de:
Allgemeine Infos zu Bolivien.
www.bolivia.com:
Allgemeine Infos zu Bolivien, u.a. Touris-
mus.
www.bolivia-travel.gov.bo:
Infos zu Bolivien (die Seite des Vicemini-
stro de Turismo).
www.boliviaweb.com:
Sammlung verschiedener Homepages zu
Bolivien, teilweise in Englisch.
www.khainata.com:
Sammlung verschiedener Homepages zu
Bolivien, teilweise in Englisch.

**Informationen zur Reisevorbereitung
finden Sie unter:**
www.auswaertiges-amt.de:
Sicherheitshinweise zu Reiseländern.
www.dumont-reisefuehrer.de:
Information rund ums Reisen und zu vielen Destinationen weltweit.
www.peru-reisedienst.de:
Infos zu Hotels, Mietwagen, Exkursionen
etc. in Peru und Bolivien.
www.weather.com:
Informationen zur Wettersituation u.a. in
Peru und Bolivien.

Behinderte

Bislang bieten nur wenige Hotels und Ein-
richtungen behindertengerechte Einrich-
tungen. Daher kann sich das Reisen v. a.
mit einem Rollstuhl sehr mühsam gestal-
ten, doch kann eigentlich grundsätzlich mit
der Hilfsbereitschaft der Einheimischen
gerechnet werden.

Diplomatische Vertretungen

▪ ... in Deutschland
Botschaft von Peru
Godesberger Allee 125,
53175 Bonn,
Tel. 0228/308 45–70, Fax 37 94 75,
Mo–Fr 9–13 und 15–17 Uhr.

Hinweis: die Botschaft von Peru wird vor-
aussichtlich Ende September nach Berlin
verlegt; das Generalkonsulat (s.u.) wird
dann in die Botschaft integriert. Neue
Anschrift und Telefonnummer lagen bei
Redaktionsschluß noch nicht vor. Infos
unter www.members.aol.com/perusipan.

Generalkonsulate von Peru
- Schadowstraße 6,
10177 Berlin,
Tel. 030/229 15 87, Fax 229 28 57,
Mo–Fr 9–13 und 14–16 Uhr.
- Roßmarkt 14,
60311 Frankfurt/Main,
Tel. 069/133 09 26, Fax 29 57 40,
Mo–Fr 9–14 Uhr.
- Blumenstraße 28,
22301 Hamburg,
Tel. 040/47 67 45, Fax 48 18 54,
Mo–Fr 9–14 Uhr.

Die Schaffung eines neuen General-
konsulates in München ist geplant.
Nähere Angaben hierzu lagen bei
Redaktionsschluß noch nicht fest.

Botschaft von Bolivien
Wichmannstraße 6,
10787 Berlin,
Tel. 030/263 91 50, Fax 26 39 15 15,
Mo–Do 9–17, Fr 9–14 Uhr.

Honorarkonsulate von Bolivien:
- Bremen,   Tel. 0421/522 32 84.
- Frankfurt, Tel. 069/70 79 39 94.
- Hamburg, Tel. 040/358 97 53.
- München, Tel. 089/22 06 95.

... in Österreich
Botschaft von Peru
Gottfried-Keller-Gasse 2, 8. Stock,
1030 Wien,
Tel. 01/715 74 86, Fax 712 77 04,
Mo–Fr 9–13 Uhr.

Botschaft von Bolivien
Waaggasse 10/4,
1040 Wien,
Tel. 01/587 46 75, Fax 586 68 80,
Mo–Fr 9–12.30 und 13.30–17 Uhr.

... in der Schweiz
Botschaft von Peru
Thunstrasse 36,
3005 Bern,
Tel. 031/351 85 55, Fax 351 85 70,
Mo–Fr 9–13 und 15–17 Uhr.

Generalkonsulate von Peru:
- Genf,   Tel. 022/707 49 17.
- Zürich, Tel. 01/211 82 11.

**Bolivianisches
Honorargeneralkonsulat**
Seevogelplatz 2,
4052 Basel,
Tel. 061/312 44 45, Fax 312 50 31,
Mo–Sa 8–12 Uhr.

Bolivianische Honorarkonsulate
- Gartenstraße 33,
8023 Zürich,
Tel. 01/201 18 33, Fax 201 28 25,
Di, Do 11–14 und Mi 15–18 Uhr.
- Place de la Gare,
1003 Lausanne,
Tel. 021/311 16 13, Fax 320 29 96,
(zuständig für französische Schweiz).

... in Peru
Deutsche Botschaft
Av. Arequipa 4210,
Lima-Miraflores,
Tel. 01/422 46 87 und 422 49 19,
Fax 422 64 75,
Mo–Fr 9–12 Uhr.

Deutsche Honorarkonsulate:
- Arequipa,   Tel. 054/23 29 21
- Cusco,   Tel. 084/23 20 96
- Trujillo,   Tel. 044/24 59 03
- Piura,   Tel. 074/33 29 20
- Iquitos,   Tel. 094/23 27 63

Österreichische Botschaft
Edif. de las Naciones,
Av. Central 643 (5. Stock),
Lima-San Isidro,
Tel. 01/442 05 03, Fax 442 88 51,
Mo–Fr 9–12 Uhr.

Österreichische Honorarkonsulate:
- Arequipa,   Tel. 054/42 47 68.
- Cusco,   Tel. 084/23 21 69.
- Iquitos,   Tel./Fax 094/26 11 39.
- Trujillo,   Tel. 044/23 17 72.

Schweizerische Botschaft
Av. Salaverry 3240,
Lima-San Isidro,
Tel. 01/264 03 05, Fax 264 13 19,
Mo–Fr 8.30–11 Uhr.

... in Bolivien
Deutsche Botschaft
Av. Arce 2395,
Casilla Postal 5265, La Paz,
Tel. 02/43 08 50 und 43 08 54, Fax 43 12 97.

Deutsche Honorarkonsulate:
- Cochabamba, Tel. 042/540 24.
- Sta. Cruz,   Tel. 03/32 48 25.
- Sucre,   Tel. 064/513 69.

Österreichisches Generalkonsulat
Av. 16 de Julio 1616, Edif. Petrolero,
6. Stock, La Paz,
Tel. 02/35 30 91, Fax 39 14 62.

Schweizerische Botschaft
Av. 16 de Julio 1616, Edif. Petrolero,
6. Stock, La Paz,
Tel. 02/35 30 91, Fax 39 14 62.

Drogen

Auch Peru ist längst in den Strudel des internationalen Drogenhandels geraten. Inzwischen werden nicht nur Koka-Blätter angebaut, sondern auch zu Kokain weiterverarbeitet. Der Besitz von Drogen ist in Peru illegal und wird hart bestraft.

Das Kauen von Koka-Blättern bzw. der Konsum von Koka-Tee ist unbedenklich, doch wird dringend davon abgeraten, Koka-Blätter (auch in kleinen Mengen) nach Europa mitzunehmen.

Einreise- und Zollbestimmungen

Für Bürger der EU und der Schweiz genügt zur Einreise nach Peru und Bolivien ein Reisepaß, der noch mindestens 6 Monate ab Einreisedatum gültig sein muß. Bei der Einreise ist ein Einreiseformular *(tarjeta de embarque)* auszufüllen, der Durchschlag wird bei der Ausreise kontrolliert. Die gewünschte Aufenthaltsdauer (bis 90 Tage) muß man bei der Einreise angeben, sie kann aber in Lima bzw. La Paz verlängert werden. Die Deviseneinfuhr unterliegt keinen Beschränkungen.

Bei der Ausreise per Flugzeug wird eine Flughafensteuer fällig (derzeit in beiden Ländern 20 US-$). Achtung: Bei der Weiterreise über Brasilien (auch bei Zwischenlandung) wird eine Gelbfieberimpfung verlangt!

Elektrizität

Die Stromspannung beträgt 220 Volt Wechselstrom mit 60 Hz. Man benötigt einen Adapter für den auch in den USA üblichen Flachstecker.

Feiertage

Offizielle Feiertage sind in beiden Ländern 1. Januar, 1. Mai, 1. November, 25. und 31. Dezember sowie Gründonnerstag, Karfreitag und Fronleichnam; **in Peru** außerdem 29. Juni (Peter und Paul), 28./29. Juli (Un-

abhängigkeitstag), 15. August (Mariä Himmelfahrt), 30. August (Sta. Rosa de Lima), 9. Oktober (Tag der nationalen Würde) und 8. Dezember (Mariä Empfängnis); **in Bolivien** auch 6. August (Unabhängigkeitstag) und 12. Oktober (Kolumbustag) sowie weitere regional begrenzte Feiertage: Oruro 22. Februar, Chuquisaca/Sucre 25. Mai, La Paz 16. Juli, Cochabamba 14. September, Sta. Cruz 24. September.

In praktisch jeder Ortschaft beider Länder gibt es außerdem mindestens einmal im Jahr das Fest des Ortsheiligen, das mit Umzügen, Tänzen und Musik begangen wird.

Fotografieren

Beim Fotografieren von Menschen ist allgemein Rücksicht angesagt (vorher um Erlaubnis bitten), immer öfter wird von den Einheimischen ein Obolus fürs Ablichten verlangt. In Kirchen und Museen ist Fotografieren oft nicht bzw. nur ohne Blitz erlaubt, daher empfiehlt sich die Mitnahme hochempfindlicher Filme. Bei Landschaftsaufnahmen bieten sich die weniger extremen Lichtverhältnisse am frühen Morgen oder am Nachmittag an, die Mitnahme eines Polfilters ist anzuraten.

Aus Kosten- und Qualitätsgründen sollte man Filme und Batterien besser von zu Hause mitbringen.

Frauen allein unterwegs

Sofern einige Verhaltensregeln beachtet werden, sollte es eigentlich kein Problem sein, als Frau allein zu reisen. So kann beispielsweise das Tragen eines vermeintlichen »Eherings« und der Hinweis auf den »Ehemann« (*marido*), der angeblich im Hotel oder am Zielort wartet, unerwünschte Annäherungsversuche bremsen. Zudem sollte auf das Tragen allzu freizügiger Kleidung besser verzicht werden.

Geld und Banken

Landeswährung in Peru ist seit 1991 der Nuevo Sol (S/.). 1 Sol (= 100 Céntimos) entspricht etwa 0,28 US-$; 1 US-$ = ca. 3,60 S/. (Stand: Juni 2001).

Der Wert der bolivianischen Währung, des Boliviano (Bs.), liegt etwa 50 % unter dem des peruanischen Sol, d.h. 1 Sol = ca. 2 Bs.; 1 US-$ = ca. 6,50 Bs. (Stand: Juni 2001).

Es empfiehlt sich die Mitnahme von US-$ in bar und Dollar-Reiseschecks (meist schlechterer Kurs als Bargeld). Andere Währungen sind nur schwierig und zu einem schlechten Kurs zu wechseln. Geld wechseln kann man in Banken, Wechselstuben (*casa de cambio*), Hotels oder bei Straßenwechslern, die meist mit Lizenz arbeiten. Noch einfacher ist das Abheben von Bargeld am Automaten mit EC-Karte: an Geldautomaten mit dem »maestro«-Zeichen läßt sich problemlos Bargeld abheben (bis 700 Soles), die Gebühr beträgt etwa 4 €.

Bessere Hotels, Restaurants und Geschäfte sowie Autovermieter und Reiseveranstalter akzeptieren die gängigen Kreditkarten (Mastercard, Visa, z. T. auch American Express).

Gesundheit

Impfungen sind in Peru und Bolivien nicht vorgeschrieben; bei Reisen in Regenwaldgebiete sind aber eine Malaria-Prophylaxe und eine Gelbfieberimpfung anzuraten. Um Durchfall vorzubeugen, sollte man auf den Verzehr von ungeschältem Obst, Salaten, Eiswürfeln und Speisen auf Märkten verzichten. Ein guter Sonnenschutz ist in ganz Peru und Bolivien notwendig.

In die Reiseapotheke gehören neben den persönlichen Medikamenten und Verbandsmaterial auch Mittel gegen Durchfall, Erkältung, Mückenstiche, Sonnenbrand und Kopfschmerzen.

Nicht zu unterschätzen sind die Auswirkungen der ungewohnten Höhe im Bergland. Ein Aufenthalt in Höhen über 3000 m (z. B. Cusco, Titicacasee) verursacht bei den meisten Reisenden zunächst Schwindelgefühle und Mattigkeit. Körperliche Anstrengungen, schweres Essen, Rauchen und Alkohol sollten unbedingt vermieden werden, ein Mate-de-Coca-Tee und Glukosetabletten (Coramina) versprechen Linderung. Falls Atemnot, starke Kopfschmerzen, Erbrechen und ähnliche Symptome hinzukommen, sind dies Anzeichen der lebensgefährlichen Höhenkrankheit (*soroche*). Ein Arzt sollte sofort benachrichtigt werden, im Zweifelsfall muß der Erkrankte in eine niedrigere Höhenlage (z. B. Lima, Sta. Cruz) gebracht werden. Zur Vorbeugung sollte man sich langsam an die Höhe gewöhnen, indem man z. B. auf dem Weg nach Cusco einen Zwischenaufenthalt in Arequipa oder Ayacucho einlegt.

Internet

Inzwischen gibt es in allen Städten und selbst in vielen kleineren Orten Internet-Cafés, wo man für etwa 1 US-$/Stunde surfen und e-mails verschicken kann. Häufig sind die Rechner allerdings sehr langsam und die Tastaturen so abgegriffen, daß die Buchstaben nicht mehr lesbar sind.

Karten

Vor Ort sind gute Landkarten nur schwer zu bekommen, daher ist es ratsam, sich schon vor Abreise eine solche zu besorgen. Eine Auswahl:

Peru, Berndtson & Berndtson, Fürstenfeldbruck, 1:1,75 Mio.: folienbeschichtet, guter Maßstab, Stadtpläne Arequipa, Cusco, Lima (Großraum und Zentrum) und Trujillo sowie Lagepläne Chan Chan, Machu Picchu und Saysayhuaman.
Bolivien, Berndtson & Berndtson, Fürstenfeldbruck, 1:1,75 Mio.: folienbeschichtet, guter Maßstab, Stadtpläne Cochabamba, La Paz (Großraum und Zentrum), Potosi, Santa Cruz und Sucre sowie Lageplan Tiahuanaco.

Peru/Ecuador, Nelles Maps, München, 1: 2,5 Mio.: Peru komplett, Bolivien nur Titicacasee/La Paz, Stadtplan Lima.
Südamerika, **Nord,** RV Verlag, 1:4 Mio.: gute Übersichtskarte, Peru komplett, Bolivien Nord.
Südamerika, Süd, RV Verlag, 1:4 Mio.: gute Übersichtskarte, Peru Süd, Bolivien komplett.
Mapa Vial del Peru, Verlag Lima 2000, 1:2,2 Mio.: Straßenkarte Peru, erhältlich in Fachgeschäften in Peru.

Kinder

Das Reisen mit Kindern ist an sich problemlos, da Peruaner und Bolivianer sehr kinderfreundlich sind und Kinder erfahrungsgemäß auch Sprachbarrieren schneller überwinden. Allerdings sollte man das wechselhafte Klima und vor allem auch die ungewohnte Höhe nicht unterschätzen. Ein langsames Eingewöhnen an die Höhe ist daher unerläßlich. Auch sollte das Reiseprogramm »kinderfreundlich« gestaltet werden, d.h. die Zahl der zu besuchenden Kirchen und Museen überschaubar bleiben und stattdessen Aktivitäten eingeplant werden, die Kindern Freude bereiten.

Auf das Reisen mit Babies und Kleinkindern unter 2 Jahren sollte man aus gesundheitlichen Gründen nach Möglichkeit verzichten.

Kleidung

Allgemein wird in beiden Ländern ein gepflegtes Äußeres erwartet, in Kirchen sind kurze Hosen und allzu freizügige Kleidung bei Damen ebenso tabu wie »oben ohne« am Strand. Entsprechend der unterschiedlichen Klimazonen ist an der Küste und im Tiefland leichte Baumwollkleidung angebracht, im oft kühlen Hochland sollte ein Pullover im Gepäck nicht fehlen. Ein vernünftiger Regenschutz, gute Schuhe und eine Kopfbedeckung ersparen manchen Ärger. Auf die Mitnahme von Schmuck (auch billigem Modeschmuck) sollte man grundsätzlich verzichten.

Lesetips

Neben den Werken von Mario Vargas Llosa und José María Argüedas sind in deutscher Sprache zahlreiche Publikationen zum Thema altamerikanische Kulturen erschienen sowie Sammlungen von Märchen und Mythen der südamerikanischen Indianervölker. Eine Auswahl:

Mario Vargas Llosa: Tod in den Anden (und andere Titel). Suhrkamp, Frankfurt/Main.
José María Argüedas: Die tiefen Flüsse. Suhrkamp, Frankfurt/Main.
Miloslav Stingl: Die Inkas, Ahnen der ›Sonnensöhne‹. Econ, Düsseldorf
Wolfgang W. Wurster: Die Schatzgräber. Archäologische Expeditionen zu den Hochkulturen Südamerikas. Gruner & Jahr, Hamburg (Geo).
Dietmar Melzer: Andenmärchen. Indianische Mythen und Legenden. Idime, Friedrichshafen.

Öffnungszeiten

Es gibt keine gesetzlichen Ladenschlußzeiten, die meisten Geschäfte öffnen zwischen 9 und 10 Uhr und schließen gegen 19 oder 20 Uhr, Mittagspause ist üblicherweise von 13 bis 15 Uhr. Auch nach 20 Uhr findet man meist noch einen Lebensmittelladen, der geöffnet hat.

Banken und Behörden sind in Peru während der Sommermonate (Januar–März) nur vormittags geöffnet. Ansonsten: Banken 9–12.30 und 15–18 Uhr, Wechselstuben *(casa de cambio)* 9–18 Uhr.

Post und Telefon

Briefmarken gibt es beim Postamt (correo), Briefe und Postkarten nach Europa sind etwa ein bis zwei Wochen unterwegs. Das Porto für eine Postkarte oder Brief (Luftpost) beträgt etwa 1 US-$.

Preisniveau und Mehrwertsteuer

Peru und Bolivien sind längst keine ausgesprochenen Billigreiseländer mehr, doch kann man hier nach wie vor auch mit einem begrenzten Budget reisen, wobei Bolivien in der Regel noch ein Stück günstiger ist als Peru.

Wer bei der Unterkunft keinerlei Komfortansprüche stellt und auch mit einem Gemeinschaftsbad vorlieb nimmt, kann ein Doppelzimmer schon für 10 US-$ finden. Ein Mittagessen in einem Restaurant, das vorwiegend von Einheimischen frequentiert wird, kostet selten mehr als 3 US-$. Öffentliche Busse sind ebenfalls billig, doch muß man auch hier für höheren Komfort deutlich tiefer in die Tasche greifen.

Auf der anderen Seite kann das Reisen mit einem ausgeprägteren Komfortwunsch durchaus eine größere Lücke in die Reisekasse reißen: Ein Hotel der gehobenen Klasse ist kaum unter 100 US-$ (Doppelzimmer) zu haben, in einem besseren Restaurant wird man locker auch 20 US-$ und mehr los und die Kosten für Inlandsflüge, Taxis und Privattransfers summieren sich schnell zu einem ansehnlichen Betrag.

Fazit: Je nach Komfortanspruch müssen zwischen 20 und 100 US-$ pro Person und Tag einkalkuliert werden.

Die Mehrwertsteuer beträgt derzeit in Peru 18 % und ist im allgemeinen in allen Preisen eingeschlossen. Nur in besseren Hotels und Restaurants wird sie zum Rechnungspreis addiert. In Bolivien beträgt die Mehrwertsteuer 15 % und ist in den Preisen in der Regel bereits enthalten, beim Kauf des Flugtickets werden allerdings nochmals 15 % fällig.

Reiseveranstalter

Organisierte Rundreisen nach Peru und Bolivien bieten fast alle Studienreiseveranstalter an, z. B. Studiosus (Tel. 089/50 06 00), Dr. Tigges (Tel. 0511/56 70), Marco Polo (Tel. 061 73/709 70), Windrose (Tel. 030/ 20172 10). Zahlreiche weitere Veranstalter

haben Peru und Bolivien im Programm, z. B. Meier's Weltreisen oder Miller Reisen. Informationen dazu in den Reisebüros.

Als Spezialveranstalter für Peru und Bolivien hat sich Inca Travel in Nastätten einen Namen gemacht (Tel./Fax 067 72/96 93-0, info@inka-travel.de).

Hilfe bei der Reiseplanung sowie Buchung von vergünstigten Hotels, Mietwagen, Stadtführungen etc. bietet der Autor dieses Buches, der auch seit vielen Jahren qualifizierte Studienreisen begleitet: Peru & Bolivien Reisedienst (s. S. 345).

Reisezeit

Eine ideale Reisezeit für die beiden Länder gibt es nicht. Hochsaison ist der südamerikanische Winter von Mitte Mai bis Anfang September. In dieser Zeit ist im Hochland mit geringen Niederschlägen zu rechnen, tagsüber ist es meist sonnig und warm. Für Bergwanderer sei diese Zeit daher unbedingt angeraten. Allerdings sinkt die Temperatur dann nachts bis unter den Gefrierpunkt. An den Küsten sind die Temperaturen erträglich, in manchen Städten (Lima) herrscht oft Nebel und Nieselregen.

Doch auch während des Sommers (Dezember–März) kann man getrost reisen, auch wenn die Regenwahrscheinlichkeit im Bergland höher ist und die Temperaturen an der Küste deutlich ansteigen – dafür ist an den Stränden Baden angesagt. Abgelegene Orte sind während dieser Zeit allerdings oft nur schwer oder gar nicht zu erreichen.

Ein Tip für Kenner ist die Zwischensaison von Mitte September bis Mitte Dezember bzw. von Mitte März bis Mitte Mai: weniger Touristen, günstigere Preise und meist schönes Wetter.

Sicherheit

Taschendiebe finden sich überall ein, wo sich viele Menschen drängen, so z. B. auf Bahnhöfen und Märkten. Eine eigene Touristenpolizei sorgt v. a. in Lima und Cusco für Ordnung.

Wenn alle Vorsicht nicht hilft: Polizei informieren (**Notruf** in Peru: Tel. 105, in Bolivien: Tel. 110). Hilfe verspricht auch der 24-Std.-Notruf für Touristen in Peru: Tel. 01/224 78 88; von nicht öffentlichen Apparaten auch: Tel. 0800/425 79. Auf alle Fälle sollte man vor der Abreise Reisepaß, Tickets etc. kopieren, Reisescheck- und Kreditkartennummer notieren und jeweils getrennt von den Dokumenten aufbewahren.

Souvenirs

Schöne und nützliche Mitbringsel sind Textilien wie Alpaka-Pullover oder Ponchos, Lederarbeiten, Keramik (auch Nachbildungen präkolumbischer Arbeiten), Gold- und Silberschmuck, andere kunsthandwerkliche Produkte sowie Kassetten und CDs mit Andenmusik. In den größeren Städten kann man relativ günstig moderne Kleidung und Schuhe erstehen.

Achtung: Kaufen Sie keine Produkte, die aus geschützten Tierarten hergestellt wurden (Felle, Federn etc.) – nicht nur weil die Einfuhr in Deutschland verboten ist. Zur Ausfuhr von Antiquitäten ist eine Genehmigung erforderlich. Koka-Blätter (auch in kleinen Mengen) können beim europäischen Zoll zum Problem werden.

Telefon

Telefonieren kann man in Peru bei Telefónica del Perú, die in allen Städten ein Büro unterhalten, in Bolivien heißt die entsprechende Telefongesellschaft ENTEL.

Ein dreiminütiges Gespräch nach Deutschland kostet in beiden Ländern etwa 5 US-$. R-Gespräche sind derzeit nicht möglich. **Vorwahlen:** Deutschland 0049, Österreich 0043, Schweiz 0041. Inlandsgespräche wickelt man am einfachsten per Telefonkarte ab (erhältlich in Telefonbüros und bei Straßenhändlern).

Trinkgeld

Bessere Restaurants addieren einen Servicezuschlag auf die Rechnung (meist 10%), sonst wird der Rechnungsbetrag je nach Zufriedenheit aufgerundet.

Unterkunft

Generell unterliegen die Übernachtungspreise starken saisonalen Schwankungen: Hochsaison ist an der Küste der südamerikanische Sommer (Dezember–März), im Hochland hingegen der Winter (Juni–September) sowie in allen Landesteilen an Ostern, Weihnachten und den jeweiligen Nationalfeiertagen. Während dieser Zeiten ist eine frühzeitige **Zimmerreservierung** unbedingt empfehlenswert!

■ Hotels
der Luxusklasse finden sich nur in den größeren Städten, die Auswahl an besseren Unterkünften abseits der klassischen Touristenroute (Lima–Arequipa–Cusco–Titicacasee–La Paz) ist beschränkt. Das peruanische System zur Bewertung des Hotelstandards ist nur als sehr grobe Klassifizierung zu verstehen und mit Vorsicht zu genießen, denn so manches ›5-Sterne-Hotel‹ beschränkt sich seit Jahrzehnten auf das Polieren der Sterne, obwohl eine Komplettrenovierung dringend nötig wäre.

Wer Einbußen beim Komfort in Kauf nimmt, wird überall ein Zimmer finden – in einem einfachen Hotel, einer *pensión,* einem *hostal* oder einem *alojamiento* (ein Synonym für einfachstes Wohnen). Und für besonders Sparwillige gibt es auch die Möglichkeit, ein Zimmer ohne eigenes Bad *(baño compartido)* zu wählen, wie dies meistens in einer *hospedaje* oder einem *alojamiento* üblich ist.

■ Jugendherbergen
bzw. Unterkünfte mit dem entsprechenden Logo finden sich in zahlreichen Städten, Auskünfte erteilen das Deutsche Jugendherbergswerk, 32754 Detmold und die Jugendherberge in Lima, Av. Casimiro Ulloa 328, Miraflores (Süd), Tel. 01/446 54 88.

■ Camping

ist nur an wenigen Stellen möglich, was sich aber ohnehin wegen der extremen Klimabedingungen und der günstigen Zimmerpreise meist erübrigt.

Verkehrsmittel

■ Busse:

Ein dichtes Netz von Buslinien verbindet alle größeren Orte in Peru und Bolivien miteinander, wobei die Qualität der eingesetzten Fahrzeuge erheblich schwankt. Allerdings lassen sich diesbezügliche Komforteinschränkungen in Anbetracht der vergleichsweise günstigen Tarife leichter verschmerzen. In vielen größeren Städten gibt es einen zentralen Busbahnhof (*terminal de buses, terminal terrestre*), ansonsten muß man sich schon vorher entscheiden, mit welchem Unternehmen (*empresa*) man zu reisen gedenkt und sich zu dessen Abfahrtsstelle bemühen.

Für kürzere Strecken und innerhalb der Städte gibt es außerdem die Möglichkeit, sich per **Sammeltaxi** (*colectivo*) fortzubewegen. In den Städten kommt man am schnellsten und einfachsten per **Taxi** voran, zumal auch hier die Preise ausgesprochen günstig sind.

■ Bahn:

Eine langsame, aber sehr stimmungsvolle Art zu reisen ist die Eisenbahn, doch leider werden die Verbindungen immer mehr eingeschränkt, so daß sich nur noch wenige Strecken auf diesem Wege zurücklegen lassen.
In Peru: Arequipa–Puno–Cusco–Machu Picchu.
In Bolivien: Oruro–Calama (Chile), Oruro– Villazón (Grenze Argentinien), Sta. Cruz–Puerto Suárez (Grenze Brasilien).

■ Schiff:

In der Amazonasregion sind Schiffe meist die einzige Möglichkeit der Fortbewegung. Große und kleine Flußdampfer verkehren ab Iquitos, Pucallpa, Puerto Maldonado und den bolivianischen ›Urwald-Metropo-

len‹. Der Verkehr auf dem Titicacasee beschränkt sich auf Fahrten zu den vorgelagerten Inseln, die Verbindung Puno–Guaqui ist für den Personenverkehr praktisch eingestellt.

■ Flugzeug:

Die schnellste und oft einzig realistische Verbindung zu weiter entfernten Städten ist das Flugzeug. Von den Drehkreuzen Lima, La Paz und Sta. Cruz aus gibt es zahlreiche Verbindungen in alle Landesteile zu durchaus erschwinglichen Preisen (z. B. Lima–Cusco einfach ab ca. 60 US-$).

Wegen der wechselhaften Thermik im Andenraum sind die Flüge oft unruhig, und der oft mangelhafte Zustand der meist alten Flugzeuge wirkt hier nicht gerade beruhigend. Doch läßt der Blick aus dem Fenster auf die verschneiten Andengipfel so manche Sorge verfliegen. Empfehlenswerte Inlandsfluglinien sind die peruanische LAN Peru und die bolivianische LAB (Lloyd Aero Boliviano).

■ Mietwagen:

In allen größeren Städten beider Länder stehen zahlreiche Autovermieter (*alquiler de autos, rent a car*) zur Auswahl. Obwohl das Netz öffentlicher Verkehrsmittel gut ausgebaut ist, sind die Vorteile eines eigenen Fahrzeugs offensichtlich. Voraussetzungen für das Mieten eines Autos sind ein internationaler Führerschein und eine Kreditkarte (nur in Ausnahmefällen wird auch eine Kaution akzeptiert).

Ein Mittelklassewagen kostet inkl. Versicherung etwa 50 US-$/Tag bzw. 300 US-$/ Woche. Die Preise für Benzin (*gasolina*) liegen in Peru etwa bei 2 US-$ pro Gallone (= ca. 3,8 l), das entspricht in etwa einem Preis von 0,75 € pro Liter, in Bolivien bei 0,65 €; der Liter Diesel kostet in Peru etwa 0,60 €, in Bolivien ca. 0,40 €.

Außerhalb der Metropole Lima sollte der Verkehr für geübte Fahrer kein allzu großes Problem darstellen, auch wenn man sich erst auf die örtlichen Sitten und Gebräuche einstellen muß. Allerdings liegt der Preis für einen Wagen mit Chauffeur oft nur unwesentlich höher, so daß man diese Alternative in Betracht ziehen sollte.

Der Straßenzustand der peruanischen Panamericana ist gut, ansonsten sollte man sich vorher vor Ort erkundigen, denn besonders während der Regenzeit sind viele ungeteerte Straßen oft wochenlang unpassierbar.

Zeitungen und Zeitschriften

Die großen Tageszeitungen in Peru (*El Comercio, El Diario, Expreso, La República* u.a.) sowie *El Diario* in Bolivien sind überall an Kiosken erhältlich. Aktuelle Informationen in spanischer Sprache gibt es auch unter www.rpp.com.pe. Wer allerdings kein Spanisch spricht, hat wenig Auswahl.

In Bolivien gibt es die englischsprachige *Bolivian Times*, die wöchentlich erscheint, und ansonsten gibt es noch deutsche Zeitungen und Zeitschriften zu teilweise horrenden Preisen an einigen Kiosken (z.B. an Flughäfen) oder bei Straßenhändlern (z.B. in Lima am Parque Kennedy).

Zeitunterschied

Peru liegt 6 Stunden hinter Mitteleuropa zurück, Bolivien 5 Stunden. Während der europäischen Sommerzeit (Ende März– Ende Oktober) erhöht sich der Zeitunterschied auf 7 Stunden in Peru bzw. 6 Stunden in Bolivien.

Kleiner Sprachführer

■ Allgemeine Redewendungen

Guten Morgen	Buenos días
Guten Tag (ab 14 Uhr)	Buenas tardes
Gute Nacht	Buenas noches
Auf Wiedersehen	Adiós/Hastaluego
Vielen Dank	Muchas gracias
Bitte	por favor
Sehr liebenswürdig!	¡Muy amable!
Es tut mir leid	Lo siento
Entschuldigen Sie!	¡Disculpe!
Ich heiße …	Me llamo …
Wie ist Ihr Name, bitte?	¿Cual es su nombre, por favor?
Sehr angenehm!	¡Mucho gusto!
Wie geht es Ihnen?	¿Cómo está Usted?
Bleiben Sie lange hier?	¿Se queda mucho tiempo aquí?
Wir reisen heute (morgen) ab	Nosotros viajamos hoy (mañana)
Bis auf bald!	¡Hasta pronto!
Ich freue mich	Me alegro
toll, klasse	chévere
wunderbar, gut	divino/a
billig	barato
(zu) teuer	(demasiado) caro
Ich möchte gerne … kaufen	Quisiera comprar …
Kann ich das anprobieren?	¿Me lo puedo probar?
Ich benötige eine andere Größe	Necesito otro tamaño
Was kostet das?	¿Cuanto vale?
Ich habe Kopf-/ Magen-/Leib-schmerzen	Tengo dolor de cabeza/estómago/ vientre
Ich habe einen Sonnenbrand	Tengo una quema-dura por el sol
Mir tut es hier weh	Me duele aquí

■ Orts- und Zeitangaben

Wo ist/ Wo befindet sich…?	¿Dónde está/ Dónde se encuentra …?

das Krankenhaus	… el hospital
… die Polizei	… la policía
… das nächste Telefon	… el próximo teléfono
… eine Apotheke	… una farmacia
… ein Arzt/ Zahnarzt	… un médico/ dentista
… eine Wäscherei	… una lavandería
… eine chemische Reinigung	… una tintorería
… das Fremden-verkehrsbüro	… la información turística
… ein Reisebüro	… una agencia de viaje
… eine Wechsel-stube	… una casa de cambio
… die Post	… el correo
… eine Autover-mietung	… un alquiler de carros
… eine Tankstelle	… una estación de servicio/gasolinera
… der Busbahnhof	… el terminal de omnibus
… die Bushalte-stelle	… la parada del colectivo
… ein Taxistand	… una parada de taxis
… der Bahnhof	… la estación de ferrocarril
… der Flughafen/ … Hafen	… el aeropuerto/ el puerto
Wie komme ich nach/Wie gelange ich zu …	¿Como llego a(l) …?
Ist das weit (von hier)?	¿Queda lejos (de aquí)?
Wie viele Kilometer ist das entfernt?	¿A cuántos kiló-metros queda?
Wie viele Häuser-blocks ist das von hier entfernt?	¿A cuántas cuadras queda de aquí?
Welches ist der kür-zeste/sicherste/ bequemste Weg?	¿Cuál es el camino más corto/ seguro/cómodo?

Wieviel Uhr ist es?	¿Qué hora es?
Gibt es hier einen Fahrplan?	¿Existe un itinerario por aquí?
Wann kommt	¿Cuándo llega
… der Zug	… el tren?
… der Bus	… el autobús?
… das Flugzeug	… el avión?
… das Schiff an?	… el barco?
Wann fährt … ab?	¿Cuándo sale … ?
Gibt es keinen früheren/ späteren …?	¿No hay un … que salga más temprano/más tarde?
Er (sie, es) hat Verspätung	Lleva retraso
Wo löst man die Fahrkarten?	¿Dónde se compra los boletos?
Eine (Hin- und Rück-)Fahrkarte, bitte!	¡Un boleto de ida (y vuelta), por favor!

■ Unterkunft

Ich suche ein gutes Hotel	Estoy buscando un buen hotel
Ich suche ein mittleres/ preiswertes/ ruhiges Hotel	Estoy buscando un hotel mediano/ económico/ tranquilo
Haben Sie ein Einzel-/Doppel-/ Dreibett-/ Vierbettzimmer?	¿Tiene una habitación individual/doble/ triple/cuádruple?
mit/ohne Bad/ Dusche/ Frühstück	con/sin baño/ ducha/ desayuno
Haben Sie eine Hotelgarage?	¿Tiene garage en el hotel?
Haben Sie einen Hotelsafe?	¿Tiene una caja fuerte en el hotel?
Könnten Sie uns mit dem Gepäck helfen?	¿Nos podría ayudar con el equipaje?
Wir zahlen bar/ mit Kreditkarte/ in US-Dollar	Pagamos en efectivo/con tarjeta/en dólares
Wo ist der Empfang, bitte?	¿Dónde está la recepción, por favor?

Haben Sie Platz für ein großes/ kleines Zelt?	¿Tiene sitio para una carpa grande/ pequeña?
Haben Sie eine schattige Stelle?	¿Tiene un lugar que tenga sombra?
Wir sind	Somos
… Personen	… personas
Was berechnen Sie uns pro Tag/Woche?	¿Cuánto cobra por día/semana?
Kann man hier Lebensmittel kaufen?	¿Se puede comprar alimentos aquí?
Gibt es einen Grillplatz?	¿Hay un fogón/ una parilla?
Wo befinden/ befindet sich	¿Dónde se encuentran/encuentra
die Waschräume	los baños/
der Strom- anschluß/	el enchufe para la luz/
ein Wasserhahn?	un caño de agua?

■ Im Restaurant

Bitte, bringen Sie mir …	Tráigame por favor …
… die Speisekarte	… el menú/la carta
… ein Erfrischungs- getränk	… un refresco
… ein Mineralwasser mit/ohne Kohlensäure	… un agua mineral con/sin gas
… ein Bier	… una cerveza
… ein Glas/	… una copa/
eine Flasche Rot-/Weißwein	una botella de vino tinto/blanco
… einen Salat	… una ensalada
… ein Fleisch-/ Fischgericht	… un plato de carne/ pescado
… eine Portion Huhn	… una porción de pollo
… einen Nachtisch	… un postre
… einen (Milch-) Kaffee	… un café (con leche)
… die Rechnung	… la cuenta

Glossar

abra: Bergübergang, Paßhöhe
adobe: ungebrannte Lehmziegel
alojamiento: einfache Unterkunft
altiplano: karge Hochebene in Peru und
   Bolivien
ambulantes: fliegende Händler
ayllu: inkaische Arbeitsgemeinschaft
bodega: Weingut, Weinkellerei
camote: Süßkartoffel
campesino: Bauer; auch verwendet als Bezeichnung für Indianer
carretera: Landstraße
casona: Privathaus aus der Kolonialzeit
cerro: Berggipfel
chaco: Dornbuschsavanne im Südosten
   Boliviens
charango: kleines Saiteninstrument (s. S.
   263)
chasqui: Botenläufer der Inka
chicha: Maisbier der Inka; wird auch aus
   anderen Getreidesorten zubereitet
chullpas: vorspanische Grabtürme
churrigueresk: spätbarocke spanische Stil-
   form
colca: Vorratskammer für Mais etc. bei den
   Inka
colectivos: Sammeltaxis (auch: Kleinbusse)
cordillera: Gebirgskette, Gebirgszug
costa: Küste, Küstenregion
criollo: Kreole, in Amerika geborener Spanier; auch Synonym für hellhäutige Peruaner, speziell an der Küste
cuadra: Straßenblock (ca. 100 x 100 m)
curandero: Wunderheiler
departamento: Verwaltungseinheit in Peru
   (ähnlich einer Provinz)
garúa: Küstennebel im Winterhalbjahr
Guano: Vogelmist, wird als Dünger verwendet
hostal: Herberge, einfaches Hotel

huaco: präkolumbisches Keramikgefäß
huaquero: Grabräuber
indígenas: Indianer in Lateinamerika
jirón: Straße (in einer Stadt)
laguna: Bergsee
mantos: Umhängetücher
marinera: populärer Tanzstil (s. S. 54)
mariscos: Meeresfrüchte (Schalentiere)
mate de coca: nicht berauschender Tee
   aus Kokablättern, gut zur Höhenanpas-
   sung
Mestizo-Stil: Vermischung des spanischen
   Barock mit indianischen Einflüssen
Mudéjar-Stil: spanischer Baukunststil des
   16. Jh. mit arabischen Einflüssen
Pachamama: vorchristliche Erdgöttin
pachamanca: Eintopfgericht, das unter der
   Erde gegart wird (s. S. 93f.)
pampa: Hochebene im Gebirge
peña: Kneipe bzw. Restaurant mit Live-Fol-
   kloremusik und Tanzaufführungen
playa: Strand
pueblos jóvenes: verharmlosende Bezeichung für Elendsviertel (s. S. 67)
quebrada: Flußlauf, Flußtal
Quinoa: hirseähnliche Getreideart
Reduktion: von Jesuiten eingerichtete Missionsstation mit angegliederter India-
   nersiedlung
represa: Stausee
salar: Salzsee
selva: Urwald, Urwaldregion
sierra: ›Gebirge‹, Bezeichnung für die An-
   denregion
sillar: weißes Tuffgestein
Tahuantinsuyo: Bezeichung für das In-
   kareich
tambo: Rasthaus an den Inkastraßen
totora: Binsengräser im Titicacasee
tumi: meist vergoldetes Opfermesser
yungas: Bergregenwaldregion in Bolivien

Abbildungsnachweis

Alle Fotos: Detlev Kirst, Traunstein,
  außer:
Archiv für Kunst und Geschichte GmbH,
  Berlin   S. 37, 272
Thomas Pilz, Bonn   S. 98/99, 108

Karten und Pläne:
  Berndtson & Berndtson
  Productions GmbH,
  Fürstenfeldbruck
  © DuMont Buchverlag, Köln

Abbildungen

358

¡Muchas gracias!
Für ihre Unterstützung bei der Realisierung dieses Reiseführers möchte ich mich herzlich bei folgenden Personen und Institutionen bedanken: Dr. Klaus Boll für seine Textarbeit in den Kapiteln ›Pazifik, Anden, Amazonas‹ und ›Cusco und Umgebung‹, Kai Ferreira Schmidt für nützliche Tips und Hinweise aller Art und der Deutschen Lufthansa für ihre unkomplizierte Kooperationsbereitschaft. Vor Ort bedanke ich mich besonders bei allen Mitarbeitern von Receptour (Lima), Crillon Tours (La Paz) und Rosario Tours (Santa Cruz) sowie bei Gladys Menéndez (Lima), Miriam Pastor (Piura), Rosario Talavera (Arequipa), Nico Montesinus (Cusco) und Christian Nonis (Puno) für ihre Informationen sowie bei der Agentur SAT (Lima) für die freundliche Unterstützung.

Register

■ Ortsregister

Titelbild: Im Hochland bei Cusco
S.10: Reliefband (Fische und Pelikane) in Chan Chan
S.11: Passionsblume
Umschlaginnenklappe: Plaza de Armas und Iglesia La Compañía in Cusco
Umschlagrückseite: Frau auf dem Markt von Chinchero

Über den Autor: Detlev Kirst, geboren 1962, gelernter Fotograf, hat sich seit vielen Jahren als Studienreiseleiter und Reisejournalist auf Mittel- und Südamerika spezialisiert. Mit seiner peruanischen Frau und seiner Tochter lebt er am Chiemsee, wo er ein Spezialreisebüro für Costa Rica, Peru und Bolivien eröffnet hat.

Impressum

368

© DuMont Buchverlag
3., aktualisierte Auflage 2001
Alle Rechte vorbehalten
Umschlaggestaltung: Groschwitz, Hamburg
Satz und Druck: Rasch, Bramsche
Buchbinderische Verarbeitung: Bramscher Buchbinder Betriebe

Printed in Germany ISBN 3-7701-3865-1